Bernd Waas

Künstliche Intelligenz und Arbeitsrecht

HSI
Hugo Sinzheimer Institut
für Arbeits- und Sozialrecht

Das HSI ist ein Institut
der Hans-Böckler-Stiftung

Band 46
HSI-Schriftenreihe

Künstliche Intelligenz und Arbeitsrecht

Bernd Waas

BUND
VERLAG

Bibliografische Information der Deutschen Nationalbibliothek
Die Deutsche Nationalbibliothek verzeichnet diese Publikation in der Deutschen Nationalbibliografie; detaillierte bibliografische Daten sind im Internet über http://dnb.d-nb.de abrufbar.

Umschlaggestaltung: A&B one Kommunikationsagentur GmbH, Berlin
Satz: Reemers Publishing Services GmbH, Krefeld
Druck: CPI books GmbH, Birkstraße 10, 25917 Leck

ISBN 978-3-7663-7294-9

www.bund-verlag.de

Vorwort

Künstliche Intelligenz ist ein schillernder Begriff. Dies darf nicht darüber hinweg täuschen, dass die Digitalisierung, die wir erleben, eine neue Stufe erreicht. In Unternehmen werden Entscheidungen zunehmend mit Hilfe von Big Data und anderen algorithmischen Systemen vorbereitet. Die exponentiell steigenden Kapazitäten der Datenverarbeitung und die potentiell stets und ständig mögliche Erhebung von Daten, auch von Beschäftigten, werfen Fragen nach neuen Schutzbedürfnissen für Menschen in abhängigen Beschäftigungsverhältnissen auf, denen sich Prof. Dr. Bernd Waas, Goethe-Universität Frankfurt a.M., widmet:

Wollen wir in einer Arbeitswelt leben, in der Beschäftigte algorithmischen Entscheidungen unterworfen werden? Führt dies zu neuen Formen von Diskriminierung oder kann im Gegenteil der Einfluss menschlicher Vorurteile im Arbeitsleben durch eine faktenbasierte Entscheidung reduziert werden? Können Systeme Künstlicher Intelligenz selbst Träger von Rechten und Pflichten sein? Welche Anforderungen stellt der Beschäftigtendatenschutz, wie gewährleisten wir den Gesundheitsschutz im Umgang mit KI-Systemen?

Sämtliche dieser Fragen verweisen im Kern auf zwei extreme Szenarien: KI als Weg in eine dystopische Arbeitswelt, in der Beschäftigung dequalifiziert und Menschen zum Anhängsel von algorithmischen Maschinen degradiert werden und Überwachung allgegenwärtig ist oder KI-Systeme als Werkzeug zur Entlastung und Arbeitszeitreduktion. Bisherige Erfahrungen sprechen dafür, dass Mitbestimmung von Arbeitnehmer*innen ein zentraler Faktor für eine humane Arbeitswelt der Zukunft ist. Es ist erfreulich, dass sich das vorliegende Gutachten daher auch wichtigen Fragen der Beteiligung im Betrieb widmet.

Dr. Johanna Wenckebach
Wiss. Direktorin des Hugo Sinzheimer Instituts

Inhaltsübersicht

Inhaltsverzeichnis

A. Einleitung

Anwendungen der Künstlichen Intelligenz (KI) begegnen uns heute, wenn auch oft unbemerkt, auf Schritt und Tritt. Die KI-Forschung hat eine rasante Entwicklung genommen. Was gestern noch fast undenkbar erschien, ist vielleicht schon morgen fester Bestandteil des Alltags.

Auch in den Unternehmen setzt sich KI mehr und mehr durch. KI-Anwendungen bieten für die Beschäftigten viele Chancen, wenn man etwa an den Schutz der Gesundheit der Arbeitnehmer denkt. Zugleich ist die Entwicklung aber mit erheblichen Risiken und Herausforderungen verbunden.

Insbesondere mit diesen Risiken und Herausforderungen befasst sich die vorliegende Untersuchung. Die beiden Kernfragen lauten: Was bedeutet KI für den Schutz der Arbeitnehmer? Vor welchen Herausforderungen stehen Individualarbeitsrecht und Mitbestimmung? Wenn dabei der Schwerpunkt der Betrachtung auf den Risiken und nicht auf den Chancen liegt, darf dies nicht missverstanden werden. Da das Paradigma des Arbeitsrechts der Schutz des – typischerweise – schwächeren Arbeitnehmers ist, sollte es nicht überraschen, wenn man sich auf die Frage konzentriert, ob und inwieweit dieser Schutz durch KI beeinträchtigt ist.

Nach einem Blick auf die Grundlagen (B.) soll im Folgenden zunächst der Einsatz von KI im Arbeitsleben (C.) beleuchtet werden. Dieser ist insbesondere in den USA bereits sehr weit fortgeschritten. Sodann werden Initiativen vorgestellt, die sich insbesondere auf die Erarbeitung ethischer Grundsätze für KI, aber z.T. auch auf die Regulierung von KI richten. Die Betrachtung beginnt mit der internationalen Ebene (D.), wo insbesondere Aktivitäten des Europarats Beachtung verdienen, wechselt sodann auf die Ebene der Europäischen Union (E.), wo es nicht zuletzt um den Vorschlag der Europäischen Kommission für ein „KI-Gesetz“ gehen wird, und führt schließlich auf die Ebene Deutschlands (F.), wo – in Gestalt mancher Regelungen des Betriebsrätemodernisierungsgesetzes – bereits erste gesetzgeberische Aktivitäten zu verzeichnen sind. Im Anschluss werden einzelne arbeitsrechtliche Problemfelder (G.). näher betrachtet. Die Untersuchung schließt mit einem kurzen Fazit (H.).

B. Grundlagen

Wer einen Blick auf aktuelle Beiträge zum Personalmanagement wirft, begegnet zahlreichen Verheißungen. Zu diesen zählt, dass Unternehmen in zunehmendem Maße auf eine *on-demand workforce* werden zugreifen können.[1] Bei einer Befragung von Führungskräften in den USA durch *Harvard Business School* und *Boston Consulting Group* gaben 30 % der Befragten an, digitale Plattformen extensiv zu nutzen, um ihren Bedarf an Fachkräften zu decken. Fast 50 % von ihnen meinten, derartige Plattformen in der Zukunft (noch) stärker nutzen zu wollen. 90 % der Befragten gaben an, in der Nutzung einen (sehr) bedeutsamen Wettbewerbsvorteil für ihr Unternehmen zu sehen. 60 % sahen es als gut oder gar als sehr gut möglich an, dass sich ihre Kernbelegschaft in absehbarer Zeit deutlich verkleinern werde. Im selben Umfang gaben die Führungskräfte an, dass sie es zukünftig vorziehen würden, Fachkräfte zu „mieten", „auszuleihen" oder mit anderen Unternehmen zu „teilen".[2] Bemerkenswerterweise gilt gerade die Fähigkeit, „Arbeit in starre, eigenständige Komponenten zu zerlegen", um sie auf Plattformen erledigen zu lassen, „als eines der wichtigsten Indizien dafür, ob ein Unternehmen das Beste aus einem *Blended-Workforce*-Modell macht".[3] Propagiert wird in der einschlägigen Literatur nichts weniger als eine „Arbeit ohne Jobs" (*work without jobs*),[4] d.h. eine „Dekonstruktion" von Arbeit in einzelne Aufgaben und, damit einhergehend, die Identifizierung und der konkrete Einsatz von Beschäftigten anhand ihrer Fähigkeiten und Fertigkeiten, statt auf der Grundlage ihrer Stellenbeschreibungen.[5] Gerade der Einsatz von KI soll nun für einen weiteren Entwicklungssprung sorgen. Die Erwartung ist, dass mit ihr Aufgaben nicht nur auf „klassische Arbeitnehmer" und Plattformbeschäftigte verteilt, sondern nach Bedarf auch Maschinen zugewiesen werden können. Wörtlich heißt es hierzu in einem einschlägigen Beitrag: „Die Art und Weise, wie wir traditionell Arbeit und Arbeiter organisiert haben, wird zunehmend obsolet. Wir bewegen uns auf ein neues Arbeitssystem zu, das die Arbeit in Aufgaben und Projekte zerlegt, die nicht nur Mitarbeitern, sondern auch Maschinen und externen Plattformbeschäftigten zugewiesen werden können. Darüber hinaus werden Arbeitnehmer zunehmend nicht mehr als Inhaber eines bestimmten Jobs identifiziert, sondern als Inha-

---

1 *Fuller/Raman/Bailey/Vaduganathan u.a.*, Building the on-demand workforce, 2020.

2 *Fuller/Raman/Bailey/Vaduganathan u.a.*, Building the on-demand workforce, 2020, S. 2f.

3 So *Fuller/Raman/Bailey/Vaduganathan u.a.*, Building the on-demand workforce, 2020, S. 22.

4 Vgl. *Jesuthasan, Ravin /Boudreau, John*: Work Without Jobs – We need a new operating system built on deconstructed jobs and organizational agility, Jan 5, 2021, MIT Sloan Management Review; *dies.*, Work without Jobs – How to Reboot Your Organization's Work Operating System, 2022.

5 Vgl. auch *Jesuthasan/Boudreau*, Reinventing Jobs – A 4-Step Approach for Applying Automation to Work, 2018.

ber einer Reihe von Fähigkeiten und Talenten, die überall dort eingesetzt werden können, wo das Unternehmen sie benötigt."[6]

Die „Arbeit ohne Jobs", möglich gemacht durch den Einsatz von KI und Robotik, mag noch in der Zukunft liegen. Doch wird KI schon heute gerade auch im Personalbereich massiv genutzt. Dabei ermöglichen KI-Anwendungen beispielsweise nicht allein eine umfassende *algorithmic surveillance*, also eine „algorithmische Überwachung" der Arbeitsleistung und ganz allgemein des Arbeitnehmerverhaltens,[7] sondern versprechen überdies nichts weniger, als das Personalmanagement durch Bereitstellung ganz neuer Instrumente geradezu zu revolutionieren. Dabei wandeln sich HR-Systeme zunehmend zu Datenplattformen, die jede Entscheidung mit Personalbezug steuern.[8] In der vorliegenden Untersuchung wird dies durch Anwendungsbeispiele aus der Praxis illustriert werden. Zuvor ist aber zu klären, was unter KI überhaupt zu verstehen ist.

I. KI, Maschinenlernen, Künstliche Neuronale Netze und Big Data

Schon hier begegnen allerdings, wie sich sogleich zeigen wird, erste Schwierigkeiten.[9]

1. Begriffliches

Zwar sollte man aus Laiensicht meinen, dass der Begriff „Künstliche Intelligenz" einen klaren Inhalt hat. Doch ist dies durchaus nicht der Fall. Vielmehr begegnet eine Vielzahl unterschiedlicher Definitionen, die überdies häufig von zweifelhaftem Nutzen sind. Dies gilt etwa dann, wenn von Künstlicher Intelligenz gesprochen wird, sobald Maschinen und/oder Computerprogramme „menschenähnliche Fähigkeiten oder menschenähnliche Intelligenz" besitzen. Denn abgesehen davon, dass dies zu der Frage danach führt, was „Intelligenz" eigentlich ist und abgesehen auch davon, dass der Begriff „menschenähnlich" alles andere als scharf ist, versagt die Definition bereits deshalb, weil weitgehende Einigkeit besteht, dass noch keine Maschinen oder Programme existie-

6 *Jesuthasan/Boudreau*, Are You Ready to Lead Work Without Jobs? We're moving toward a system of work, design that will profoundly change the roles of organizational leaders, 08 April 2021, MIT Sloan Management Review.

7 Vgl. nur *Newlands*, Algorithmic Surveillance in the Gig Economy: The Organization of Work through Lefebvrian Conceived Space, Organization Studies 2020, 1.

8 Vgl. *Columbus*, How AI is shaping the future of work, June 9, 2022. https://venturebeat.com/2022/06/09/how-ai-is-shaping-the-future-of-work/.

9 Instruktiv hierzu auch *Herberger*, NJW 2018, 2825.

ren, die auch nur im weitesten Sinne „menschenähnlich" arbeiten würden.[10] Nicht viel besser sind aber Definitionen, die auf einzelne menschliche Fähigkeiten abstellen, welche ein KI-System besitzen sollte: visuelle Wahrnehmung, Möglichkeit der Spracherkennung, Fähigkeit zur Übersetzung von Sprachen oder Möglichkeit der Entscheidungsfindung. Denn damit werden letztlich nur Anwendungen beschrieben. Erklärt und geklärt wird damit in Wirklichkeit nichts.

Statt den begrifflichen Fragen weiter nachzugehen, soll hier pragmatisch die von der OECD genutzte Definition zugrunde gelegt werden: Die Empfehlung des Rates für Künstliche Intelligenz der OECD definiert ein „KI-System" als „maschinengestütztes System, das in der Lage ist, für bestimmte, vom Menschen definierte Ziele Vorhersagen, Empfehlungen oder Entscheidungen zu treffen, die reale oder virtuelle Umgebungen beeinflussen".[11] Was speziell Vorhersagen betrifft, so ist etwa auf das Beispiel der „vorausschauenden Instandhaltung" (*predictive maintenance*) zu verweisen, welche Aussagen darüber erlaubt, wann eine Wartung erfolgen muss und ein ungeplanter Stillstand der Maschine oder Anlage vermieden werden kann.[12] Berichtet wird aber z.B. auch von Systemen, welche Lieferketten durch die Prognostizierung von Streiks schützen sollen.[13] Der „Lernfähigkeit" von KI-Systemen wird nach der OECD-Definition durch einen zusätzlichen Satz Rechnung getragen: „KI-Systeme sind so konzipiert, dass sie mit unterschiedlichem Grad an Autonomie arbeiten". Mit dieser Definition soll es hier, wie gesagt, sein Bewenden haben. Allerdings muss man sich über zweierlei im Klaren sein, nämlich zum einen darüber, dass es zweifelhaft ist (und auch gefährlich erscheint),[14] KI-Systemen ohne

---

10 Vgl. nur *Bertoloni*, Artificial Intelligence and Civil Liability – Study requested by the JURI Committee, 2020, S. 18 m.w.N.

11 Recommendation of the Council on OECD Legal Instruments Artificial Intelligence, OECD Legal Instruments, 2022 (u. I.): „An AI system is a machine-based system that can, for a given set of human-defined objectives, make predictions, recommendations, or decisions influencing real or virtual environments. AI systems are designed to operate with varying levels of autonomy."

12 Vgl. https://www.int.fraunhofer.de/de/geschaeftsfelder/corporate-technology-foresight/predictive-maintenance.html. Auch im Bereich des Profisports eröffnet sich insoweit ein interessantes Anwendungsfeld; vgl. How AI Could Help Predict and Avoid Sports Injuries, Boost Performance – Computer vision, the technology behind facial recognition, will change the game in real-time analysis of athletes and sharpen training prescriptions, analytics experts say. https://www.wsj.com/articles.

13 Vgl. *Heimstädt/Dobusch*, Streik-Vorhersage mit Twitter-Daten, FAZ v. 11.4.2022, S. 16.

14 Vgl. dazu nur nur *Fletcher/Larson*, Optimizing Machines Is Perilous. Consider 'Creatively Adequate' AI – The future of artificial intelligence needs less data and can tolerate ambiguity, Jan 25, 2022: https://www.wired.com: „(…) we must banish the futurist delusion that AI is the smarter version of ourselves. AI's method of cogitation is mechanically distinct from human intelligence: Computers lack emotion, so they can't literally be courageous, and their logic boards can't process narrative, rendering them incapable of adaptive strategy. Which means that AI antifragility won't ever be human, let alone superhuman; it will be a complementary tool with its own strengths and weaknesses."

Weiteres „Intelligenz" zuzuschreiben,[15] und zum anderen auch darüber, dass in jedem Fall Zurückhaltung geboten ist, wenn es darum geht, bestimmte Konsequenzen einfach daraus zu ziehen, dass ein KI-System (vermeintlich) „intelligent" ist. Insgesamt muss man zur Kenntnis nehmen, dass generell eine immer stärker werdende Skepsis gegenüber dem Begriff „Künstliche Intelligenz" zu beobachten ist, welche die Zuschreibung menschlicher Eigenschaften kritisch hinterfragt und sich z.T. auch aus der Sorge speist, die darin zum Ausdruck kommende „Vermenschlichung" von KI könne – auch auf Seiten des Gesetzgebers – zu einem inadäquaten Umgang mit KI führen.[16] Nur am Rande sei schließlich bemerkt, dass hinter „Künstlicher Intelligenz" nicht selten weitaus mehr menschliche Intelligenz steckt, als man meinen könnte. Nicht wenige Plattformen haben sich darauf spezialisiert, Unternehmen von Menschen markierte Datensätze zur Verfügung zu stellen, die von diesen dann zum Trainieren von maschinellen Lernalgorithmen eingesetzt werden können.[17] So beschreibt Amazon seine Plattform *Mechanical Turk* als einen „Webservice, der auf Anfrage skalierbare, menschliche Arbeitskräfte zur Verfügung stellt, um Aufgaben zu erledigen, die Menschen besser als Computer erledigen können, z.B. das Erkennen von Objekten auf Fotos"; gelegentlich ist in diesem Zusammenhang von ***artificial intelligence*** die Rede: die Künstliche Intelligenz wirkt hier nur künstlich,[18] die Leistung wird in Wirklichkeit von „Geisterbeschäftigten" erbracht.[19]

2. Entwicklungsstadien

Um sich dem Phänomen „Künstliche Intelligenz" weiter anzunähern, mag es zusätzlich hilfreich sein, einen Blick darauf zu werfen, wie sich KI-Systeme in

15 Dazu, dass der Begriff „Künstliche Intelligenz" vage ist, etwa auch IEEE, Ethically Aligned Design – A Vision for Prioritizing Human Well-being with Autonomous and Intelligent System, 1st ed., 2019, S. 16, die stattdessen von „autonomen und intelligenten Systemen" sprechen.

16 Vgl. *Kostopoulos*, Decoupling Human Characteristics from Algorithmic Capabilities, 2021. Bemerkenswert ist übrigens auch, dass menschenähnliche Roboter überwiegend weiß sind, ein Umstand, an den sich vielfach ebenfalls Befürchtungen knüpfen; vgl. *Cave/Dihal*, The Whiteness of AI, Philosophy & Technology 2020, 685.

17 Vgl. dazu Vice report, March 8, 2021: Underpaid Workers Are Being Forced to Train Biased AI on Mechanical Turk.

18 Vgl. auch *Berg/Furrer/Harmon/Rani/Silberman*, Digital labour platforms and the future of work – towards decent work in the online world, 2018, S. 7; kritisch *Yeung*, A study of the implications of advanced digital technologies (including AI systems) for the concept of responsibility within a human rights framework, Council of Europe, DGI(2019)05, S. 40: "Both the training for ML models, as well as the consequent human clean-up activities to weed out the models' externalities, are often concealed to maintain the mythology of seamless automation.".

19 *Wakefield*, AI: Ghost workers demand to be seen and heard, 28 March 2021: www.bbc.com; vgl. hierzu auch *Kaushik/Lipton/London*, Resolving the Human Subjects Status of Machine Learning's Crowdworkers. https://arxiv.org/pdf/2206.04039.pdf.

der Vergangenheit entwickelt haben, und zugleich der Frage nachzugehen, wie sie sich in der Zukunft möglicherweise weiterentwickeln werden.[20]

a) Phase 1: Algorithmen als regelbasierte Verfahren

Was die Entwicklung der Künstlichen Intelligenz betrifft, so werden in der Literatur häufig drei Phasen unterschieden: Die erste Phase von KI wurde von präzisen regelbasierten Verfahren, also Algorithmen, bestimmt. Diesen kann ein Computer Schritt für Schritt folgen, um zu „entscheiden", wie auf eine bestimmte Situation „intelligent" reagiert werden kann. Insoweit ist häufig von „symbolischer KI" die Rede.[21] Diese hat nach wie vor ihren Platz. Dass sie nicht das letzte Wort sein konnte, liegt an ihrem von vornherein begrenzten Anwendungsbereich: Der Einsatz dieser KI setzt nämlich Umgebungen voraus, die sich im Laufe der Zeit kaum verändern und in denen die Regeln streng und die Variablen eindeutig und quantifizierbar sind. Für die Lösung komplexer Probleme taugt diese Form der KI nicht. Denn derartige Systeme erfordern menschliche Experten, welche ihr Wissen in einer Weise kodieren, die der Computer verstehen kann. Dies schränkt den Grad ihrer „Entscheidungsfähigkeit" erheblich ein. Zwar können Aufgaben automatisch ausgeführt werden, aber letztlich nur nach menschlicher Anweisung. Jede Verbesserung der Systeme erfordert menschliches Eingreifen. Und auch Millionen von Regeln können Probleme nicht lösen, bei denen sich die Variablen fortlaufend ändern.[22]

b) Phase 2: Maschinenlernen, Künstliche Neuronale Netze und Data Mining

Die zweite Phase der KI umfasst dagegen neuere „datengesteuerte" Ansätze. Dies bedeutet: Die KI-Systeme sind selbst lernfähig. Beim sog. Maschinenlernen (*Machine Learning*, ML) werden IT-Systeme in die Lage versetzt, auf der Grundlage vorhandener Datenbestände und Algorithmen Muster und Gesetzmäßigkeiten zu erkennen und eigenständig Lösungen zu entwickeln. Die aus den Daten gewonnenen Erkenntnisse lassen sich verallgemeinern und für neue Problemlösungen oder für die Analyse von neuen Daten verwenden. Was diese Mustererkennung anbelangt, darf man sich nicht täuschen lassen: So ist man geneigt anzunehmen, dass sich z.B. die Musikempfehlungen eines Algorithmus mit der intimen Kenntnis unserer Präferenzen erklären. Doch beruhen diese in Wirklichkeit auf den Verhaltensdaten von Millionen anderer Nut-

---

20 Näher zum Ganzen *Russell/Norvig*: Artificial Intelligence – A Modern Approach, 4th ed., 2022, S. 35ff.

21 Vgl. nur *Boucher*, Artificial Intelligence: How does it work, why does it matter, and what can we do about it?, 2020, S. 2.

22 Vgl. *Boucher*, Artificial Intelligence: How does it work, why does it matter, and what can we do about it?, 2020, S. 2f.

zer und der vom KI-System aufgedeckten Übereinstimmung unseres Verhaltens mit diesem.[23]

Eine besondere Methode des Machine Learning ist das sog. „Bestärkende oder verstärkende Lernen" (*Reinforcement Learning*). Dabei erlernt ein Programm selbstständig eine Strategie und zwar durch Interaktion mit seiner Umgebung und nicht etwa dadurch, dass ihm „vor Augen geführt" würde, welche Aktion in welcher Situation die beste ist.[24] Der Begriff „Tiefes Lernen" (*deep learning*) bezeichnet eine Methode des maschinellen Lernens, die künstliche neuronale Netze (KNN) mit zahlreichen Zwischenschichten zwischen Eingabeschicht und Ausgabeschicht einsetzt und dadurch eine umfangreiche innere Struktur herausbildet.[25] Die dabei eingesetzten Systeme beruhen auf künstlichen Netzen, welche von der Funktionalität des Gehirns inspiriert und Neuronen im Nervensystem nachgebildet sind. Dabei werden Eingaben in Signale übersetzt, welche dann durch ein Netzwerk künstlicher Neuronen geleitet werden. Je mehr Neuronen und je mehr Schichten dem Netzwerk hinzugefügt werden, desto komplexer sind die Probleme, die gelöst werden können. *Deep learning* erfordert Netze mit mindestens zwei versteckten Schichten, die jeweils viele Neuronen enthalten. Mit mehr Schichten können künstliche neuronale Netze abstraktere Konzeptualisierungen von Problemen entwickeln, indem sie diese in kleinere Teilprobleme aufteilen und differenziertere Antworten liefern.[26] Allerdings: Die erhöhte Komplexität der Systeme geht mit einer deutlich verringerten Erklärbarkeit und Transparenz einher.[27] Dabei kann KI zweifellos helfen, Antworten auf zahllose Forschungsfragen zu gewinnen. Doch stellt sich dann das Problem ein, dass Menschen verborgen bleibt, wie die KI zu ihrer Lösung gekommen ist. Dementsprechend gilt es, KI in der Weise weiterzuentwickeln, dass sie nicht nur Antworten, sondern auch die Grundlage für ein „wissenschaftliches Verstehen" derselben liefern kann.[28]

---

23 Vgl. *O'Gieblin*, Prediction Engines Are Like Karma: You Get What You Stream, June 18, 2022: https://www.wired.com/story/prediction-engines-are-like-karma-you-get-what-you-stream/.

24 Vgl. Reinforcement Learning Repository, University of Massachusetts, Amherst: https://all.cs.umass.edu/rlr/; vgl. auch *Russell/Norvig*: Artificial Intelligence – A Modern Approach, 4th ed., 2022, S. 840ff.

25 Näher *Russell/Norvig*: Artificial Intelligence – A Modern Approach, 4th ed., 2022, S. 801ff.

26 Auch hierzu *Boucher*, Artificial Intelligence: How does it work, why does it matter, and what can we do about it?, 2020, S. 3ff.

27 Vgl. etwa auch *Reichwald/Pfisterer*, CR 2016, 208 (212) mit der Überlegung, dass bei zunehmender „Autonomie" von Maschinen „weder die Korrektheit oder ein bestimmtes Verhalten garantiert werden noch eine getroffene Entscheidung in Ermangelung von Protokollierung retrospektiv nachvollzogen werden kann".

28 Optimistisch *Krenn/Pollice/Guo u.a.*, On scientific understanding with artificial intelligence, S. 9. https://doi.org/10.48550/arXiv.2204.01467: „(...) we firmly believe that these research efforts can – within our lifetimes – transform androids into true agents of understanding that will directly contribute to one of the most essential aims of science, namely Scientific Understanding."

Der im Bereich der KI zuletzt zu verzeichnende „Entwicklungssprung" wäre nicht zu erklären, wenn man KI nicht mit dem sog. *Data-Mining* zusammendenkt. Der Begriff bezeichnet einen Bereich der Datenverarbeitung, der sich auf die automatische Identifizierung von Mustern bzw. Anomalien in Datensätzen konzentriert. Beim *Big Data* handelt es sich um Datensätze, die so groß oder komplex sind, dass sie sich mit herkömmlichen Methoden gar nicht mehr oder jedenfalls nur mit Mühe verarbeiten lassen. Dabei muss man sehen, dass heute einerseits enorme Datenmengen existieren, die auf Auswertung warten, und andererseits sowohl die Rechnerleistung als auch die Speicherkapazität vorhanden ist, die diese Auswertung möglich machen. Was die Menge an Daten anbelangt, so hat sich diese zwischen dem Jahr 2012 und dem Jahr 2020 mehr als verdreißigfacht. Dabei gilt: KI treibt die Nachfrage nach Daten an, was zu technologischen Innovationen führt, die auf nichts anderes als darauf zielen, neue Arten von Daten zu sammeln und auszuwerten.[29] Erst in letzter Zeit scheint sich die Einsicht stärker durchzusetzen, dass mehr auf die Qualität als auf die Quantität der Daten geachtet werden sollte.[30]

c) Phase 3: Zukünftige Entwicklung

Während wir uns inmitten dieser zweiten Phase befinden, steht die dritte Phase noch aus. Deshalb ist hier vieles spekulativ. Diskutiert wird u. a. über eine KI, welche über ein weitgehendes Kontextwissen verfügt (*self-explanatory/contextual AI*) und ggf. sogar das eben angesprochene Problem der (eingeschränkten) Erklärbarkeit lösen kann, weil sie „selbsterklärend" ist;[31] eine weitere Angleichung an menschliche Intelligenz (etwa durch Erstellung „digitaler Kopien" des menschlichen Gehirns) und die Schaffung eines „künstlichen Bewusstseins (*artificial consciousness*).[32] Ob sich KI jemals aus ihrem jeweiligen Kontext

---

29 Vgl. dazu nur *Kresge*, Data and Algorithms in the Workplace: A Primer on New Technologies, UC Berkeley Labor Center Working Paper, Technology and Work Program, November 2020, S. 4: „(...) a crucial contributing factor to the success of the technology platforms (...) is their ability to analyze digital data streams and deploy that analysis in a technological system. The systems consist of data-mining, predictive analytics, and machine learning algorithms that identify and segment users into micro-categories of consumers for personalized, targeted advertising. Together, increased volumes of data and the development for new systems for analysis of that data constitute the core of the digital transformation of the economy." Die Autorin beschreibt eindrucksvoll das „Ökosystem von Arbeitnehmerdaten und datengesteuerten Technologien"; ebda., S. 12ff.

30 *Brown*, Why it's time for „data-centric artificial intelligence", June 7, 2022, https://mitsloan.mit.edu/ideas-made-to-matter/why-its-time-data-centric-artificial-intelligence?utm_campaign=Artificial%2BIntelligence%2BWeekly&utm_medium=email&utm_source=Artificial_Intelligence_Weekly_279.

31 Vgl. hierzu *Elton*, Self-explaining AI as an Alternative to Interpretable, in: Goertzel/Panov/Potapovm/Yampolskiy (eds.), Artificial General Intelligence, 13th International Conference, AGI 2020, St. Petersburg, Russia, September 16–19, 2020, Proceedings, 2020, S. 95.

32 Vgl. *Freed*, AI and Human Thought and Emotion, 2019; *ders.*, Report on "AI and Human Thought and Emotion", in: Goertzel/Panov/Potapovm/Yampolskiy (eds.), Artificial General Intelligence, 13th International Conference, AGI 2020, St. Petersburg, Russia, September 16–19, 2020, Proceedings, 2020, S. 116; *Boucher*, Artificial Intelligence: How does it work, why does it matter, and what can we do about it?, 2020, S. 13 ff.

zu lösen vermag, also nicht nur spezifische Probleme angehen kann, sondern sich „allgemein intelligent" verhält, und wie man dies erreicht,[33] ist Gegenstand heftiger Debatten.[34] In jedem Fall handelt es sich aber nicht um ein Gegenwartsproblem.[35] Dementsprechend ist auch die zukünftige „Aufgabenverteilung" zwischen Mensch und Maschine ungeklärt. Plausibel erscheint, dass die absehbare Zukunft einer „hybriden Intelligenz" gehört, in welche im besten Falle beide, Mensch und Maschine, ihre (komplementären) Stärken einbringen.[36]

II. Allgemeine Anwendungsbeispiele

Dass die Entwicklung rasch voranschreitet und bereits heute Anwendungen zumindest greifbar sind, die noch vor kurzer Zeit nicht in Sichtweite lagen, mögen ein paar Beispiele verdeutlichen: Facebook hat ein Projekt gestartet, um einem KI-System beizubringen, Videos zu „verstehen". Das System soll dann auf dieser Grundlage entsprechende Empfehlungen auf Instagram aussprechen. Bemerkenswert ist dabei, dass sich die Software selbst beibringt, Videos zu klassifizieren. Dabei werden sowohl der visuelle Inhalt als auch der Audioinhalt analysiert.[37] Eine Gruppe chinesischer Forscher von Alibaba und der Tsinghua-Universität hat nach eigenen Angaben das bislang größte KI-System für chinesische Sprache geschaffen: Es ist ein multimodales, auf Bilder ebenso wie auf Texte trainiertes System mit ca. 100 Milliarden Variablen. Trainiert wurde es an 1,9 Terrabyte an Bildern und mehr als 292 Gigabyte an Text.[38] Der Einsatz von aus flexiblen Komponenten bestehenden Robotern (*soft-bodied robots*) könnte durch eine neu entwickelte Deep-Learning-Technik einen Schub

---

33 Vgl. *Freed*, AGI Needs the Humanities, in: Goertzel/Panov/Potapovm/Yampolskiy (eds.), Artificial General Intelligence, 13th International Conference, AGI 2020, St. Petersburg, Russia, September 16–19, 2020, Proceedings, 2020, S. 107 mit einer Diskussion verschiedener Bereiche (Schauspiel, Literatur als Forschungsfeld für Imagination und Metaphern, Linguistik, Musik und Hermeneutik), aus denen Inspirationen für neuartige „menschenähnliche" KI bezogen werden könnten.

34 Vgl. *Boucher*, Artificial Intelligence: How does it work, why does it matter, and what can we do about it?, 2020, S. 13 u. 17.

35 Einigen Auftrieb haben „Optimisten" aber jüngst durch einen Beitrag in der renommierten Zeitschrift *Artificial Intelligence* erhalten. Darin legen die Autoren dar, dass *reinforcement learning* eines Tages dazu führen werde, menschliche kognitive Fähigkeiten replizieren *und artificial general intelligence* erreichen zu können. Damit entstünde eine KI, die den Menschen bei fast jeder kognitiven Aufgabe überlegen wäre; vgl. *Silver/Singh/Precup/Sutton*, Reward is enough, in: Artificial Intelligence, October 2021, 103535; kritisch demgegenüber etwa *Vamplew u. a.*, Scalar reward is not enough: A response to Silver, Singh, Precup and Sutton (2021). https://arxiv.org/pdf/2112.15422.pdf.

36 Vgl. nur *Dellermann/Ebel/Söllner/Leimeister*, Hybrid Intelligence, 2018.

37 Fortune March 12, 2021: Facebook reveals A.I. that is already improving Instagram video recommendation.

38 *Junyang/Men/Yang*: M6: A Chinese Multimodal Pretrainer, 2021: https://arxiv.org/abs/2103.00823.

erhalten. Forscher des *Massachusetts Institute of Technology* verwendeten jüngst ein neuronales Netzwerk, um zu planen, wo Sensoren platziert werden sollten, damit die Roboter die beste Form für eine bestimmte Aufgabe annehmen können.[39] Entwickler reaktionsfähiger *soft robots* ließen sich von Ketchupflaschen inspirieren.[40] Das Forschungsunternehmen *OpenAI* hat einen Algorithmus entwickelt, der mithilfe von *Reinforcement Learning* bei allen 55 klassischen Atari-2600-Spielen „übermenschliche" Ergebnisse erzielen kann. Die Bedeutung der Entwicklung geht deshalb weit über den eigentlichen Anwendungsbereich hinaus, weil es den Forschern gelungen ist, die Anwendung mit einer Art Gedächtnis auszustatten: Das System legt ein Archiv aller bisherigen Aktionen und Orte an, die es erkundet hat. Dann wählt es einen Ort aus, um dorthin zurückzukehren und diesen weiter zu erforschen, wobei es eine Art Daumenregel für die Zustände nutzt, die am vielversprechendsten erscheinen.[41]

Zugleich scheint es, als würden viele KI-Anwendungen fast zur „Massenware" werden. Jedenfalls steigt die Zahl von sog. „no code"-KI Plattformen rapide an, also von Software, die es Menschen ohne spezielle Kenntnisse ermöglicht, Algorithmen zu erstellen. So hat zuletzt etwa das Unternehmen *Primer* eine programmierfreie Plattform namens *Automate* entwickelt. Sie befähigt Laien dazu, ein KI-System in etwa 20 Minuten so zu trainieren, dass es seine Aufgaben mit einer Genauigkeit ausführen kann, die menschlichen Fähigkeiten zumindest nahekommt. Da das System mit einem leistungsstarken, vortrainierten KI-Algorithmus arbeitet, der dann nur noch auf die spezifischen Bedürfnisse eines Kunden abgestimmt werden muss, kann es nach Angaben des Unternehmens bereits mit 10 bis 20 Beispielen gute Ergebnisse liefern, wenn diese mit Bedacht ausgewählt wurden.[42]

Manche Entwicklung stimmt uneingeschränkt positiv. So hat beispielsweise das Unternehmen *OpenAI* Methoden entwickelt, die in das Innenleben künstlicher neuronaler Netze blicken und so deren notorisch undurchsichtige Entscheidungsfindung (angeblich) besser interpretierbar machen können. Dabei wurde übrigens aufgedeckt, dass einzelne Neuronen in einem großen neuronalen Netzwerk ein bestimmtes Konzept kodieren können, ein Befund, der Parallelen zu dem aufweist, was Neurowissenschaftler im menschlichen Gehirn entdeckt haben.[43]

---

39 SciTechDaily March 29, 2021: MIT's New Artificial Intelligence Algorithm Designs Soft Robots That Sense.

40 *Amolf*, Responsive soft robots inspired by sputtering ketchup bottle, July 8, 2022. https://techxplore.com/news/2022-07-responsive-soft-robots-sputtering-ketchup.html?utm_campaign.

41 *Ecoffet/Huizinga/Lehman/Stanley/Clune*, First return, then explore, Nature 2021, 580.

42 *https://primer.ai/products/primer-automate.*

43 *Kahn*, What they've found will surprise you, Fortune March 4, 2021.

Manch anderes erscheint zumindest ambivalent, stimmt mindestens nachdenklich oder gibt zu Befürchtungen Anlass. Dies gilt insbesondere dann, wenn man KI mit anderen Technologien „zusammendenkt“. Ein Beispiel bildet die sich rasant entwickelnde sog. „Neurotechnologie“,[44] bei der das Gehirn Schnittstelle für die Kommunikation zwischen dem Bewusstsein des Menschen und informationstechnischen Kommunikationssystemen wird. In der Forschung werden bildgebende Verfahren eingesetzt, um die Funktionsweise des menschlichen Gehirns zu verstehen und die neuronalen Korrelate von mentalen Zuständen und Verhalten zu erkennen. Klinische Anwendungen der Hirnbildgebung sowie anderer Neurotechnologien können das Wohlbefinden von Patienten mit neurologischen Erkrankungen erheblich verbessern und bieten die Aussicht auf neue präventive, diagnostische und therapeutische Werkzeuge. Doch eröffnet sich zugleich die Möglichkeit, „Gedanken auslesen“ zu können. So konnten Wissenschaftler aus der entschlüsselten Hirnaktivität mit 70-prozentiger Genauigkeit bestimmen, welche von zwei alternativen Aktivitäten die Probanden ausführen würden.[45] Dies weist noch über Datenanalyse und Techniken des maschinellen Lernens nutzende Systeme hinaus, die z.B. Bewegungsmuster von Menschen, die von deren Smartphones aufgezeichnet wurden, nutzen, um frühe Anzeichen einer Alzheimer-Erkrankung diagnostizieren zu können.[46] Die immensen Erkenntnismöglichkeiten der Neurotechnologie haben Wissenschaftler veranlasst, die Gewährleistung einer Reihe sog. neuro-rights zu fordern.[47] Konkret fordert die sog. Morningside Group, die sich aus Neurowissenschaftlern aus aller Welt zusammensetzt, die Anerkennung des Rechts auf Identität bzw. die Fähigkeit, sowohl die eigene körperliche als auch die geistige Unversehrtheit zu kontrollieren; (2) des Rechts auf Handlungsfähigkeit, Gedankenfreiheit und den freien Willen, die eigenen Handlungen zu wählen; (3) des Rechts auf geistige Privatsphäre bzw. die Fähigkeit, Gedanken vor Offenlegung zu schützen; (4) des Rechts auf fairen Zugang zu mentaler Augmentation bzw. die Möglichkeit sicherzustellen, dass die

---

44 Zu der immer stärkeren wechselseitigen Beeinflussung von Neurotechnologie bzw. Neurowissenschaft auf der einen und KI auf der anderen Seite etwa *Ienca*, Brain Machine Interfaces, Artificial Intelligence and Neurorights: https://brain.ieee.org/; vgl. auch *Yi/Kang/Enmeng*, Declaration on the ethics of brain-computer interfaces and augment intelligence, AI and Ethics 2021, 209.

45 *Haynes/Sakai/Rees/Gilbert/Frith/Passingham*, Reading Hidden Intentions in the Human Brain, Current Biology 2007, 323.

46 Vgl. insoweit die Studie von *Nieto-Reyes/Duque/Montaña/Lage*, Classification of Alzheimer's Patients through Ubiquitous Computing Sensors 2017, 1679.

47 Vgl nur *Dayton*, Call for human rights protections on emerging brain-computer interface technologies – Industry self-regulation is not enough, say AI researchers: nature index 16 March 2021; *Ienca/Andorno*, Towards new human rights in the age of neuroscience and neurotechnology, Life Sciences, Society and Policy, 2017. *https://doi.org/10.1186/s40504-017-0050-1 2017*; auch *Yuste/Genser/Herrmann*, It's Time for Neuro-Rights – New Human Rights for the Age of Neurotechnology: Horizons, 2021, 154; vgl. auch *Genser/Herrmann/Yuste*, International Human Rights Protection Gaps in the Age of Neurotechnology, 2022.

Vorteile von Verbesserungen der sensorischen und mentalen Fähigkeiten durch Neurotechnologie gerecht in der Bevölkerung verteilt werden; und (5) des Rechts auf Schutz vor algorithmischen Verzerrungen bzw. die Möglichkeit sicherzustellen, dass Technologien keine Verzerrungen bewirken.[48]

---

48 *Yuste/Genser/Herrmann*, It's Time for Neuro-Rights – New Human Rights for the Age of Neurotechnology: Horizons, 2021, 154.

C. Der Einsatz von KI im Arbeitsleben

Auch im Arbeitsleben kommt KI immer stärker zum Einsatz.[49] Dies gilt auch in Deutschland.[50] So berichtete der Chef von Stepstone kürzlich in der FAZ, dass mittlerweile „praktisch alle Einstellungsprozesse (...) in irgendeiner Form digital statt(finden)".[51] Dabei ist der Einsatz von KI vielfältig und umfasst u.U. auch das Führen von Bewerbungsgesprächen durch sog. bots.[52] Besonders weit gediehen ist der Einsatz von KI aber in den USA. Dabei lassen sich v.a. drei Einsatzwecke unterscheiden: Die Personalanalytik (*human resource analytics*), die z.B. auf die Einstellung von Mitarbeitern und die Bewertung ihrer Leistung zielt; das algorithmische Management (*algorithmic management*), das u.a. die Personaleinsatzplanung und die Koordination und Steuerung von Aktivitäten der Mitarbeiter umfasst. Und schließlich die Automatisierung von Aufgaben (*task automation*) etwa durch den Einsatz von Robotern. Bemerkenswert ist dabei, dass der Einsatz von KI häufig mit dem Einsatz anderer Technologien Hand in Hand geht. Für den letztgenannten Bereich, bei dem es um ein Zusammenspiel von KI und Robotik geht, ist dies offensichtlich. Besonders „fruchtbar" ist aber auch das Zusammenwirken von KI und Sensorik. Dabei geht es dann nicht mehr allein darum, Produktionsprozesse zu optimieren, indem Sensoren Temperaturen, Vibrationen, Druck, Füllstände, Feuchtigkeit, Geschwindigkeit, Gewicht, Beschleunigung, Neigung etc. messen und überwachen und KI anschließend diese Messwerte analysiert,[53] sondern auch um den kombinierten Einsatz von Sensorik und KI zur Überwachung und „Steuerung" der Beschäftigten.

Im Folgenden soll zunächst das breite Feld der *Human Resource Analytics* etwas näher beleuchtet werden. Im Anschluss wird dann der Bereich von „KI und

---

49 Vgl. hierzu zuletzt auch *De Stefano/Wouters*, AI and digital tools in workplace management and evaluation – An assessment of the EU's legal framework, May 2022, S. 10ff.

50 Vgl. nur *Thieltges*, ZfP 2020, 3 (19ff.).

51 FAZ v. 31.12.2021, S. 28: „Praktisch alle Einstellungsprozesse finden jetzt in irgendeiner Form digital statt".

52 Vgl. *Johnson*, 7 effective uses of AI in recruitment. https://www.unleash.ai/artificial-intelligence/7-effective-uses-of-ai-in-recruitment/. Die Autorin beschreibt die Vorteile folgendermaßen: „Robots, also known as bots, are now trained to conduct physical interviews as part of the hiring process. These bots use both natural language processing (NLP) and interview analytics to assess the candidate's suitability by skimming their soft skills and personality traits. The use of bots to conduct physical interviews is beneficial to recruiters, as they guarantee consistency in the interview process since the same interview experience is meant to provide equal experiences to all candidates."

53 https://www.industrie-energieforschung.de/forschen/kuenstliche-intelligenz.

Sensorik" in den Blick genommen. Anwendungsbeispiele aus unterschiedlichen Branchen sollen dann das Bild abrunden.

I. Human Resource Analytics

Der Begriff *Human Resource (People) Analytics* beschreibt meist auf großen Datensammlungen basierende digitale Anwendungen, welche z.B. die Leistung von Mitarbeitern messen, analysieren und prognostizieren, Arbeitsplätze gestalten und Fähigkeiten der Mitarbeiter besser erkennen und entwickeln sollen.[54] Als Vorteil von *Human Resource Analytics* gilt, dass die entsprechenden Anwendungen evidenzgestützt arbeiten. Deshalb seien sie, so lautet eine verbreitete Einschätzung, gegenüber Entscheidungen nach dem „Bauchgefühl" deutlich vorzugswürdig.[55] Untersuchungen zufolge nutzen 98 % aller in den Fortune 500 vertretenen Unternehmen in ihren Einstellungsprozessen (Sourcing, Screening, Interview und Auswahl/Ablehnung) sog. Bewerberverfolgungssysteme (*applicant tracking systems*).[56] KI-Anwendungen versprechen, Einstellungsverfahren objektiver zu gestalten und zugleich deutlich zu verkürzen. Dies gilt etwa auch für eine von der Firma *HireVue* entwickelte Software. Diese extrahiert bis zu 25.000 Datenpunkte aus Videointerviews, analysiert dann diese visuellen und verbalen Hinweise und vergleicht dabei Wortwahl, Gesichtsbewegungen, Körpersprache und Tonfall, um auf bestimmte Persönlichkeitsmerkmale schließen und damit die besten Kandidaten für eine bestimme Aufgabe identifizieren zu können.[57] Auch im Übrigen scheinen sich *Human Resource Analytics* auf einem Siegeszug zu befinden. Nach einer aktuellen Studie sind die Personalabteilungen der Unternehmen mittlerweile sogar noch stärker datengesteuert als die Finanzabteilungen; KI und Maschinenlernen sind dabei wesentliche Treiber.[58]

---

54 Vgl. *Moore*, Data subjects, digital surveillance, AI and the future of work, 2020, S. 18; vgl. auch *Collins/Fineman/Tsuchida*, People analytics: Recalculating the route, Global Human Capital Trends, Deloitte Insights, February 28, 2017, mit folgenden Zielen von HR Analytics: "to measure, report and understand employee performance, aspects of workforce planning, talent management and operational management".

55 Vgl. hierzu nur *Huff/Götz*, NZA-Beilage 2019, 73.

56 So *Sánchez-Monedero/Dencik/Edwards*, What Does It Mean to 'Solve' the Problem of Discrimination in Hiring?, 2019.

57 Vgl. *McGuire*, There's no going back: how AI is transforming recruitment, Personnel Today 20 January, 2021; außerordentlich skeptisch gegenüber dieser Technik zuletzt etwa *Ajunwa*, An Auditing Imperative for Automated Hiring Systems, Harvard Journal of Law & Technology 2021, 1 (19).

58 HR Gazette „People Analytics: 10 Trends to Watch in 2020": https://hr-gazette.com/people-analytics-10-trends-to-watch-in-2020.

Human Resource Analytics erlauben die zielgerichtete Nutzung von Daten und Datenanalysen im Personalmanagement in Verbindung mit anderen Unternehmensdaten zur Unterstützung personalwirtschaftlicher Entscheidungen und Prozesse.[59] KI dient in diesem Zusammenhang dazu, Ursache-Wirkungs-Zusammenhänge im Unternehmen zu identifizieren (z.B. die Ursachen für eine hohe Fluktuation) und zukünftige Entwicklungen und Ereignisse zu prognostizieren.[60] Dabei erfolgt der Einsatz aufgrund umfassender Softwarelösungen, mit der sich das gesamte Unternehmen durchdringen lässt und die Informationen auch Nutzern ohne Vorkenntnisse zur Verfügung gestellt werden können. Das Versprechen von *Human Resource Analytics* ist, dass „datengestützte Erkenntnisse (helfen), wirksame Strategien für kritische Herausforderungen zu entwickeln und das Personalmanagement agil und zielwirksam an den Erfordernissen im Unternehmen auszurichten".[61] *Human Resource Analytics* begegnen in zahlreichen Facetten. Doch gibt es zwei verbindende Elemente: (1) die Suche nach neuen Pools quantitativer Daten, die mit dem Geschäfts- und Beschäftigungserfolg korrelieren, und (2) die Nutzung solcher Daten, um subjektive menschliche Entscheidungen durch (vermeintlich) objektive Entscheidungen zu ersetzen.[62]

Ein Anwendungsbeispiel für *HR Analytics* bildet die sog. *data-enhanced leadership*, wo Führungskräfte durch ihre Mitarbeiter unter verschiedenen Gesichtspunkten bewertet werden. Dabei lässt sich die Führungsqualität ggf. auch in einem Ursache-Wirkungs-Zusammenhang betrachten, so dass Aussagen dazu möglich werden, welche Verhaltensweise einer Führungskraft welche Reaktion bei den Mitarbeitern ausgelöst, also z.B. dort zu erhöhter Arbeitszufriedenheit geführt hat. Die Ergebnisausgabe kann aggregiert für den eigenen Verant-

---

59 *Huff/Götz*, NZA-Beilage 2019, 73 (73); vgl. zum Ganzen auch *Chalutz Ben-Gal*, Human Resources Based Organizational Data Mining (HRODM): Themes, Trends, Focus, Future (2020).

60 Skeptisch Nowotny, In AI we trust: power, illusion and control of predictive algorithms, 2021. Dem Vertrauen in die „Vorhersagekraft" von Algorithmen entspricht häufig die Vorstellung einer „ethischen KI", skeptisch aber zuletzt z.B. *Gill*, AI & SOCIETY 2022, 411 (in ihrer Besprechung des genannten Buchs): „In seeking certainty in algorithmic predictions, we are in danger of 'renouncing the inherent uncertainty of the future and replacing it with the dangerous illusion of being in control'. There is also a tacit assumption and misplaced confidence that smart AIs would ultimately take care of the unresolved ethical, transparency and accountability conficts when we are able to develop computational tools 'to assess the performance and output quality of deep learning algorithms and to optimise their training'. The danger is that 'we end up trusting the automatic pilot while flying blindly in the fog', becoming part of a fine-tuned and inter-connected predictive system, thereby diminishing our motivation and ability to stretch the boundaries of imagination."

61 *Huff/Götz*, NZA-Beilage 2019, 73 (73). Allerdings scheint es, als würden sich die mit dem Einsatz von People Analytics verbundenen Erwartungen nicht immer erfüllen; vgl. nur *Marabelli/Vaast/Carlile*, Making Lemonade: Dealing with Analytics Surveillance in the Workplace, Academy of Management Annual Meeting, 2020.

62 So *Bodie/Cherry/McCormick/Tang*, The Law and Policy of People Analytics, Saint Louis U. Legal Studies Research Paper No. 2016-6, 1 (11f.).

wortungsbereich erfolgen. Doch ist ebenso denkbar, dass die Qualitäten der Führungskräfte gleichsam „von oben“ betrachtet und bewertet werden, und zwar insbesondere auch vergleichsweise.[63]

Ein weiteres Anwendungsbeispiel stellen Fluktuationsanalysen und Fluktuationsprognosen dar. Über derartige Analysen lassen sich etwa die Fluktuationsrate und die Fluktuationskosten für verschiedene Mitarbeitergruppen berechnen. Vielleicht noch interessanter ist die Fluktuationsprognose. Dabei lässt sich auf der Grundlage eines aus Vergangenheitsdaten erlernten Ursache-Wirkungs-Zusammenhangs für jeden Mitarbeiter ein individuelles zukünftiges Fluktuationsrisiko berechnen, und zwar, aufgrund der Möglichkeit der Verknüpfung mit neuen Daten, in Echtzeit. Da das vorzeitige Ausscheiden von Leistungsträgern für das Unternehmen besonders schmerzhaft und kostenintensiv wäre (sog. *regretted leavers*), lohnt es sich, rechtzeitig präventive Maßnahmen zu ergreifen.[64] Allerdings bestehen gerade hier erkennbar Missbrauchsgefahren.[65]

Bemerkenswerterweise befinden sich manche Anwendungen von *Human Resource Analytics* an der Schnittstelle zu dem, was man in den USA als *Gamification* bezeichnet. Auch in Deutschland lässt sich das Phänomen zunehmend beobachten.[66] Dabei kommen spielerische Elemente zum Einsatz, was aus Arbeitnehmersicht eine willkommene Abwechslung sein mag, aber nicht ohne Gefahren ist. In der Literatur heißt es dazu: „In der Personalanalytik werden Spiele aufgrund ihrer Vorhersagekraft eingesetzt, oft um bestimmte Fähigkeiten oder Eignungen zu quantifizieren oder zu messen oder um Jobkandidaten zu überprüfen.[67] Die Antworten eines Bewerbers in einem Computerspiel können einem (potenziellen) Arbeitgeber sagen, wie dieser Bewerber auf eine berufliche Herausforderung reagieren wird. Gleichzeitig kann ein Spiel als Teil eines Vorstellungsgesprächs die Kandidaten dazu ermutigen, zu spielen, Spaß zu haben, sich zu entspannen und vielleicht ihre Vorsicht fallen zu lassen. Die

63 *Huff/Götz*, NZA-Beilage 2019, 73 (77).

64 *Huff/Götz*, NZA-Beilage 2019, 73 (77).

65 So auch *Huff/Götz*, NZA-Beilage 2019, 73 (78): „So ist bei falscher Konzeption für den Arbeitgeber nicht nur erkennbar, wer in der Belegschaft besonders wertvoll ist und sich „auf dem Absprung“ befindet, sondern auch, wer unproduktiv, unzufrieden und damit unliebsam in den Augen der Vorgesetzten ist.“; vgl. hierzu auch *Renan Barzilay*, Data Analytics at Work: A View From Israel on Employee Privacy and Equality in the Age of Data-Driven Employment Management, Compararative Labor Law & Policy Journal 2019, 421.

66 Vgl. insoweit nur BAG, NZA 2021, 552 zum Rechtsstatus eines Crowdworkers (unter Rn. 50), wonach das beklagte Unternehmen „durch die Inaussichtstellung von Erfahrungspunkten und den damit verbundenen Vorteilen den „Spieltrieb“ der Nutzer an[regte] mit dem Ziel, diese dadurch zu einer regelmäßigen Beschäftigung zu bewegen“.

67 Das sog. Recruitainment; vgl. hierzu auch: Gamification goes Recruiting – Wird der neue Job in Zukunft erspielt?, euroforum 22.8.2017.

Erwartung ist, dass die Kandidaten ihr „wahres Gesicht" zeigen, anstatt den gestelzten und vielleicht eingeschränkten Eindruck zu erwecken, den ein Kandidat normalerweise in einem persönlichen Gespräch zeigt".[68] So hat etwa das Start-up *Knack* Spiele entwickelt, welche die Teilnehmer zu unzähligen Entscheidungen, Aktionen und Reaktionen anhalten. Dieses sog. „Mikroverhalten" wird dann anschließend von Algorithmen mit dem Ziel der Erstellung einer aussagekräftigen Potenzialanalyse ausgewertet.[69]

Rasant an Bedeutung gewinnt im Zusammenhang mit *Human Resource Analytics*, was man *Organisational Network Analysis* (ONA) oder *Relationship Analytics* nennt. Dabei werden Stärke, Häufigkeit und Art der Interaktionen von Menschen in einem beruflichen Netzwerk bestimmt, um daraus Muster ihrer Zusammenarbeit zu entwickeln. KI macht es möglich, Kommunikations- und Kollaborationssysteme im Unternehmen zu identifizieren und auf Echtzeitbasis zu analysieren.[70] So lässt sich z.B. zeigen, wie stark Unternehmensbereiche miteinander vernetzt sind, wie hoch der Wissenstransfer tatsächlich ist (z.B. durch Dateiuploads), wie sich die Stimmung im Unternehmen darstellt und wo die Meinungsbildner oder Experten im Unternehmen zu finden sind.[71]

Bemerkenswert ist bei alldem zweierlei: Zum einen ist *Human Resource Analytics* längst keine separate Aufgabe einiger Spezialisten mehr, sondern in alle Prozesse und Abläufe im Unternehmen eingebettet. Zum anderen ist das Analyse-Team stets „auf der Höhe", da die relevanten Daten laufend aktualisiert und neu ausgewertet werden. KI dient dann dazu, Betrugsmuster vorherzusagen, Vertrauensnetzwerke zwischen Beschäftigten aufzudecken, Interaktionen zwischen den Beschäftigten auszuleuchten, Zusammenhänge zwischen Coaching und Engagement der Mitarbeiter aufzuzeigen und auch Muster für das Zeitmanagement der Beschäftigten zu bestimmen. Dabei klingen die Begründungen für den Einsatz von KI nicht selten geradezu fürsorglich, wenn z.B. die

---

68 *Bodie/Cherry/McCormick/Tang*, The Law and Policy of People Analytics, 1 (13 f.).

69 *Bodie/Cherry/McCormick/Tang*, The Law and Policy of People Analytics, 1 (16).

70 Eines der Unternehmen, welche ONA anbieten, wirbt hierfür folgendermaßen: „In today's hyper-connected workplaces, organizational relationship networks are opening up new data insights into how employees communicate, collaborate and influence each other to get their work done. Research shows the average employee sustains around 130 work relationships at any one time. These networks are a key asset for individuals and organizations alike; however, until now these relationships have not been visible or accessible to the organization. TrustSphere's People Analytics solutions leverage Relationship Analytics and Organizational Network Analysis across enterprise communication and collaboration systems on a real-time basis. Without ever looking at content, TrustSphere analyzes digital interactions across the organization. Proprietary algorithms generate a range of actionable insights that enable HR and Talent Management teams to make better data-driven decisions around.": https://www.trustsphere.com/ona-for-people-analytics.

71 Wikipedia „People Analytics".

Auswertung von Reisedaten und anderen Daten der Beschäftigten dazu dienen soll, „ihr Energieniveau, ihr Wohlbefinden und ihre Leistung zu verbessern".[72]

II. KI und Sensorik

Einen breiten Anwendungsbereich findet KI auch bei der Verarbeitung sog. soziometrischer Daten. So lassen sich etwa mit am Körper befestigten Sensorbändern (*wearables*) unterschiedliche Informationen über das Verhalten von Personen sammeln, die von der Dauer von Gesprächen (mit jeweiligen Gesprächsanteilen), der Stimmlage und Gestik (Arm- und Handbewegungen, Nicken, Gesichtsausdrücke)[73] bis zur räumlichen Positionierung reichen. Auf der Basis der gesammelten Daten soll es dann gelingen, den Erfolg von Teams zu prognostizieren. Auch lassen sich sog. „Datensignaturen" entwickeln, mit der sich z.B. eine natürliche, charismatische Führungskraft beschreiben lässt. Eine derartige Datensignatur wird dann als Benchmark in eine App integriert, so dass Führungskräfte „in Echtzeit" überprüfen können, ob sie das geforderte Kommunikations- und Führungsverhalten an den Tag legen.[74] Über die Spiel-App des Anbieters *Knack* lassen sich Daten zu individuellem Entscheidungsverhalten (Dauer des Überlegens, Reihenfolge des Handelns, Art der Problemlösung etc.) sammeln. Diese Daten werden dann genutzt, um Eigenschaften der Beteiligten (wie z.B. Kreativität und soziale Intelligenz) zu messen und ggf. auch die Innovationsfähigkeit einzelner Mitarbeiter prognostizieren zu können.[75]

Interessanterweise machen sich nicht wenige Anwendungen den Trend zur Steigerung von Gesundheit und Wohlbefinden zunutze. Mit Hilfe von (Beschleunigungs- und Infrarot-)Sensoren lassen sich Daten erheben, die im Zusammenhang mit (emotionalem) Wohlbefinden und (geistiger) Gesundheit stehen mögen, aber durchaus auch mit Blick auf die Steigerung der Produktivität von Arbeitnehmern Bedeutung haben.[76] Dabei kommen nicht selten gra-

---

72 Vgl. *Fineman*: People analytics: Recalculating the route, Deloitte Insights, 2017.

73 Viel Aufmerksamkeit hat in der Presse der Fall eines Amazon-Fahrers gefunden, der sich gegen die Installation einer Kamera in seinem Fahrzeug wehrte, welche permanent Gesichtsausdruck und Körperbewegungen registrierte: For this Amazon van driver, AI surveillance was the final straw, news.trust, 27.3.2021; vgl. neuerdings auch: Amazon Delivery Drivers Forced to Sign 'Biometric Consent' Form or Lose Job, Vice report, March 23, 2021.

74 *Kaiser/Kraus*, ZfO 2014, 379 (380).

75 *Kaiser/Kraus*, ZfO 2014, 379 (380).

76 Vgl. *Moore*, Data subjects, digital surveillance, AI and the future of work, 2020, S. 21 mit einem Hinweis auf die sog. „Qantified Self"-Bewegung. Dabei handelt es sich um ein Netzwerk aus Anwendern und Anbietern von Methoden sowie Hard- und Softwarelösungen, mit deren Hilfe sich z.B. umwelt- und personenbezogene Daten aufzeichnen, analysieren und auswerten lassen; vgl. wikipedia „Quantified Self".

fische Benutzeroberflächen (*dashboards*) zum Einsatz, die der Visualisierung der Daten dienen. Die Etablierung gemeinsamer Dashboards kann viele Gründe haben, ist aber sicher auch ein geeignetes Mittel, um für Wettbewerb zwischen den Mitarbeitern zu sorgen. Schon heute können Anwendungen den Kalorienverbrauch in Abhängigkeit von Aktivität und Herzfrequenz ermitteln. Berichtet wird davon, dass Google an einer Linse arbeitet, welche aus der Tränenflüssigkeit den Blutzuckerspiegel einer Person bestimmen kann. Winzige LED-Lichter, die die Linse umgeben, sollen anzeigen, wann dieser einen bestimmten Schwellenwerte erreicht hat. Intelligente Linsen hätten überdies die Fähigkeit, einen Messwert pro Sekunde zu erfassen und so Informationen über sich ändernde Blutzuckerwerte zu ermitteln. Ein weiterer schnell wachsender Forschungs- und Entwicklungsbereich ist die Erkennung und Messung von Emotionen. Dabei wird der Oxytocin-Spiegel von Menschen bestimmt, um zu ermitteln, was diese „wirklich fühlen" (*sentiment analysis*).[77] In dieselbe Richtung gehen KI-Technologien, welche emotionale Reaktionen „in Echtzeit" registrieren sollen, indem sie „Gesichtsausdrücke entschlüsseln, Sprachmuster analysieren, Augenbewegungen überwachen und neurologische Immersionsstufen messen".[78] Gerade die *employee experience* gilt vielen als Hoffnungsträger. Dabei soll für Unternehmen durch die kombinierte Analyse aus einer Vielzahl von Quellen stammender qualitativer und quantitativer Mitarbeiterdaten erfahrbar werden, wie ihre Mitarbeiter „ticken". Die Resultate werden vielfach als „win-win" beschrieben, da nicht nur das Engagement, das Wohlbefinden, die Leistung und die Mitarbeiterbindung, sondern auch die Profitabilität des Unternehmens gesteigert werde.[79]

Generell scheint es, als würde KI immer stärker genutzt, um (innere) Eigenschaften von Personen aufzudecken. Längst geht es nicht mehr nur darum, die „Vertrauenswürdigkeit" einer Person, etwa aufgrund ihres Zahlungsverhaltens und anderer Finanzinformationen, zu ermitteln. Vielmehr wird ganz allgemein auf Kommunikationsdaten und Beziehungen in sozialen (Online-)Netzwerken zurückgegriffen.[80] Berichtet wird in der Literatur u. a. über Experimente zur Erkennung von emotionalen Zuständen anhand von Tastaturanschlägen;[81]

---

77 Vgl. *Purdy/Zealley/Maseli, O.* (2019). The Risks of Using AI to Interpret Human Emotions, November 18, 2019. https://hbr.org/2019/11/the-risks-of-using-ai-to-interpret-human-emotions.

78 Vgl. *Moore*, Data subjects, digital surveillance, AI and the future of work, 2020, S. 23.

79 HR Gazette „People Analytics: 10 Trends to Watch in 2020": https://hr-gazette.com/people-analytics-10-trends-to-watch-in-2020.

80 Vgl. *Wei/Yildirim/ Van den Bulte*, Credit Scoring with Social Network Data, Marketing Science 2016, 234. Die Autoren sehen die Gefahr, dass Personen ggf. ihr Sozialverhalten ändern, um ihre Kreditwürdigkeit zu erhöhen; ebda, 250. Diese und alle nachfolgenden Beispiele bei *Orwat*, Diskriminierungsrisiken durch Verwendung von Algorithmen, 2020, S. 11.

81 *Epp/Lippold/Mandryk*, Identifying emotional states using keystroke dynamics, Proceedings of the SIGCHI Conference on Human Factors in Computing Systems, 2011, 715.

zur Ableitung sensibler Informationen (einschließlich des Gesundheitszustands) aus Telefon-Metadaten;[82] zur Erkennung von Emotionen und der Entwicklung von psychodemografischen „Profilen" auf Basis von Daten aus dem Online-Netzwerk Twitter;[83] zur Identifizierung krimineller Neigungen[84] und genetisch bedingter Krankheiten mithilfe automatisierter Gesichtserkennung;[85] zur Bestimmung der sexuellen Orientierung auf Basis von Facebook-Kontaktlisten[86] und zur Identifikation von psychologischen Eigenschaften aus „digitalen Fußabdrücken" wie „Likes" oder Posts im Online-Netzwerk Twitter;[87] zur Bestimmung verschiedener Persönlichkeitsmerkmale, wie sexuelle Orientierung, ethnische Zugehörigkeit, religiöse und politische Einstellungen, Alter, Geschlecht oder Intelligenz aus „Likes" auf Facebook[88] und zur Erkennung der sexuellen Orientierung, insbesondere der Homosexualität, aus Bildern von Personen.[89] Für Aufsehen hat zuletzt ein Bericht gesorgt, wonach es chinesischen Forschern gelungen sein soll, eine Software zu entwickeln, die die Loyalität von Mitgliedern der Kommunistischen Partei an ihrem Gesichtsausdruck erkennen kann.[90] Ob und inwieweit KI entsprechende Aussagen wirklich seri-

---

82 *Mayer/Mutchler/Mitchell*, Evaluating the privacy properties of telephone metadata; in: Proceedings of the National Academy of Sciences 2016, 5536 (5540). Die Autoren kommen zu dem Schluss, dass sich aus Telefon-Metadaten nicht selten hochsensible Erkenntnisse ableiten lassen, wenn sie mit Daten aus anderen, leicht zugänglichen Quellen kombiniert werden.

83 *Volkova/Bachrach*, On Predicting Sociodemographic Traits and Emotions from Communications in Social Networks, in: Cyberpsychology, Behavior, and Social Networking 2015, 726 (735).

84 *Wu/Zhang*, Automated inference on criminality using face images 2016, 4038 (4052). Die Autoren nehmen aufgrund umfangreicher Experimente und strenger Kreuzvalidierungen an, dass datengesteuerte Gesichtsklassifikatoren durch überwachtes maschinelles Lernen in der Lage sind, zuverlässige Rückschlüsse auf die Kriminalität zu ziehen.

85 *Gurovich u.a.*, Identifying facial phenotypes of genetic disorders using deep learning; in: Nature medicine 2019, 60.

86 *Jernigan/Mistree*: Gaydar: Facebook friendships expose sexual orientation; in: First Monday, 2009, No. 10

87 *Matz/Netzer*, Using Big Data as a window into consumers' psychology; in: Current Opinion in Behavioral Sciences 2017, 7.

88 *Kosinski/Stillwell/Graepel/Thore*, Private traits and attributes are predictable from digital records of human behavior; in: Proceedings of the National Academy of Sciences, 2013, 5802 (5805): "We show that a wide variety of people's personal attributes, ranging from sexual orientation to intelligence, can be automatically and accurately inferred using their Facebook Likes. Similarity between Facebook Likes and other widespread kinds of digital records, such as browsing histories, search queries, or purchase histories suggests that the potential to reveal users' attributes is unlikely to be limited to Likes. Moreover, the wide variety of attributes predicted in this study indicates that, given appropriate training data, it may be possible to reveal other attributes as well."

89 *Kosinski/Wang*, Deep neural networks are more accurate than humans at detecting sexual orientation from facial images; in: Journal of Personality and Social Psychology, 2018, 246. Die Autoren meinen zeigen zu können, dass Gesichter viel mehr Informationen über die sexuelle Orientierung preisgeben, als vom menschlichen Gehirn wahrgenommen oder interpretiert werden kann.

90 China Boasts of 'Mind-reading' Artificial Intelligence that Supports 'AI-tocracy'. https://www.voanews.com/a/china-boasts-of-mind-reading-artificial-intelligence-that-supports-ai-tocracy-/6651986.html?tpcc.

ös treffen können oder es sich um „Quacksalberei" handelt, wird in der Literatur unterschiedlich beurteilt.[91]

Was nun wieder speziell den Bereich des Arbeitslebens betrifft, so stehen zahlreiche KI-Anwendungen im Kontext der Überwachung der Arbeitsleistung und Produktivitätssteigerung.[92] Beispielhaft genannt seien hier nur Systeme der elektronischen Leistungsüberwachung. Diese umfasst die Überwachung von E-Mails, das Abhören von Telefonen, die Verfolgung von Computerinhalten und Nutzungszeiten, die Videoüberwachung und das GPS-Tracking. Die dabei gesammelten Daten sollen Hinweise auf die Produktivität der Beschäftigten liefern, geben aber auch Aufschluss über Standort, E-Mail-Nutzung, Intensität des Surfens auf Websites, Druckernutzung, Telefonnutzung und Tonfall sowie Bewegungen während eines Gesprächs.[93] Als Vorteil des Einsatzes von KI wird dabei beschrieben, dass Daten in Echtzeit genutzt werden können: „Die Tage der jährlichen Leistungsbeurteilung sind gezählt. Stattdessen nutzen Manager zunehmend Echtzeit-Datenanalysen, um die treibenden Kräfte für die Leistung ihrer Mitarbeiter zu identifizieren und auf diese Weise sofort umsetzbare Informationen für Feedback, Beförderungen, Vergütung, Kompetenzentwicklung und Karriereplanung zu erhalten".[94]

III. Anwendungsbeispiele aus unterschiedlichen Branchen

In den USA findet sich KI mittlerweile in fast allen Branchen.[95] Besonders weit verbreitet ist KI in Callcentern, wo sog. *labor-management-systems* zum Einsatz kommen. In dieser Branche hat die Pandemie dazu geführt, dass viele Mitarbeiter von zuhause aus arbeiten. Dabei werden sie von KI umfassend kontrol-

---

91 Vgl. dazu *Narayanan*, How to recognize AI snake oil (Foliensatz). https://www.cs.princeton.edu/~arvindn/talks/MIT-STS-AI-snakeoil.pdf.

92 Vgl. hierzu auch *Spencer/Cole/Joyce/Whittaker/Stuart*, Digital Automation and the Future of Work, European Parliamentary Research Service 2021, S. 38 f. Im Vereinigten Königreich gaben bei einer Umfrage drei von fünf Arbeitnehmern an, im vergangenen Jahr am Arbeitsplatz überwacht worden zu sein, wobei die Überwachung von Geräten und Telefongesprächen während der Pandemie wohl stark zugenommen hat; vgl. *Reece*, Workers say no to increased surveillance since COVID-19. https://www.tuc.org.uk/blogs/workers-say-no-increased-surveillance-covid-19.

93 Vgl. nur *Moore*, The Quantied Self in Precarity – Work, Technology and What Counts, 2018, S. 146 ff.; auch *Ball*, Electronic Monitoring and Surveillance in the Workplace – Literature review and policy recommendations, 2021.

94 HR Gazette „People Analytics: 10 Trends to Watch in 2020": https://hr-gazette.com/people-analytics-10-trends-to-watch-in-2020.

95 Die nachfolgenden Beispiele sind einer aktuellen Studie des UC Berkeley Labor Center entnommen; vgl. *Bernhardt/Kresge/Suleiman*, Data and Algorithms at Work – The Case for Worker Technology Rights, November 2021.

liert. Häufig kommen auch Videoüberwachungssysteme zum Einsatz, zu deren Duldung sich die Beschäftigten vertraglich verpflichten mussten.[96] Wird dabei ein Fehlverhalten festgestellt, z.B. in Gestalt der unzulässigen Nutzung eines Mobiltelefons, sendet das System Benachrichtigungen an den Vorgesetzten, der dann umgehend eingreifen kann. Häufig zum Einsatz kommt auch ein Programm, welches die Gespräche von Callcenter-Mitarbeitern und Kunden aufzeichnet. Basierend auf einer Analyse der Kundenstimmung und des Verhaltens der Mitarbeiter liefert das System in Echtzeit visualisierte Verhaltensanweisungen für die Mitarbeiter und regt diese zu mehr Einfühlungsvermögen, einer effizienteren Gesprächsführung oder dazu an, mehr Selbstvertrauen an den Tag zu legen. Vorgesetzte können permanent auf dieses Dashboard zugreifen. Dieses enthält auch einen „Kundenerfahrungs-Score", der auf den Leistungskennzahlen des Mitarbeiters wie Anrufeffizienz, Umsatz und Kundenzufriedenheit beruht. Der Anbieter *Cogito* wirbt für sein System sog. erweiterter Intelligenz (*augmented intelligence*)" folgendermaßen: „KI kann Signale lesen, die von Stimmen in Gesprächen übermittelt werden, um Verhaltensänderungen vorzuschlagen, damit die Interaktion erfolgreich und produktiv bleibt". Dabei wird ein Gespräch millisekundenweise in über 200 verschiedene stimmliche und nonverbale Signale aufgespalten, wobei diese dann analysiert und mit Millionen von Gesprächen aus der firmeneigenen Datenbank abgeglichen werden.[97]

Ein wichtiges Einsatzfeld von KI sind auch Lagerhäuser und Vertriebszentren.[98] Hier misst KI die Produktivität der Mitarbeiter. Erfasst werden die Daten von *Wearables*, die am Körper getragen werden. Gemessen werden etwa Scan-Raten, die Zahl fehlerhafter Scans und die Dauer von Unterbrechungen zwischen den Scans. Einige Systeme zeigen die Produktivitätsergebnisse in Gestalt von Ranglisten an. Die Vorgesetzten erhalten laufend die Produktivitätskennzahlen der Mitarbeiter. Zudem können die Systeme automatische Mitteilungen an die Personalabteilung senden. Berichten zufolge sprechen KI-Systeme ggf. auch automatisch Kündigungen aus.[99] Andere Systeme weisen Mitarbeitern konkrete Aufgaben zu. Sog. „Lead-me"-Wagen leiten die Arbeiter von einem Lagerort zum anderen, bestimmen das Arbeitstempo und geben Anwei-

---

96 Vgl. *Solon*, Big Tech Call Center Workers Face Pressure to Accept Home Surveillance, NBC News, August 8, 2021: https://www.nbcnews.com/tech/tech-news/big-tech-call-center-workers-face-pressure-accepthome-surveillance-n127622.

97 Cogito Corporation, Augmented Intelligence in the Contact Center: The Why, What, and How, 2020. https://cogitocorp.com.

98 Vgl. *Bernhardt/Kresge/Suleiman*, Data and Algorithms at Work – The Case for Worker Technology Rights, November 2021, S. 7f.

99 *Lecher*, How Amazon Automatically Tracks and Fires Warehouse Workers for Productivity, The Verge, August 25, 2019. https://www.theverge.com/2019/4/25/18516004/amazon-warehouse-fulfillment-centers-productivity-firing-terminations.

sungen, welches Produkt und welche Menge an Artikeln an einer bestimmten Station entnommen werden soll.[100] Auch in diesem Bereich ist ein gewisses Maß an *Gamification* zu verzeichnen. Dabei werden – (angeblich) zu Motivationszwecken – sog. „Fitbit-Wettbewerbe" veranstaltet, wobei nicht selten eine Schicht gegen eine andere antritt.[101] In Amazon-Lagerhäusern sind neben den Arbeitsplätzen der Mitarbeiter Bildschirme installiert, auf denen einfache Spiele laufen. Das Zusammenstellen von Bestellungen und das Bewegen von Artikeln werden in virtuelle Bewegungen in einem Spiel übersetzt. Je schneller jemand also z.B. Artikel auswählt und in eine Kiste legt, desto schneller fährt sein Auto auf einer virtuellen Strecke.[102]

Weit verbreitet ist KI auch im Einzelhandel und in Lebensmittelgeschäften. KI-Systeme werten Daten aus, um die Kundennachfrage vorherzusagen und Entscheidungen über den effizientesten Personaleinsatz zu treffen. Dabei werden die Einsatzpläne angepasst, sobald neue Daten verfügbar sind. Eines der in diesem Bereich eingesetzten Systeme schätzt die Verkaufsproduktivität jedes Mitarbeiters und erstellt auf der Grundlage der entsprechenden Werte Zeitpläne. Dabei erlaubt es das Programm, auch Präferenzen der Mitarbeiter zu berücksichtigen. Doch wird berichtet, dass die entsprechende Funktion häufig nicht freigeschaltet ist.[103] Einer der größten Lebensmittel-Lieferdienste ermöglicht es den Kunden, die Arbeiter beim Zusammenstellen und Einscannen der Artikel zu überwachen und auch mit ihnen zu kommunizieren. Der Kunde erhält Benachrichtigungen über die geschätzten Lieferzeiten. Dabei kann er die Leistung der Beschäftigten unmittelbar bewerten. Das System misst die Genauigkeit der Mitarbeiter, die Geschwindigkeit bei der Ausführung von Bestellungen und den Grad, in dem sie sich in Chats mit Kunden an ein vorgegebenes Skript halten. Diese Informationen werden mit den Kundenbewertungen zusammengeführt. Die Mitarbeiter erhalten regelmäßig Benachrichtigungen über ihre Leistung. Werden Geschwindigkeits- und Qualitätsstandards nicht eingehalten, lässt sich dies umstandslos sanktionieren.[104] Dabei wird die Überwachung der Mitarbeiter gewissermaßen auf die Kunden ausgelagert, was sich

100 Vgl. zum Ganzen auch *Dzieza*, Robots Aren't Taking Our Jobs – They're Becoming Our Bosses. The Verge, February 27, 2020. https://www.theverge.com/2020/2/27/21155254/automation-robots-unemployment-jobs-vs-human-google-amazon.

101 *McCrea*, Labor Management Systems (LMS), The New Age of Employee Engagement, Logistics Management, June 3, 2020. https://www.logisticsmgmt.com.

102 *Vincent*, Amazon Turns Warehouse Tasks into Video Games to Make Work „Fun", The Verge, May 22, 2019. https://www.theverge.com/2019/5/22/18635272/amazon-warehouse-working-conditions-gamification-video-games.

103 Vgl. *Bernhardt/Kresge/Suleiman*, Data and Algorithms at Work – The Case for Worker Technology Rights, November 2021, S. 9.

104 Vgl. auch *Bhuiyan*, Instacart shoppers say they face unforgiving metrics: It's a very easy job to lose, Los Angeles Times. August 27, 2019. https://www.chicagotribune.com/business.

wohl als äußerst effektiv erweist.[105] Bei einer anderen Plattform werden die ermittelten Leistungskennzahlen in einen „Entlohnungsalgorithmus" übersetzt, wobei die Berechnung der Entlohnung, Berichten zufolge, häufig dunkel bleibt und nicht selten auch gleichheitswidrig erscheint.[106]

Im Transportwesen dient der Einsatz von KI in erster Linie der Überwachung der Mitarbeiter. So sind viele LKWs mit Sensoren ausgestattet, die Standort, Brems- und Beschleunigungsmuster, Häufigkeit von Fahrspurwechseln, Geschwindigkeit und Anschnallverhalten messen. Zusätzlich zeichnen Dashcams und Audioaufzeichnungstechnologien die Aktivitäten des Fahrers in der Lkw-Kabine auf. Diese Daten werden dann weiter analysiert, wobei auch Bildverarbeitungssysteme, Gesichtsanalyse und Objekterkennung zum Einsatz kommen. Insbesondere die Videoüberwachung ist der einfachen Aufzeichnung durch eine Kamera längst entwachsen. Dies liest sich dann in einer Fachzeitschrift folgendermaßen: „Konnektivität, komplexe Algorithmen und umfangreiche Datensätze verwandeln diese Produkte in leistungsstarke Sicherheits- und Effizienzwerkzeuge. Videosicherheitssysteme bieten eine Reihe von Funktionen, um das Risiko des Fahrerverhaltens zu verringern. Dazu gehören Echtzeit-Coaching, schärfere Bilder, die über Breitband mit höherer Geschwindigkeit übertragen werden, Gesichtserkennung, verbesserte Analysen und eine einfachere Integration mit herkömmlichen GPS-basierten Ortungssystemen".[107]

In der Baubranche werden zunehmend sog. Geofencing- und Geolocation-Technologien zur Standortbestimmung eingesetzt. Diese Systeme funktionieren über Apps, die auf den Mobiltelefonen der Mitarbeiter installiert werden, die GPS-Funktion des Handys nutzen und deren Besitzer beim Betreten und Verlassen der Baustelle automatisch ein- und ausstempeln. Zum Einsatz kommen auch Sicherheitsüberwachungssysteme, die Videomaterial analysieren und dabei z.B. das ordnungsgemäße Tragen der Schutzausrüstung überwachen. Auch andere Systeme dienen der Unfallvermeidung. So werden von manchen die Bewegungen der Arbeiter auf der Baustelle fortlaufend verfolgt. Stellt das System eine Gefährdung fest, kann der Betroffene etwa durch Vibrationen an einem Armband umgehend gewarnt werden.[108]

---

105 Vgl. *Levy/Barocas*, Refractive Surveillance: Monitoring Customers to Manage Workers, International Journal of Communication 2018, 1166.

106 Vgl. wieder *Bernhardt/Kresge/Suleiman*, Data and Algorithms at Work – The Case for Worker Technology Rights, November 2021, S. 9.

107 *Clinton*, Smarter Video Telematics Wave Arrives, Automotive Fleet, March 19, 2019. https://www.automotive-fleet.com/327438/wave-of-smarter-video-telematics-solutions-arrives.

108 Vgl. zum Ganzen *Bernhardt/Kresge/Suleiman*, Data and Algorithms at Work – The Case for Worker Technology Rights, November 2021, S. 13f. m. w. N.

Die Anwendung von KI findet in den USA, in einem „regulatorischen Vakuum" statt.[109] Die Verhältnisse in Deutschland und Europa sind andere. Doch ging es hier auch nur darum zu zeigen, was in KI-Anwendungen schon heute steckt. Dabei fallen ein paar Dinge auf: Manche Anwendung stiftet durchaus Nutzen. Dennoch bleibt es dabei, dass Beschäftigte „rundum überwacht" werden. Viele Anwendungen laufen darauf hinaus, Aufgaben von Vorgesetzten auf die Kunden zu übertragen. Schließlich ist bemerkenswert, dass sich nicht wenige Apps den menschlichen Spieltrieb zunutze machen. Das gilt insbesondere für Anwendungen, die in Einstellungsprozessen zum Einsatz kommen.

---

109 So explizit *Bernhardt/Kresge/Suleiman*, Data and Algorithms at Work – The Case for Worker Technology Rights, November 2021, S. 18. Allerdings zeichnet sich – zumindest partiell – ab, dass der Gesetzgeber gegensteuern könnte. So hat vor kurzem das *California Fair Employment and Housing Council (FEHC)* den Entwurf einer Verordnung vorgelegt, welche speziell auf den Einsatz von „automatisierten Entscheidungssystemen" bei der Einstellung und Beschäftigung zielt.

D. Internationale Ebene

Mittlerweile gibt es zahllose Initiativen, die sich mit der Erarbeitung ethischer Grundsätze im Umgang mit KI befassen und z.T. auch auf eine Regulierung von KI-Anwendungen zielen. Nachfolgend soll ein kurzer Überblick über entsprechende Aktivitäten gegeben werden.

I. Vereinte Nationen

Wie kaum anders zu erwarten, kommt dabei den Vereinten Nationen besondere Bedeutung zu.[110]

1. ILO

Die Arbeit der Internationalen Arbeitsorganisation (*International Labour Organisation, ILO*), einer Sonderorganisation der Vereinten Nationen, hat zum Ziel, soziale Gerechtigkeit zu fördern sowie universale Menschenrechte und soziale Rechte zu garantieren. In der ILO wirken Regierungen, Gewerkschaften und Arbeitgeber zusammen. Dabei arbeiten sie insbesondere auch rechtsverbindliche Übereinkommen aus, die das Arbeitsrecht mittlerweile fast flächendeckend regeln.

Die ILO beschäftigt sich seit geraumer Zeit auch mit den Zukunftsfragen des Arbeitsrechts. Eine entsprechende Initiative wurde im Jahre 2013 vom ILO-Generaldirektor als eine der sieben Initiativen zur Hundertjahrfeier der Organisation angestoßen. Dabei wurde zunächst eine Reihe von nationalen Dialogen aufgelegt.[111] Diesen folgte die Arbeit einer unabhängigen Kommission. Die Initiative gipfelte in der Annahme der sog. Hundertjahr-Erklärung (Centenary Declaration on the Future of Work) im Jahre 2019.[112]

Der im Jahre 2019 vorgelegte Bericht der *Global Commission on the Future of Work*, enthält auch Überlegungen zur Rolle von KI.[113] Dabei befürwortet das Gremium einen „Mensch-am-Steuer"-Ansatz (*human-in-command*). Dieser solle sicherstellen, dass „die endgültigen Entscheidungen, die die Arbeit betreffen,

---

110 Vgl. überblicksweise auch International Telecommunication Union, United Nations Activities on Artificial Intelligence (AI), 2021. https://www.itu.int.

111 Vgl. ILO, Synthesis Report of the National Dialogues on the Future of Work, 2017.

112 Vgl. https://www.ilo.org/global/topics/future-of-work/lang--en/index.htm.

113 Global Commission on the Future of Work, Work for a brighter future, 2019.

von Menschen und nicht von Algorithmen getroffen werden". Die Würde der Arbeitnehmer müsse geschützt werden.[114] Daneben mahnt die Kommission insbesondere einen Schutz der Arbeitnehmerdaten und einen Diskriminierungsschutz an.[115] Bemerkenswert ist, dass das Expertengremium mit der Nutzung von KI durchaus auch Hoffnungen verbindet: „Technologie, einschließlich künstlicher Intelligenz, Robotik und Sensoren, bringt zahllose Möglichkeiten zur Verbesserung der Arbeit mit sich: Die Gewinnung von Wissen durch den Einsatz von Data Mining kann Arbeitsverwaltungen dabei helfen, Hochrisikosektoren zu identifizieren und Arbeitsaufsichtssysteme zu verbessern; digitale Technologien wie Apps und Sensoren können es Unternehmen und Sozialpartnern erleichtern, die Arbeitsbedingungen und die Einhaltung des Arbeitsrechts in Lieferketten zu überwachen; die Blockchain-Technologie – die durch verschlüsselte Blöcke und dezentrale Datenbanken Transparenz und Sicherheit bietet – könnte die Zahlung von Mindestlöhnen garantieren und die Übertragbarkeit von Qualifikationen und den sozialen Schutz für Wanderarbeitnehmer erleichtern".[116] Interessant ist insoweit auch, dass nicht nur die Regierungen, sondern ausdrücklich auch Arbeitnehmer- und Arbeitgeberorganisationen zu „Investitionen" in digitale Technologien aufgefordert werden.[117]

Was die *Centenary Declaration on the Future of Work* betrifft, die im Jahre 2019 anlässlich der 108. Tagung der Internationalen Arbeitskonferenz verabschiedet wurde, so enthält diese u.a. das Bekenntnis zur „Ausschöpfung des gesamten Potenzials des technischen Fortschritts und des Produktivitätswachstums, auch durch den sozialen Dialog, um menschenwürdige Arbeit und nachhaltige Entwicklung zu erreichen, die die Würde, Selbstverwirklichung und eine gerechte Aufteilung des Nutzens für alle gewährleisten".[118]

114 Global Commission on the Future of Work, Work for a brighter future, 2019, S. 43.

115 Global Commission on the Future of Work, Work for a brighter future, 2019, S. 44. Bemerkenswert ist übrigens auch die in diesem Zusammenhang formulierte Empfehlung der „Entwicklung eines internationalen Governance-Systems für digitale Arbeitsplattformen, das Plattformen (und ihre Kunden) dazu verpflichtet, bestimmte Mindestrechte und -schutzmassnahmen zu respektieren".

116 Vgl. zur Blockchain-Technologie auch *Kritikos*, What if blockchain could guarantee ethical AI?, 2020.

117 Global Commission on the Future of Work, Work for a brighter future, 2019, S. 43f.; speziell zur Arbeit von Gewerkschaften heißt es in dem Bericht: „Workers' organizations need to adopt innovative organizing techniques – including the use of digital technology to organize labour. Workers across diverse workplaces and countries can be organized through digital means and engage in new forms of connected action. Digital technology provides workers' organizations with the potential to connect with workers outside traditional workplaces and offer new services, such as the mining of data to design effective strategies and the sharing of information about crowdworking platforms or portable benefits"; ebda., S. 42.

118 Vgl. ILO Centenary Declaration for the Future of Work (u. II. A. (ii)).

2. UNESCO

Auch außerhalb der ILO beschäftigt man sich im Rahmen der Vereinten Nationen mit dem Thema KI. Zu nennen ist insoweit insbesondere die UNESCO (*United Nations Educational, Scientific and Cultural Organization*), welche, ebenfalls als Sonderorganisation der Vereinten Nationen, die Aufgabe hat, durch Förderung der internationalen Zusammenarbeit in Bildung, Wissenschaft, Kultur und Kommunikation zur Erhaltung des Friedens und der Sicherheit beizutragen.

Auf der Grundlage eines von einer Expertengruppe vorgelegten Entwurfs[119] und nach einem umfassenden Konsultationsprozess haben die UNESCO-Mitgliedstaaten im November 2021 Empfehlungen zur Ethik von KI (*Recommendation on the ethics of artificial intelligence*) verabschiedet,[120] die als erste globale Verständigung auf gemeinsame Regeln gelten können.

Ein Abschnitt der Empfehlungen ist dem Bereich „Wirtschaft und Arbeit" gewidmet. Darin heißt es u.a., dass „die Mitgliedstaaten (...) mit Unternehmen des Privatsektors, Organisationen der Zivilgesellschaft und anderen Stakeholdern, einschließlich Arbeitnehmern und Gewerkschaften, zusammenarbeiten (sollten), um einen fairen Übergang für gefährdete Arbeitnehmer zu gewährleisten". Auch werden die Mitgliedstaaten aufgefordert, „Forscher [zu] ermutigen und [zu] unterstützen, die Auswirkungen von KI-Systemen auf das lokale Arbeitsumfeld zu analysieren, um zukünftige Trends und Herausforderungen zu antizipieren". Diese Studien sollten die Auswirkungen von KI-Systemen auf wirtschaftliche, soziale und geografische Sektoren sowie auf Mensch-Roboter-Interaktionen[121] und Mensch-Mensch-Beziehungen untersuchen, um Empfehlungen für bewährte Verfahren zur Umschulung und Umsetzung zu geben".[122] Die Empfehlungen der UNESCO zielen somit in erster Linie auf die Folgen, die der Einsatz von KI für die Beschäftigungsfähigkeit der Arbeitnehmer und Arbeitnehmerinnen hat.

Darüber hinaus enthalten die Empfehlungen u.a. die explizite Anerkennung eines *right to privacy* und die Forderung nach einem adäquaten Datenschutz[123]

---

119 Ad Hoc Expert Group (AHEG) for the preparation of a draft text of a recommendation on the ethics of artificial intelligence, SHS/BIO/AHEG-AI/2020/4 REV.2, Paris, 7 September 2020. https://unesdoc.unesco.org/ark:/48223/pf0000373434.

120 Unesco, Recommendation on the ethics of artificial intelligence.

121 Inwzwischen hat sich ein ganzer Forschungszweig etabliert, der sich mit diesen befasst; vgl. nur *Kim*, Working With Robots: Human Resource Development Considerations in Human–Robot Interaction, Human Resource Development Review 2022, 48.

122 Recommendations No. 117 und 118.

123 Recommendations 32 und 33.

– und damit manches, was aus europäischer Sicht wenig spektakulär sein mag, aus internationaler Sicht aber durchaus bemerkenswert erscheint.

II. Europarat

1. Allgemeines

Auch innerhalb des Europarats nimmt die Auseinandersetzung mit Fragen der KI großen Raum ein.[124] Beim Europarat handelt es sich bekanntlich um eine europäische, also eine regionale internationale Organisation.[125] Dem Europarat, der seinen Sitz in Straßburg hat, gehören seit dem Ausschluss Russlands 46 Staaten mit insgesamt 676 Millionen Bürgern an. Nach Artikel 1 der Satzung des Europarats hat dieser die Aufgabe, „einen engeren Zusammenschluss unter seinen Mitgliedern zu verwirklichen". Der Europarat ist ein Forum für Debatten über allgemeine europäische Fragen. Doch werden im Rahmen dieser Organisation auch verbindliche völkerrechtliche Verträge abgeschlossen. Unter diesen ragt die Europäische Menschenrechtskonvention (EMRK) heraus, deren Wächter der Europäische Gerichtshof für Menschenrechte (EGMR) ist. Speziell aus arbeitsrechtlicher Sicht relevant ist aber auch die Europäische Sozialcharta (ESC), für die ein spezielles Kontrollverfahren existiert. Wichtige Organe des Europarats sind, neben dem Generalsekretär,[126] zum einen das Ministerkomitee des Europarates als beschlussfassendes Organ,[127] in dem die Mitgliedstaaten durch ihre Außenminister bzw. deren ständige Vertreter vertreten sind, und zum anderen die Parlamentarische Versammlung als beratendes Organ,[128] in welche die Parlamente der Mitgliedstaaten Vertreter entsenden. Erwähnenswert ist überdies der Menschenrechtsbeauftragte des Europarats (*Commissioner for Human Rights*),[129] einer unabhängigen Einrichtung des Europarats mit der Aufgabe, sich für den Schutz der Menschenrechte in den Mitgliedsstaaten einzusetzen und gegenüber Gremien des Europarats in Fragen des Schutzes der Menschenrechte evtl. bestehende Defizite aufzuzeigen.

---

124 Vgl. hierzu etwa Council of Europe, Council of Europe work on Artificial Intelligence, SG/Inf(2019)21 vom 2.7.2019.

125 Überblicksseite: https://www.coe.int/en/web/artificial-intelligence/home.

126 https://www.coe.int/en/web/secretary-general/home.

127 https://www.coe.int/web/cm.

128 https://pace.coe.int/en/. Auch wählt die Parlamentarische Versammlung den Generalsekretär, den Menschenrechtskommissar und die Richter am Europäischen Gerichtshof für Menschenrechte.

129 https://www.coe.int/en/web/commissioner.

2. Europarat und Künstliche Intelligenz

Da die Arbeit des Europarats ganz besonders dem Ziel der Sicherung der Menschenrechte verpflichtet ist, kann es nicht überraschen, dass diese im Mittelpunkt der Auseinandersetzung der Organisation mit den Herausforderungen durch KI stehen.[130]

a) Ministerkomitee

Das Ministerkomitee des Europarats hat sich in den letzten Jahren mehrfach mit der Materie befasst.[131]

aa) Erklärung vom 13. Februar 2019

So hat das Ministerkomitee im Februar 2019 eine Erklärung „zu den manipulativen Fähigkeiten algorithmischer Verfahren" verabschiedet.[132] In dieser wird anerkannt, dass „fortschrittliche Technologien (...) eine zentrale Rolle (spielen), wenn es darum geht, (...) die Autonomie und Selbstbestimmung des Einzelnen zu stärken und die Entfaltung des Menschen zu fördern, indem optimale Bedingungen für die Ausübung der Menschenrechte geschaffen werden".[133] Doch sieht das Ministerkomitee auch Gefahren, die mit diesen Technologien verbunden sind, und zwar u.a. für Personen, die „aufgrund ihres besonders großen digitalen Fußabdrucks neuen Formen der datengesteuerten Überwachung besonders ausgesetzt sind".[134] Als eine dieser Gefahren wird explizit die Möglichkeit zu einem „Micro-Targeting von Personen auf der Grundlage von Profilen" benannt.[135] Auch seien „datengesteuerte Technologien und Systeme darauf ausgelegt, innerhalb der von ihren Entwicklern vorgegebenen Parameter kontinuierlich optimale Lösungen zu erzielen". Dabei würden, wenn „solche Optimierungsprozesse in großem Maßstab ablaufen, (...) zwangsläufig bestimmte Werte gegenüber anderen priorisiert, wodurch die Kontexte und Umgebungen, in denen Individuen, Nutzer und Nicht-Nutzer gleichermaßen Informationen verarbeiten und ihre Entscheidungen treffen, neugestaltet

---

130 Vgl. insoweit auch Council of Europe, Algorithms and Human Rights – Study on the human rights dimensions of automated data processing techniques and possible regulatory implications, Council of Europe study DGI(2017) 12 prepared by the committee of experts on internet intermediaries (MSI-NET), 2018.

131 Vgl. zuletzt auch Recommendation CM/Rec(2021)8 of the Committee of Ministers to member States on the protection of individuals with regard to automatic processing of personal data in the context of profiling (Adopted by the Committee of Ministers on 3 November 2021at the 1416th meeting of the Ministers' Deputies).

132 Declaration by the Committee of Ministers on the manipulative capabilities of algorithmic processes (Adopted by the Committee of Ministers on 13 February 2019 at the 1337th meeting of the Ministers' Deputies), Decl (13/02/2019)1.

133 Declaration No. 3.

134 Declaration No. 5.

135 Declaration No. 6.

werden".[136] In diesem Zusammenhang weist das Ministerkomitee ausdrücklich auf die manipulativen Fähigkeiten von KI hin. Hierzu heißt es in der Erklärung: „Aktuelle Anwendungen des maschinellen Lernens haben die wachsende Fähigkeit, nicht nur Entscheidungen vorherzusagen, sondern auch Emotionen und Gedanken zu beeinflussen und einen erwarteten Handlungsverlauf zu ändern, manchmal unterschwellig. (...) In diesem Zusammenhang sollte besonders die erhebliche Macht Beachtung finden, die der technologische Fortschritt denjenigen verleiht, die – seien es öffentliche Einrichtungen, seien es private Akteure – solche algorithmischen Werkzeuge ohne angemessene demokratische Aufsicht oder Kontrolle einsetzen können".[137] Und weiter: „Die feinkörnige, auf das Unterbewusstsein zielende und personalisierte Überzeugungskraft von Algorithmen kann erhebliche Auswirkungen auf die kognitive Autonomie des Einzelnen und sein Recht auf Meinungsbildung und unabhängige Entscheidungen haben. Diese Auswirkungen sind noch zu wenig erforscht, dürfen aber nicht unterschätzt werden".[138]

bb) Empfehlung vom 8. April 2020

Im April 2020 hat das Ministerkomitee eine Empfehlung über die Auswirkungen algorithmischer Systeme auf die Menschenrechte verabschiedet.[139] Das Ministerkomitee, das in diesem Instrument auch sog. Leitlinien formuliert, empfiehlt den Mitgliedstaaten u.a.: „ihre rechtlichen Rahmenbedingungen und ihre Politik sowie ihre eigenen Praktiken in Bezug auf die Beschaffung, den Entwurf, die Gestaltung und den laufenden Einsatz algorithmischer Systeme zu überprüfen, um sicherzustellen, dass sie mit den im Anhang zu dieser Empfehlung dargelegten Leitlinien in Einklang stehen und ihre Umsetzung in allen relevanten Bereichen zu fördern und die Wirksamkeit der getroffenen Maßnahmen in regelmäßigen Abständen unter Beteiligung aller relevanten Interessengruppen zu bewerten";[140] „durch geeignete Gesetzgebungs-, Regulierungs- und Aufsichtsrahmen im Zusammenhang mit algorithmischen Systemen sicherzustellen, dass die Akteure des Privatsektors, die an der Konzeption, Entwicklung und laufenden Einführung solcher Systeme beteiligt sind, die geltenden Gesetze einhalten und ihrer Verantwortung zur Achtung der Menschenrechte im Einklang mit den Leitprinzipien der Vereinten Nationen für Unternehmen und Menschenrechte[141] und den einschlägigen regionalen und

---

136 Declaration No. 7.

137 Declaration No. 8.

138 Declaration No. 9.

139 Recommendation CM/Rec(2020)1 of the Committee of Ministers to member States on the human rights impacts of algorithmic systems (Adopted by the Committee of Ministers on 8 April 2020 at the 1373rd meeting of the Ministers' Deputies).

140 Recommendation No. 1.

141 UN Guiding Principles on Business and Human Rights, UN doc A/HRC/17/31.

internationalen Normen nachkommen";[142] und „ihre einschlägigen nationalen Aufsichts-, Kontroll-, Risikobewertungs- und Durchsetzungsinstitutionen mit den erforderlichen Ressourcen und Befugnissen ausstatten, um die Einhaltung ihres einschlägigen Rechts- und Regulierungsrahmens im Einklang mit dieser Empfehlung zu untersuchen, zu überwachen und zu koordinieren".[143]

Was die Leitlinien selbst anbelangt, so ist zunächst von Interesse, dass diese nicht nur auf Verpflichtungen von Staaten, sondern auch auf Verantwortlichkeiten von Akteuren des Privatsektors zielen. Was die Letztgenannten betrifft, so wird ausdrücklich festgestellt, dass „Akteure des privaten Sektors, die sich mit dem Design, der Entwicklung, dem Verkauf, dem Einsatz, der Implementierung und der Wartung von algorithmischen Systemen befassen, ob im öffentlichen oder privaten Bereich, (..) die gebührende Sorgfalt in Bezug auf die Menschenrechte walten lassen müssen". Sie haben, so heißt es weiter, „die Verantwortung, die international anerkannten Menschenrechte und grundlegenden Freiheiten ihrer Kunden und anderer Parteien, die von ihren Aktivitäten betroffen sind, zu respektieren". Diese Verantwortung bestehe, so das Ministerkomitee, „unabhängig von der Fähigkeit oder Bereitschaft der Staaten, ihre menschenrechtlichen Verpflichtungen zu erfüllen". Inhaltlich fordert das Ministerkomitee, dass die privatwirtschaftlichen Akteure „kontinuierliche, proaktive und reaktive Schritte unternehmen, um sicherzustellen, dass sie keine Menschenrechtsverletzungen verursachen oder zu ihnen beitragen, und dass ihre Handlungen, einschließlich ihrer innovativen Prozesse, die Menschenrechte achten".[144]

Dabei wird durchaus anerkannt, dass „algorithmische Systeme, die in der Regel durch die Erkennung von Mustern in großen Datensätzen arbeiten, (...) das Potenzial (bieten), die Leistung von Diensten zu verbessern (insbesondere durch erhöhte Präzision, Zielgenauigkeit und Konsistenz), neue Lösungen zu liefern und Erträge in Bezug auf die Effizienz und Effektivität der Aufgaben- und Systemleistung zu erzielen". Diese hätten, so das Ministerkomitee, „zu immensen Verbesserungen bei der Kategorisierung und Durchsuchbarkeit digitaler Informationen geführt und wichtige Fortschritte in Bereichen wie der medizinischen Diagnostik, dem Transport und der Logistik ermöglicht, wodurch eine breitere und schnellere gemeinsame Nutzung von Informationen weltweit und neue Formen der Zusammenarbeit und Koordination möglich wurden. Infolgedessen durchdringen sie viele Aspekte des heutigen menschlichen Lebens".[145] Dem stünden aber nicht zu unterschätzende Gefahren gegenüber: „Es gibt jedoch

---

142 Recommendation No. 3.

143 Recommendation No. 4.

144 Vgl. C.1.1. Unter C.1.3. wird die Horizontalwirkung der Menschenrechte (*horizontal effect of human rights*) noch einmal ausdrücklich angesprochen.

145 Vgl. A.3.

auch bedeutende menschenrechtliche Herausforderungen, die mit der zunehmenden Abhängigkeit von algorithmischen Systemen im Alltag verbunden sind, z.B. in Bezug auf das Recht auf ein faires Verfahren, das Recht auf Privatsphäre und Datenschutz, das Recht auf Gedanken-, Gewissens- und Religionsfreiheit, das Recht auf freie Meinungsäußerung, das Recht auf Versammlungsfreiheit, das Recht auf Gleichbehandlung sowie wirtschaftliche und soziale Rechte. Die Funktionalität algorithmischer Systeme beruht häufig auf der systematischen Aggregation und Analyse von Daten, die durch die digitale Verfolgung der Online- und Offline-Identität und des Verhaltens von Einzelpersonen und Gruppen in großem Maßstab gesammelt werden. Neben dem Eindringen in die Privatsphäre des Einzelnen und dem zunehmenden Potenzial hochgradig personalisierter Manipulation[146] kann die maßstabsgetreue Nachverfolgung schwerwiegende nachteilige Auswirkungen auf die Ausübung der Menschenrechte haben, die während des gesamten Lebenszyklus eines algorithmischen Systems, von der Vorschlagsphase an, berücksichtigt werden müssen".[147] Dabei hebt das Ministerkomitee die potenzielle Fehlerhaftigkeit vieler KI-Systeme hervor und mahnt: „Obwohl oft argumentiert wird, dass die Kosten durch Rationalisierungs- und Genauigkeitsgewinne ausgeglichen werden, ist es wichtig zu beachten, dass die meisten algorithmischen Systeme auf statistischen Modellen basieren, in denen Fehler einen unvermeidlichen Teil bilden, manchmal mit Rückkopplungsschleifen, die bereits bestehende Verzerrungen, Fehler und Annahmen aufrechterhalten, replizieren und verstärken. Obwohl es den Anschein haben mag, dass größere Datensätze bessere Chancen bieten, wiederkehrende Muster und Korrelationen zu finden, steigen die Genauigkeitsraten nicht automatisch mit der Größe des Datensatzes. Infolge der großen Zahl von Menschen, die von algorithmischen Systemen betroffen sind, wird sich auch die Zahl der Fehler in Form von falsch positiven und falsch negativen Ergebnissen sowie der Menschen, die von diesen Fehlern und eingebauten Verzerrungen betroffen sind, vergrößern (...)".[148]

Auf den Inhalt der einzelnen Leitlinien kann an dieser Stelle nicht näher eingegangen werden. Doch ist immerhin festzuhalten, dass diese z.T. erstaunlich konkret sind. Gefordert wird – im Abschnitt zu den Verpflichtungen der Staaten – u.a. informationelle Selbstbestimmung (*informational self-determination*),[149] Transparenz,[150] Identifizierbarkeit (*identifiability*)[151] und das Bestehen ausrei-

146 In der Tat bildet etwa im Bereich des Marketing die „Hyper-Personalisierung" einen der wichtigsten Trends; vgl. nur Deloitte, Omnia AI – Connecting with Meaning, Hyper-personalizing the customer experience using data, analytics and AI. https://www2.deloitte.com/content/dam/Deloitte/ca/Documents/deloitte-analytics/ca-en-omnia-ai-marketing-pov-fin-jun24-aoda.pdf.

147 Vgl. A.4.

148 Vgl. A.5.

149 Vgl. B.2.1.

150 Vgl. B.4.1.

151 Vgl. B.4.2.

chender Rechtsbehelfe (*contestability*).[152] Gefordert wird darüber hinaus auch eine Folgenabschätzung zu den Menschenrechten;[153] ein derartiges human *rights impact assessment* ist übrigens auch eine der zentralen Forderungen der Menschenrechtsbeauftragten des Europarats.[154] Verhältnismäßig konkret sind die Leitlinien auch hinsichtlich der Verantwortlichkeiten von Akteuren des Privatsektors. Gefordert wird insoweit etwa: ein Schutz vor Diskriminierung,[155] das Erfordernis einer Einwilligung in die Anwendung von KI,[156] aber auch Transparenz, Rechenschaftspflicht (*accountability*) und die Verfügbarkeit von wirksamen Rechtsbehelfen.[157] Gefordert wird darüber hinaus auch, dass sich die privatwirtschaftlichen Akteure „aktiv an partizipativen Prozessen mit Verbraucherverbänden, Menschenrechtsanwälten und anderen Organisationen, die die Interessen von Einzelpersonen und Betroffenen vertreten, sowie mit Datenschutz- und anderen unabhängigen Verwaltungs- oder Regulierungsbehörden beteiligen, wenn es um die Gestaltung, Entwicklung, den laufenden Einsatz und die Bewertung von algorithmischen Systemen sowie um entsprechende Beschwerdemechanismen geht".[158]

So bedeutsam die Empfehlung und die dazugehörigen Leitlinien sind, so deutlich ist andererseits auch, dass die Welt der Arbeit dabei nur eine begrenzte Rolle spielt. Zwar wird bereits in der Präambel die Notwendigkeit betont, „sicherzustellen, dass die Rasse betreffende, geschlechtsspezifische und andere gesellschaftliche und arbeitsbezogene Ungleichgewichte, die in unseren Gesellschaften noch nicht beseitigt worden sind, nicht absichtlich oder versehentlich durch algorithmische Systeme fortgeschrieben werden".[159] Auch wird die Be-

152 Vgl. B.4.3.

153 Vgl. B.3.1.

154 Vgl. Commissioner for Human Rights, Unboxing Artificial Intelligence: 10 steps to protect Human Rights; Council of Europe, 2019, S. 7.

155 Vgl. C.1.4.: "Private sector actors that design, develop or implement algorithmic systems should follow a standard framework for human rights due diligence to avoid fostering or entrenching discrimination throughout all life-cycles of their systems. They should seek to ensure that the design, development and ongoing deployment of their algorithmic systems do not have direct or indirect discriminatory effects on individuals or groups that are affected by these systems, including on those who have special needs or disabilities or who may face structural inequalities in their access to human rights".

156 Vgl. C.2.1. "Private sector actors should ensure that individuals who are affected by their algorithmic systems are informed that they have the choice to give and revoke their consent regarding all uses of their data, including within algorithmic datasets, with both options being equally easily accessible. Users should also be given the possibility to know how their data are being used, what the real and potential impact of the algorithmic system in question is, how to object to the processing of their data, and how to contest and challenge specific outputs. Consent rules for the use of tracking, storage and performance measurement tools of algorithmic systems must be clear, simply phrased and complete, and should not be hidden in the terms of service".

157 Unter C.4.

158 Unter C.4.5.

159 Dabei wird es zugleich als wünschenswert bezeichnet, „diese Ungleichgewichte durch den Einsatz geeigneter Technologien zu beheben".

deutung des Einsatzes von KI bei der Stellenbesetzung und anderen Auswahlprozessen ausdrücklich angesprochen.[160] Schließlich werden die Staaten aufgefordert, „im Einklang mit den bestehenden Menschenrechten, einschließlich der sozialen Rechte und der international anerkannten Arbeits- und Beschäftigungsstandards, Anreize für technologische Innovationen [zu] schaffen".[161] Inhaltlich weiter ausgeformt wird dies aber in den Leitlinien nicht.

cc) Empfehlung vom 7. März 2018

Obwohl für die Problematik von KI nicht zentral, verdient auch eine andere Empfehlung des Ministerkomitees Interesse. Dabei handelt es sich um die Empfehlung über die Rollen und Verantwortlichkeiten von Internet-Vermittlern.[162] Als „Internet-Vermittler" werden dabei Akteure bezeichnet, die „Interaktionen im Internet zwischen natürlichen und juristischen Personen (erleichtern), indem sie eine Vielzahl von Funktionen und Dienstleistungen anbieten und ausführen".[163] Gerade für diese Akteure mahnt die Empfehlung die Notwendigkeit der Einhaltung der Menschenrechte an. Dabei wird ausdrücklich betont, dass „die auf Internetvermittler anwendbaren Gesetze, Vorschriften und Richtlinien (…) unabhängig von ihrem Ziel oder Anwendungsbereich, einschließlich kommerzieller und nichtkommerzieller Aktivitäten, die Menschenrechte und grundlegenden Freiheiten, wie sie in der Europäischen Menschenrechtskonvention verankert sind, wirksam schützen und angemessene Garantien gegen ihre willkürliche Anwendung in der Praxis bieten (sollten)".[164] Die Staaten, so heißt es dann weiter, hätten „die Pflicht, die Menschenrechte und grundlegenden Freiheiten im digitalen Umfeld zu schützen. Alle rechtlichen Rahmenbedingungen, einschließlich Selbst- oder Ko-Regulierungsansätze, sollten wirksame Kontrollmechanismen enthalten, um dieser Verpflichtung nachzukommen, und von angemessenen Rechtsbehelfen begleitet sein".[165]

dd) Erklärung vom 17. März 2021

Darüber hinaus hat das Ministerkomitee eine Erklärung zu den Risiken der computergestützten oder durch Künstliche Intelligenz unterstützten Entschei-

160 Unter A.8.

161 Unter B.6.3.

162 Recommendation CM/Rec(2018)2 of the Committee of Ministers to member States on the roles and responsibilities of internet intermediaries (Adopted by the Committee of Ministers on 7 March 2018 at the 1309th meeting of the Ministers' Deputies).

163 Recommendation No. 4.

164 Recommendation No. 1.1.2.

165 Recommendation 1.1.3.

dungsfindung im Bereich des sozialen Sicherheitsnetzes verabschiedet.[166] In dieser weist das Komitee eindringlich auf die Gefahren von KI hin: „Die ungeregelte Entwicklung solcher computergestützten oder automatisierten Entscheidungsfindungssysteme, verbunden mit mangelnder Transparenz und unzureichender öffentlicher Kontrolle, und ihre Einbindung in die Verwaltung von Sozialdienstleistungen stellen Risiken dar. Diese Systeme können, wenn sie nicht in Übereinstimmung mit den Grundsätzen der Transparenz und Rechtssicherheit entwickelt und eingesetzt werden, Verzerrungen verstärken und die Risiken erhöhen. (…) Unter solchen Umständen können sie tradierte Diskriminierungsmuster fortschreiben, auch in Bezug auf Frauen, und sie können Menschen in gering qualifizierten und schlecht bezahlten Jobs treffen“.[167]

b) Arbeiten an einem völkerrechtlichen Vertrag zu KI

Vor einiger Zeit wurde ein Ausschuss, das *ad hoc Committee on Artificial Intelligence* (CAHAI), eingesetzt mit der Aufgabe, die Aussichten für ein völkerrechtliches Abkommen zu KI zu prüfen.[168] Käme es zu einem derartigen Abkommen, wäre dies zweifellos auch für die Europäische Union und Deutschland von erheblicher Bedeutung. Verwiesen sei hier nur darauf, dass das Übereinkommen Nr. 108 des Europarats zum Schutz des Menschen bei der automatischen Verarbeitung personenbezogener Daten[169] weithin als Vorläufer der Europäischen Datenschutzgrundverordnung (DSGVO) angesehen wird. Das Übereinkommen Nr. 185 über Computerkriminalität, die sog. „Budapest Konvention“, hat (sogar weltweit) Maßstäbe für entsprechende Regulierungen in diesem Bereich gesetzt.[170]

---

166 Declaration by the Committee of Ministers on the risks of computer-assisted or artificial-intelligence-enabled decision making in the field of the social safety net (Adopted by the Committee of Ministers on 17 March 2021 at the 1399th meeting of the Ministers' Deputies), Decl(17/03/2021).

167 Declaration by the Committee of Ministers on the risks of computer-assisted or artificial-intelligence-enabled decision making in the field of the social safety net (Adopted by the Committee of Ministers on 17 March 2021 at the 1399th meeting of the Ministers' Deputies), Decl(17/03/2021), S. 1.

168 Eine genaue Aufgabenbeschreibung unter: https://rm.coe.int/leaflet-cahai-en-june-2020/16809eaf12 ("examine the feasibility and potential elements on the basis of broad multi-stakeholder consultations, of a legal framework for the development, design and application of artificial intelligence, based on the Council of Europe's standards on human rights, democracy and the rule of law").

169 https://rm.coe.int/1680078b38.

170 Vgl. zum Übereinkommen Nr. 108 auch Consultative Committee of the Convention for the Protection of Individuals with regard to Automatic Processing of Personal Data (Convention 108), Report on Artificial Intelligence, (Convention 108), Report on Artificial Intelligence, Artificial Intelligence and Data Protection: Challenges and Possible Remedies, 2019.

Im Dezember 2020 legte der Ausschuss einen Bericht vor,[171] der zweierlei enthält: Zum einen Informationen, insbesondere über die verschiedenen Studien, die im Rahmen der Arbeit des Ausschusses mittlerweile zu den Auswirkungen von KI-Systemen auf Menschenrechte, Rechtsstaatlichkeit und Demokratie erarbeitet wurden. Und zum anderen eine Sammlung von Erfahrungen aus verschiedenen Staaten, welche bei der Entwicklung eines internationalen Rechtsrahmens für den Einsatz bestimmter KI-Systeme herangezogen werden könnten. Darüber hinaus legte der Ausschuss, ebenfalls im Dezember 2020, eine Machbarkeitsstudie mit Blick auf die Entwicklung eines rechtlichen Rahmens für die Entwicklung, Gestaltung und Anwendung von KI vor. In dieser werden, neben den Chancen von KI, auch die Risiken beschrieben, die aus menschenrechtlicher Sicht bestehen. Auch zum Arbeitsleben finden sich in dem Bericht bemerkenswerte Feststellungen: „KI-Systeme werden zunehmend eingesetzt, um Arbeitnehmer zu überwachen und zu verfolgen, Arbeit ohne menschliches Zutun zu verteilen und das Potenzial und die Leistung von Arbeitnehmern bei Einstellungen und Entlassungen zu bewerten und vorherzusagen. In manchen Situationen kann dies auch nachteilige Folgen für das Recht der Arbeitnehmer auf eine angemessene Bezahlung haben, da ihre Entlohnung durch Algorithmen in einer Weise bestimmt werden kann, die unregelmäßig, inkonsistent und unzureichend ist. Auch können KI-Systeme eingesetzt werden, um die gewerkschaftliche Organisierung von Arbeitnehmern zu erkennen und zu bekämpfen. Diese Anwendungen können das Recht auf gerechte, sichere und gesunde Arbeitsbedingungen, die Würde am Arbeitsplatz sowie das Recht auf gewerkschaftliche Organisation gefährden. Darüber hinaus kann die Diskriminierungsfähigkeit von KI-Systemen, die die Leistung von Stellenbewerbern oder Arbeitnehmern bewerten und vorhersagen, die Gleichstellung, einschließlich der Gleichstellung der Geschlechter, in Bezug auf Beschäftigung und Beruf untergraben“.[172]

Im Ergebnis wird in der Machbarkeitsstudie festgestellt, dass bislang kein internationales Rechtsinstrument existiert, das speziell auf die Herausforderungen von KI zugeschnitten ist. Festgestellt wird auch, dass der derzeit auf der Grundlage nationaler und internationaler Instrumente bestehende Schutz lückenhaft ist. Wörtlich heißt es dann: „Ein angemessener rechtlicher Rahmen wird wahrscheinlich aus einer Kombination von verbindlichen und nicht verbindlichen rechtlichen Instrumenten bestehen, die sich gegenseitig ergänzen. Ein verbindliches Instrument, eine Konvention oder Rahmenkonvention, mit

171 Council of Europe, Towards Regulation of AI Systems – Global perspectives on the development of a legal framework on Artificial Intelligence (AI) systems based on the Council of Europe's standards on human rights, democracy and the rule of law, Compilation of contributions DGI (2020)16 prepared by the CAHAI Secretariat, 2020.

172 CAHAI, Feasability Study, CAHAI(2020)23, Strasbourg, 17 December 2020, S. 10.

horizontalem Charakter, könnte allgemeine gemeinsame Prinzipien festschreiben – kontextbasiert, um auf das jeweilige KI-Umfeld anwendbar zu sein und unter Verwendung eines risikobasierten Ansatzes – und detailliertere Bestimmungen im Einklang mit den Rechten, Prinzipien und Pflichten enthalten, die in dieser Machbarkeitsstudie identifiziert wurden. Dieses internationale Rechtsinstrument könnte dann „mit zusätzlichen verbindlichen oder nicht verbindlichen sektoralen Instrumenten des Europarats kombiniert werden, um die Herausforderungen durch KI-Systeme in bestimmten Sektoren anzugehen“.[173]

Darüber hinaus wurde ein umfassender Konsultationsprozess angestoßen, um mit Blick auf die Erarbeitung eines Rechtsrahmens für KI ein Stimmungsbild herzustellen. An der Konsultation beteiligten sich Regierungen und öffentliche Verwaltungen, internationale Organisationen, Unternehmen, die Zivilgesellschaft, die Wissenschaft und die „technical community“.[174]

Anlässlich der letzten Plenarsitzung im November/Dezember 2021 verabschiedete der Ausschuss dann die Erklärung zu „Möglichen Elementen eines Rechtsrahmens für Künstliche Intelligenz, basierend auf den Standards des Europarats für Menschenrechte, Demokratie und Rechtsstaatlichkeit“. Diese wurden dem Ministerkomitee zur weiteren Behandlung vorgelegt.[175]

III. OECD

Initiativen zur Regulierung von KI hat auch die Organisation für wirtschaftliche Zusammenarbeit und Entwicklung (OECD) entfaltet. Die Tätigkeit der OECD hat mittlerweile zu einer Empfehlung geführt, die wiederum auf Vorarbeiten einer Expertengruppe beruht.[176] Verabschiedet wurde sie im Jahre 2019.[177] Die Empfehlung, die den ersten zwischenstaatlichen Standard für KI bildet, ist v.a. in zweierlei Hinsicht von Interesse: Zum einen listet sie fünf Prinzipien für einen verantwortungsvollen Umgang mit vertrauenswürdiger KI auf: integratives Wachstum, nachhaltige Entwicklung und Wohlbefinden; menschenzentrierte Werte und Fairness; Transparenz und Erklärbarkeit; Ro-

173 CAHAI, Feasability Study, CAHAI(2020)23, Strasbourg, 17 December 2020, S. 56.

174 Weitere Informationen hierzu unter: https://www.coe.int/en/web/artificial-intelligence/cahai-multi-stakeholder-consultation; vgl. insbes. auch CAHAI, Analysis of the Multi-Stakeholder Consultation, CAHAI(2021)07.

175 https://www.caidp.org/resources/coe-ai-treaty/.

176 AI Group of experts at the OECD (AIGO).

177 Recommendation of the Council on Artificial Intelligence, OECD/LEGAL/0449, Adopted on: 22/05/2019.

bustheit, Sicherheit und Schutz sowie Rechenschaftspflicht (*accountability*). Zum anderen enthält sie konkrete Handlungsanleitungen für nationale Politiken und internationale Zusammenarbeit: Investitionen in Forschung und Entwicklung im Bereich der Künstlichen Intelligenz; Förderung eines digitalen Ökosystems für KI; Gestaltung eines günstigen politischen Umfelds für KI; Aufbau von Humankapazitäten und Vorbereitung auf die Transformation des Arbeitsmarktes und internationale Zusammenarbeit für eine vertrauenswürdige KI.

Was die Prinzipien betrifft, so heißt es unter „Menschenzentrierte Werte und Fairness“, dass die „KI-Akteure (...) die Rechtsstaatlichkeit, die Menschenrechte und die demokratischen Werte während des gesamten Lebenszyklus des KI-Systems respektieren (sollten)“. Dazu gehörten „Freiheit, Würde und Autonomie, Privatsphäre und Datenschutz, Nichtdiskriminierung und Gleichheit, Vielfalt, Fairness, soziale Gerechtigkeit und international anerkannte Arbeitnehmerrechte“.[178] Was die Empfehlungen zur nationalen Politik und zur internationalen Zusammenarbeit anbelangt, so heißt es im Zusammenhang mit dem Thema „Aufbau von Humankapazitäten und Vorbereitung auf die Transformation des Arbeitsmarktes“, die Regierungen sollten „eng mit den Interessengruppen zusammenarbeiten, um sich auf die Umgestaltung der Arbeitswelt und der Gesellschaft vorzubereiten. Sie sollten die Menschen in die Lage versetzen, KI-Systeme in der ganzen Breite der Anwendungen effektiv zu nutzen und mit ihnen zu interagieren, auch indem sie sie mit den erforderlichen Fähigkeiten ausstatten“. Die Regierungen sollten überdies „Schritte unternehmen, auch durch sozialen Dialog, um einen fairen Übergang für die Arbeitnehmer bei der Einführung von KI zu gewährleisten, z.B. durch Ausbildungsprogramme während des gesamten Arbeitslebens, Unterstützung der Betroffenen und Zugang zu neuen Möglichkeiten auf dem Arbeitsmarkt“. Schließlich sollten die Regierungen „auch eng mit den Interessengruppen zusammenarbeiten, um den verantwortungsvollen Einsatz von KI am Arbeitsplatz zu fördern, die Sicherheit der Arbeitnehmer und die Qualität der Arbeitsplätze zu verbessern, Unternehmertum und Produktivität zu fördern und darauf hinzuwirken, dass die Vorteile von KI breit und gerecht verteilt werden“.[179]

Im Februar 2021 hat die OECD einen von einer Expertengruppe erarbeiteten sog. „Rahmen für die Klassifizierung von KI-Systemen“ (*Framework for the Classification of AI systems*) vorgestellt. Dieser verbindet die Merkmale von KI-Systemen mit den KI-Grundsätzen der OECD aus dem Jahre 2019. Dabei werden KI-Systeme und KI-Anwendungen entlang der folgenden Dimensionen klassi-

178 Unter 1.2a).
179 Unter 2.4.

fiziert: Mensch & Planet, wirtschaftlicher Kontext, Daten & Input, KI-Modell und Aufgabe & Output. Der Rahmen soll politischen Entscheidungsträgern, Regulierungsbehörden, Gesetzgebern und anderen helfen, die Chancen und Risiken verschiedener Arten von KI-Systemen zu bewerten, um ihre KI-Strategien zu informieren und die Kohärenz der Politik über Grenzen hinweg zu gewährleisten.[180] Im Übrigen ist v.a. erwähnenswert, dass die OCED mit dem *OECD AI Policy Observatory* eine Plattform eingerichtet hat, auf der sich insbesondere multidisziplinäre Studien zu KI finden.[181]

Empfehlungen der OECD sind zwar nicht rechtlich bindend. Rechtlich unerheblich sind sie aber nicht. Illustrativ hierfür ist eine Beschwerde, die vor einiger Zeit bei der US-amerikanischen *Federal Trade Commission (FTC)* gegen die Firma *HireVue*, einem führenden Anbieter von Software für Bewerberinterviews, eingelegt wurde. Dabei machte die Beschwerdeführerin verschiedene Verstöße gegen die OECD-Empfehlung geltend und berief sich dabei u.a. darauf, dass die OECD-Prinzipien zu den *„established public policies"* im Sinne des Federal Trade Commission Act (FTA)[182] zählten.[183]

IV. G20 und andere

Auch andere internationale Akteure haben mittlerweile die Herausforderungen durch KI erkannt. Zu nennen ist insoweit insbesondere die Gruppe der zwanzig wichtigsten Industrie- und Schwellenländer (G 20). Die G20 hat im Jahre 2019 eine Erklärung zu Künstlicher Intelligenz verabschiedet, welche in der Sache auf den von der OECD erarbeiteten Prinzipien aufbaut.[184] Auf dem G20-Gipfel in Ryadh hat sich die Gruppe ausdrücklich zu einem *„human centred approach"* bekannt.[185] In der Abschlusserklärung des G20-Gipfels in Rom wurde noch einmal der Wille zur Umsetzung der G20-Prinzipien zu KI bekräftigt.[186]

180 Vgl. https://wp.oecd.ai/app/uploads/2022/02/Classification-2-pager-1.pdf.

181 https://www.oecd.ai/.

182 15 U.S.C. § 45(n): „(…) In determining whether an act or practice is unfair, the Commission may consider established public policies as evidence to be considered with all other evidence (…)".

183 https://epic.org/wp-content/uploads/privacy/ftc/hirevue/EPIC_FTC_HireVue_Complaint.pdf. Im Januar 2021 teilte das Unternnehmen mit, keine Gesichtserkennungssoftware mehr einsetzen zu wollen: https://epic.org/hirevue-facing-ftc-complaint-from-epic-halts-use-of-facial-recognition/.

184 G20 Ministerial Statement on Trade and Digital Economy. https://www.mofa.go.jp/files/000486596.pdf.

185 Leaders' Declaration G20 Riyadh Summit November 21 – 22, 2020, No. 19.

186 Vgl. https://www.consilium.europa.eu/media/52730/g20-leaders-declaration-final.pdf. Auf der Ebene der G7 ist die sog. *Charlevoix Common Vision for the Future of AI* zu nennen, welche ebenfalls ein Bekenntnis zu einem „menschenzentrierten" Ansatz enthält: https://www.mofa.go.jp/files/000373837.pdf.

Im September 2021 hat sich eine Gruppe renommierter Wissenschaftler mit einer Reihe von Empfehlungen an die Regierungen der G20-Mitgliedstaaten, aber auch an die G20 als solche, gewandt. Zu den erstgenannten Empfehlungen zählen: „Menschenzentrierte KI im Sinne von sinnvoller menschlicher Kontrolle, Transparenz, Erklärbarkeit, Fairness, Gerechtigkeit, Inklusivität, Nachhaltigkeit und Bildung zu definieren (…)"; „KI-Systeme als Unterstützung für die menschliche Entscheidungsfindung zu verstehen, nicht als Ersatz. Maschinen nicht als moralische Akteure anzuerkennen und ihnen keine elektronische Persönlichkeit oder Identität zu geben", „einen Multi-Stakeholder-Ansatz bei allen Entscheidungen über KI anzuwenden"; „bei der Regulierung von KI-Bedingungen für die Nutzung von KI (und nicht von KI an sich) aufzuerlegen". Zu den letztgenannten Empfehlungen zählen: „ein Standardglossar zu definieren, das alle Aspekte der menschenzentrierten KI umfasst" sowie „einen unabhängigen und multidisziplinären KI-Ethikausschuss einzurichten, dem Vertreter aller 20 KI-Ethikausschüsse auf der Ebene der Mitgliedstaaten angehören".[187]

V. Private Initiativen: Institute of Electrical and Electronics Engineers (IEEE)

Auch nichtstaatliche Akteure haben Initiativen entwickelt, welche die Entwicklung ethischer Grundsätze im Umgang mit KI zum Gegenstand haben. Besonderes Interesse verdient insoweit das *Institute of Electrical and Electronics Engineers* (IEEE). Das IEEE ist ein weltweiter Berufsverband von Ingenieuren, überwiegend aus den Bereichen Elektrotechnik und Informationstechnik, mit Sitz in New York. Zu den Zielen der Organisation zählt u.a. die Standardisierung von Techniken, Hardware und Software.[188]

Unter dem Dach des IEEE wurden ebenfalls Leitlinien zur Nutzung von KI erarbeitet.[189] Den Ausgangspunkt bilden acht Prinzipien: Respekt vor den Menschenrechten (*human rights*); Steigerung des menschlichen Wohlergehens (*well-being*); Erhaltung der Fähigkeit der Menschen zur Kontrolle über ihre Identität (*data agency*); Verpflichtung der Schöpfer und Anwender von KI, deren Wirksamkeit und Zweckmäßigkeit nachzuweisen (*effectiveness*) Transpa-

187 *Casalone u.a.*, Human-centric AI: From Principles to Actionable and Shared Policies, September 2021.
188 https://www.ieee.org. Vgl. daneben aber auch den Code of Ethics and Professional Conduct der Association for Computing Machinery (ACM): https://www.acm.org/code-of-ethics.
189 Darauf, dass derartige Leitlinien über die zivilrechtlichen Generalklauseln (§§ 138, 242, 826 BGB) Eingang in das geltende Recht finden können, macht aufmerksam *Möslein*, RDi 2020, 34.

renz (*transparency*), Rechenschaftspflicht (*accountability*); Bewusstsein für Missbrauchsmöglichkeiten (*awareness of misuse*); und Kompetenz (*competence*)[190].

Die Leitlinien können hier nicht einmal ansatzweise beleuchtet werden, zumal sie in eine verhältnismäßig tiefgründige Diskussion ethischer Fragen eingebettet sind. Vorgestellt werden sollen hier nur die Empfehlungen, die im Hinblick auf die Beachtung der Menschenrechte ausgesprochen werden: Empfohlen wird, „Governance-Rahmenwerke, einschließlich Normen und Regulierungsbehörden" zu schaffen, „um Prozesse zu überwachen, die sicherstellen, dass die Nutzung von autonomen und intelligenten Systemen die Menschenrechte und Freiheiten, die Würde und die Privatsphäre nicht verletzt und die die Rückverfolgbarkeit gewährleisten". Auch sei es geboten, „bestehende und bevorstehende rechtliche Verpflichtungen in fundierte politische und technische Überlegungen umzusetzen". Autonome und intelligente Systeme sollten immer dem menschlichen Urteil und der menschlichen Kontrolle untergeordnet sein. „Auf absehbare Zeit" sollten schließlich „autonomen und intelligenten Systemen keine Rechte und Privilegien gewährt werden, die den Menschenrechten entsprechen".[191] Bei alldem wird klargestellt, dass „der menschenrechtliche Rechtsrahmen „den Boden und nicht die Decke" für die Standards darstellt, an die sich diejenigen halten müssen, die autonome und intelligente Systeme schaffen.[192]

Die Konsequenzen der vermehrten Nutzung von autonomen und intelligenten Systemen für das Verhältnis von Arbeitgebern und Arbeitnehmern sowie die Arbeitsbeziehungen im Allgemeinen werden ausdrücklich, wenngleich nur knapp angesprochen. Insoweit heißt es in dem Bericht: „Die Auswirkungen von autonomen und intelligenten Systemen auf den Arbeitsplatz und die sich verändernden Machtverhältnisse zwischen Arbeitnehmern und Arbeitgebern erfordern ethische Anleitung. Fragen des Datenschutzes und des Schutzes der Privatsphäre gegenüber Big Data in Kombination mit der Nutzung autonomer Systeme durch Arbeitgeber nehmen zu, wobei sich Entscheidungen, die über aggregierte Algorithmen getroffen werden, direkt auf die Beschäftigungsaussichten auswirken. Der unkritische Einsatz von KI am Arbeitsplatz und seine Auswirkungen auf die Arbeitnehmer-Arbeitgeber-Beziehungen sind

190 IEEE, Ethically Aligned Design – A Vision for Prioritizing Human Well-being with Autonomous and Intelligent System, 1st ed., 2019, S. 4: „A/IS creators shall specify and operators shall adhere to the knowledge and skill required for safe and effective operation."

191 IEEE, Ethically Aligned Design – A Vision for Prioritizing Human Well-being with Autonomous and Intelligent System, 1st ed., 2019, S. 19f.

192 IEEE, Ethically Aligned Design – A Vision for Prioritizing Human Well-being with Autonomous and Intelligent System, 1st ed., 2019, S. 78.

aufgrund der hohen Wahrscheinlichkeit von Fehlern und verzerrten Ergebnissen äußerst besorgniserregend".[193]

Darüber hinaus betonen die Autoren in einem besonders lesenswerten Abschnitt den Stellenwert der Bereitschaft und der Fähigkeit, sich in andere Menschen einzufühlen: „Zusammenarbeit erfordert ausreichende Gemeinsamkeiten der kollaborierenden Intelligenzen, um Empathie zu schaffen – die Fähigkeit, die Ziele des anderen auf der Grundlage der eigenen Ziele zu modellieren". Zugleich wird aber auch die Bedeutung der Autonomie unterstrichen: „Nach Ansicht von Wissenschaftlern aus verschiedenen Bereichen ist Autonomie ein psychologisches Bedürfnis. Ohne sie können Menschen nicht gedeihen, schaffen und innovativ sein. Ein ethisch ausgerichtetes Design sollte die menschliche Autonomie oder ihren Ausdruck unterstützen und nicht behindern".[194] Aus diesen Einsichten werden verhältnismäßig konkrete Empfehlungen abgeleitet: „Es ist wichtig, dass die Interaktion von menschlichen Arbeitnehmern mit anderen Arbeitnehmern nicht nur durch affektive Systeme (oder andere Technologien) vermittelt wird, die u.U. Autonomie, Innovation und Kommunikation herausfiltern. Menschliche Berührungspunkte sollten für Kunden und andere Organisationen verfügbar bleiben, wenn sie autonome, intelligente Systeme nutzen. Affektive Systeme sollten so gestaltet sein, dass sie die menschliche Autonomie, den Sinn für Kompetenz und sinnvolle Beziehungen unterstützen, da diese zur Unterstützung eines erfüllten Lebens notwendig sind. Selbst dort, wo autonome und intelligente Systeme kostengünstiger, besser vorhersehbar und leichter zu kontrollieren sind als menschliche Mitarbeiter, sollte auf jeder Entscheidungsebene ein Kernnetzwerk menschlicher Mitarbeiter aufrechterhalten werden, um die Erhaltung der menschlichen Autonomie, Kommunikation und Innovation zu gewährleisten. Management- und Organisationstheoretiker sollten sich um einen angemessenen Einsatz affektiver und autonomer Systeme bemühen, um ihre Geschäfts-

193 IEEE, Ethically Aligned Design – A Vision for Prioritizing Human Well-being with Autonomous and Intelligent System, 1st ed., 2019, S. 47. Ausdrücklich empfohlen wird insoweit eine Ausrichtung an dem "concept of responsible research and innovation (RRI)" der EU; vgl. dazu etwa *Lindner/Goos/Güth/Som/Schröde*, „Responsible Research and Innovation" als Ansatz für die Forschungs-, Technologie- und Innovationspolitik – Hintergründe und Entwicklungen, Büro für Technikfolgen Abschätzung im Deutschen Bundestag, Hintergrundpaper Nr. 22, 2016.

194 IEEE, Ethically Aligned Design – A Vision for Prioritizing Human Well-being with Autonomous and Intelligent System, 1st ed., 2019, S. 102; vgl. hierzu zuletzt auch *Friedmann*, Ethical concerns with replacing human relations with humanoid robots: an ubuntu perspective. https://doi.org/10.1007/s43681-022-00186-0.

modelle und die Effizienz ihrer Mitarbeiter im Rahmen der Erhaltung der menschlichen Autonomie zu verbessern".[195]

So beachtlich diese Aussagen sind, so auffällig ist zugleich, dass die Interessen der Arbeitnehmer ansonsten nur am Rande beleuchtet werden: An einer Stelle des Berichts heißt es: „Mitarbeiter sollten befähigt und ermutigt werden, ethische Bedenken in der täglichen Praxis anzusprechen".[196] An einer anderen Stelle wird die Veränderung von Arbeitsaufgaben und Erwerbsformen angesprochen: „Zum Beispiel werden Arbeiter, anstatt eine Aufgabe selbst auszuführen, zur Überwachung von Robotern übergehen müssen, die diese Aufgabe ausführen. Andere Bedenken betreffen die Veränderung traditioneller Beschäftigungsstrukturen mit einer Zunahme flexibler, vertragsbasierter, zeitlich befristeter Arbeitsplätze ohne Arbeitnehmerschutz und einer Verschiebung der Aufgabenzusammensetzung weg von Routine/Wiederholung und hin zu komplexen Entscheidungen". Angemahnt wird in diesem Zusammenhang zweierlei: Angebote zur Weiterbildung und Umschulung zu machen[197] und in Zukunft nicht nur Arbeitslosigkeit zu messen, sondern v.a. das Ausmaß von Unterbeschäftigung zu ermitteln.[198]

VI. Zwischenergebnis

Auf der internationalen Ebene gibt es eine Reihe unterschiedlicher Initiativen zur Regulierung von KI-Anwendungen. Der vorstehende Bericht ist insoweit alles andere als abschließend. Besonders vielversprechend erscheint insbesondere der derzeit im Rahmen des Europarats unternommene Versuch, zu einem (regionalen) völkerrechtlichen Abkommen für die Entwicklung, Gestaltung und Anwendung von Künstlicher Intelligenz zu kommen. Zu bedenken ist da-

195 Ethically Aligned Design – A Vision for Prioritizing Human Well-being with Autonomous and Intelligent System, 1st ed., 2019, S. 102; vgl. hierzu auch *Yeung*, A study of the implications of advanced digital technologies (including AI systems) for the concept of responsibility within a human rights framework, Council of Europe, DGI(2019)05, Committee of experts on human rights dimensions of automated data processing and different forms of artificial intelligence (MSI-AUT), 2018, S. 37: „In addition to (...) concerns about the use of AI technologies to imitate human behaviour are diffuse but often deeply-felt anxieties that our collective life may become increasingly "dehumanised", as tasks previously performed by humans are automated. Many fear that values and qualities that we cherish, including the value of real human interaction, of genuine empathy, compassion and concern, may be replaced by the relentless efficiency and consistency of AI driven services".

196 IEEE, Ethically Aligned Design – A Vision for Prioritizing Human Well-being with Autonomous and Intelligent System, 1st ed., 2019, S. 132.

197 IEEE, Ethically Aligned Design – A Vision for Prioritizing Human Well-being with Autonomous and Intelligent System, 1st ed., 2019, S. 132; vgl. auch ebda, S. 152.

198 IEEE, Ethically Aligned Design, – A Vision for Prioritizing Human Well-being with Autonomous and Intelligent System 1st. ed., 2019, S. 153.

bei, dass den Herausforderungen der KI kaum allein auf der Ebene des Nationalstaats begegnet werden kann. Erforderlich ist vielmehr eine internationale, am besten aber eine globale Regulierungsstrategie.[199]

In der Sache steht die Entwicklung ethischer Maßstäbe für KI im Vordergrund: Datenschutz, Verantwortlichkeit (*accountabilty*), Sicherheit, Transparenz und Erklärbarkeit, Fairness und Nichtdiskriminierung, menschliche Kontrolle der Technologie, professionelle Verantwortung (*professional responsibility*) und Förderung menschlicher Werte.[200] Dabei scheint es, als ob sich auf längere Sicht durchaus eine gewisse Konvergenz der Prinzipien einstellen könnte.[201] Doch bleibt in jedem Fall die Aufgabe, die bestehenden, notwendigerweise verhältnismäßig abstrakten Konzepte in konkrete Vorgaben umzusetzen.[202]

199 So auch die Forderung von *Martini*, Blackbox Algorithmus – Grundfragen einer Regulierung Künstlicher Intelligenz, 2019, S. 275.

200 Vgl. *Fjeld/Achten/Hilligoss/Nagy/Srikumar*, Principled Artificial Intelligence: Mapping Consensus in Ethical and Rights-based Approaches to Principles for AI, Berkman Klein Center for Internet & Society at Harvard University, Research Publication No. 2020-1 auf der Grundlage einer umfassenden Auswertung supranationaler, staatlicher und privater Initiativen.

201 Vgl. mit Blick auf EU und OECD etwa *Gasparotti*, Ethics Guidelines on Artificial Intelligence A comparison of EU and OECD guidelines, cepInput 07, 2019.

202 Vgl. hierzu auch *van Wynsberghe*, Artificial Intelligence: From ethics to policy, 2020.

E. Europäische Union

Auch auf der Ebene der Europäischen Union spielt KI seit geraumer Zeit eine bedeutsame Rolle. Die entsprechenden Initiativen sollen im Folgenden vorgestellt werden. Dabei muss über die Bedeutung der EU für die Verhältnisse in Deutschland kein Wort verloren werden. Hingewiesen sei aber an dieser Stelle darauf, dass aus naheliegenden Gründen nur unionsweit geltende Maßstäbe die Aussicht darauf eröffnen, auch global Beachtung zu finden.[203]

Bereits in ihrer im Mai 2017 vorgelegten Halbzeitbewertung der Strategie für den digitalen Binnenmarkt hatte die Europäische Kommission hervorgehoben, wie wichtig es sei, auf den wissenschaftlichen und industriellen Stärken Europas sowie auf seinen innovativen Start-ups aufzubauen, um bei der Entwicklung von KI-Technologien, KI-Plattformen und KI-Anwendungen eine führende Position einzunehmen.[204] Im Oktober 2017 hatte der Europäische Rat festgestellt, dass die EU dringend auf sich abzeichnende Trends wie KI reagieren müsse, „während gleichzeitig ein hohes Maß an Datenschutz, digitalen Rechten und ethischen Standards gewährleistet wird". Zugleich forderte der Rat die Kommission auf, einen „europäischen Ansatz für Künstliche Intelligenz vorzuschlagen".[205]

I. Die Mitteilung über eine Initiative zur Künstlichen Intelligenz

Im Jahr 2018 stellte die Europäische Kommission dann in einer Mitteilung[206] eine europäische Strategie zur Künstlichen Intelligenz vor, die darauf abzielt, die technologischen und industriellen Kapazitäten der EU und die Verbreitung von KI sowohl im privaten als auch im öffentlichen Sektor u.a. durch Investitionen in die Forschung, Innovation und besseren Zugang zu Daten zu fördern. Zugleich sollten aber die sozioökonomischen Veränderungen, die KI mit sich bringt, begleitet

---

203 Vgl. auch *Martini*, Blackbox Algorithmus – Grundfragen einer Regulierung Künstlicher Intelligenz, 2019, S. 275: „Nur unionsweit harmonierte Regulierungsmaßstäbe werden in der globalisierten digitalen Welt auch auf Dauer in der Lage sein, Standards zu setzen, die hinreichende Wirkmacht entfalten".

204 Mitteilung der Kommission an das Europäische Parlament, den Europäischen Wirtschafts- und Sozialausschuss und den Ausschuss der Regionen v. 10.5.2017, COM(2017) 228 final.

205 European Council, Brussels, EuCO 14/17 vom 19.10.2019, S. 7. http://data. COM(2017) 228 final consilium.europa.eu/doc/document/ST-14-2017-INIT/en/pdf.

206 Mitteilung der Kommission an das Europäische Parlament, den Europäischen Rat, den Rat, den Europäischen Wirtschafts- und Sozialausschuss und den Ausschuss der Regionen, Künstliche Intelligenz für Europa v. 25.4.2018, COM(2018) 237 final.

werden, und zwar u.a. durch eine Modernisierung der Bildungs- und Ausbildungssysteme, eine Antizipation von Veränderungen auf dem Arbeitsmarkt, die Unterstützung von Arbeitsmarktübergängen und die Anpassung der Systeme der sozialen Sicherheit. Bei alldem ging es der Kommission zugleich darum, einen angemessenen ethischen und rechtlichen Rahmen auf der Grundlage der Werte der Union und im Einklang mit der Charta der Grundrechte der EU zu gewährleisten, wozu wiederum eine europäische KI-Allianz, für die Entwicklung von AI-Ethikrichtlinien beitragen sollte.[207] Bemerkenswerterweise wurde die Ausrichtung der KI-Strategie an fundamentalen Werten wie dem Datenschutz von der Europäischen Kommission von Beginn an auch als möglicher Wettbewerbsvorteil gesehen. Wörtlich heißt es in der Mitteilung: „Die EU muss (...) sicherstellen, dass KI in einem geeigneten Rahmen weiterentwickelt und angewandt wird, der Innovationen fördert, gleichzeitig aber auch die Werte und Grundrechte der Union sowie ethische Grundsätze wie Rechenschaftspflicht und Transparenz schützt. Die EU hat gute Voraussetzungen, bei den Diskussionen auf globaler Ebene in diesem Zusammenhang eine Führungsrolle zu spielen".[208]

In ihrer Mitteilung kündigte die Kommission die Erarbeitung „ethischer Leitlinien für KI" unter Beteiligung „aller relevanten Entscheidungsträger" an. Diese sollten „Fragen wie die Zukunft der Arbeit, Fairness, Sicherheit, soziale Inklusion sowie Transparenz von Algorithmen" behandeln und zugleich „in allgemeinerem Kontext die Auswirkungen auf die Grundrechte, einschließlich Schutz der Privatsphäre und der Menschenwürde, Verbraucherschutz und Nichtdiskriminierung (untersuchen)".[209] Dabei machte sie zugleich klar, dass es für eine mögliche „Selbstregulierung" Grenzen gebe.[210]

Auch die Notwendigkeit einer internationalen Ausrichtung der europäischen KI-Strategie wurde übrigens von der Kommission angesprochen, wobei konkret auf die G7/G20, die Vereinten Nationen und die OECD verwiesen wurde. Dabei meinte die Kommission, dass die EU, „gestützt auf ihre Werte und Grundrechte", „einen einzigartigen Beitrag zur weltweiten Debatte über KI leisten" könne.[211] Ergänzt wurde die Mitteilung einerseits durch einen Bericht der Kommission zu Sicherheits- und Haftungsfragen[212] und andererseits durch eine Mitteilung zu einer europäischen Datenstrategie[213].

---

207 Mitteilung, S. 3f.

208 Mitteilung, S. 3.

209 Mitteilung, S. 18.

210 Mitteilung, S. 18.

211 Mitteilung, S. 22.

212 Bericht der Kommission an das Europäische Parlament, den Rat und den Europäischen Wirtschafts- und Sozialausschuss über die Auswirkungen künstlicher Intelligenz, des Internets der Dinge und der Robotik in Hinblick auf Sicherheit und Haftung v. 19.02.2020, COM(2020) 64 final.

213 Mitteilung der Kommission an das Europäische Parlament, den Rat und den Europäischen Wirtschafts- und Sozialausschuss – Eine europäische Datenstrategie v. 19.2.2020, COM(2020) 66 final.

II. Die Arbeit der Expertengruppe für Künstliche Intelligenz

1. Ethische Leitlinien

Im Juni 2018 berief die Europäischen Kommission 52 Sachverständige aus Wissenschaft, Zivilgesellschaft und Industrie in eine hochrangige Expertengruppe für Künstliche Intelligenz.[214] Die Expertengruppe stellte im Dezember 2018 einen ersten Entwurf von Leitlinien zur Ethik von KI vor. Dieser Entwurf wurde nach einer Konsultationsphase überarbeitet und im April 2019 durch geänderte Leitlinien ersetzt.[215] In diesen wurde die Beachtung der folgenden „ethischen Grundsätze" gefordert: Achtung der menschlichen Autonomie, Schadensverhütung, Fairness und Erklärbarkeit.[216] Die möglichen Spannungen zwischen diesen Grundsätzen müssten, so die Autoren und Autorinnen, „zur Kenntnis genommen und gelöst werden".[217] Dabei formulierte die Expertengruppe folgende konkrete Anforderungen: 1) Vorrang menschlichen Handelns[218] und menschliche Aufsicht,[219] 2) technische Robustheit[220] und Sicherheit, 3) Schutz der Privatsphäre und Datenqualitätsmanagement, 4) Transparenz,[221] 5) Vielfalt[222], Nichtdiskriminierung und Fairness, 6) gesellschaftliches und ökologisches Wohlergehen sowie 7) Rechenschaftspflicht.[223] Was die Transparenz betrifft, forderte die Hochrangige Expertengruppe unter dem Gesichtspunkt „Kommunikation", dass „KI-Systeme (...) gegenüber den Nutzern nicht als Menschen auftreten (dürfen)". Menschen hätten, so heißt es,

214 Diese Hochrangige Expertengruppe bildete auch die Lenkungsgruppe für die Europäische KI-Allianz, ein Forum für eine breite öffentliche Diskussion aller Aspekte der KI-Entwicklung und ihrer Auswirkungen auf Wirtschaft und Gesellschaft. https://ec.europa.eu/digital-single-market/en/european-ai-alliance.

215 Hochrangige Expertengruppe für künstliche Intelligenz, Ethik-Leitlinien für eine Vertrauenswürdige KI, 2019.

216 Leitlinien, S. 14.

217 Leitlinien, S. 16.

218 Leitlinien, S. 19: „Die Richtschnur für das Funktionieren von KI-Systemen muss der Grundsatz der Selbstbestimmung des Nutzers sein.".

219 Leitlinien, S. 19: „Die menschliche Aufsicht hilft dafür zu sorgen, dass ein KI-System die menschliche Autonomie nicht untergräbt oder sich sonst nachteilig auswirkt. Die Aufsicht kann durch Lenkungs- und Kontrollmechanismen wie die Gewährleistung der interaktiven Einbindung eines Menschen („Human-in-the-Loop"), der Überprüfung und Kontrolle durch einen Menschen („Human-on-the-Loop") oder der Gesamtsteuerung durch einen Menschen („Human-in-Command") erreicht werden.".

220 Leitlinien, S. 20.

221 Leitlinien; S. 22.

222 Leitlinien, S. 22 („Berücksichtigung und Einbindung aller betroffenen Interessenträger in den gesamten Prozess" und „Sicherstellung eines gleichberechtigten Zugangs durch inklusive Gestaltungsprozesse sowie Gleichbehandlung").

223 Leitlinien, S. 17f.

„das Recht, darüber informiert zu werden, dass sie mit einem KI-System interagieren. Dies bedeutet, dass KI-Systeme als solche erkennbar sein müssen".[224]

Zur Sicherstellung der Erfüllung dieser Anforderungen empfahl die Expertengruppe i.W. auf „technische Verfahren" zu setzen: „Architekturen für eine vertrauenswürdige KI", „konzeptuell integrierte Ethik und Rechtsstaatlichkeit (X-by-Design)", „Erklärungsmethoden", „Erproben und prüfen"[225] sowie „Dienstqualitätsparameter".[226] Was mögliche „Architekturen" betrifft, meinten die Autoren und Autorinnen, dass „die Anforderungen an eine vertrauenswürdige KI (...) in Verfahrensweisen und/oder Verfahrenseinschränkungen, die in der Architektur des KI-Systems verankert sein sollten, „übersetzt" werden (sollten)".[227] Mit Blick auf die Erfordernisse einer „konzeptuell integrierten Ethik und Rechtsstaatlichkeit" wurde ausgeführt, dass die Unternehmen dafür verantwortlich seien, „die Auswirkungen ihrer KI-Systeme von Anfang an zu erkennen, ebenso wie die Vorschriften, die ihr KI-System einhalten muss, damit negative Auswirkungen verhindert werden".[228] Im Zusammenhang mit den „Erklärungsmethoden" meinte die Hochrangige Expertengruppe, es müsse „nachvollziehbar sein, warum (...) sich [ein System] auf eine bestimmte Art und Weise verhalten hat und warum es eine bestimmte Interpretation hervorgebracht hat". Dabei wurde ausdrücklich anerkannt, dass „manchmal kleine Änderungen in den Daten zu dramatischen Änderungen bei deren Interpretation führen".[229] Unter „nichttechnische Verfahren" wurden angeführt: Regulierung, Verhaltenskodizes, Standardisierung, Zertifizierung, „Rechenschaftspflicht durch Rahmenbedingungen für die Lenkung und Kontrolle", „Bildung und Bewusstsein zur Förderung einer ethischen Mentalität", „Beteiligung der Interessenträger und sozialer Dialog" sowie „Vielfalt und inklusive Entwurfsteams". Was schließlich die „Rechenschaftspflicht" anbelangt, so meinte die Hochrangige Expertengruppe, dass Unternehmen „interne und externe Rahmenbedingungen für die Lenkung und Kontrolle von KI-Systemen einführen und somit die Rechenschaftspflicht bezüglich der ethischen Aspekte der Entscheidungsfindung im Zusammenhang mit der Entwicklung, Einführung und Nutzung von KI gewährleisten (sollten)". Dies könne „beispielsweise durch die Ernennung eines Ethikbeauftragten für KI oder eines internen/externen Ethikgremiums oder -rates erfolgen".[230]

224 Leitlinien; S. 22.

225 Vgl. Leitlinien, S. 27. Insoweit geht es v.a. um die Verwendung von „hinreichend realistischen Daten" und eine Überwachung „während des gesamten Lebenszyklus".

226 Vgl. Leitlinien, S. 27 (Definition von „angemessenen Indikatoren für die Dienstqualität").

227 Leitlinien, S. 26.

228 Leitlinien, S. 26.

229 Leitlinien, S. 27 (mit dem Beispiel der Verwechslung eines Schulbusses mit einem Strauß).

230 Leitlinien, S. 28.

Eine spezifische Berücksichtigung von Arbeitnehmerinteressen findet sich in den Leitlinien nicht. Überhaupt ist von Arbeitnehmern und Arbeitnehmerinnen nur am Rande die Rede. So wird eine „ungleiche Macht- oder Informationsverteilung (...) etwa zwischen Arbeitgebern und Arbeitnehmern"[231] anerkannt und auf „möglicherweise gefährdete Personen und Gruppen, z.B. Arbeitnehmer, Frauen, Menschen mit Behinderungen, ethnische Minderheiten, Kinder, Verbraucherinnen und Verbraucher oder andere Gruppen mit Exklusionsrisiko" hingewiesen.[232] Auch findet sich die Forderung, KI-Systeme „sollten den Menschen in seiner Arbeitsumgebung unterstützen und der Schaffung sinnvoller Arbeit dienen".[233] Im Zusammenhang mit der Möglichkeit, einen Rechtsbehelf gegen Entscheidungen der KI-Systeme einzulegen, findet sich in den Leitlinien ein Hinweis auf die „Vereinigungsfreiheit und das Recht auf die Mitgliedschaft in einer Gewerkschaft gemäß Artikel 12 der EU-Grundrechtecharta".[234] Unter „5. Vielfalt, Nichtdiskriminierung und Fairness" heißt es (im Kontext von „Beteiligung der Interessenträger"): „Zur Entwicklung vertrauenswürdiger KI-Systeme ist eine Konsultation der Interessenträger ratsam, die möglicherweise während des gesamten Lebenszyklus des Systems direkt oder indirekt von diesem betroffen sind. Es ist von Vorteil, auch nach der Einführung eines Systems regelmäßige Rückmeldungen einzuholen und längerfristige Vorkehrungen zur Beteiligung der Interessenträger zu schaffen, beispielsweise durch die Gewährleistung der Schulung, Anhörung und Beteiligung der Arbeitnehmerinnen und Arbeitnehmer während des gesamten Prozesses der Implementierung von KI-Systemen in einem Unternehmen".[235] Darüber hinaus findet sich auch die Feststellung, dass KI „Regierungen, Gewerkschaften und Industrie bei der Planung von (Um)schulungsmaßnahmen für Arbeitnehmerinnen und Arbeitnehmer unterstützen (...) und auch von Entlassungen bedrohten Bürgerinnen und Bürgern bei ihrer Vorbereitung auf eine neue Tätigkeit helfen (könnten)".[236]

Im April 2019 verabschiedete die Europäische Kommission eine Mitteilung, in welcher sie die sieben Kernforderungen der Hochrangigen Expertengruppe (Vorrang menschlichen Handelns und menschlicher Aufsicht; technische Robustheit und Sicherheit; Privatsphäre und Datenqualitätsmanagement; Transpa-

231 Leitlinien, S. 2 (unter Fn. 2) mit einem Hinweis auf „Artikel 24 bis 27 der Charta der Grundrechte der Europäischen Union (EU-Grundrechtecharta) über die Rechte von Kindern und älteren Menschen, die Integration von Menschen mit Behinderungen sowie die Arbeitnehmerrechte".

232 Leitlinien, S. 13.

233 Leitlinien, S. 15.

234 Leitlinien, S. 15 (unter Fn. 32).

235 Leitlinien, S. 23.

236 Leitlinien, S. 43.

renz; Vielfalt, Nichtdiskriminierung und Fairness; gesellschaftliches und ökologisches Wohlergehen und Rechenschaftspflicht) ausdrücklich begrüßte.[237]

2. Politikempfehlungen

Ebenfalls im Jahre 2019 wurden auch die Politikempfehlungen der Hochrangigen Expertengruppe veröffentlicht.[238] In diesen sprach die Expertengruppe u.a. davon, dass „Arbeitnehmer, die aufgrund der Automatisierung und der verstärkten Nutzung der KI entlassen wurden oder von Entlassung bedroht sind", in die Lage versetzt werden müssten, „neue Beschäftigungsformen [*new forms of employment*] zu suchen, da die Struktur des Arbeitsmarktes als Reaktion auf die zunehmende Abhängigkeit von digitalen Diensten und Prozessen umgestaltet wird".[239]

Neben manch anderem zielten die Politikempfehlungen der Expertengruppe – in Ergänzung der von der Gruppe erarbeiteten ethischen Leitlinien – auf die rechtlichen Rahmenbedingungen für KI.[240] Dabei sprach sich die Gruppe für einen „risikobasierten und auf der Zusammenarbeit aller Betroffenen" (*risk-based and multi-stakeholder approach*) beruhenden Ansatz aus. Wörtlich heißt es in dem Papier: „Charakter, Intensität und Zeitpunkt des regulatorischen Eingriffs sollten von der Art des durch ein KI-System geschaffenen Risikos abhängen. Im Einklang mit einem Ansatz, der auf dem Verhältnismäßigkeits- und Präventionsprinzip basiert, sollten verschiedene Risikoklassen unterschieden werden, da nicht alle Risiken gleich sind. Je höher der Einfluss und/oder die Wahrscheinlichkeit eines durch KI verursachten Risikos ist, desto stärker sollte die angemessene regulatorische Reaktion ausfallen. Der Begriff „Risiko" ist in diesem Zusammenhang weit gefasst und umfasst nachteilige Auswirkungen aller Art, sowohl individueller als auch gesellschaftlicher Art".[241] Im Übrigen regte die Hochrangige Expertengruppe eine Evaluierung und ggf. auch Modifi-

237 Mitteilung der Kommission an das Europäische Parlament, den Rat, den Europäischen Wirtschafts- und Sozialausschuss und den Ausschuss der Regionen, Schaffung von Vertrauen in eine auf den Menschen ausgerichtete künstliche Intelligenz v. 8.4.2019, COM(2019) 168 final.

238 High-Level Expert Group on Artificial Intelligence, Policy and Investment Recommendations for Trustworthy AI, 2019.

239 Recommendations, S. 36 (Übersetzg. d.Verf.).

240 So ausdrücklich Recommendations, S. 37: „Dieser Abschnitt ergänzt die Leitlinien, indem er über die freiwilligen Leitlinien hinausgehende Anleitungen zu geeigneten Governance- und Regulierungsansätzen gibt" (Übersetzg. d. Verf.).

241 Recommendations, S. 37 f. (Übersetzung d. Verf.); in Fn. 53 heißt es dann (unter Hinw. auf Council of Europe, Revised draft study of the implications of advanced digital technologies (including AI systems for the concept of responsibility within a human rights framework, 2019): „This includes not only tangible risks to human health or the environment, but also includes intangible risks to fundamentalrights, democracy and the rule of law, and other potential threats to the cultural and socio-technical foundations of democratic, rights-respecting, societies."

kation des geltenden EU-Rechts an,[242] ohne dabei allerdings auf arbeits(schutz) rechtliche Regelungen einzugehen.

Grundlegend für die Empfehlungen ist ein sog. „menschenzentrierter Ansatz" (*human-centric approach*). In diesem Zusammenhang fordert die Hochrangige Expertengruppe auch eine „Anwendung eines Prozesses der Repräsentation, Konsultation und, wenn möglich, der gemeinsamen Gestaltung (*co-creation*), bei dem die Beschäftigten in die Diskussion über den KI-Produktions-, den Einsatz- oder den Beschaffungsprozess einbezogen werden, um sicherzustellen, dass die Systeme nutzbar sind und dass der Arbeitnehmer noch über ausreichende Autonomie und Kontrolle, Erfüllung und Arbeitszufriedenheit verfügt". Dies setze „voraus, dass die Arbeitnehmer bei der Entwicklung oder dem Einsatz der künstlichen Intelligenz informiert und konsultiert werden, wie dies in den bestehenden, von den europäischen Institutionen und den Sozialpartnern angenommenen Texten festgelegt ist". Weiter heißt es in den Empfehlungen: „Beschäftigte (nicht nur Arbeitnehmer, sondern auch Selbständige[243]) sollten in die Diskussionen über die Entwicklung, den Einsatz oder die Beschaffung algorithmischer Planungs- und Arbeitsverteilungssysteme einbezogen werden, um die Einhaltung der Gesundheits- und Sicherheitsgesetzgebung, der Datenpolitik, der Arbeitszeitgesetzgebung und der Gesetzgebung zur Vereinbarkeit von Berufs- und Privatleben zu gewährleisten. Um dies zu ermöglichen, spielt der soziale Dialog eine Schlüsselrolle".[244]

3. Weißbuch zur Künstlichen Intelligenz

Aufbauend auf den Arbeiten der Hochrangigen Expertengruppe stellte die Europäische Kommission dann im Februar 2020 ein Weißbuch zur Künstlichen Intelligenz vor, mit dem eine breite öffentliche Konsultation angestoßen wurde.[245]

a) Wesentliche Inhalte

In diesem beschrieb die Kommission noch einmal eindringlich die Risiken, die mit der Nutzung von KI verbunden sind.[246] Zum Gesichtspunkt der Nicht-

242 Recommendations, S. 38 f.

243 Die Rede ist von *independent contractors*.

244 Recommendations, S. 13 (Übersetzg. d. Verf.).

245 Weißbuch zur Künstlichen Intelligenz – ein europäisches Konzept für Exzellenz und Vertrauen, COM(2020) 65 final vom 19.2.2020; vgl. hierzu auch *Unger*, ZRP 2020, 234; *Jüngling*, MMR 2020, 440; *Gasparotti/Harta*, Europäische Strategie zur künstlichen Intelligenz Eine Bewertung des Entwurfs eines Weißbuchs der EU-Kommission zur KI, 2020. Zu Grundfragen einer Regulierung auf nationaler und europäischer Ebene *Hacker*, NJW 2020, 2142.

246 An anderer Stelle erkennt die Kommission explizit an, dass Entwicklung und Einsatz von KI-Systemen „auch unmittelbare Folgen für Arbeitnehmer und Arbeitgeber (haben)." Die Einbeziehung der Sozialpartner werde deshalb „entscheidend zu einem menschenzentrierten KI-Konzept für den Arbeitsplatz beitragen"; Weißbuch, S. 8.

diskriminierung heißt es in der Mitteilung beispielsweise: „Vorurteile und Diskriminierung können in allen gesellschaftlichen und wirtschaftlichen Tätigkeitsfeldern auftreten. Die Entscheidungsfindung des Menschen ist nicht immun gegen Fehler und Voreingenommenheiten. Aber in KI-Systemen könnten die gleichen Voreingenommenheiten eine viel größere Wirkung entfalten und ohne die sozialen Kontrollmechanismen, die das menschliche Verhalten regeln, viele Menschen beeinträchtigen und diskriminieren. Dies kann auch geschehen, wenn das KI-System „lernt", während es angewendet wird. In solchen Fällen resultieren die Risiken, wenn dies in der Entwurfsphase nicht hätte verhindert oder vorhergesehen werden können, nicht aus Fehlern in der ursprünglichen Auslegung des Systems, sondern aus den praktischen Folgen der Korrelationen oder Muster, die das System in großen Datensätzen identifiziert".[247]

Zugleich benannte die Kommission Besonderheiten von KI-Systemen, welche die Durchsetzung der Grundrechte beeinträchtigten: „Die besonderen Merkmale vieler KI-Technologien wie Opazität („Blackbox-Effekt"), Komplexität, Unvorhersehbarkeit und teilautonomes Verhalten können die Prüfung der Vereinbarkeit und die wirksame Durchsetzung von EU-Rechtsvorschriften zum Schutz der Grundrechte erschweren. Strafverfolgungsbehörden und Betroffene können u.U. nicht nachvollziehen, wie eine bestimmte unter Einsatz von KI getroffene Entscheidung gefällt wurde, und somit auch nicht verifizieren, ob die einschlägigen Vorschriften eingehalten wurden. Natürlichen wie juristischen Personen könnte in Fällen, in denen sich solche Entscheidungen nachteilig auf sie auswirken, der effektive Zugang zu den Gerichten erschwert werden".[248]

Ebenso wie zuvor die Hochrangige Expertengruppe plädierte auch die Kommission für einen „risikobasierten Ansatz". Dieser sei „wichtig, um die Verhältnismäßigkeit des regulatorischen Eingreifens zu gewährleisten". Allerdings bedürfe es „klarer Kriterien, um zwischen den verschiedenen KI-Anwendungen differenzieren zu können, insbesondere in Bezug auf die Frage, ob sie ein „hohes Risiko" darstellen oder nicht".[249] Dabei sprach sich die Kommission für eine zweistufige Prüfung aus. Dabei sei zunächst zu fragen, ob KI in einem Bereich eingesetzt werde, „in dem aufgrund der Art der typischen Tätigkeiten mit erheblichen Risiken zu rechnen ist".[250] Sodann sei zu fragen, ob die „KI-Anwendung in dem betreffenden Sektor so eingesetzt wird, dass mit erheblichen Risiken zu rechnen ist". Letzteres spiegele die Erkenntnis wider, „dass

247 Weißbuch, S. 13f.
248 Weißbuch, S. 14.
249 Weißbuch, S. 20.
250 Weißbuch, S. 20.

nicht jede Nutzung von KI in den ausgewählten Sektoren notwendigerweise mit erheblichen Risiken verbunden ist".[251] Allerdings könne es „Ausnahmefälle geben, in denen aufgrund der immanenten Risiken der Einsatz von KI-Anwendungen für bestimmte Zwecke grundsätzlich – d.h. unabhängig von dem betreffenden Sektor – als hochriskant einzustufen ist und in denen die nachstehenden Anforderungen dennoch gelten würden". Insoweit nannte die Kommission ausdrücklich den Bereich des Antidiskriminierungsrechts: „Angesichts ihrer Bedeutung für den Einzelnen und unter Berücksichtigung des EU-Besitzstands zur Gleichbehandlung im Beschäftigungsbereich würden KI-Anwendungen, die bei Einstellungsverfahren sowie in Situationen eingesetzt werden, die sich auf die Rechte von Arbeitnehmern auswirken, ausnahmslos als Anwendungen mit hohem Risiko eingestuft, so dass die nachstehenden Anforderungen stets gelten würden".[252]

Der von der Kommission favorisierte „risikobasierte Ansatz" war allerdings von Beginn an alles andere als unumstritten. So wurde etwa bemängelt, die Definition von „risikoreich" sei nicht klar genug, um Rechtssicherheit zu schaffen. Zu klären sei, wann die mit der Nutzung einer KI-Anwendung verbundenen Risiken als „erheblich" anzusehen seien.[253] Manche Kritiker bezweifelten, dass überhaupt sinnvoll zwischen Anwendungen mit niedrigem Risiko und Anwendungen mit hohem Risiko unterschieden werden könne und schlugen stattdessen vor, einen Risikomanagementansatz zu verfolgen, bei dem die Partei, die am besten in der Lage ist, die Risiken zu kontrollieren oder zu mindern, als rechtlich verantwortlich zu gelten hätte.[254]

b) Ergebnisse der Konsultation

Die von der Kommission durch das Weißbuch eröffnete Konsultation, die vom 19. Februar bis zum 14. Juni 2020 stattfand, führte zu einer Vielzahl von Stellungnahmen. Insgesamt wurde ein Handlungsbedarf fast allgemein bejaht. Eine große Mehrheit der Befragten war der Meinung, dass es Gesetzeslücken

251 Weißbuch, S. 21.

252 Weißbuch, S. 21. Als weiteres Bsp. wird der Einsatz von KI-Anwendungen für die Zwecke der biometrischen Fernidentifikation genannt.

253 Vgl. EU Weißbuch zur Künstlichen Intelligenz, cepAnalyse Nr. 4/2020, S. 4.

254 Vgl. *Bertoloni*, Artificial Intelligence and Civil Liability – Study requested by the JURI Committee, 2020, S. 99ff.

gebe bzw. dass neue Gesetze notwendig seien.[255] Daraufhin kündigte die Kommission einen Regulierungsvorschlag an.[256]

III. Der Vorschlag eines „KI-Gesetzes"

Im April 2021 legte die Europäische Kommission dann einen Vorschlag für eine Verordnung zur Festlegung harmonisierter Vorschriften über KI vor (VO-E).[257] Dieses „Gesetz über Künstliche Intelligenz" soll weltweit Maßstäbe für die Regulierung von KI setzen.[258] Im Verordnungsentwurf wird der Begriff „Künstliche Intelligenz" weit, nach Ansicht vieler Kritiker zu weit, definiert.[259] Der Entwurf bewegt sich dabei in den klassischen Regelungsstrukturen des Produktsicherheitsrechts, was bedeutet, dass zur Einhegung der von KI-Systemen ausgehenden Risiken i.W. auf technische Standards, Zertifizierungen und Risiko- sowie Qualitätsmanagementsysteme gesetzt wird.[260]

---

255 Vgl. COM(2021) 206 final, S. 7f.

256 Darüber hinaus hat die Kommission am 9. März 2021 einen sog. „Digitalen Kompass", eine Zielvorstellung und Wege für den digitalen Wandel in Europa bis 2030, vorgestellt, in dem auch auf den Nutzen von KI für Arbeitnehmer im Bereich der Fertigung hingewiesen wird; Mitteilung der Kommission an das Europäische Parlament, den Rat, den Europäischen Wirtschafts- und Sozialausschuss und den Ausschuss der Regionen, KOM(2021) 118 endg., S. 9: "Fertigung: Dank 5G-Anbindung werden Geräte in Fabriken noch besser vernetzt sein und Industriedaten sammeln. Künstliche Intelligenz wird Roboter in Echtzeit steuern, so dass diese zunehmend kooperativ werden und so den Arbeitsplatz, die Sicherheit, die Produktivität und das Wohlergehen der Arbeitnehmer verbessern. Hersteller werden mit digitalen Zwillingen, neuen Werkstoffen und 3D-Druck in der Lage sein, die vorausschauende Wartung zu verbessern und bedarfsgerecht nach den Wünschen der Verbraucher ohne Vorratshaltung zu produzieren.".

257 Vorschlag für eine Verordnung des Europäischen Parlaments und des Rates zur Festlegung harmonisierter Vorschriften für Künstliche Intelligenz (Gesetz über Künstlche Intelligenz) und zur Änderung bestimmter Rechtsakte der Union v. 21.4.2021, COM(2021) 206 final.

258 Allerdings hat z.B. auch in den USA die Debatte um gesetzliche Regelungen Fahrt aufgenommen. So wurde im US-Senat vor kurzem der Entwurf eines Algorithmic Accountability Act vorgelegt. https://www.wyden.senate.gov/news/press-release.

259 Vgl. nur *Bombard/Merkle*, RDi 2021, 276 (277); *Ebers/Hoch/Rosenkranz/Ruschemeier/Steinrötter*, RDi 2021, 528 (529); vgl. demgegenüber *Smuha/Ahmed-Rengers/Harkens/Li/MacLaren/Pisellif/Yeung*, How the EU can achieve trustworthy AI: A response to the European Commission's Proposal for an Artificial Intelligence Act, 2021, S. 55, die gar für eine Ausweitung der Regelung über KI hinaus plädieren.

260 Vgl. nur *Spindler*, CR 2021, 361 (361); auch *Wiebe*, BB 2022, 899. Ein Überblick über das geltende Unionsrecht zu „KI am Arbeitsplatz" bei *Adams-Prassl*, Regulating algorithms at work: Lessons for a 'European approach to artificial intelligence', ELLJ 2022, 30; auch *De Stefano/Wouters*, AI and digital tools in workplace management and evaluation – An assessment of the EU's legal framework, May 2022, S. 35ff.

1. Überblick über den Entwurf

a) Regulierung von sog. Hochrisiko-KI-Systemen

Im Mittelpunkt des Entwurfs stehen sog. Hochrisiko-KI-Systeme. Welche Systeme als Hochrisiko-KI-Systeme gelten, ergibt sich aus Art. 6 Abs. 2 VO-E i.V.m. dem Anhang III. Im vorliegenden Zusammenhang ist v.a. Anhang III Nr. 4 von Interesse, der sich mit „Beschäftigung, Personalmanagement und Zugang zur Selbstständigkeit" befasst: Nach Nr. 4 lit. a) gelten als Hochrisiko-KI-Systeme gem. Art. 6 Abs. 2 VO-E Systeme, „die bestimmungsgemäß für die Einstellung oder Auswahl natürlicher Personen verwendet werden sollen, insbesondere für die Bekanntmachung freier Stellen, das Sichten oder Filtern von Bewerbungen und das Bewerten von Bewerbern in Vorstellungsgesprächen oder Tests". Nach Nr. 4 lit. b) gelten darüber hinaus als Hochrisiko-KI-Systeme gem. Art. 6 Abs. 2 VO-E KI-Systeme, „die bestimmungsgemäß für Entscheidungen über Beförderungen und über Kündigungen von Arbeitsvertragsverhältnissen, für die Aufgabenzuweisung sowie für die Überwachung und Bewertung der Leistung und des Verhaltens von Personen in solchen Beschäftigungsverhältnissen verwendet werden sollen". Zur Begründung führt die Kommission an, dass derartige Systeme „die künftigen Berufsaussichten und den Lebensunterhalt dieser Personen spürbar beeinflussen können". Weiter heißt es: „Solche Systeme können während des gesamten Einstellungsverfahrens und bei der Bewertung, Beförderung oder Nichtbeförderung von Personen in Arbeitsvertragsverhältnissen historische Diskriminierungsmuster fortschreiben, beispielsweise gegenüber Frauen, bestimmten Altersgruppen und Menschen mit Behinderungen oder Personen mit einer bestimmten rassischen oder ethnischen Herkunft oder sexuellen Ausrichtung". KI-Systeme, die zur Überwachung der Leistung und des Verhaltens dieser Personen eingesetzt werden, könnten sich „auch auf ihre Rechte auf Datenschutz und Privatsphäre auswirken".[261]

b) Anforderungen an Hochrisiko-KI-Systeme

Die Verordnung enthält in Titel III Kapitel 2 eine Reihe von Anforderungen, denen derartige Systeme genügen müssen. Danach besteht die Verpflichtung zur Einrichtung eines Risikomanagementsystems (Art. 9 Abs. 1 VO-E). KI-Systeme, die Techniken verwenden, bei denen Modelle mit Daten trainiert werden, müssen auf der Grundlage von Trainings-, Validierungs- und Testdatensätzen entwickelt werden, die im Einzelnen aufgeführten Qualitätskriterien genügen (Art. 10 Abs. 1 VO-E).[262] Die technischen Unterlagen für ein KI-System mit hohem Risi-

261 Erwägungsgrund 36. Dort heißt es auch, dass „einschlägige Arbeitsvertragsverhältnisse [auch] Beschäftigte und Personen erfassen (sollten), die Dienstleistungen über Plattformen erbringen".

262 Bemerkenswert ist darüber hinaus, dass Art. 10 Abs. 5 VO-E – mit dem Ziel der Vermeidung mittelbarer Diskriminierungen – die Aufdeckung entsprechender Verzerrungen erleichtern soll; vgl. dazu *Veale/Zuiderveen Borgesius*, CRi 2021, 97 (103).

ko sind vor dem Inverkehrbringen oder der Inbetriebnahme dieses Systems zu erstellen und auf dem neuesten Stand zu halten (Art. 11 Abs. 1 VO-E). KI-Systeme mit hohem Risiko müssen so konzipiert und entwickelt werden, dass sie die automatische Aufzeichnung von Ereignissen (Logs) während des Betriebs des KI-Systems mit hohem Risiko ermöglichen (Art. 12 Abs. 1 S. 1 VO-E). Auch müssen KI-Systeme mit hohem Risiko so konzipiert und entwickelt werden, „dass ihr Betrieb hinreichend transparent ist, damit die Nutzer die Ergebnisse des Systems angemessen interpretieren und verwenden können" (Art. 13 Abs. 1 S. 1 VO-E).[263] Auch sind KI-Systeme mit hohem Risiko so zu konzipieren und zu entwickeln, „dass sie während der Dauer der Verwendung des KI-Systems – auch mit geeigneten Werkzeugen einer Mensch-Maschine-Schnittstelle – von natürlichen Personen wirksam beaufsichtigt werden können" (Art. 14 Abs. 1 VO-E). Schließlich sind KI-Systeme mit hohem Risiko so zu konzipieren und zu entwickeln, „dass sie im Hinblick auf ihre Zweckbestimmung ein angemessenes Maß an Genauigkeit, Robustheit und Cybersicherheit erreichen und in dieser Hinsicht während ihres gesamten Lebenszyklus beständig funktionieren" (Art. 15 Abs. 1 VO-E).[264] Daneben enthält Kapitel 3 Vorschriften, die „horizontale" Pflichten insbesondere von Anbietern von KI-Systemen mit hohem Risiko begründen.[265] Dazu zählt die Verpflichtung zur Einrichtung eines Qualitätsmanagementsystems, welches die Einhaltung der Vorschriften der Verordnung gewährleistet (Art. 17 Abs. 1 VO-E).[266] Für Nutzer hält die Verordnung nur wenige Verpflichtungen bereit.[267]

2. Kritik

Der Entwurf wirft eine Reihe von Fragen auf, die nachfolgend kritisch diskutiert werden sollen.[268] Dabei wird der von der Kommission vorgelegte Vor-

---

263 Gerade auch mit Blick auf Art. 12 u. 13 VO-E fordern eine Konkretisierung der Anforderungen durch den Gesetzgeber *Roos/Weitz*, MMR 2021, 844 (847).

264 Als „institutionalisierte Prozeduralisierung" werden die Vorschriften beschrieben von *Valta/Vasel*, ZRP 2021, 142 (144).

265 Vgl. COM(2021) 206 final, S. 16.

266 Die Regelung weist nach Auffassung mancher Kritiker inhaltlich eine Reihe von Schwachpunkten auf. Auf diese soll hier aber nicht näher eingegangen werden; vgl. stattdessen *Ebers/Hoch/Rosenkranz/Ruschemeier/Steinrötter*, RDi 2021, 528 (533 ff.).

267 Zu den – sehr überschaubaren – Pflichten der Nutzer von KI-Systemen etwa *Spindler*, CR 2021, 361 (369); vgl. dazu auch *Valta/Vasel*, ZRP 2021, 142 (144): „Im Gewand der Produktregulierung versteckt und unvollkommen ausgeführt finden sich Anforderungen an die Nutzer künstlicher Intelligenz, an das erforderliche, aber nicht ohne Weiteres leistbare Maß menschlicher Kontrolle. Nur undeutlich und nicht konsistent abgesichert findet sich die Botschaft, dass die KI ein eng geführtes Werkzeug des Menschen bleiben soll. Ob diese Begrenzung im weltweiten Entwicklungs- und Verwertungswettbewerb und angesichts des demografischen Wandels durchgehalten werden kann, ist zweifelhaft".

268 Zum Ganzen zuletzt auch *De Stefano/Wouters*, AI and digital tools in workplace management and evaluation – An assessment of the EU's legal framework, May 2022, S. 63 mit alternativen Handlungsoptionen.

schlag zugrunde gelegt. Zwar zeichnen sich im Gesetzgebungsverfahren – etwa hinsichtlich der Definition von KI oder den gesetzlichen Verpflichtungen der Nutzer – Änderungen ab. Doch erscheint derzeit unsicher, ob und in welchem Umfang die entsprechenden Forderungen letztlich Eingang in den Gesetzestext finden werden.

a) Ziele

Mit dem Entwurf sollen nach den Vorstellungen der Kommission mehrere Ziele erreicht werden: die „Garantie, dass KI-Systeme, die auf dem Unionsmarkt in Verkehr gebracht und genutzt werden, sicher sind und (…) das geltende Recht der Grundrechte und die Werte der Union respektieren"; die „Gewährleistung von Rechtssicherheit, um Investitionen und Innovationen im Bereich der KI zu erleichtern"; die „Verbesserung der Governance und der wirksamen Durchsetzung des bestehenden Rechts über die Grundrechte und Sicherheitsanforderungen an KI-Systeme" und schließlich die „Erleichterung der Entwicklung eines Binnenmarkts für rechtmäßige, sichere und vertrauenswürdige KI und die Verhinderung einer Fragmentierung des Marktes".[269]

Befremdlich daran ist, dass im Entwurf insbesondere der Grundrechtsbezug der Regelung immer wieder herausgestrichen wird[270] und v.a. „das Ausmaß der negativen Auswirkungen des KI-Systems auf die durch die Charta geschützten Grundrechte (…) bei der Einstufung eines KI-Systems als hochriskant von besonderer Bedeutung" sein soll, die Bewältigung der entsprechenden Risiken dann aber als eine weitgehend technische und administrative Angelegenheit angesehen wird, die von den KI-Anbietern etwa durch die Einrichtung geeigneter „Risikomanagement-Systeme" zu gewährleisten ist.[271] Immerhin besteht die Hoffnung, dass das im Verordnungsentwurf verfolgte Konzept in absehbarer Zeit durch zivilrechtliche Haftungsregeln ergänzt wird.[272]

269 COM(2021) 206 final, S. 3.

270 Vgl. nur COM(2021) 206 final, S. 1: „Vorschlag beruht auf den Werten und Grundrechten der EU".

271 Vgl. *Smuha/Ahmed-Rengers/Harkens/Li/MacLaren/Piselli f/Yeung*, How the EU can achieve trustworthy AI: A response to the European Commission's Proposal for an Artificial Intelligence Act, 2021, S. 11; vgl. ebda, S. 10 mit der Kritik, dass die Grundrechte nach dem Entwurf letztlich nur „Abwägungsmaterial" bildeten, denen dann gegenläufige Interessen gegenübergestellt würden: „As presently drafted, the Regulation appears to treat fundamental rights as equivalent to mere interests. Each fundamental right engaged by this Proposal and the activities it enables is limited and made subject to a balancing process by the Proposal itself – at least to some degree – by virtue of (a) the inherent tension in this Proposal between the goals of promoting economic activity and innovation, with the protection of fundamental rights; and (b) the legal bases upon which it has been founded (…)".

272 *Ebers/Hoch/Rosenkranz/Ruschemeier/Steinrötter*, RDi 2021, 528 (536) fordern insoweit eine „Klarstellung dahingehend, dass die KI-VO Schadensersatzansprüche von Personen unberührt lässt, die durch einen Verstoß gegen ihre Regelungsvorgaben geschädigt wurden".

b) Rechtsgrundlage

Die Kommission stützt sich bei ihrem Entwurf insbesondere auf die Kompetenzvorschrift des Art. 114 AEUV und, soweit die Verordnung „konkrete Vorschriften zum Schutz von Privatpersonen im Hinblick auf die Verarbeitung personenbezogener Daten enthält,[273] auch auf Art. 16 AEUV.[274] Was Art. 114 AEUV betrifft, der die Annahme von Maßnahmen für die Errichtung und das Funktionieren des Binnenmarkts vorsieht, so verweist die Kommission darauf, dass es das „Hauptziel" der Verordnung sei, „durch die Festlegung harmonisierter Vorschriften, insbesondere in Bezug auf die Entwicklung, das Inverkehrbringen und den Einsatz von Produkten und Diensten, die KI-Techniken anwenden, oder von eigenständigen KI-Systemen, für ein reibungsloses Funktionieren des Binnenmarkts zu sorgen". Dabei gilt es nach Auffassung der Kommission, eine Fragmentierung des Binnenmarkts zu verhindern und sowohl für Anbieter als auch Nutzer von KI-Systemen für Rechtssicherheit zu sorgen.[275]

Dass die von der Kommission genannte Rechtsgrundlage tragfähig ist, wird in der Literatur vielfach bezweifelt.[276] Noch bedeutsamer ist im vorliegenden Zusammenhang, dass das primäre Anknüpfen an Art. 114 AEUV die Befürchtung hat aufkommen lassen, die neue Verordnung könnte Bemühungen der Mitgliedstaaten um eine rechtliche Bewältigung der Problematik von KI (und zwar auch der arbeitsrechtlichen Problematik) Grenzen setzen.[277] Insoweit wird vorgebracht, dass der Entwurf zwar primär Hochrisiko-KI-Systeme im Auge habe, der Anwendungsbereich aber auf alle KI-Systeme ziele. Vorgebracht wird auch, es spreche manches dafür, anzunehmen, dass die intendierten Regelungen (im Sinne einer vollständigen Harmonisierung)[278] als abschließend zu verstehen seien, womit dann mitgliedstaatliche Anforderungen an andere als Hochrisiko-KI-Systeme als unzulässig anzusehen wären.[279] Dementsprechend sei nicht auszuschlie-

---

273 COM(2021) 206 final, S. 20.

274 Vgl. hierzu EDPB-EDPS, Joint Opinion 5/2021 on the proposal for a Regulation of the European Parliament and of the Council laying down harmonised rules on artificial intelligence (Artificial Intelligence Act), 18 June 2021, S. 2, die insoweit die Notwendigkeit einer unabhängigen Aufsicht über die Einhaltung der Anforderungen an die Verarbeitung personenbezogener Daten unterstreichen.

275 COM(2021) 206 final, S. 7.

276 Vgl. nur *Ebers/Hoch/Rosenkranz/Ruschemeier/Steinrötter*, RDi 2021, 528 (529) m.w.N.; krit. etwa auch *Valta/Vasel*, ZRP 2021, 142 (143).

277 Zu beachten ist, dass Art. 114 in Abs. 4 u. 5 zwar Derogationsmöglichkeiten u. a. zum Schutz der „Arbeitsumwelt" enthält, diese aber eng auszulegen sind; vgl. nur *Tietje*, in: Grabitz/Hilf/Nessesheim, Das Recht der Europäischen Union 2021, Art. 114 AEUV Rn. 156 ff. Dabei müssen Maßnahmen eines Mitgliedstaates nach Art. 114 Abs. 4 AEUV dem Verhältnismäßigkeits- und dem Nichtdiskriminierungsgrundsatz entsprechen; vgl. ebda., Rn. 177.

278 Allg. dazu etwa *Tietje*, in: Grabitz/Hilf/Nessesheim, Das Recht der Europäischen Union 2021, Art. 114 AEUV Rn. 38, wonach „eine Differenzierung unterschiedlicher Harmonisierungsmethoden nur beim Einsatz von Richtlinien als Harmonisierungsinstrumentarium sinnvoll" sei. Soweit auf Verordnungen zurückgegriffen werde, bestünden „regelmäßig keine Handlungsfreiräume der Mitgliedstaaten mehr".

279 Vgl. *Veale/Zuiderveen Borgesius*, CRi 2021, 97 (108ff.).

ßen, dass die Verordnung insoweit eher zu einer Deregulierung führe, als dass sie die „regulatorische Messlatte anhebe“.[280] Was Hochrisiko-KI-Systeme betrifft, so ergibt sich aus Art. 29 Abs. 2 VO-E (über die Pflichten der Nutzer von Hochrisiko-KI-Systemen) immerhin, dass die entsprechenden Regelungen der Verordnung „sonstige Pflichten der Nutzer nach Unionsrecht oder nationalem Recht (…) unberührt (lassen)“.[281] Jenseits dessen fehlen aber vergleichbare Regelungen, wobei in Erwägungsgrund 1 sogar noch ausdrücklich betont wird, dass die „Verordnung (…) auf einer Reihe von zwingenden Gründen des Allgemeininteresses, wie einem hohen Schutz der Gesundheit, der Sicherheit und der Grundrechte, (beruht) und (…) den grenzüberschreitenden freien Verkehr KI-gestützter Waren und Dienstleistungen (gewährleistet), wodurch verhindert wird, dass die Mitgliedstaaten die Entwicklung, Vermarktung und Verwendung von KI-Systemen beschränken, sofern dies nicht ausdrücklich durch diese Verordnung erlaubt wird“. Die Aufnahme einer Art. 88 DSGVO vergleichbaren Vorschrift in die Verordnung könnte Zweifel an der Zulässigkeit mitgliedstaatlicher Regelungen ausräumen.[282]

c) Instrument der Verordnung

Auch mit Blick auf die Wahl des Rechtsinstruments der Verordnung verweist die Kommission auf die „Notwendigkeit einer einheitlichen Anwendung der neuen Vorschriften“ sowie darauf, dass die unmittelbare Anwendbarkeit einer Verordnung nach Art. 288 AEUV die Rechtsfragmentierung verringere und die Entwicklung eines Binnenmarkts für rechtmäßige, sichere und vertrauenswürdige KI-Systeme erleichtere.[283] Dabei macht sie zusätzlich geltend, dass die Bestimmungen der Verordnung „nicht übermäßig präskriptiv“ seien und „den Mitgliedstaaten auf verschiedenen Ebenen Raum für Maßnahmen in Bezug auf Elemente, die den Zielen der Initiative nicht zuwiderlaufen, insbesondere im Hinblick auf die interne Organisation des Marktüberwachungssystems und die Einführung innovationsfördernder Maßnahmen“, ließen.[284] Im vorliegenden Zusammenhang von entscheidender Bedeutung ist, wie schon oben angesprochen, ob und inwieweit der Verordnung eine Sperrwirkung gegenüber

---

280 Vgl. *Veale/Zuiderveen Borgesius*, CRi 2021, 97 (112); skeptisch auch *De Stefano/Wouters*, AI and digital tools in workplace management and evaluation – An assessment of the EU's legal framework, May 2022, S. 50.

281 Vgl. auch hierzu *Veale/Zuiderveen Borgesius*, CRi 2021, 97 (110).

282 Diese fordert etwa *Kelly-Lyth*, The AI Act and Algorithmic Management, Comparative Labor Law & Policy Journal, Dispatch No. 39, S. 1 (9).

283 COM(2021) 206 final, S. 8.

284 COM(2021) 206 final, S. 8.

mitgliedstaatlichem Recht zukommen soll, dieses also von den dort enthaltenen materiellen Vorgaben abweichen darf.[285]

Abgesehen davon bleibt abzuwarten, ob sich die von der Kommission in die Wahl des Rechtsinstruments der Verordnung gesetzten Erwartungen praktisch erfüllen werden. Denn die Hauptlast der Behörden tragen die Behörden der Mitgliedstaaten, wobei die bei der Durchführung der DSGVO gemachten Erfahrungen die Befürchtung einer ungleichmäßigen Rechtsdurchsetzung als nicht aus der Luft gegriffen erscheinen lassen.[286]

d) Verhältnis der Verordnung zur DSGVO

Nicht restlos geklärt erscheint, um es vorsichtig auszudrücken, das Verhältnis der Verordnung zur DSGVO. Zwar heißt es in der Entwurfsbegründung, dass diese von der Verordnung „unberührt" bleibe.[287] Dennoch sahen sich der Europäische Datenschutzausschuss (EDPB) und der Europäische Datenschutzbeauftragte (EDPS) in ihrer gemeinsamen Stellungnahme zum Verordnungsentwurf veranlasst, die Klarstellung zu fordern, dass die DSGVO für jede Verarbeitung personenbezogener Daten gelte, die in den Anwendungsbereich des Vorschlags falle.[288] Darüber hinaus lautet eine konkrete Empfehlung von EDPB und EDPS, in Titel III Kapitel 2 der Verordnung die Anforderung an KI-Systeme aufzunehmen, die Einhaltung der GDPR (und der VO 2018/1725) zu gewährleisten.[289]

---

285 So ausdrücklich *Ebers/Hoch/Rosenkranz/Ruschemeier/Steinrötter*, RDi 2021, 528 (529) mit dem Hinweis darauf, dass bislang unklar ist, ob die Mitgliedstaaten die Befugnis haben sollen, bestimmte KI-Systeme oder deren Verwendungen über die Verbote von Art. 5 KI-VO-E hinaus zu untersagen.

286 Vgl. nur *Smuha/Ahmed-Rengers/Harkens/Li/MacLaren/Pisellif/Yeung*, How the EU can achieve trustworthy AI: A response to the European Commission's Proposal for an Artificial Intelligence Act, 2021, S. 46 f.; vgl. auch EDPB-EDPS, Joint Opinion 5/2021 on the proposal for a Regulation of the European Parliament and of the Council laying down harmonised rules on artificial intelligence (Artificial Intelligence Act), 18 June 2021, S. 15 mit der Forderung, die nationalen Datenschutzbehörden als insoweit zuständige Behörden zu bestimmen; vgl. auch *Burgess*, How GDPR Is Failing – The world-leading data law changed how companies work. But four years on, there's a lag on cleaning up Big Tech, May 23, 2022. https://www.wired.com/story/gdpr-2022/.

287 COM(2021) 206 final, S. 4.

288 EDPB-EDPS, Joint Opinion 5/2021 on the proposal for a Regulation of the European Parliament and of the Council laying down harmonised rules on artificial intelligence (Artificial Intelligence Act), 18 June 2021, S. 8; vgl. zum Ganzen auch *Ebers/Hoch/Rosenkranz/Ruschemeier/Steinrötter*, RDi 2021, 528 (536); *Smuha/Ahmed-Rengers/Harkens/Li/MacLaren/Pisellif/Yeung*, How the EU can achieve trustworthy AI: A response to the European Commission's Proposal for an Artificial Intelligence Act, 2021, S. 42: „Given the reliance of many AI systems on personal data, it is recommended to strengthen the ties between the Proposal and the GDPR more consistently, in order to ensure a more coherent and comprehensive data protection framework for AI systems.".

289 EDPB-EDPS, Joint Opinion 5/2021 on the proposal for a Regulation of the European Parliament and of the Council laying down harmonised rules on artificial intelligence (Artificial Intelligence Act), 18 June 2021, S. 10.

e) Risikobasierter Ansatz

In der Verordnung verfolgt die Kommission einen risikobasierten Regelungsansatz. Dies bedeutet, dass die Intensität der Regelung davon abhängt, welche Risiken von einer KI-Anwendung ausgehen. Dabei wird zwischen drei Risikokategorien unterschieden: „unannehmbares Risiko“, „hohes Risiko“ und „geringes oder minimales Risiko“.[290]

Ganz unabhängig davon, wie man über den von der Kommission verfolgten risikobasierten Ansatz denkt,[291] hätte man sich gewünscht, dass die von KI ausgehenden Risiken im Entwurf stärker reflektiert worden wären. So heißt es in der Entwurfsbegründung nur, dass „künstliche Intelligenz je nach den Umständen ihrer konkreten Anwendung und Nutzung Risiken mit sich bringen und öffentliche Interessen und Rechte schädigen (kann), die durch das Unionsrecht geschützt sind“. Ein solcher Schaden könne „materieller oder immaterieller Art sein.“ In der Gemeinsamen Stellungnahme von Europäischen Datenschutzausschuss (EDPB) und Europäischem Datenschutzbeauftragten (EDPS) heißt es demgegenüber: „Das Generieren von Inhalten, das Treffen von Vorhersagen oder das Treffen von Entscheidungen auf automatisierte Weise, wie es KI-Systeme mit Hilfe von Techniken des maschinellen Lernens oder logischen und probabilistischen Inferenzregeln tun, ist nicht dasselbe wie Menschen, die diese Tätigkeiten mit Hilfe von kreativen oder theoretischen Überlegungen ausführen und die volle Verantwortung für die Folgen tragen“.[292] Auch diese Aussage ist nicht allzu tiefgründig, wirkt aber deutlich „einfühlsamer“ als die Ausführungen der Kommission.

aa) Unannehmbares Risiko

In die Kategorie „unannehmbares Risiko“ fallen Anwendungen, die als unannehmbar gelten, weil sie Werte der Union, beispielsweise Grundrechte, verletzen.[293] Art. 5 VO-E enthält ein umfassendes Verbot. Allerdings begegnet dieses Bedenken. Eingewandt wird z.B., dass die Vorschrift zu sehr an aktuellen De-

---

290 COM(2021) 206 final, S. 15.

291 Äußerst kritisch etwa *Edwards*, Regulating AI in Europe: four problems and four solution, March 2022, S. 11: „The alleged ‘risk-based’ nature of the Act is illusory and arbitrary. Impacts on groups and on society as a whole need to be considered, as well as risks to individuals and their rights, and risks should be considered throughout the AI lifecycle not just at market entry.“

292 EDPB-EDPS, Joint Opinion 5/2021 on the proposal for a Regulation of the European Parliament and of the Council laying down harmonised rules on artificial intelligence (Artificial Intelligence Act), 18 June 2021, S. 5 (Übersetzung d. Verf.).

293 Die Verbote gelten „für Praktiken, die ein erhebliches Potenzial haben, Personen zu manipulieren, indem sie auf Techniken zur unterschwelligen Beeinflussung zurückgreifen, die von diesen Personen nicht bewusst wahrgenommen werden, oder die die Schwächen bestimmter schutzbedürftiger Gruppen (...) ausnutzen, um deren Verhalten massiv so zu beeinflussen, dass sie selbst oder eine andere Person psychisch oder physisch geschädigt werden könnten“; vgl. COM(2021) 206 final, S. 15.

batten (etwa um das *social scoring*) orientiert, schon heute erkennbar zu eng[294] und auch nicht „zukunftsoffen“ ausgestaltet sei.[295]

bb) Hohes Risiko

Wie bereits oben angesprochen, zielen die Regelungen der Verordnung primär auf KI-Systeme, die ein „hohes Risiko“ für die Gesundheit und Sicherheit oder für die Grundrechte natürlicher Personen darstellen. Solche Hochrisiko-KI-Systeme müssen bestimmten zwingend vorgeschriebenen Anforderungen genügen; auch muss vorab eine Konformitätsbewertung durchgeführt werden.[296] Die Einstufung als Hochrisiko-KI-System „beruht auf der Zweckbestimmung des KI-Systems entsprechend den bestehenden EU-Produktsicherheitsvorschriften“. Dies bedeutet, dass sie nicht nur von der Funktion dieses Systems abhängt, sondern auch von seinem konkreten Zweck und seinen Anwendungsmodalitäten.[297] In Titel III Kapitel 1 werden die zwei Hauptkategorien für Hochrisiko-KI-Systeme festgelegt: Nach Art. 6 Abs. 1 VO-E gelten Systeme als Hochrisiko-KI-Systeme, wenn sie die dort genannten Voraussetzungen erfüllen. Darüber hinaus gelten die in Anhang III genannten KI-Systeme als Hochrisiko-KI-Systeme. Von Interesse ist vorliegend, wie ebenfalls bereits gesagt, v.a. die zweite Kategorie (Art. 6 Abs. 2 i.V.m. Anhang III). Diese bezieht sich auf eigenständige KI-Systeme, die ein hohes Risiko für die Gesundheit und Sicherheit oder für die Grundrechte natürlicher Personen darstellen (Art. 7 Abs. 1 lit. b) VO-E). Anhang III VO-E führt derzeit acht eigenständige KI-Systeme auf, bei denen sich bereits gezeigt hat oder bei denen absehbar ist, dass diese Risiken tatsächlich eintreten. Zu diesen zählen, wie gesagt, KI-Systeme aus den Bereichen „Beschäftigung, Personalmanagement und Zugang zur Selbstständigkeit“. Dabei ist der Kommission nach Art.7 Abs. 1 VO-E die Befugnis übertragen, delegierte Rechtsakte zur Änderung der Liste in Anhang III zu erlassen, um Hochrisiko-KI-Systeme hinzuzufügen.[298] Insoweit lässt sich kritisieren, dass die Qualifizierung als Hochrisiko-KI-System unsicher erscheint, da sie von der Erfüllung hochgradig ausfüllungsbedürftiger Merkmale ab-

294 Vgl. nur *Ebers Hoch/Rosenkranz/Ruschemeier/Steinrötter*, RDi 2021, 528 (530).

295 In der Tat fehlt hier eine Art. 7 VO-E vergleichbare Regelung; zurecht krit. daher *Ebers/Hoch/Rosenkranz/Ruschemeier/Steinrötter*, RDi 2021, 528 (531); krit. auch *Smuha/Ahmed-Rengers/Harkens/Li/MacLaren/Pisellif/Yeung*, How the EU can achieve trustworthy AI: A response to the European Commission's Proposal for an Artificial Intelligence Act, 2021, S. 20f.

296 Vor kurzem haben Wissenschaftler – im Vorgriff auf das Inkrafttreten der VO – ein Verfahren vorgestellt, das Anbieter bei ihrer Konformitätsbewertung zugrunde legen können; vgl. *Floridi/Holweg/Taddeo/Silva/Mökander/Yuni*, capAI – A Procedure for Conducting Conformity Assessment of AI Systems in Line with the EU Artificial Intelligence Act, March 23, 2022. https://ssrn.com/abstract=4064091.

297 COM(2021) 206 final, S. 15.

298 Wenn sie in den in Anhang III Nr. 1 bis 8 aufgeführten Bereichen eingesetzt werden und ein hohes Risiko der Schädigung der Gesundheit oder der Beeinträchtigung der Sicherheit oder nachteiliger Auswirkungen auf die Grundrechte bergen (Art. 7 Abs. 1 lit. a) und b) VO-E).

hängt.[299] Ganz abgesehen davon mag der in Art. 7 Abs. 1 VO-E gewählte Ansatz einer Ergänzung der Liste durch die Kommission zwar der Rechtssicherheit dienen, erscheint aber verhältnismäßig eng, da eine Ergänzung der Liste von vornherein nur im Rahmen der in Anhang III genannten Bereiche zulässig, darüber hinaus reichlich „technokratisch" und daher auch wenig „grundrechtsfreundlich" ist. Auch besteht verbreitet die Befürchtung, dass der von der Kommission gewählte Ansatz Anbietern die Möglichkeit der Umgehung eröffnen könnte.[300] Schließlich wird die herausgehobene Stellung der Kommission kritisiert, die insoweit nicht einmal zur Abhaltung von Konsultationen verpflichtet ist.[301]

cc) Geringes Risiko

Weitgehend ungeregelt bleiben KI-Systeme der dritten Kategorie, also solche Systeme, von denen nur ein „geringes oder minimales Risiko" ausgeht. Insoweit bestehen nach Art. 52 VO-E lediglich bestimmte Transparenzpflichten mit Blick auf „KI-Systeme, die für die Interaktion mit natürlichen Personen bestimmt sind".[302] Dies erscheint in doppelter Hinsicht zu eng, da einerseits auch gerade von anderen Systemen Risiken für Grundrechte ausgehen können und andererseits nicht o.W. einsichtig ist, weshalb der Pflichtenkreis von vornherein auf Transparenzpflichten begrenzt ist.

f) Standardisierung und Selbsteinschätzung der Anbieter

Hochrisiko-KI-Systeme stehen im Zentrum des Entwurfs. Dabei setzt die Kommission auf den Gedanken der Ko-Regulierung durch Standardisierung. Die Grundlage hierfür bildet das sog. *New Legislative Framework* (NLF). Hierfür ist charakteristisch, dass nur die zentralen produktsicherheitsrechtlichen Vorgaben vom EU-Gesetzgeber selbst geregelt werden, deren Konkretisierung dann

---

299 Vgl. insbes. Art. 7 Abs. 1 lit. b) VO-E: „die KI-Systeme bergen ein Risiko der Schädigung der Gesundheit oder der Beeinträchtigung der Sicherheit oder nachteiliger Auswirkungen auf die Grundrechte, das im Hinblick auf die Schwere und die Wahrscheinlichkeit des Eintretens dem Risiko der Schädigung, Beeinträchtigung oder negativer Auswirkungen gleicht, das von den in Anhang III bereits aufgeführten Hochrisiko-KI-Systemen ausgeht, oder dieses übersteigt".

300 Vgl. *Smuha/Ahmed-Rengers/Harkens/Li/MacLaren/Pisellif/Yeung*, How the EU can achieve trustworthy AI: A response to the European Commission's Proposal for an Artificial Intelligence Act, 2021, S. 13.

301 Krit. etwa *Ebers /Hoch/Rosenkranz/Ruschemeier/Steinrötte*r, RDi 2021, 528 (532); auch *Smuha/Ahmed-Rengers/Harkens/Li/MacLaren/Pisellif/Yeung*, How the EU can achieve trustworthy AI: A response to the European Commission's Proposal for an Artificial Intelligence Act, 2021, S. 49f.

302 Im Übrigen besteht nach Art. 69 Abs. 1 VO-E eine Verpflichtung von Kommission und Mitgliedstaaten zur Förderung und Erleichterung der Aufstellung von Verhaltenskodizes, „mit denen erreicht werden soll, dass die in Titel III Kapitel 2 genannten Anforderungen auf KI-Systeme Anwendung finden, die kein hohes Risiko bergen".

aber den europäischen Normungsorganisationen[303] überlassen bleibt.[304] Dabei stützt sich die KI-Verordnung i.W. auf eine Selbsteinschätzung der Anbieter auf der Grundlage der harmonisierten technischen Normen,[305] wobei nach Art. 40 VO-E eine Konformitätsvermutung eingreift, wenn ein Hochrisiko-KI-System mit harmonisierten Normen, deren Fundstellen im Amtsblatt der EU veröffentlicht wurden, übereinstimmt. Nach Art. 19, 43 Abs. 2 VO-E müssen die Anbieter sicherstellen, dass Hochrisiko-KI-Systeme vor dem Inverkehrbringen bzw. der Inbetriebnahme einem Konformitätsbewertungsverfahren unterzogen werden. Eine ex-ante-Konformitätsbewertung durch externe Dritte sieht die Verordnung nur ausnahmsweise vor.[306] Allerdings legt Art. 63 VO-E eine ex post Marktüberwachung durch die zuständige mitgliedstaatlichen Behörden fest, wobei Art. 64 Abs. 1 und 2 VO-E den Marktüberwachungsbehörden uneingeschränkten Zugang zu allen Informationen, Unterlagen und Daten (ggf. einschließlich des Quellcodes) gewährt.

Wie effektiv die Regulierung von Hochrisiko-KI-Systemen sein wird, hängt in erster Linie von den zu entwickelnden harmonisierten Normen ab.[307] Zwar ist deren Einhaltung für die Anbieter grundsätzlich freiwillig. Auf eigene technische Lösungen zu setzen, bedeutete indes, die (unbestimmten) Anforderungen der Verordnung auf eigenes Risiko zu konkretisieren. Demgegenüber können Anbieter „wenig falschmachen“, wenn sie sich an die zu entwickelnden Standards halten, da sie sich dann auf die Konformitätsvermutung des Art. 40 VO-E berufen können.[308] Ganz abgesehen davon, dass die Standardisierung auf dem

303 Europäisches Komitee für Normung (CEN), Europäisches Komitee für elektrotechnische Normung (CENELEC), Europäisches Institut für Telekommunikationsnormen (ETSI).

304 Näher hierzu *Ebers*, RDi 2021, 588 (589), der dieses Zusammenspiel am Beispiel des Art. 10 Abs. 3 VO-E verdeutlicht; krit. gegenüber der weitgehenden inhaltlichen Unbestimmtheit der Anforderungen aus Art. 10 VO-E insbes. auch *Smuha/Ahmed-Rengers/Harkens/Li/MacLaren/Pisellif/Yeung*, How the EU can achieve trustworthy AI: A response to the European Commission's Proposal for an Artificial Intelligence Act, 2021, S. 33f.

305 Vgl. auch hierzu *Ebers*, RDi 2021, 588 (589) u. Hinweis auf den Erwägungsgrund 21 des Beschlusses Nr. 768/2008/EG des Europäischen Parlaments und des Rates v. 9. Juli 2008 über einen gemeinsamen Rechtsrahmen für die Vermarktung von Produkten und zur Aufhebung des Beschlusses 93/465/EWG des Rates: „Weil der Hersteller den Entwurfs- und Fertigungsprozess in allen Einzelheiten kennt, ist er am besten für die Durchführung des gesamten Konformitätsbewertungsverfahrens geeignet. Die Konformitätsbewertung sollte daher auch weiterhin die ausschließliche Verpflichtung des Herstellers bleiben“.

306 Näher *Ebers*, RDi 2021, 588 (590).

307 Vgl. allerdings Art. 41 Abs. 1 S. 1 VO-E, wonach die Kommission „gemeinsame Spezifikationen für die Anforderungen“ festlegen kann, wenn es keine harmonisierten Normen gem. Art. 40 gibt oder die Kommission „der Auffassung (ist), dass die einschlägigen harmonisierten Normen unzureichend sind oder dass bestimmte Bedenken hinsichtlich der Sicherheit oder der Grundrechte ausgeräumt werden müssen“; vgl. dazu *Bombard/Merkle*, RDi 2021, 276 (283).

308 Auch hierzu *Ebers*, RDi 2021, 588 (591) unter Hinw. auf *Veale/Zuiderveen Borgesius*, CRi 2021, 97 (105), wo es heißt: „Consequently, standardisation is arguably where the real rule-making in the Draft AI Act will occur.“

Gebiet der KI aus praktischen Gründen besonders herausfordernd ist,[309] begegnet indes der grundsätzliche Ansatz des NLF seit einiger Zeit Zweifeln und zwar einerseits unter dem Gesichtspunkt der (fehlenden) demokratischen Legitimation und andererseits unter dem Gesichtspunkt der (fehlenden) gerichtlichen Kontrolle.[310] Einer der Kritiker urteilt dabei folgendermaßen: „Ein solcher Regulierungsansatz [NLF] stößt auf erhebliche Bedenken. Bei der Standardisierung von KI-Systemen geht es nicht nur um rein technische Fragen. Vielmehr muss eine Reihe rechtlicher sowie ethischer Entscheidungen getroffen werden, die einen gesamtgesellschaftlichen, demokratischen Diskurs erfordern, der von der Industrie, der Zivilgesellschaft, Verbraucherverbänden und anderen Akteuren gestaltet werden sollte".[311]

Auch die Konformitätsbewertung im Wege der Selbsteinschätzung ist Kritik ausgesetzt.[312] Dabei stören nicht allein die erheblichen Spielräume, die sich nach der Verordnung ergeben[313] und letztlich darauf hinauslaufen, dass die Entscheidung darüber, welche Risiken akzeptabel sind, auf den KI-Anbieter ausgelagert wird.[314] Für eine Vorabüberprüfung durch externe Dritte bleibt dabei so gut wie kein Raum[315] und auch eine Beteiligung potenziell Betroffener ist nicht vorgesehen. Was den erstgenannten Gesichtspunkt betrifft, so ist insbesondere auf Art. 64 Abs. 5 VO-E hinzuweisen, der den Weg zur Durchführung technischer Tests des Hochrisiko-KI-Systems nur eröffnet, sofern „die in

309 Näher *Ebers*, RDi 2021, 588 (593); vgl. auch *Roos/Weitz*, MMR 2021, 844 (851): „Sicherheitsanforderungen des KI-VO-E z.T. zu unbestimmt oder aber in der Praxis nur schwerlich umsetzbar".

310 Eingehend hierzu *Ebers*, RDi 2021, 588 (593 ff.) m.w.N.

311 *Ebers*, RDi 2021, 588 (596); krit. auch *Ebers/Hoch/Rosenkranz/Ruschemeier/Steinrötter*, RDi 2021, 528 (532); vgl. auch *Veale/Zuiderveen Borgesius*, CRi 2021, 97 (112): „The high-risk regime looks impressive at first glance. But scratching the surface finds arcane electrical standardisation bodies with no fundamental rights experience expected to write the real rules, which providers will quietly self-assess against."

312 Vgl. nur *Smuha/Ahmed-Rengers/Harkens/Li/MacLaren/Pisellif/Yeung*, How the EU can achieve trustworthy AI: A response to the European Commission's Proposal for an Artificial Intelligence Act, 2021, S. 37: „The enforcement architecture relies heavily on (self-) conformity assessments. This leaves too much discretion to AI providers in assessing risks to fundamental rights without meaningful independent oversight, leaving many safety-critical and fundamental-rights critical AI applications without any ex ante review or systematic ex post review."

313 Vgl. nur Art. 9 VO-E, wo auf die „vernünftigerweise vorhersehbare Fehlanwendung" (Abs. 2 lit. a) abgestellt, eine „gebührende Berücksichtigung" gefordert (Abs. 3) und eine Beurteilung „als vertretbar" verlangt wird (Abs. 4); krit. etwa *Ebers/Hoch/Rosenkranz/Ruschemeier/Steinrötter*, RDi 2021, 528 (533).

314 So *Smuha/Ahmed-Rengers/Harkens/Li/MacLaren/Pisellif/Yeung*, How the EU can achieve trustworthy AI: A response to the European Commission's Proposal for an Artificial Intelligence Act, 2021, S. 30.

315 Krit. etwa auch *Ebers /Hoch/Rosenkranz/Ruschemeier/Steinrötter*, RDi 2021, 528 (533); *Smuha/Ahmed-Rengers/Harkens/Li/MacLaren/Pisellif/Yeung*, How the EU can achieve trustworthy AI: A response to the European Commission's Proposal for an Artificial Intelligence Act, 2021, S. 39 f.; vgl. auch EDPB-EDPS, Joint Opinion 5/2021 on the proposal for a Regulation of the European Parliament and of the Council laying down harmonised rules on artificial intelligence (Artificial Intelligence Act), 18 June 2021, S. 12 mit der Forderung nach der Etablierung einer generellen ex-ante-Konformitätsbewertung durch Dritte bei Hochrisiko-KI-Systemen.

Absatz 3 genannte Dokumentation nicht ausreichen (sollte), um feststellen zu können, ob ein Verstoß gegen das Unionsrecht zum Schutz der Grundrechte vorliegt". Was dagegen den letztgenannten Gesichtspunkt anbelangt, so ist insbesondere auf Art. 9(4) VO-E hinzuweisen, wonach Restrisiken nur den Nutzern mitgeteilt werden müssen, wohingegen nach Art. 35(9) DSGVO im Rahmen der Datenschutz-Folgenabschätzung der „Verantwortliche (...) gegebenenfalls den Standpunkt der betroffenen Personen oder ihrer Vertreter zu der beabsichtigten Verarbeitung unbeschadet des Schutzes gewerblicher oder öffentlicher Interessen oder der Sicherheit (einholt)".[316]

Ganz allgemein erscheint aber bedenklich, dass die Verordnung fast ausschließlich die Anbieter von KI-Systemen im Blick hat. So ist eine Risikobewertung allein durch den Anbieter durchzuführen, obwohl in den meisten Fällen die Nutzer und nicht die Anbieter die für die Verarbeitung Verantwortlichen sein werden. Auch wird der Anbieter häufig gar nicht alle Verwendungszwecke des KI-Systems bewerten können, so dass die von ihm durchzuführende (anfängliche) Risikobewertung fast notwendig allgemeiner ausfallen wird als die eines späteren Nutzers des Systems.[317] Zwar können Nutzer nach Art. 28 Abs. 1 lit. c) VO-E zu Anbietern werden, „wenn sie eine wesentliche Änderung an dem Hochrisiko-KI-System vornehmen". Doch ist zweifelhaft, ob der Gesetzgeber damit dem Umstand ausreichend Rechnung getragen hat, dass KI weniger als einzelnes Produkt bzw. einzelne Dienstleistung als vielmehr als Prozess anzusehen ist, „der einen Lebenszyklus von Aufbau, Anpassung und Einsatz durchläuft und komplexe Auswirkungen auf Mensch und Gesellschaft hat".[318]

g) Rechte der Betroffenen und Rechtsschutz

Unbefriedigend ist auch, dass die Verordnung die (potenziell) Betroffenen fast vollständig ausblendet. So besteht die Transparenzpflicht nach Art. 13(1) VO

316 Krit. *Smuha/Ahmed-Rengers/Harkens/Li/MacLaren/Pisellif/Yeung*, How the EU can achieve trustworthy AI: A response to the European Commission's Proposal for an Artificial Intelligence Act, 2021, S. 30.

317 Vgl. EDPB-EDPS, Joint Opinion 5/2021 on the proposal for a Regulation of the European Parliament and of the Council laying down harmonised rules on artificial intelligence (Artificial Intelligence Act), 18 June 2021, S. 9.

318 So *Circiumaru*, Three proposals to strengthen the EU Artificial Intelligence Act – Recommendations to improve the regulation of AI – in Europe and worldwide. https://www.adalovelaceinstitute.org/blog/three-proposals-strengthen-eu-artificial-intelligence-act/ (Übersetzung d. Verf.). Weiter heißt es dort: „(...) an AI system used to manage labour and review performance may seem equitable in the abstract, but could become a vehicle for discrimination when deployed in the workplace"; vgl. auch *Edwards*, Regulating AI in Europe: four problems and four solution, March 2022, S. 6: „AI is not a product nor a 'one-off' service, but a system delivered dynamically through multiple hands ('the AI lifecycle') in different contexts with different impacts on various individuals and groups."

nur gegenüber dem Nutzer,[319] ohne dass dabei der Betroffene in den Blick genommen würde.[320] Kritisiert wird dies nicht zuletzt von Europäischem Datenschutzausschuss (EDPB) und Europäischem Datenschutzbeauftragten (EDPS), die insoweit in ihrer gemeinsamen Stellungnahme zum Entwurf von einem „blinden Fleck" im Vorschlag der Kommission sprechen.[321] Dem entspricht es, dass die Verordnung zwar eine Reihe von objektiven Verpflichtungen (von Anbietern und zuweilen auch von Nutzern) fixiert und für Verstöße Bußgelder und andere Sanktionen vorsieht,[322] Betroffenen aber keine Schadensersatzansprüche gewährt[323] und ihnen auch keine formellen (Beteiligungs-) Rechte, etwa im Rahmen eines Beschwerdeverfahrens, einräumt.[324] Dies ist umso befremdlicher, als in der Verordnung gerade die von KI ausgehenden Risiken für Grundrechte beschworen werden.[325]

---

319 Art. 13 Abs. 1 S. 1 VO-E: „Hochrisiko-KI-Systeme werden so konzipiert und entwickelt, dass ihr Betrieb hinreichend transparent ist, damit die Nutzer die Ergebnisse des Systems angemessen interpretieren und verwenden können".

320 Krit. hierzu etwa *Smuha/Ahmed-Rengers/Harkens/Li/MacLaren/Pisellif/Yeung*, How the EU can achieve trustworthy AI: A response to the European Commission's Proposal for an Artificial Intelligence Act, 2021, S. 35.

321 EDPB-EDPS, Joint Opinion 5/2021 on the proposal for a Regulation of the European Parliament and of the Council laying down harmonised rules on artificial intelligence (Artificial Intelligence Act), 18 June 2021, S. 8 f.: „Whether they are end-users, simply data subjects or other persons concerned by the AI system, the absence of any reference in the text to the individual affected by the AI system appears as a blind spot in the Proposal. Indeed, the obligations imposed on actors vis-a-vis the affected persons should emanate more concretely from the protection of the individual and her or his rights. Thus, the EDPB and the EDPS urge the legislators to explicitly address in the Proposal the rights and remedies available to individuals subject to AI systems"; krit. etwa auch *Kelly-Lyth*, The AI Act and Algorithmic Management, Comparative Labor Law & Policy Journal, Dispatch No. 39, S. 1 (8).

322 Vgl. etwa Art. 65(5) VO-E.

323 Vgl. dazu etwa *Ebers /Hoch/Rosenkranz/Ruschemeier/Steinrötte*r, RDi 2021, 528 (536) mit der Feststellung, „die schwach ausgestaltete behördliche Durchsetzung [werde] somit (...) nicht durch *private enforcement* kompensiert".

324 Vgl. nur *Smuha/Ahmed-Rengers/Harkens/Li/MacLaren/Pisellif/Yeung*, How the EU can achieve trustworthy AI: A response to the European Commission's Proposal for an Artificial Intelligence Act, 2021, S. 44f., 51, die auf die danach bestehenden Unterschiede zur DSGVO hinweisen; vgl. auch *Veale/Zuiderveen Borgesius*, CRi 2021, 97 (111).

325 Krit. etwa auch *Bombard/Merkle*, RDi 2021, 276 (283) mit dem zusätzlichen Hinweis darauf, dass die KI-Verordnung auch kein „Consent-Konzept" kennt und sich im Unterschied zum Datenschutz, „dem ein grundrechtlicher Anspruch auf informationelle Selbstbestimmung zugrunde liegt, (...) ein individueller „Anspruch auf vertrauensvolle KI" nicht ohne Weiteres aus den Grundrechten und -freiheiten herleiten (lässt)".

F. Deutschland

Blickt man nach Deutschland, so sind es v.a. drei auf KI gerichtete Initiativen, die eine nähere Betrachtung verdienen: die KI Strategie der Bundesregierung, die Arbeit der sog. Datenethikkommission sowie die vom Deutschen Bundestag eingesetzte Enquete-Kommission zur Bewertung der gesellschaftlichen Verantwortung und wirtschaftlichen, sozialen und ökologischen Potenziale von KI.[326] Darüber hinaus sind mittlerweile auch konkrete gesetzgeberische Bemühungen zu verzeichnen und zwar in Gestalt des am 18. Juni 2021 in Kraft getretenen sog. Betriebsrätemodernisierungsgesetzes. Auf dieses soll allerdings erst später näher eingegangen werden.[327]

I. KI-Strategie der Bundesregierung

Im Jahre 2018 stellte die Bundesregierung ihre „Strategie Künstliche Intelligenz (KI)" vor. Mit dieser werden vielfältige Ziele verfolgt. U.a. zielt sie auf eine „verantwortungsvolle und gemeinwohlorientierte Entwicklung und Nutzung von KI". Ausdrücklich will die Bundesregierung auch „die betrieblichen Mitbestimmungsmöglichkeiten bei der Einführung und Anwendung von KI sichern" sowie „betriebliche Experimentierräume zu KI-Anwendungen in der Arbeitswelt fördern".[328] Manche Überlegungen haben sich mittlerweile in dem – gerade eben bereits angesprochenen und später näher vorzustellenden[329] – Betriebsrätemodernisierungsgesetz niedergeschlagen. Nach einem Zwischenbericht im Jahre 2019[330] veröffentlichte die Bundesregierung im Dezember 2020 eine „Fortschreibung" ihrer Strategie.[331]

Im Rahmen der KI-Strategie wurde u.a. eine „Fokusgruppe Künstliche Intelligenz in der Arbeitswelt" gebildet. Diese berät das BMAS und soll insbesondere die Umsetzung der KI-Strategie im Zuständigkeitsbereich des BMAS flankieren, indem sie Anwendungen von KI in der betrieblichen Praxis identifiziert

326 https://www.bundestag.de/ausschuesse/weitere_gremien/enquete_ki.

327 Vgl. G. VIII. 4.

328 Strategie Künstliche Intelligenz der Bundesregierung, November 2018, S. 7.

329 Vgl. G. VIII. 4.

330 Zwischenbericht Ein Jahr KI-Strategie.

331 Strategie Künstliche Intelligenz der Bundesregierung – Fortschreibung 2020, BT-Drucks. 19/25095 v. 08.12.2020, S. 2; vgl. auch ebda., S. 3, wonach die Bundesregierung mit der Fortschreibung der KI-Strategie auf neuere Entwicklungen reagiere und diese um weitere Maßnahmen ergänze. Ausdrücklich genannt werden als aktuelle Entwicklungen „COVID-19-Pandemie und Nachhaltigkeitsthemen, insbesondere Umwelt- und Klimaschutz sowie europäische und internationale Vernetzung".

und ihre Auswirkungen auf die Arbeitswelt betrachtet. Die Gruppe besteht aus Persönlichkeiten aus Wirtschaft, Gewerkschaften, Verbänden und Unternehmen.[332] Darüber hinaus wurde im Jahre 2020 das sog. KI-Observatorium eingerichtet.[333] Dieses verfolgt das Ziel, „die mit der Anwendung von KI verbundenen Auswirkungen auf Arbeit und Gesellschaft zu analysieren und Handlungsempfehlungen und Maßnahmen zu deren Gestaltung zu entwickeln". Weiterhin sollen „europäische und internationale Strukturen zum Thema KI in Arbeit und Gesellschaft aufgebaut werden".[334] Das im Rahmen des KI-Observatoriums geförderte Projekt „ExamAI – KI-Testing & Auditing" der Gesellschaft für Informatik (GI) untersucht, mit welchen Kontroll- und Testverfahren Sicherheit, Transparenz, Gleichbehandlung und Datenschutz bei der Zusammenarbeit von Mensch und Maschine sichergestellt werden können.[335]

II. Datenethikkommission

Im Koalitionsvertrag der 19. Legislaturperiode des Deutschen Bundestages zwischen der CDU, der CSU und der SPD, der nach der Bundestagswahl 2017 ausgehandelt und am 7. Februar 2018 geschlossen wurde, hatten die Beteiligten die Einsetzung einer Datenethikkommission vereinbart und zugleich deren Auftrag formuliert, einen „Entwicklungsrahmen für Datenpolitik, den Umgang mit Algorithmen, künstlicher Intelligenz und digitalen Innovationen" vorzuschlagen. Die Kommission nahm ihre Arbeit im September 2018 auf und legte im Oktober 2019 ihr Gutachten vor.[336]

Darin empfahl die Kommission einen „risikoadaptierten" Ansatz für die Regulierung algorithmischer Systeme. Dieser solle „auf dem Grundsatz aufbauen, dass ein steigendes Schädigungspotenzial mit wachsenden Anforderungen und Eingriffstiefen der regulatorischen Instrumente einhergeht". Für die Risikobeurteilung komme es „jeweils auf das gesamte sozio-technische System an, also alle Komponenten einer algorithmischen Anwendung einschließlich aller menschlichen Akteure, von der Entwicklungsphase (z.B. hinsichtlich der verwendeten Trainingsdaten) bis hin zur Implementierung in einer Anwendungsumgebung und zur Phase von Bewertung und Korrektur". Dabei erachtete es die Date-

332 BT-Drucks. 19/25095 v. 08.12.2020, S. 9.

333 Vgl. https://www.ki-observatorium.de/.

334 BT-Drucks. 19/25095 v. 08.12.2020, S. 10; vgl. auch: KI-Observatorium – Denkfabrik: Digitale Arbeitsgesellschaft: denkfabrik-bmas.de.

335 Vgl. https://testing-ai.gi.de/.

336 Gutachten der Datenethikkommission; vgl. hierzu etwa *Raue/von Ungern-Sternberg*, ZRP 2020, 49; auch *Kelber*, ZD 2020, 73.

nethikkommission „als sinnvoll, mit Blick auf das Schädigungspotenzial algorithmischer Systeme in einem ersten Schritt fünf Kritikalitäts-Stufen zu unterscheiden", wobei auf das jeweilige Schädigungspotenzial abzustellen sei.[337]

In ihrem Abschlussbericht äußerte sich die Datenethikkommission auch zu Fragen des Arbeitnehmerschutzes und der Mitbestimmung. Dabei ging sie davon aus, dass „durch die teilweise weitreichende Erfassung der Bewegungs- und Leistungsdaten der Arbeitnehmer in modernen Arbeitsumgebungen und durch die für bestimmte Kollaborationsformen notwendige Erstellung biometrischer Profile (...) erhebliche Gefahren für die informationelle Selbstbestimmung und das allgemeine Persönlichkeitsrecht der Arbeitnehmer (entstehen)".[338] Insoweit empfahl sie eine Weiterentwicklung des Beschäftigtendatenschutzes und zwar im Zusammenwirken mit den Sozialpartnern. Dabei sollten auch die Belange von Personen „in unüblichen Beschäftigungsformen" berücksichtigt werden. Kollektivverträge und Betriebsvereinbarungen sollten auch weiterhin im Bereich des Beschäftigtendatenschutzes eine wichtige Rolle spielen.[339] Bei der Ausgestaltung der Mitbestimmungsrechte der Interessenvertretungen über die Verarbeitung personenbezogener Daten im Betrieb müsse „der bestehenden Wissensasymmetrie zwischen Arbeitgeber- und Arbeitnehmerseite über die Wirkungsweise und Details der Verarbeitungsvorgänge angemessen Rechnung getragen werden". Es müssten daher „Modelle gefunden werden, die den Interessenvertretungen über die geltenden Mechanismen hinaus den Rückgriff auf externen Sachverstand ermöglichen, wobei auf eine angemessene Einbindung des betrieblichen Datenschutzbeauftragten, aber auch auf den Schutz von Geschäftsgeheimnissen zu achten ist". Angesichts der ständigen Fortentwicklung datenverarbeitender Systeme im Betrieb (Software-Updates, selbstlernende Elemente usw.) solle „eine Fortentwicklung von punktueller Zustimmung hin zu dauerhafter Begleitung von Prozessen durch die Interessenvertretungen erfolgen".[340]

337 Gutachten, S. 183.

338 Gutachten, S. 112.

339 Gutachten, S. 112.

340 Gutachten, S. 113. Vgl. dazu auch das Konzeptpapier des DGB „Künstliche Intelligenz (KI) für Gute Arbeit" vom März 2022, S. 14 mit der Forderung, „die Mitbestimmung (...) prozess- und beteiligungsorientierter [auszugestalten]. Wörtlich heißt es hierzu: „Angesichts der Dynamik von KI-Anwendungen sollte über „lebende Vereinbarungen" nachgedacht werden, um notwendige Anpassungen im Prozess zu ermöglichen. Dies kann eine Grundlage für ein kooperatives Veränderungsmanagement auf Augenhöhe sein, indem die vereinbarten Prozess-Schritte hinsichtlich ihrer Wirkungen gemeinsam überprüft, ausgewertet und aufgrund der Lernerfahrungen ggf. angepasst werden.".

III. Enquete-Kommission

Im vorliegenden Zusammenhang erwähnenswert ist auch die Arbeit der im Juni 2018 vom Deutschen Bundestag eingesetzten Enquete-Kommission "Künstliche Intelligenz – Gesellschaftliche Verantwortung und wirtschaftliche, soziale und ökologische Potenziale". Dieser gehörten 19 Mitglieder des Deutschen Bundestages und 19 Sachverständige an.[341] Nach dem Beschluss über die Einsetzung der Kommission sollte diese „Handlungsempfehlungen auch für den Gesetzgeber (…) erarbeiten, wie die Potenziale von KI für das Leben der Menschen, für die Entwicklung unseres Wohlstandes und die Gesellschaft als Ganzes gefördert und die Risiken begrenzt werden können".[342] Dabei ging es nicht zuletzt um die Klärung der Frage, „ob und in welcher Form nationale, europäische und internationale Regeln gebraucht werden", wobei „die Rahmenbedingungen für KI auf Grundlage europäischer Werte definiert werden" sollten.[343] Unter den konkreten Aufträgen wurde auch genannt, die „Chancen und Herausforderungen von KI für den Einzelnen, die Gesellschaft, den Staat, die Wirtschaft und die Arbeitswelt" darzustellen und die „Auswirkungen auf Gleichstellung und Geschlechtergerechtigkeit" sowie die „Veränderungen der Arbeitswelt durch KI" zu erforschen. Ausdrücklich angesprochen wurde überdies eine Darstellung der „Auswirkungen des technologischen Wandels auf die Soziale Marktwirtschaft, Tarifbindung und Mitbestimmung".[344]

Die Kommission legte im Oktober 2020 ihren Abschlussbericht vor.[345] Dieser enthält eine Vielzahl von Feststellungen und Empfehlungen, die nicht spezifisch das Arbeitsleben betreffen, aber für dieses durchaus Relevanz besitzen. Genannt sei hier nur der Abschnitt des Berichts, welcher Fragen der Diskriminierung gewidmet ist,[346] aber auch der, welcher sich mit „KI und Recht" befasst; dort werden u.a. haftungsrechtliche Fragen problematisiert.[347]

Darüber hinaus enthält der Abschlussbericht nun aber in der Tat auch einen gesonderten Abschnitt zum Thema „Künstliche Intelligenz und Arbeit.[348] In

341 Zur Einsetzung der Kommission vgl. BT-Drucks. 19/2978 v. 26.06.2018, S. 4.
342 BT-Drucks. 19/2978 v. 26.06.2018, S. 1.
343 BT-Drucks. 19/2978 v. 26.06.2018, S. 1.
344 BT-Drucks. 19/2978 v. 26.06.2018, S. 2f.
345 Bericht der Enquete-Kommission Künstliche Intelligenz – Gesellschaftliche Verantwortung und wirtschaftliche, soziale und ökologische, BT-Drucks. 19/23700 v. 28.10.2020.
346 BT-Drucks. 19/23700 v. 28.10.2020, S. 57ff.
347 BT-Drucks. 19/23700 v. 28.10.2020, S. 67ff.
348 Für den Bereich „Arbeit, Bildung, Forschung" wurde, wie für andere Bereiche auch, eine eigene Projektgruppe gebildet; vgl. BT-Drucks. 19/23700 v. 28.10.2020 (unter V.), S. 289ff.

diesem werden u.a. „Beispiele für KI-Anwendungen im betrieblichen Einsatz oder in der Erprobung“ vorgestellt: Assistenz- und Serviceroboter, Wissens- und Assistenzsysteme, Prozessoptimierung durch Predictive Analysis, KI-basierte Chatbots und intelligente Sprachanalyse.[349] Darüber hinaus enthält der Bericht Handlungsempfehlungen.[350] Zu diesen zählt insbesondere die Forderung, Arbeit menschengerechter zu gestalten, die Rollenverteilung bei der Mensch-Maschine-Interaktion klar zu definieren und die Mitbestimmung zu „modernisieren“. Gerade hinsichtlich des letztgenannten Punktes wird der Bericht recht konkret: Beschäftigte und ihre Interessenvertretungen sollten u.a. „bereits bei der Definition der Zielsetzung und Konfiguration von KI-Systemen ebenso wirksam mitgestalten können wie bei der Evaluation, dem Betrieb und der Fortentwicklung der soziotechnischen Einsatzbedingungen (…);[351] aufgrund der steigenden Bedeutung der Personalplanung und -entwicklung sowie der Qualifizierung von Beschäftigten ein Mitbestimmungs- und Initiativrecht in Fragen der Weiterbildung erhalten; eine wirksame Mitbestimmung nutzen können, so dass alle in der Verfassung definierten Persönlichkeitsrechte geschützt werden; ihr Handeln auf eine nachvollziehbare Technikfolgenabschätzung, Gütekriterien, Zertifizierungen, Auditierungen und die Arbeit des Observatoriums der Bundesregierung stützen können; auf Arbeitsdichte und Arbeitsmenge Einfluss haben, die sich aus der Maschine-Mensch-Schnittstelle ergibt; einen einfachen Zugang zu Weiterbildungs- und Beratungsangeboten haben, um die eigene KI-Kompetenz auszubauen (…)“.[352] Bei der Modernisierung der Mitbestimmung sei außerdem zu berücksichtigen, „dass neben den Arbeitnehmerinnen und Arbeitnehmern im Betrieb heute zunehmend externe Leistungserbringer an der Wertschöpfung teilnehmen“. Auch müssten „Mitbestimmungslücken bei transnational verantworteten KI-Systemen sowie transnationalen Konzernen geschlossen werden“. Zugleich sollten „die Prinzipien und Inhalte von herkömmlichen Betriebsvereinbarungen auf Basis des § 87 Absatz 1 Nr. 6 BetrVG weiter bzw. neu gedacht werden“. Es gehe, so heißt es dann weiter, „darum, die Prozessorientierung zu stärken und agiler zu gestalten sowie die Analyse von Auswirkungen und die Evaluierung auf Standards und wissenschaftlichen Erkenntnissen aufzubauen“. Auch regt die Kommission an, dass „Arbeitgeber und Betriebsrat eine prinzipienbasierte Rahmenvereinbarung und anwendungsspezifische Einzelvereinbarungen abschließen“, um „den Zustimmungsprozess zu beschleunigen.[353]

349 BT-Drucks. 19/23700 v. 28.10.2020, S. 300ff.

350 BT-Drucks. 19/23700 v. 28.10.2020, S. 328ff.

351 Ob dies generell bei der Verwendung von Daten oder nur bei der Verwendung personenbezogener Daten gelten soll, war in der Projektgruppe umstr.; BT-Drucks. 19/23700 v. 28.10.2020, S. 330.

352 BT-Drucks. 19/23700 v. 28.10.2020, S. 321.

353 BT-Drucks. 19/23700 v. 28.10.2020, S. 321.

Auch auf andere Themen geht die Kommission näher ein. Zu diesen zählt etwa die Problematik des Einsatzes von automatisierten Entscheidungssystemen und KI in der Personalverwaltung. Wieder enthält der Bericht verhältnismäßig konkrete Empfehlungen. So sei z.B. gesetzlich klarzustellen, „dass „People Analytics"-Verfahren nur eingesetzt werden dürfen, wenn eine Betriebsvereinbarung vorliegt oder die Beschäftigten individuell eingewilligt haben".[354] Vor der Einführung von algorithmischen Entscheidungssystemen und KI-gestützten Systemen seien „betriebliche Folgenabschätzungen hinsichtlich des Schadenspotenzials, der Persönlichkeitsrechte und der Auswirkungen auf die Arbeitsbedingungen unerlässlich".[355]

354 BT-Drucks. 19/23700 v. 28.10.2020, S. 330.
355 BT-Drucks. 19/23700 v. 28.10.2020, S. 331.

G. Arbeitsrechtliche Problemfelder

I. KI und Arbeitnehmerbegriff des deutschen Rechts

Erkennbar von grundlegender Bedeutung ist die Frage, ob der Einsatz von KI durch den Vertragspartner Einfluss darauf hat, ob sein Gegenüber als Arbeitnehmer zu qualifizieren ist. Dabei erscheint es keinesfalls unplausibel, dass diese Frage im bejahenden Sinn zu beantworten sein könnte. Immerhin spricht einiges dafür, dass der Einsatz von KI die Informationsasymmetrie zwischen den Beteiligten verschärft und ganz allgemein die Gewichte zu Gunsten einer Seite verschiebt. Nichts anderes als die zwischen den Arbeitsvertragsparteien bestehende „reale Imparität" und die sich daraus ergebende soziale Schutzbedürftigkeit des Arbeitnehmers bildet aber den Ausgangspunkt für die Entstehung und Entwicklung des Arbeitsrechts.[356]

1. Mögliche Ansatzpunkte

Betrachtet man die englischsprachige Literatur zu dem Thema, so begegnet man in der Tat Stimmen, welche die mit dem Einsatz von KI eröffneten Möglichkeiten auch bei der Frage in Betracht ziehen wollen, ob ein bestimmtes Vertragsverhältnis als Arbeitsverhältnis zu qualifizieren ist. Da der Einsatz von KI die *control*, die der Arbeitgeber ausübe, dramatisch konzentriert habe, bei der Qualifizierung von Vertragsverhältnissen aber genau darauf, nämlich auf Kontrolle und/oder Abhängigkeit, wesentlich abgestellt werde, spreche einiges für die Bejahung der Arbeitnehmereigenschaft.[357] Dennoch erscheint hier Vorsicht geboten: Soweit auf eine *control* abgestellt wird, gilt es nämlich festzuhalten, dass es bei diesem insbesondere im Vereinigten Königreich verbreiteten *test* nicht oder jedenfalls nicht ausschließlich um eine „Kontrolle" im Sinne von Überwachung oder Aufsicht geht;[358] vielmehr ist bei der Beantwortung der Frage, ob eine Person in relevanter Weise *control* ausübt, auch im Vereinigten Königreich v.a. auf Gesichtspunkte wie „Weisungsgebundenheit" oder

356 Vgl. nur MünchArbR/*Fischinger*, 4. Aufl. 2018, § 3 Rn. 29.

357 Vgl. insbes. *Prassl*, Comparative Labor Law & Policy Journal 2019, 123; zuletzt auch *De Stefano/Durri/Stylogiannis/Wouters*, Platform work and the employment relationship, ILO Working Paper 27, March 2021, S. 34: "control through technology".

358 *Prassl/Jones*, in: Waas/Heerma van Voss (Hrsg.), Restatement of Labour Law in Europe, vol. 1, The Concept of Employee, 2017, S. 755 nennen als insoweit zu beachtende Faktoren: "the extent of actual control over the substance of work done, the method of control, transfer of control, the extent of integration into the employing organisation, the powers of appointment, suspension and dismissal, and the existence and form of payment of wages, salaries and other benefits".

„Eingliederung" abzustellen: Die wesentlichen Gesichtspunkte sind insoweit: *work instructions*, *work control* und *integration*.[359] Und auch in anderen Rechtsordnungen scheint zu gelten, dass bei der Qualifizierung eines Vertragsverhältnisses zwar auch Gesichtspunkte wie Überwachung und Aufsicht Berücksichtigung finden, diese aber kaum jemals für sich stehen.[360] Selbst wenn es anders wäre, bliebe der Erkenntnisgewinn für das deutsche Recht aber überschaubar, da sich der Arbeitnehmerbegriff ausländischer Rechtsordnungen nun einmal nicht o. W. auf den des deutschen Rechts übertragen lässt. Mit Blick auf die Rechtslage in Deutschland ist dabei zusätzlich auch zu berücksichtigen, dass vor geraumer Zeit unternommenen Versuchen, bei der Bestimmung der Arbeitnehmereigenschaft eine (reine) „informationelle Abhängigkeit" ins Spiel zu bringen,[361] gerade kein Erfolg beschieden war.

Allerdings besteht nun umgekehrt auch noch kein Grund, die Überlegungen bereits an dieser Stelle abzubrechen. Denn dass man sich durch eine aufgrund des Einsatzes von KI evtl. stärker ausgeprägte *control* nicht zu vorschnellen Schlüssen auf die Arbeitnehmereigenschaft verleiten lassen darf, heißt ja nicht, dass sich die zunehmende Verfügbarkeit und die immer intensivere Nutzung von KI nicht doch mit den Merkmalen in Verbindung bringen ließe, die § 611a BGB für das Vorliegen eines Arbeitsvertrags bzw. für die Arbeitnehmereigenschaft nennt: „Weisungsgebundenheit", „Fremdbestimmung und „persönliche Abhängigkeit". Diese Merkmale gilt es also näher zu betrachten.[362]

2. Die Merkmale des § 611a BGB

a) Weisungsgebundenheit

Dabei sollte man sich nun allerdings gleich zu Beginn klarmachen, dass die persönliche Abhängigkeit „lediglich ein rechtstechnischer Oberbegriff ist, der selbst keinen materiellen Gehalt aufweist". Handhabbar wird er erst „durch den Grad der persönlichen Abhängigkeit (...), der sich an den Kriterien der Weisungsbindung oder der Fremdbestimmung bemisst".[363]

---

359 Vgl. *Prassl/Jones*, in: Waas/Heerma van Voss (Hrsg.), Restatement of Labour Law in Europe, vol. 1, The Concept of Employee, 2017, S. 754.

360 Vgl. dazu – mit einer Diskussion der Voraussetzung „direction and control" – etwa *Hießl*, The Classification of Platform Workers in Case Law: A Cross-European Comparative Analysis, Comparative Labor Law & Policy Journal 2022, 465.

361 *Linnenkohl/Kilz/Rauschenberg/Reh*, AuR 1991, 203, die sich seinerzeit auf die zunehmende Integration der Datenverarbeitung in den Produktionsprozess stützten und dabei v.a. auf ISDN und DSL verwiesen; zust. immerhin *Koch*, Selbstständigkeit in der virtualisierten Arbeitswelt, Diss. Kassel, 2010, S. 37.

362 Grundlegend anders dagegen der Ansatz von *Prassl*, The Concept of the Employer, 2015, der – ganz allgemein – am *Arbeitgeberbegriff*, statt am Arbeitnehmerbegriff ansetzt, wobei seine Überlegungen dem Einwand ausgesetzt sind, dass zu begründen wäre, inwieweit aus bestimmten Arbeitgeberfunktionen, die der Autor im Einzelnen benennt, die Arbeitgeberstellung erwächst.

363 *Preis*, NZA 2018, 817 (819).

Damit geht die erste Frage, die man im vorliegenden Zusammenhang beantworten muss, dahin, ob und inwieweit die Verwendung von KI Einfluss auf die Weisungsbindung oder Weisungsunterworfenheit der Person hat, auf die diese Verwendung zielt. Allerdings stellen sich sogleich gewisse Zweifel ein, ob man mit dieser Fragestellung wirklich weiterkommt. Denn ob eine Weisungsbindung besteht, kann man nur entweder bejahen oder verneinen, so dass eine „Intensivierung", die man mit dem Einsatz von KI assoziieren mag, von vornherein gar nicht ins Gewicht fiele. Zwar kennt man in Rechtsprechung. und Literatur Abstufungen der Weisungsbindung. Doch beziehen sich diese i.W. auf die Art bzw. die Gegenstände von Weisungen; so besteht etwa Einigkeit darüber, dass eine fehlende fachliche Weisungsbindung durch eine Weisungsbindung in anderer Hinsicht (örtlich, zeitlich) kompensiert werden kann.

Allerdings ist in Rechtsprechung und Literatur immer wieder auch vom „Grad"[364] bzw. „Maß" der Weisungsbindung,[365] aber auch von der „Qualität" der Weisungsgebundenheit die Rede.[366] Wäre dem zu folgen, dann bestünden – entgegen dem ersten Anschein – durchaus Anhaltspunkte dafür, den Einsatz von KI bereits beim Merkmal der Weisungsgebundenheit zu berücksichtigen. Denn KI-Systeme, die an eine Überwachung der Arbeitnehmer und deren Ergebnisse anknüpfen, können umgehend auf ein beobachtetes „Fehlverhalten" reagieren und ggf. sogar selbsttätig zu einem Personalgespräch einladen. Und auch wenn Automaten aus Rechtsgründen nicht oder doch jedenfalls nicht o.W. „eigenständige" Entscheidungen zu treffen vermögen,[367] so können sie diese doch zumindest vorbereiten und damit zugleich beschleunigen. Unter diesen Umständen dürfte der Arbeitnehmer dann aber jedenfalls unter einem weitaus stärkeren „Weisungsdruck" von Seiten des Arbeitgebers stehen, als dies ohne den Einsatz von KI der Fall wäre.

---

364 ErfK/*Preis*, 22. Aufl. 2022, § 611a BGB Rn. 40: „Je stärker die Weisungsbindung, umso eher ist ein Arbeitsverhältnis anzunehmen"; auch *Willemsen/Mehrens*, NZA 2019, 1473: „Das nach der herkömmlichen Dogmatik bedeutsamste und mittlerweile im Gesetzestext (§ 1 Abs. 1 S. 2 AÜG) verankerte Kriterium der Abgrenzung von Dienst- bzw. Werkverträgen und Arbeitnehmerüberlassung ist der Grad der Weisungsgebundenheit."

365 Vgl. nur BAG, NZA 1995, 622: „Ein Arbeitsverhältnis kann auch dann vorliegen, wenn der Mitarbeiter zwar an dem Programm gestalterisch mitwirkt, dabei jedoch weitgehenden inhaltlichen Weisungen unterliegt, ihm also nur ein geringes Maß an Gestaltungsfreiheit, Eigeninitiative und Selbständigkeit bleibt". Dem „geringen Maß" an Gestaltungsfreiheit entspricht dann notwendig ein „großes Maß" an Weisungsgebundenheit.

366 *Preis*, NZA 2018, 817 (820): „Freilich ist mit dem Kriterium [Fremdbestimmung] dann nichts gewonnen, am Ende entscheidet die Qualität der Weisungsgebundenheit".

367 Zu Art. 22 Abs. 1 DSGVO später noch näher unter G.V.6. In den USA scheint es aber durchaus Fälle zu geben, in denen KI-Anwendungen in weiterem Umfang eingesetzt werden. Jedenfalls gibt es Berichte, wonach bei Amazon KI-Anwendungen nicht nur die Produktivität der Arbeitnehmer überwachen, sondern auch selbsttätig abmahnen oder kündigen; vgl. *Lecher*, How Amazon automatically tracks and fires warehouse workers for 'productivity', Documents show how the company tracks and terminates workers, The Verge, April 25, 2019. https://www.theverge.com.

b) Fremdbestimmtheit

Allerdings könnte die Frage letztlich auf sich beruhen, ob ein derartiger „Weisungsdruck" im Rahmen der in § 611a Abs. 1 S. 1 BGB genannten Weisungsgebundenheit Berücksichtigung finden kann, wenn sich der Einsatz von KI jedenfalls mit dem in der Vorschrift gleichfalls genannten Merkmal der Fremdbestimmtheit in Zusammenhang bringen ließe. Insoweit ist zunächst in Erinnerung zu rufen, dass gerade dieses Merkmal in der jüngeren Diskussion zum Arbeitnehmerbegriff eine besondere Aufmerksamkeit auf sich gezogen hat. So gibt es Stimmen, die zwar anerkennen, dass „fremdbestimmtes und weisungsgebundenes Arbeiten im Ausgangspunkt Hand in Hand (gehen)", zugleich aber auch darauf hinweisen, dass das Merkmal der Fremdbestimmung „erkennbar weiter als das der Weisungsbindung" sei. Fremdbestimmtes Arbeiten, so heißt es, sei „auch unterhalb der Schwelle weisungsgebundener Tätigkeit möglich".[368] Dabei richten sich die Hoffnungen, die man mit dem Merkmal der Fremdbestimmtheit verbindet, bemerkenswerterweise gerade auch auf die digitale Arbeitswelt.[369] In der Tat hat auch das BAG in seiner Entscheidung zum Rechtsstatus eines Crowdworkers darauf abgestellt, dass der Begriff der Fremdbestimmung mehr umfasse als das Weisungsrecht.[370]

aa) Fremdbestimmtheit außerhalb von Weisungsunterworfenheit?

So plausibel es nun allerdings sein mag, anzunehmen, dass das Merkmal der Fremdbestimmtheit weiterreicht als das der Weisungsunterworfenheit, so undeutlich ist beim gegenwärtigen Stand der Diskussion, wie genau man außerhalb der Fälle der Weisungsunterworfenheit zur Bejahung einer (ausreichenden) Fremdbestimmtheit kommen will. Und dies gilt nun gerade auch für das vorliegend in erster Linie interessierende „digitale Arbeiten", wo weder der ergänzende Hinweis auf den europäischen Arbeitnehmerbegriff[371] bzw. die

---

368 *Preis*, NZA 2018, 817 (824).

369 *Preis*, NZA 2018, 817 (824): „Auch wer am anderen Ende der Welt arbeitet, kann fremdbestimmt und damit persönlich abhängig sein. Gleiches gilt umgekehrt für den fachlich eigenständig Arbeitenden, der in dem Betrieb eines Arbeitgebers tätig ist. Weisungsbindung ist demnach für die Bejahung eines Arbeitsverhältnisses auch verzichtbar. Digitales Arbeiten lässt sich so leichter erfassen."; ähnlich *Bayreuther*, RdA 2020, 241 (248): „Das in § 611a Abs. 1 S. 1 BGB enthaltene Tatbestandsmerkmal der Leistung „fremdbestimmter Arbeit" verdient weitaus mehr Wertschätzung, als diesem gegenwärtig in Rechtsprechung und Literatur entgegengebracht wird. Dieses Merkmal hätte durchaus das Potential, um einen Ausgleich für die sich in der modernen Arbeitswelt verflüchtigende Weisungsbindung zu schaffen.".

370 Vgl. BAG, NZA 2021, 552 (u. Rn. 31) „Die Begriffe der Weisungsgebundenheit und Fremdbestimmung sind eng miteinander verbunden und überschneiden sich teilweise. Eine weisungsgebundene Tätigkeit ist in der Regel zugleich fremdbestimmt. Die Weisungsbindung ist das engere, den Vertragstyp im Kern kennzeichnende Kriterium, das durch § 611a Abs. 1 Sätze 2 bis 4 BGB näher ausgestaltet ist."; vgl. dazu auch *Riesenhuber*, ZfA 2021, 1 (5.)

371 Vgl. hierzu *Risak/Dullinger*, The concept of 'worker' in EU law – Status quo and potential for change, ETUI Report 140, 2018.

Rechtsprechung des EuGH,[372] noch das verschiedentlich begegnende zusätzliche Abstellen auf den Gesichtspunkt der „Unterordnung“[373] oder des „Angewiesenseins auf die Beschäftigung in einem Dauerschuldverhältnis“ wirklich weiterhelfen.[374]

Was zunächst den europäischen Arbeitnehmerbegriff betrifft, so erweist sich dieser bei einer näheren Analyse als weitgehend unergiebig; klare Maßstäbe, die bei der Ausfüllung des Merkmals der Fremdbestimmtheit helfen könnten, lassen sich der Rechtsprechung des EuGH jedenfalls nicht entnehmen. Aber auch die in der Literatur gelegentlich genannten Gesichtspunkte der „Unterordnung“ und des „Angewiesenseins“ sind im vorliegenden Zusammenhang nur von begrenztem Nutzen. Mit Blick auf den ersteren gilt dies allein schon deshalb, weil es sich bei „Unterordnung“ und „Fremdbestimmtheit“ erkennbar um Begriffe handelt, die sich weitgehend synonym gebrauchen lassen, wobei der erstgenannte Begriff sogar noch stärker ausfüllungsbedürftig erscheint als der letztgenannte.[375] Demgegenüber bewegt sich der Gesichtspunkt des „Angewiesenseins“ nicht einmal wirklich im Kontext von Selbst- oder Fremdbestimmung, sondern steht eher mit der Frage einer wirtschaftlichen Abhängigkeit bzw. Unselbständigkeit in Zusammenhang. Dementsprechend besagt er denn auch nichts zu der Frage, wann man von einer so weitgehenden „Fremdbestimmtheit“ sprechen kann, dass die Bejahung der Arbeitnehmereigenschaft einer Person und die Anwendung des Arbeitsrechts auf diese gerechtfertigt erscheint.[376]

bb) „Vorwegnahme" von Weisungen durch detaillierte vertragliche Regelungen

Demzufolge bleibt es bei der Aufgabe, zunächst den Bereich zu bestimmen, in dem von einer „Fremdbestimmtheit“ die Rede sein kann, ohne dass die entsprechende Person (in einem rechtlich erheblichen Umfang) weisungsgebun-

372 *Preis*, NZA 2018, 817 (824 f.) mit der Einschätzung, dass „das Unionsrecht (…) für eine flexiblere Begriffsbildung einerseits als Richtungsweiser fungieren (kann), anderseits (…) der unionsrechtliche Arbeitnehmerbegriff das nationale Recht auch spürbar heraus(fordert)“. Nüchtern dagegen die Einschätzung von *Bayreuther*, RdA 2020, 241 (245): „Dennoch bilden die einschlägigen Entscheidungen bei Licht betrachtet kaum mehr ab als den Abhängigkeitsbegriff des § 611a Abs. 1 BGB.“.

373 Explizit *Preis*, NZA 2018, 817 (824): „Neuer Impuls durch das Unterordnungsverhältnis als Ausdruck fremdbestimmten Arbeitens?“; auf das Bestehen eines „Unterordnungsverhältnisses“ stellt auch ab EuGH v. 22.4.2020 – C-692/19, NZA 2021, 1246 (u. Rn. 37).

374 *Preis*, NZA 2018, 817 (824): „(…) sowohl Fremdbestimmung als auch Unterordnung treten durch das Angewiesensein auf die Beschäftigung in einem Dauerschuldverhältnis ein“.

375 So letztlich auch *Preis*, NZA 2018, 817 (824) selbst: „Doch liegt die Formel auf der Hand, dass Unterordnung Fremdbestimmung und Fremdbestimmung Unterordnung bedeutet bzw. zur Folge hat.“

376 Derselbe Einwand begegnet *Bayreuther*, RdA 2020, 241 (248), der sich dem Merkmal der Fremdbestimmtheit u. a. damit nähern will, dass dem Leistungserbringer „keine ernsthaften Gewinnchancen“ zustünden.

den wäre. Der erste Fall, an den sich insoweit denken lässt, ist der, dass der Vertrag selbst dem Schuldner derart konkrete Vorgaben macht, dass ihm kein ausreichender Raum zu selbstbestimmtem Handeln bleibt. Die Fremdbestimmtheit äußert sich dann nicht darin, dass eine Person Weisungen einer anderen Person befolgen muss, sondern darin, dass er bereits nach den Regelungen im Vertrag zu einem (ganz) bestimmten Verhalten angehalten ist.[377] Dass beide Fälle durchaus nahe beieinanderliegen, zeigt sich daran, dass auch der Arbeitnehmer, der zulässige Weisungen missachtet, letztlich die Vertragspflicht verletzt, welche die Weisung konkretisiert. Allerdings bleibt bei aller Ähnlichkeit ein wesentlicher Unterschied. Dieser liegt darin, dass der Arbeitnehmer bei Vertragsschluss nicht o.W. erkennen kann, welchen Weisungen des Arbeitgebers er unterworfen sein wird, wohingegen bei detaillierten Regelungen im Vertrag das von ihm erwartete Verhalten bereits vorgezeichnet ist, weshalb er sich– zumindest theoretisch – auf die auf ihn zukommenden konkreten Beschränkungen wesentlich besser einstellen kann. Man kann möglicherweise sogar noch einen Schritt weitergehen: Stehen dem Arbeitnehmer Verhaltensanforderungen bereits konkret vor Augen, ist der „Grad an Freiwilligkeit“, mit dem er auf sein Selbstbestimmungsrecht „verzichtet“, wesentlich größer, als wenn das nicht der Fall ist[378] –, so dass man am Ende sogar daran zweifeln könnte, ob in diesem Fall wirklich von einer Fremdbestimmung die Rede sein kann. Letztlich scheint hier das Problem auf, ob detaillierte (und die Ausübung von Weisungsrechten überflüssig machende) Festlegungen der Arbeitspflicht die Arbeitnehmereigenschaft ausschließen oder – umgekehrt – möglicherweise geradezu nahelegen.[379] Das Problem kann hier nicht gelöst werden, entscheidet sich aber letztlich daran, ob gerade der Umstand, dass eine Person der Weisungsbefugnis einer anderen ausgesetzt ist, ein besonderes arbeitsrecht-

377 Zu denken ist insoweit insbes. an die Fälle einfacherer Tätigkeiten, bei denen von vornherein ein geringeres Bedürfnis (insbesondere) für (fachliche) Weisungen besteht. Um eine derartige Gestaltung ging es auch in der Entscheidung des BAG, NZA 2021, 552.

378 Vgl. insoweit auch die Überlegungen der Mitbestimmungskommission, BT-Drucks. VI/334, S. 61: „Der wirtschaftliche Zwang zum Abschluss eines Arbeitsvertrages setzt sich in der Notwendigkeit fort, der Planungszuständigkeit des Unternehmens, ihrer Konkretisierung durch das Weisungsrecht und damit der Existenz und Ausübung von Befehlsbefugnissen zuzustimmen. Die Weisungsbefugnis lässt sich somit nach Auffassung der Kommission nicht allein durch die vertragliche Zustimmung des Arbeitnehmers rechtfertigen. Sie ist kein Resultat gegenseitiger Übereinstimmung der Vertragsparteien, sondern besteht unabhängig von dieser“.

379 Vgl. hierzu ErfK/*Preis*, 21. Aufl. 2021, § 611a BGB Rn. 33 (m.w.N.): “Verfehlt ist die Annahme, dass die bindende Vertragsgestaltung mit einer Festlegung der weisungsrelevanten Bereiche im Vertrag gegen die Annahme eines Arbeitsverhältnisses sprechen soll (…). Durch geschickte, das Weisungsrecht bis ins Einzelne vertraglich konkretisierende Vertragsgestaltung kann schwerlich dem Arbeitsrecht ausgewichen werden (…). Vielmehr kann eine derartige Vertragsgestaltung gerade umgekehrt die Schutzbedürftigkeit begründen (…). Wenn der Inhalt der Tätigkeit genau durch Vertragsbestimmungen vorgeschrieben ist, spricht dies für die Arbeitnehmereigenschaft (…).“; vgl. zum Ganzen auch BAG, NZA 2021, 552, das nicht zuletzt darauf abstellt, dass „die einzelnen Arbeitsschritte der zu verrichtenden Tätigkeiten (—) durch die Auftragsbeschreibungen auf der Online-Plattform (…) exakt vorgegeben (wurden)“.

liches Schutzbedürfnis weckt, sowie daran, ob man bereit ist, dauerhafte Beschränkungen der Selbstbestimmung aufgrund von detaillierten Vertragsbedingungen für akzeptabel zu halten, weil der Arbeitnehmer mit dem Vertragsschluss immerhin „sehenden Auges" in diese eingewilligt hat. Das Problem muss hier aber auch gar nicht gelöst werden, weil die Bejahung einer persönlichen Abhängigkeit im vorliegenden Zusammenhang ja nicht aufgrund einer bestimmten *Vertragsgestaltung* eintreten würde, sondern sich als Konsequenz einer bestimmten *Durchführung* des Vertrags ergäbe, welche eben durch den Einsatz von KI gekennzeichnet ist.[380]

cc) Eingliederung

Fragt man vor diesem Hintergrund danach, wie sich eine „Fremdbestimmtheit jenseits der Weisungsgebundenheit" sonst begründen lassen könnte, so ließe sich daran denken, dass sich diese aus der Einbindung einer Person in eine fremde Arbeitsorganisation, also unter dem Gesichtspunkt der Eingliederung, ergibt. Insoweit steht man nun allerdings vor dem Problem, dass durchaus umstr. ist, ob und inwieweit unter der Geltung des § 611a BGB auf diesen Gesichtspunkt überhaupt noch abgestellt werden kann –, eine Frage, die einen wichtigen Ausschnitt aus dem allgemeinen Problem darstellt, dass unsicher ist, in welchem Umfang sich für das Verständnis des § 611a BGB noch auf die Rechtsprechung zurückgreifen lässt, welche der Gesetzgeber in der Vorschrift nicht explizit aufgenommen hat. Während manche weiter auf den Gesichtspunkt der Eingliederung abstellen wollen (und dabei gerade dem Merkmal der Fremdbestimmtheit Bedeutung beimessen),[381] gehen andere davon aus, dass ein Rückgriff auf dieses von der Rechtsprechung entwickelte Merkmal seit Inkrafttreten des § 611a BGB nicht länger zulässig sei.[382] Ersteres verdient Zustimmung. Denn praktisch gesehen geht mit dem Abschluss eines Arbeitsvertrags eine „Unterwerfung unter „fremde Leitungs- und Organisationsgewalt" einher,[383] womit dem Umstand Rechnung getragen wird, dass dem Arbeitnehmer typischerweise nicht mehr als eine bestimmte Funktion in dem vom Arbeitgeber strukturierten arbeitsteiligen Prozess zufällt.[384] Dafür, dass eine „Unterwerfung" unter diese anders zu behandeln sein sollte als eine solche unter

380 Allerdings können detaillierte Vorgaben einerseits und Steuerung andererseits „zusammenkommen"; vgl. dazu in der Tat BAG, NZA 2021, 552 (u. Rn. 43) mit einem Abstellen auch darauf, dass der Kläger „bei der Ausführung der übernommenen Aufträge, d. h. im bereits begründeten Rechtsverhältnis, über keine nennenswerten Entscheidungsspielräume mehr verfügte".

381 Vgl. nur *Wank*, AuR 2017, 140 (150f.).

382 So *Preis*, NZA 2018, 817 (820) unter Hinweis auf den Willen des historischen Gesetzgebers, aber in der Sache durchaus kritisch.

383 So Mitbestimmungskommission, BT-Drucks. VI/334, S. 56.

384 Vgl. insoweit auch BT-Drucks. VI/334 v. 4.2.1970, S. 59.

seine Weisungsbefugnis, ist aber nichts ersichtlich.[385] Festzuhalten bleibt daher, dass Fremdbestimmung auch als Folge einer Eingliederung in den Betrieb eintritt.[386] Insofern ist es denn auch zutreffend, dass die Eingliederung im Merkmal der Fremdbestimmtheit fortlebt.[387]

c) Der Gesichtspunkt der „Steuerung"

Fraglich ist, ob eine Fremdbestimmtheit auch in anderen Fällen anzunehmen ist, sich also selbst dann ergeben kann, wenn eine Person weder weisungsgebunden noch der „Leitungs- und Organisationsgewalt" eines anderen unterworfen ist,[388] der Arbeitgeber somit das Verhalten des Arbeitnehmers, wenn man so will, „nicht determiniert, aber steuert".

Dabei scheint indes von Beginn an eine Klarstellung erforderlich. Denn da man hier ersichtlich subtilere und (zumindest potentiell) auch schwächere Einflussmöglichkeiten des Arbeitgebers ins Auge fasst, als sie insbesondere im Fall einer Weisungsunterworfenheit gegeben sind, erscheint von vornherein nur die Frage sinnvoll, ob diese das Selbstbestimmungsrecht des Gegenübers *in einem rechtlich beachtlichen Maß* beschränken, wobei natürlich umgekehrt zu bedenken ist, dass auch die Weisungsunterworfenheit die Selbstbestimmung des Arbeitnehmers ersichtlich nicht komplett aufhebt.

aa) KI-vermittelte Möglichkeiten der Steuerung

Konkret wird man fragen müssen, ob Möglichkeiten zur „Steuerung" des Verhaltens anderer Personen bestehen, aufgrund derer diese sich nicht wesentlich anders stellen, als wenn sie einem Weisungsrecht ihres Gegenübers unterworfen wären. Dass Verfügbarkeit und Einsatz von KI in diesem Zusammenhang eine Rolle spielen, erscheint nun aber von vornherein naheliegend, wobei in der Tat der bereits oben angesprochene Gesichtspunkt der „Kontrolle" Bedeutung gewinnt: Wer weiß (oder zumindest damit rechnen muss), dass er einer umfassenden, ins Einzelne gehenden Überwachung durch ein hochadaptives und „intelligentes" System ausgesetzt ist, hat allen Grund, sein Verhalten von vornherein darauf einzurichten, die Erwartungen seines Gegenübers nach Möglichkeit nicht zu enttäuschen. Ein derartiger „vorauseilender Gehorsam"

---

385 Ähnlich *Schubert*, RdA 2020, 248 (251): „Die tatsächlichen Zwänge einer Organisation machen Vorgaben, ohne dass diese in Form konkreter Weisungen ausgesprochen werden müssen."; vgl. auch *Schwarze*, RdA 2020, 38 (45), wonach „digitale Arbeitsformen (…) in erhöhtem Maße rechtliche durch faktische Verfügbarkeit der Arbeitskraft ersetzen".

386 So auch BAG, NZA 2021, 552 (u. Rn. 31): „Sie [die Fremdbestimmung] zeigt sich insbesondere in der Eingliederung des Arbeitnehmers in die Arbeitsorganisation des Arbeitgebers.".

387 So denn auch ErfKomm/*Preis*, 22. Auf. 2022, § 611a BGB Rn. 41.

388 Und sich, sofern man deren Relevanz bejahen will, auch nicht aus detaillierten vertraglichen Vorgaben ergibt.

ist dann aber nicht grundsätzlich anders zu behandeln als die „Folgsamkeit“, die sich darin zeigt, dass sich eine Person an Weisungen eines anderen hält.

bb) Insbesondere: „KI Nudging"

In engem Zusammenhang damit steht ein anderer Fragenkreis. Zu berücksichtigen ist nämlich, dass sich KI-Anwendungen nicht nur in den Dienst eines *Nudging*, also das absichtsvolle Führen von Personen durch das gezielte Auslösen unbewusster Verhaltensänderungen, stellen lassen, sondern eben in der Tat mehr und mehr mit genau dem Zweck eingesetzt zu werden scheinen, Personen zu bestimmten Entscheidungen bzw. zu einem bestimmten Verhalten zu veranlassen.[389] Dabei kommt noch hinzu, dass KI-Anwendungen zunehmend in der Lage sind, sehr konkrete und auf den Einzelnen zugeschnittene Anreize zu setzen (*Micro-Targeting*). Erinnert sei hier auch an die – oben angesprochenen[390] – Feststellungen des Ministerkomitees des Europarats, welcher auf die wachsende Fähigkeit von KI-Systemen aufmerksam macht, „nicht nur Entscheidungen vorherzusagen, sondern auch Emotionen und Gedanken zu beeinflussen und einen erwarteten Handlungsverlauf zu ändern[391], und KI das „Potenzial hochgradig personalisierter Manipulation“ attestiert.[392] Macht man sich dies aber klar, dann wird man sich einer Gleichstellung von „KI-Nudging“ und Weisungsgebundenheit“ jedenfalls nicht mehr prinzipiell verweigern können.

In diesem Zusammenhang erscheint es sinnvoll, einen Augenblick innezuhalten und einen kurzen Blick auf eine Problematik zu werfen, welche zwar zunächst nicht o.W. vergleichbar erscheint, nichtsdestoweniger aber, wie sich sogleich zeigen wird, wichtige Lösungsgesichtspunkte bereithält. Die Rede ist von der Grundrechtsrelevanz des *Nudging*, wie sie zuletzt insbesondere im Zusammenhang mit einer gesetzlichen Regelung der Organspende lebhaft disku-

389 Illustrativ ist im vorliegenden Zusammenhang etwa auch der zunehmende Gebrauch sog. *dark patterns* im Internet; vgl. *Morrison*, Dark patterns, the tricks websites use to make you say yes, explained- How design can manipulate and coerce you into doing what websites want, April 1, 2021. https://www.vox.com/recode/22351108/dark-patterns-ui-web-design-privacy. Dabei handelt es sich um die Gestaltung von Benutzeroberflächen, die Nutzer zu unbeabsichtigten und potenziell nachteiligen Entscheidungen veranlassen sollen. Verwendung finden *dark patterns* insbesondere auf Shopping-Webseiten, wo Besucherinnen und Besucher dazu angehalten werden, mehr Käufe zu tätigen oder mehr Informationen preiszugeben als sie es sonst tun würden; vgl. *Mathur/Acar/Friedman/Lucherini/Mayer/Marshini/Narayanan*, Dark Patterns at Scale: Findings from a Crawl of 11K Shopping Websites, Proceedings of the ACM on Human-Computer Interaction, 2019, S. 81.

390 D. II. 2a).

391 Declaration by the Committee of Ministers on the manipulative capabilities of algorithmic processes (Adopted by the Committee of Ministers on 13 February 2019 at the 1337th meeting of the Ministers' Deputies), Decl (13/02/2019)1 (unter 8).

392 Recommendation CM/Rec(2020)1 of the Committee of Ministers to member States on the human rights impacts of algorithmic systems (Adopted by the Committee of Ministers on 8 April 2020 at the 1373rd meeting of the Ministers' Deputies) (unter A.4.)

tiert wurde.[393] Beim *Nudging* handelt es sich bekanntlich darum, sich die systematischen menschlichen Entscheidungsschwächen zunutze zu machen und zwar in der Weise, dass Umstände etabliert werden, die das Verhalten des Menschen in eine bestimmte Richtung lenken, ohne dass dabei eine Entscheidungsoption ausgeschlossen würde.[394] Wie man ein *Nudging* durch den staatlichen Gesetzgeber unter dem Gesichtspunkt der Grundrechte beurteilt, wird nun stark von dem Menschenbild beeinflusst, das man dabei zugrunde legt. Dies kann hier nicht im Einzelnen ausgebreitet werden. Doch dürfte zweierlei außer Streit stehen, nämlich zum einen, dass das Grundgesetz „keine inhaltlich-materiellen Vorgaben für einen wohlverstandenen Freiheitsgebrauch des Einzelnen formuliert", und zum anderen, dass „der Einzelne grundsätzlich nicht im Dienste des vermeintlich „Großen und Ganzen", sondern umgekehrt die Staats- bzw. Verfassungsordnung im Dienste des Einzelnen steht".[395] Vor diesem Hintergrund spricht dann aber vieles dafür, entgegen manchen die „Autonomiefreundlichkeit" des *Nudging* betonenden Stimmen[396] – jedenfalls mit Blick auf bestimmte Erscheinungsformen eines staatlichen *Nudging* sowohl das Vorliegen eines Grundrechtseingriffs als auch, was im Zusammenhang mit einer möglichen Rechtfertigung desselben von Bedeutung ist, (tendenziell) auch einen besonders intensiven Grundrechtseingriff zu bejahen.[397] Ebenso wie aber das Selbstbestimmungsrecht der Bürger vom Staat ernst zu nehmen ist, sollte dieses auch von Dritten beachtet werden. Und wenn es beim Letzterem auch nicht (notwendigerweise) um die Aufrichtung von Verboten eines *Nudging* geht, dann besteht doch aller Grund, dieses auch im Verhältnis von Privaten als das zu sehen, was es ist: einen (potenziell) schwerwiegenden Eingriff in das Selbstbestimmungsrecht des Gegenübers.

Will man nun aber einen deutlicheren Eindruck davon gewinnen, wie KI im vorliegenden Zusammenhang eingesetzt wird, dann sollte man gerade auch die nichtrechtswissenschaftliche Literatur zum Thema näher in den Blick nehmen. Dies gilt etwa für eine jüngst vorgelegte Studie von Wissenschaftlerinnen

---

393 Vgl. nur *Kirchhof*, ZRP 2015, 136.

394 Vgl. nur *Honer*, DÖV 2019, 940 (942); auch *Ivankovics*, JuWissBlog Nr. 57/2018 v. 31.5.2018. https://www.juwiss.de/57-2018.

395 So *Honer*, DÖV 2019, 940 (944).

396 Vgl. etwa *Sunstein*, The Ethics of Nudging, Yale Journal on Regulation 32 (2015), 413 (415), der i. W. zwei Argumente anführt: Zum einen, dass, *Nudges* und eine gewisse „Choice-Architektur" ohnehin unvermeidlich seien, und zweitens, dass *Nudges* und viele Formen der Entscheidungsarchitektur aus ethischen Gründen vertretbar und sogar erforderlich seien.

397 So *Honer*, DÖV 2019, 940 (947): „Insbesondere dort, wo die Steuerung unbemerkt erfolgt und kein eigener Reflexionsprozess ansetzt, ist der *Nudge* (…) eben nicht darauf ausgerichtet, eine bewusste eigene Entscheidung des Bürgers herbeizuführen. Seine normativ zu unterstellende Entscheidungskompetenz soll hier nicht zur Entfaltung gebracht werden. Die Entfernung zur Manipulation ist nicht weit. Das steht in klarem Widerspruch zum aufgezeigten, an der Menschenwürde orientierten Menschenbild des Grundgesetzes. Auch das intensiviert den Grundrechtseingriff."

unterschiedlicher Fachrichtungen über die Wirkungsweise moderner KI. Betrachtet wird dort z.B. die sog. „algorithmische Empfehlung“ (*algorithmic recommending*), worunter die Autorinnen den Einsatz von Algorithmen verstehen, welche „Arbeitnehmer dazu bringen sollen, Entscheidungen zu treffen, die der Architekt der Wahl bevorzugt“.[398] Dabei weisen sie darauf hin, dass derartige Empfehlungen Arbeitnehmerentscheidungen durch Ableitungen aus von ihnen vorgefundenen Mustern beeinflussen und dadurch auf entsprechende Anweisungen verzichtet werden kann.[399] Häufig bedienen sich Unternehmen auch der Methode der „algorithmischen Beschränkung“ (*algorithmic restricting*) als dem Einsatz von Algorithmen, „die nur bestimmte Informationen anzeigen und bestimmte Verhaltensweisen zulassen, während andere unterbunden werden“.[400] Hinzu kommt etwa die verbreitete „algorithmische Bewertung“ (*algorithmic rating*) in Gestalt einer „fortlaufenden Aggregation von quantitativem und qualitativem Feedback über die Leistung von Mitarbeitern aus internen und externen Quellen.[401] Insgesamt kommen die Autorinnen zu dem Schluss, dass Arbeitstätigkeiten „unter algorithmischer Kontrolle stärker eingeschränkt werden als früher, weil die algorithmische Kontrolle umfassender sein kann, was die Art und Weise der Steuerung, Bewertung und Disziplinierung der Arbeitnehmer betrifft“. Dabei weisen sie v.a. auch darauf hin, dass Algorithmen „in Echtzeit individualisierte Anreize setzen und Sanktionen verhängen können.[402] Zuweilen ist insoweit von einem „Hypernudging“ als einer „algorithmischen Echtzeit-Personalisierung und Rekonfiguration von Wahlarchitekturen auf der Grundlage großer Mengen persönlicher Daten“ die Rede.[403] Dass zumindest „ein ‚weiches‘ Anreizsystem als Minus zur vertraglichen Verpflichtung“ zu gelten habe, wie in der deutschen Literatur behauptet wird,[404] erscheint deshalb alles andere als ausgemacht.

Gerade auch für den Bereich der Plattformökonomie liegen Untersuchungen vor, welche den manipulativen Einsatz von KI sehr konkret beschreiben. Dies

---

398 Vgl. *Kellogg/Vantine/Christin*, Algorithms at Work: The New Contested Terrain of Control, Academy of Management Annals 2020, 366 (372).

399 Vgl. *Kellogg/Vantine/Christin*, Algorithms at Work: The New Contested Terrain of Control, Academy of Management Annals 2020, 366 (372).

400 Vgl. *Kellogg/Vantine/Christin*, Algorithms at Work: The New Contested Terrain of Control, Academy of Management Annals 2020, 366 (375).

401 Vgl. *Kellogg/Vantine/Christin*, Algorithms at Work: The New Contested Terrain of Control, Academy of Management Annals 2020, 366 (378).

402 Vgl. auch *Pignot*, Who is pulling the strings in the platform economy? Accounting for the dark and unexpected sides of algorithmic control, 2021, 20, wonach die Überzeugungsleistung (*persuasive performance*) von Algorithmen potenziell tiefer gehe als die herkömmlicher Kontrollmechanismen.

403 So *Lanzing*, „Strongly Recommended“ Revisiting Decisional Privacy to Judge Hypernudging in Self-Tracking Technologies, Philosophy & Technology 2019, 549 (553); vgl. dazu auch *Mendelsohn*, MMR 2021, 857 (859).

404 So *Thüsing/Hütter-Brungs*, NZA-RR 2021, 231 (234).

gilt etwa für KI, welche von Fahrdienstplattformen eingesetzt wird, um Fahrer über bestimmte Preismechanismen dazu zu veranlassen, bevorzugt bestimmte Bereiche anzufahren, und die sich dabei die bestehende Informationsasymmetrie zwischen Plattform und Fahrer zunutze machen.[405] Es gibt Berichte, wonach Uber „Hunderte von Sozial- und Datenwissenschaftlern beschäftigt und mit Videospieltechniken, Grafiken und bargeldlosen Belohnungen von geringem Wert experimentiert hat, welche Fahrer dazu bringen können, länger und härter zu arbeiten – und manchmal zu Zeiten und an Orten, die für sie weniger lukrativ sind".[406] Dabei wird nicht zuletzt auch darauf hingewiesen, dass Plattformen gewissermaßen an der Schnittstelle von Verbrauchern und Anbietern von Dienstleistungen sitzen und daher „die einzigartige Fähigkeit zur Überwachung und Beeinflussung aller Teilnehmer besitzen".[407] Die Vorteile von *Nudges* liegen geradezu auf der Hand und wurden – mit Blick auf sog. *knowledge worker* – in der Literatur zuletzt folgendermaßen beschrieben: „*Nudges* sind in der Regel nicht sehr aufdringlich, leicht skalierbar, und die Mitarbeiter sind nicht gezwungen, ihre Arbeitsgewohnheiten umfassend zu ändern. Natürlich wird es für die meisten Unternehmen schwierig sein, die Wirksamkeit von *Nudges* und neuen Standardregeln zu messen. Darin liegt jedoch die große Chance der Digitalisierung, von Big Data und eines evidenzbasierten Managementansatzes: Durch die kontinuierliche Sammlung und Analyse von Daten werden Unternehmen bald in der Lage sein, schnell zu beurteilen, welche Maßnahmen bei welchen Wissensarbeitern funktionieren und welche nicht – was letztlich zu personalisierten Maßnahmen und Standardregeln führt, die individuell auf jeden Wissensarbeiter zugeschnitten sind"[408]

Bei einer Betrachtung der Problematik unter dem Aspekt einer „Fremdsteuerung" durch *Nudging* wird zugleich deutlich, dass es durchaus einen berechtigten Kern enthält, wenn in der Literatur verschiedentlich Gesichtspunkte wie das „Angewiesensein auf die Beschäftigung in einem Dauerschuldverhältnis" ins Feld geführt werden.[409] Zwar zielt dieses nur auf eine wirtschaftliche Abhängigkeit ab und insoweit trifft zu, dass ein „Angewiesensein" von vornher-

---

405 Vgl. dazu etwa *Rosenblatt/Stark*, International Journal of Communication 2016, 3758. Allerdings wird zuletzt berichtet, dass Uber in einigen Städten in den USA einen neuen Algorithmus testet, bei dem Zielort und Entgelt offengelegt werden; vgl. *Bellon*, Uber revamps driver pay algorithm in large U.S. pilot to attract drivers, Feb 26, 2022. https://www.reuters.com.

406 *Scheiber*, How Uber Uses Psychological Tricks to Push Its Drivers' Buttons. https://www.nytimes.com. So werden z.B. Fahrer, die sich aus dem System abmelden wollen, darauf aufmerksam gemacht, dass sie kurz vor dem Erreichen eines bestimmten Verdienstziels stehen. Auch werden sie auf die nächste Fahrgelegenheit hingewiesen, und zwar noch bevor ihre aktuelle Fahrt zu Ende ist.

407 *Calo/Rosenblat*, The Taking Economy: Uber, Information, and Power, Columbia Law Review 2017, 1623 (1624).

408 So *Ebert/Freibichler*, Nudge management: applying behavioural science to increase knowledge worker productivity, Journal of Organization Design 2017, 6:4.

409 *Preis*, NZA 2018, 817 (824).

ein allenfalls eine „Arbeitnehmerähnlichkeit" begründen kann.[410] Doch geht es im vorliegenden Zusammenhang eben um etwas ganz anderes, nämlich darum, dass Personen für *Nudges* ihres Vertragspartners i.d.R. wesentlich empfänglicher sind, je mehr Anlass sie haben, den diesem gesetzten Anreizen nachzugeben. Dementsprechend ist es das eine, die Arbeitnehmereigenschaft allein auf das Vorliegen wirtschaftlicher Abhängigkeit zu stützen (was *de lege lata* ausgeschlossen ist), aber etwas ganz anderes, diese Abhängigkeit bei der Prüfung einer evtl. Fremdbestimmung nicht komplett zu ignorieren, sondern in die Betrachtung miteinzubeziehen. Dementsprechend ist es etwa auch für die Bewertung der Bedeutung von *ratings* durchaus bedeutsam, wie spürbar deren materielle Folgen für den Betroffenen sind.[411]

Vor diesem Hintergrund wirkt die jüngere Entscheidung des BAG zum rechtlichen Status eines Crowdworkers geradezu illustrativ. Denn hier hat das Gericht eine Fremdbestimmung (und damit die Arbeitnehmereigenschaft) des Beschäftigten gerade daraus abgeleitet, dass einerseits dessen Verhalten vom Gegenüber (unter Nutzung der Anreizfunktion eines Bewertungssystems) nach dem jeweiligen Beschäftigungsbedarf „gelenkt" wurde[412] und andererseits der Beschäftige seine Tätigkeit nur durch die regelmäßige Annahme von Aufträgen über längere Zeit „wirtschaftlich sinnvoll ausüben" konnte.[413]

d) Zusammenfassung

Zusammenfassend lässt sich dreierlei festhalten: erstens, dass das Merkmal der Fremdbestimmung in der Tat weiter ist als das Merkmal der Weisungsunterworfenheit; zweitens, dass das Merkmal mehr umfasst als eine bloße Eingliederung;[414] und drittens und v.a., dass alles dafür spricht, Verfügbarkeit und Einsatz von KI bei der Betrachtung der Fremdbestimmtheit (und damit bei der Qualifizierung eines Vertragsverhältnisses als Arbeitsvertrag) mit ins Kalkül zu nehmen. Ob sich damit Ergebnisse erzielen lassen, die insbesondere dem Schutzbedürfnis von

---

410 So denn auch LAG München, NZA 2020, 316 (u. Rn. 129).

411 Vgl. hierzu zuletzt die Entscheidung des UK Supreme Court, Judgment Uber BV and others (Appellants) v. Aslam and others (Respondents), [2021] UKSC 5 zur Qualifizierung von Uber-Fahrern als *workers*, wo das Gericht im Zusammenhang mit der Frage nach dem Vorliegen einer *control* sowohl das bestehende Bewertungssystem als auch den Umstand berücksichtigt, dass ein Fahrer, dessen prozentuale Annahmequote unter ein von Uber London festgelegtes Niveau fällt (oder dessen Stornierungsquote ein festgelegtes Niveau überschreitet), „eine eskalierende Reihe von Warnmeldungen (erhält), die, wenn sich die Leistung nicht verbessert, dazu führen, dass der Fahrer automatisch von der Uber-App abgemeldet und für zehn Minuten von der Wiederanmeldung ausgeschlossen wird", ebda (unter Rn. 97).

412 Vgl. dazu BAG, NZA 2021, 552 (u. Rn. 50); krit. *Heckelmann*, NZA 2022, 73 (74); Sittard/Pant, jm 2021, 416. Von einer „algorithmusbasierte(r) Verhaltenssteuerung" und „Fremdbestimmung im modernen Gewand" spricht demgegenüber *Schmidt*, NZA 2021, 1232 (1235).

413 Vgl. BAG, NZA 2021, 552 (unter Rn. 48 f.); krit. *Häferer/Koops*, NJW 2021, 1787 (1789f.). Krit. zur Entscheidung auch *Wisskirchen/Haupt*, RdA 2021, 355 (359), die allerdings ein gesetzgeberisches Handeln für geboten erachten.

414 Zutr. daher ErfKomm/*Preis*, 21. Auf. 2021, § 611a BGB Rn. 41.

Plattformbeschäftigten in ausreichendem Umfang Rechnung tragen (oder ob es insoweit zusätzlich eines Eingreifens des Gesetzgebers bedarf),[415] soll hier nicht entschieden werden. Denn hier ging es um etwas Anderes, nämlich darum zu zeigen, dass eine „Steuerung durch KI" bei der Bestimmung der Arbeitnehmereigenschaft bereits nach geltendem Recht Gewicht hat.

3. KI und Plattformbeschäftigung

Wie oben bereits gesagt, spielt der Gesichtspunkt einer „Steuerung durch KI" gerade auch im Zusammenhang mit der Plattformbeschäftigung eine wesentliche Rolle. Deshalb kann es nicht überraschen, dass die skizzierte Wirkungsweise von KI auch den Vorschlag einer Richtlinie zur Verbesserung der Arbeitsbedingungen in der Plattformarbeit wesentlich beeinflusst hat.[416] So führt die Kommission in der zugrunde liegenden Mitteilung explizit an, dass „algorithmisches Management" (*algorithmic management*) „die Unterordnung hinter einem vermeintlichen Fehlen menschlicher Aufsicht verbergen" könne, wenn eine Person „in Wirklichkeit durch die Kontrolle, die durch die Algorithmen ausgeübt wird, der Autonomie beraubt wird, die ein echter Selbstständiger genießt".[417] Auch in der Begründung (*explanatory memorandum*) des Vorschlags heißt es, dass algorithmisches Management „das Untergebenenverhältnis und die Kontrolle der die Arbeit ausführenden Personen durch die digitale Arbeitsplattform (verbirgt)".[418] Zwar zielt der konkrete Richtlinienvorschlag nur auf die Beschäftigung auf Plattformen. Doch erkennt die Kommission ausdrücklich an, dass algorithmisches Management „eindeutig ein fester Bestandteil des Geschäftsmodells der digitalen Arbeitsplattformen (ist)", aber „auf dem Arbeitsmarkt im weiteren Sinne immer häufiger eingesetzt wird".[419]

Dabei kommt das algorithmische Management vor allem im Zusammenhang mit der Feststellung der Arbeitnehmereigenschaft zum Tragen. So muss nach

---

415 Für Letzteres etwa *Kocher*, ZEuP 2021, 606 (632) mit der Einschätzung, dass die „herkömmlichen Kategorien, Kriterien und Indizien (...) die Spezifika der digitalen indirekten Steuerung auf Arbeitsplattformen nicht gut erfassen (können) und eine „angemessene Regulierung dieses Feldes (...) den Charakter der Plattformen als Marktorganisatoren besser berücksichtigen (muss).

416 Eingehend zu diesem Vorschlag *Krause*, NZA 2022, 521.

417 So Mitteilung der Kommission an das Europäische Parlament, den Rat, den Europäischen Wirtschafts- und Sozialausschuss und den Ausschuss der Regionen, Bessere Arbeitsbedingungen für ein stärkeres soziales Europa: die Vorteile der Digitalisierung für die Zukunft der Arbeit in vollem Umfang nutzen v. 9.12.2021, COM(2021) 761 final, S. 4. Eine Zusammenschau und Analyse der (überschaubaren) Rechtsprechung europäischer Gerichte zur Bedeutung des *algorithmic management* bei *Hießl*, Case law on algorithmic management at the workplace: Cross-European comparative analysis and tentative conclusions. https://ssrn.com/abstract=3982735.

418 So der Vorschlag für eine Richtlinie des Europäischen Parlaments und des Rates zur Verbesserung der Arbeitsbedingungen in der Plattformarbeit, COM(2021) 762 final, S. 3.

419 COM(2021) 762 final, S. 2.

Art. 3 Abs. 2 RL-E bei der Feststellung, ob ein Arbeitsverhältnis besteht, „die Verwendung von Algorithmen bei der Organisation der Plattformarbeit berücksichtigt [werden]“. Nach Art. 4 Abs. 1 S. 1 RL-E greift gar eine gesetzliche Vermutung für das Vorliegen eines Arbeitsverhältnisses ein, wenn die Plattform die Arbeitsleistung „kontrolliert“, wobei für diese Kontrolle, wie insbesondere aus Art. 4 Abs. 2 lit. c) RL-E deutlich wird,[420] das algorithmische Management der Arbeitsleistung erhebliche Bedeutung hat. Zwar begegnet die vorgeschlagene Vermutungsregelung Bedenken.[421] Doch ändert dies nichts daran, dass die in ihr zum Ausdruck kommende Anerkennung der Bedeutung des algorithmischen Managements für die Feststellung der Arbeitnehmereigenschaft bemerkenswert ist und Zustimmung verdient.

II. Mögliche Rechtsfähigkeit von KI

Mindestens ebenso bedeutend wie das Problem der Arbeitnehmereigenschaft ist die Frage, ob ein Roboter bzw. eine KI-Anwendung mit eigener Rechtspersönlichkeit ausgestattet sein sollte. Angestoßen wurde die entsprechende Diskussion durch die Entschließung des Europäischen Parlaments zur Frage der zivilrechtlichen Haftung von Robotern aus dem Jahre 2017. Dort hatte das Parlament in der Tat erwogen, auf lange Sicht einen spezifischen Rechtsstatus für Roboter zu schaffen, „so dass zumindest die anspruchsvollsten autonomen Roboter den Status einer elektronischen Person haben könnten, die sie für die Wiedergutmachung von Schäden, die sie verursachen, verantwortlich macht“ und zugleich diese „Anwendung der elektronischen Persönlichkeit“ auf Fälle in Betracht gezogen, „in denen Roboter autonome Entscheidungen treffen oder anderweitig selbstständig mit Dritten interagieren“.[422] In der arbeitsrechtlichen Literatur zum Thema hallt die Diskussion über die „Rechtsfähigkeit von KI“ in Beiträgen nach, welche in ihren Titeln z.B. die „Arbeitgebereigenschaft von Algorithmen“ beschwören.[423] Dabei mag bei manchen Autoren der Wunsch mitschwingen, die Produkte ihrer geistigen Tätigkeit geschickt zu

420 Dieser bezieht sich auf die „Überwachung der Arbeitsleistung oder Überprüfung der Qualität der Arbeitsergebnisse, auch auf elektronischem Wege“.

421 Näher hierzu *Waas*, ZRP 2022, 105; krit. auch *Krause*, NZA 2022, 521 (528); *Junker*, EuZA 2022, 141.

422 European Parliament resolution of 16 February 2017 with recommendations to the Commission on Civil Law Rules on Robotics (2015/2103(INL), paragraph 59: “creating a specific legal status for robots in the long run, so that at least the most sophisticated autonomous robots could be established as having the status of electronic persons responsible for making good any damage they may cause, and possibly applying electronic personality to cases where robots make autonomous decisions or otherwise interact with third parties independently.”.

423 Vgl. etwa *Aloisi/De Stefano*, Introducing the Algorithmic Boss, April 20, 2021. https://www.ie.edu/insights/articles/introducing-the-algorithmic-boss/.

„vermarkten". Doch ist, wie die Entschließung des Europäischen Parlaments zeigt, der Gedanke an einen „robo boss"[424] keinesfalls komplett aus der Luft gegriffen.

Allerdings wurde in der nachfolgenden Diskussion rasch klar, dass die vom Parlament erwogene Zuerkennung der Rechtsfähigkeit kaum Befürworter hat. Deutlich machte dies bereits ein Offener Brief zahlreicher Experten für KI und Robotik, führender Wirtschaftsvertreter und Rechts-, Medizin- und Ethikexperten, in dem die Zuerkennung der Rechtsfähigkeit abgelehnt wird und zwar unter allen insoweit in Betracht kommenden Gesichtspunkten: einer Analogie zu natürlichen Personen, einer Analogie zu juristischen Personen und der Heranziehung des Modells von Treuhand oder *trust*.[425] Speziell die Analogie zur Anerkennung juristischer Personen, die zugunsten der Zuerkennung der Rechtsfähigkeit verschiedentlich bemüht wird, verfängt in der Tat nicht. Denn während juristische Personen durch natürliche Personen „handlungsfähig" werden, ist dies bei Robotern gerade nicht der Fall.[426] V.a. aber fehlt es Maschinen derzeit (noch) an der Fähigkeit zu autonomer Entscheidungsfindung, welche eine Gleichstellung mit natürlichen Personen in haftungsrechtlicher Hinsicht rechtfertigen könnte.[427] Auch soll die Anerkennung von juristischen Personen einzelnen Personen die Verfolgung von Zwecken ermöglichen, die sie nicht dauernd oder nur arbeitsteilig verfolgen können.[428] Vergleichbares gilt für KI nicht.[429] Vorsicht ist gegenüber der Analogie zur juristischen Person aber auch deshalb geboten, weil einerseits mit dem Begriff der „juristischen Person" sehr unterschiedliche Organisationsformen „auf einen Nenner gebracht" werden und andererseits in der Anerkennung der juristischen Person in mancher Hinsicht eben durchaus auch eine (nicht unbedenkliche) Besser-

---

424 Vgl. *Höpfner/Daum*, ZfA 2021, 467.

425 Open Letter to the European Commission – Artificial Intellience and Robotics. http://www.robotics-openletter.eu/.

426 Vgl. den Offenen Brief (unter 2b)): „The legal status for a robot can't derive from the Legal Entity model, since it implies the existence of human persons behind the legal person to represent and direct it. Ant this is not the case for a robot".

427 Vgl. *Bertolini*, Artificial Intelligence and Civil Liability – Study requested by the JURI Committee, 2020, S. 36: „In particular, machines are things, products and artefacts of human intellect, and there are no ontological grounds to justify their equation to humans, so long as they do not display such a form of strong autonomy that amounts to freedom of self-determination in the outcomes the system pursues and in the ways it chooses to accomplish them. Currently there is no machine that would be able to display such a level of autonomy, and there is no reason to desire the development of such a system that being more intelligent and capable than any human life form, and being also independent, could pursue its own intended ends. Technological development does not justify acknowledging such a level of autonomy on the side of any AI application existing or being developed.".

428 https://www.staatslexikon-online.de/Lexikon/Juristische_Person.

429 Im Ergebnis ebenso etwa *Haagen*, Verantwortung für Künstliche Intelligenz – Ethische Aspekte und zivilrechtliche Anforderungen bei der Herstellung von KI-Systemen, 2021, S. 184; auch *Banteka*, Artificially Intelligent Persons, Houston Law Review 2020. https://ssrn.com/abstract=3552269.

stellung gegenüber natürlichen Personen liegt.[430] Ob eine „Einheitslösung" bei gleichzeitiger Privilegierung auch mit Blick auf KI ratsam ist, erscheint aber alles andere als ausgemacht.[431]

Immerhin bliebe für eine Zuerkennung von Rechtsfähigkeit das (allerdings eher pragmatische) Ziel, evtl. Haftungslücken durch die Zuerkennung einer elektronischen Rechtsfähigkeit zu schließen. Dass diese Lücken bestehen, erscheint indes nicht ausgemacht, da sich sowohl hinter der Entwicklung als auch hinter der Nutzung von KI-Systemen Menschen verbergen, an die man sich grundsätzlich halten kann. Dementsprechend dürfte es derzeit eher darum gehen, ggf. den Weg zu einer Haftung dieser Personen – z.B. durch die Etablierung von Vermutungsregeln oder Beweiserleichterungen – „freizulegen", nicht aber darum, diese einfach durch eine Haftung von Maschinen zu ersetzen.[432] Bei alldem ist auch zu bedenken, dass es nur dann sinnvoll sein kann, Maschinen Rechtsfähigkeit zuzuerkennen, wenn man diesen zugleich eine Haftungsmasse unterlegt, auf die man notfalls zugreifen könnte. Damit käme man nun allerdings letztlich zu einer summenmäßigen Begrenzung der Haftung für „Maschinenschäden", was aber kaum Sinn der Übung sein kann. Allerdings bliebe noch die Möglichkeit einer Verpflichtung zum Abschluss einer Haftpflichtversicherung mit einer bestimmten Mindestdeckung. Doch träte auch dabei noch stets eine Begrenzung der Haftung, nämlich eine solche auf die jeweilige Versicherungssumme, ein. Bedenkt man bei alldem zusätzlich, dass die Gefahr der Inanspruchnahme bei einem Roboter naturgemäß keine Verhaltensänderung bewirken kann und die Anordnung einer Haftung somit ihre verhaltenssteuernde Wirkung verfehlt, wird man der Zuerkennung der Rechtsfähigkeit vollends nichts mehr abgewinnen können.[433]

Auch das Europäische Parlament selbst hat sich in einer jüngeren Entschließung zur zivilrechtlichen Haftung von seinem früheren Standpunkt verabschiedet und festgestellt, „dass „alle von KI-Systemen angetriebenen physischen oder virtuellen Aktivitäten, Vorrichtungen oder Prozesse technisch die direkte oder indirekte Ursache eines Personen- oder Sachschadens sein können, aber doch fast immer das Ergebnis davon sind, dass jemand die Systeme konstruiert, betreibt oder auf sie einwirkt". Dementsprechend hat es zugleich

430 https://www.staatslexikon-online.de/Lexikon/Juristische_Person.

431 Skeptisch etwa auch *Negri*, Robot as Legal Person: Electronic Personhood in Robotics and Artificial Intelligence, frontiers in Robots and AI, Hypothesis and Theory. 10.3389/frobt.2021.789327.

432 Vgl. Expert Group on Liability and New Technologies – New Technologies Formation, Liability for Artificial Intelligence and other emerging digital technologies, 2019, S. 38: "Harm caused by even fully autonomous technologies is generally reducible to risks attributable to natural persons or existing categories of legal persons, and where this is not the case, new laws directed at individuals are a better response than creating a new category of legal person.".

433 Vgl. auch *Wagner*, VersR 2020, 717 (739).

festgestellt, „dass es nicht erforderlich ist, KI-Systemen Rechtspersönlichkeit zu verleihen".[434] Darüber hinaus meint das Europäische Parlament gar, es müsse „im Rahmen der notwendigen Änderungen am bestehenden Rechtsrahmen (…) zunächst geklärt werden, dass KI-Systeme weder Rechtspersönlichkeit noch menschliches Gewissen besitzen und dass ihre einzige Aufgabe darin besteht, der Menschheit zu dienen".[435] Dies erscheint allerdings weniger zielführend: Dass KI-Systeme kein „menschliches Gewissen" haben, ist Grund genug, ihnen keine Entscheidungsbefugnisse über Menschen einzuräumen, steht aber der Zuerkennung von Rechtsfähigkeit noch nicht entgegen. Und dass KI-Systeme der Menschheit zu dienen bestimmt sind, spräche ebenfalls nicht gegen die Zuerkennung von Rechtsfähigkeit, wenn sich z.B. erweisen sollte, dass der Ersatz eingetretener Schäden andernfalls gefährdet wäre oder gar (praktisch) unmöglich würde.

Dass die Diskussion über die Zuerkennung von Rechtsfähigkeit verstummen wird, erscheint nun allerdings schon deshalb ausgeschlossen, weil die technische Entwicklung weitergeht und sich die „Autonomiefähigkeit" von KI-Systemen aller Voraussicht nach vergrößern wird. Auch kommt man nicht daran vorbei, dass die Befürworter der Anerkennung rechtsfähiger Systeme die Chancen von Geschädigten, stets einen relevanten Schädiger ausfindig zu machen, z.T. erheblich weniger günstig einschätzen als etwa das Europäische Parla-

434 Entschließung des Europäischen Parlaments vom 20. Oktober 2020 mit Empfehlungen an die Kommission für eine Regelung der zivilrechtlichen Haftung beim Einsatz künstlicher Intelligenz, 2020/2014(INL) unter 7., wo überdies festgestellt wird, „dass Opazität, Konnektivität und Autonomie von KI-Systemen es in der Praxis sehr schwer oder sogar unmöglich machen könnten, konkrete schädliche Aktionen von KI-Systemen auf konkrete menschliche Eingaben oder Konstruktionsentscheidungen zurückzuführen", es aber „gemäß den allgemein anerkannten Haftungskonzepten dennoch möglich ist, dieses Hindernis zu umgehen, indem die einzelnen Personen in der gesamten Wertschöpfungskette, die das mit dem KI-System verbundene Risiko verursachen, aufrechterhalten oder kontrollieren, haftbar gemacht werden".

435 Anhang (6). Denselben Standpunkt hat das Europäische Parlament in seiner Entschließung des Europäischen Parlaments vom 20. Oktober 2020 zu den Rechten des geistigen Eigentums bei der Entwicklung von KI-Technologien, eingenommen, dies aber (unter 13.) mit dem Schutz der menschlichen Schöpfer begründet: „(…) the autonomisation of the creative process of generating content of an artistic nature can raise issues relating to the ownership of IPRs covering that content (…) in this connection, (…) it would not be appropriate to seek to impart legal personality to AI technologies and points out the negative impact of such a possibility on incentives for human creators"; instruktiv zur Problematik auch *Chesterman*, Artificial Intelligence and the Limits of Legal Personality, in: International and Comparative Law Quarterly 2020, 819 (834ff.).

ment.[436] Demgegenüber wäre der Zugriff auf eine rechtsfähige Maschine verhältnismäßig leicht[437] und überdies ließen sich dabei flexible, u.U. auch nach einzelnen Rechtsgebieten differenzierende Lösungen entwickeln.[438] Dennoch scheint beim gegenwärtigen Stand der Technik die Zuerkennung von Rechtsfähigkeit weder geboten noch sinnvoll.[439]

III. KI und Ausübung des Weisungsrechts

Geradezu charakteristisch für den Arbeitsvertrag ist das Weisungsrecht, dem der Gesetzgeber denn auch bei der Definition des Arbeitsvertrags in § 611a Abs. 1 S. 1 BGB in Gestalt der spiegelbildlichen „Weisungsgebundenheit“ eine prominente Rolle zuweist. Geregelt ist das Weisungsrecht bekanntlich in § 106 GewO. Nach § 106 S. 1 GewO kann der Arbeitgeber „Inhalt, Ort und Zeit der Arbeitsleistung nach billigem Ermessen näher bestimmen, soweit diese Arbeitsbedingungen nicht durch den Arbeitsvertrag, Bestimmungen einer Betriebsvereinbarung, eines anwendbaren Tarifvertrages oder gesetzliche Vorschriften festgelegt sind“. Nach § 106 S. 2 GewO gilt dies „auch hinsichtlich der Ordnung und des Verhaltens der Arbeitnehmer im Betrieb“.

---

436 Allerdings begegnen insoweit durchaus auch skeptische Stimmen; vgl. nur *Papakonstantinou/de Hert*, Refusing to award legal personality to AI: Why the European Parliament got it wrong – European Law Blog 25 Nov 2020: “Exactly because AI will infiltrate all of human activity, indistinguishable from any technology and embedded in all of our daily decision-making systems, it will be impossible to “trace back specific harmful actions of A” to a particular “someone”. Any AI setup will most likely involve a number of (cross-border) complex agreements between many developers, deployers and users before it reaches an end-user. Identifying the “someone” liable within this international scheme will be extremely difficult for such end-user without the (expensive) assistance of legal and technical experts. On the contrary, end-users would better be served through a one-on-one relationship, whereby the AI effect that affects them is visibly caused by a specific entity; only by granting legal personality to AI may warrant that this will be an identifiable entity, rather than a string of opaque multinational organisations hiding behind complex licensing and development agreements.”.

437 Vgl. wieder *Papakonstantinou/de Hert*, Refusing to award legal personality to AI: Why the European Parliament got it wrong – European Law Blog 25 Nov 2020: “Legal personality to AI will mean that each individual affected by it will have a specific legal entity facing him or her locally, in the same manner as is the case with legal persons today.”.

438 Vgl. auch insoweit *Papakonstantinou/de Hert*, Refusing to award legal personality to AI: Why the European Parliament got it wrong – European Law Blog 25 Nov 2020: „Legal personality will mean that each field of law (civil law, tax law, employment law, penal law, competition law) will be allowed with the freedom to assess the legal issues posed by AI within its own boundaries and under its own rules and principles.”.

439 So auch *Chesterman*, Artificial Intelligence and the Limits of Legal Personality, in: International and Comparative Law Quarterly 2020, 819 (843): “At least for the foreseeable future, the better solution is to rely on existing categories, with responsibility for wrongdoing tied to users, owners, or manufacturers rather than the AI systems themselves.”.

Im vorliegenden Zusammenhang muss man in Anbetracht der Existenz autonomer KI-Systeme die Frage stellen, ob Weisungen durch diese Systeme selbst zulässig sind oder an der Vorgabe scheitern, dass die Arbeitsleitung nur „nach billigem Ermessen" näher bestimmt werden kann. Zwar ist richtig, dass Art. 22 Abs. 1 DSGVO automatisierten Entscheidungen Grenzen setzt;[440] darauf wird später näher einzugehen sein.[441] Doch ist davon eben die ganz andere Frage zu trennen, ob § 106 S. 1 GewO für Weisungen durch KI-Systeme gegenüber Arbeitnehmern überhaupt Raum lässt. Dabei soll hier nicht näher begründet werden, dass auch sog. „autonome Willenserklärungen", also nicht auf zuvor klar definierten Bedingungen beruhende und insoweit „vorgezeichnete" Erklärungen von KI-Systemen, dem Arbeitgeber grundsätzlich zurechenbar sind.[442] Anderes anzunehmen hieße nämlich zu ignorieren, dass der Arbeitgeber seine Entscheidungsbefugnis in derartigen Fällen ganz bewusst auf KI auslagert. Dass die vom System abgegebenen Erklärungen nicht vorhergesagt und auch nicht oder nur eingeschränkt nachvollzogen werden können, berührt lediglich den sog. Geschäftswillen, der aber kein notwendiger Bestandteil einer Willenserklärung ist.[443]

1. Defizite menschlicher Entscheidungsfindung

Bei der Beantwortung der Frage nach der Zulässigkeit von „KI-Weisungen" erscheint es hilfreich, zunächst einen Schritt zurückzutreten und zu fragen, ob der Einsatz von KI gegenüber menschlicher Entscheidungsfindung nicht gar vorteilhaft wäre.[444] In der Tat besteht wenig Grund, der Problematik mit einem völlig überzogenen Selbstbewusstsein entgegenzutreten. Zahlreiche Untersuchungen – etwa zum möglichen Einsatz von KI in der Justiz – zeigen nämlich, dass Menschen nicht selten Fehler unterlaufen und auch bei richterlichen Entscheidungen Rationalitätsdefizite und rechtsfremde Einflüsse zu verzeichnen sind. So erweisen sich Menschen nicht immer in der Lage, „unbewusste Schwächen und Fehler gänzlich durch bewusstes Nachdenken auszugleichen".[445]

---

440 Vgl. hierzu etwa auch *Däubler*, Digitalisierung und Arbeitsrecht, 7. Aufl. 2020, S. 299 mit einer Qualifizierung entsprechender Weisungen als bloßen „Empfehlungen".

441 Vgl. G.V.6.

442 Vgl. *Paulus/Matzke*, ZfPW 2018, 431 (443).

443 Vgl. zum *Höpfner/Daum*, ZfA 2021, 467 (475f.).

444 Wobei man allerdings auch in diesem Zusammenhang nicht übersehen sollte, dass eben auch hinter Algorithmen stets Menschen „stecken"; vgl. dazu etwa *Zekos*, Political, Economic and Legal Effects of Artificial Intelligence – Governance, Digital Economy and Society, 2022, S. 483f.: „Algorithms are mathematical models of the real world and scientists construct algorithms to take in data and find correlations or make predictions. Thus, humans energetically design algorithms in a number of manners by choosing an algorithm's objectives, determining what the input will be, picking whether to use proxies, etc. and, once the algorithm is functioning, decide whether and how to confirm in practice that it is generating accurate results."

445 So *Nink*, Justiz und Algorithmen, 2021, S. 47f.

Sehr eindrucksvoll belegt dies der sog. Implizite Assoziationstest (IAT), ein Messverfahren, das in der Sozialpsychologie Anwendung findet.[446] Dieser zeigt nämlich, dass eine Mehrheit der Testpersonen positive Begriffe mit Bildern hellhäutiger Menschen häufiger assoziiert als mit Bildern dunkelhäutiger Menschen.[447] Ebenfalls nicht selten anzutreffen sind Effekte eines *Priming* oder *Framing*.[448] Beim erstgenannten Effekt geht es darum, dass eine bestimmte Vorerfahrung zur Aktivierung spezieller Assoziationen im Gedächtnis führt. So werden etwa beim sog. Medien-Priming Politiker bevorzugt nach Kriterien beurteilt, die in der allgemeinen Medienberichterstattung im Vordergrund stehen.[449] Beim letztgenannten (und zugleich wohl auch bedeutsameren) Effekt geht es darum, dass verschiedene Formulierungen einer Botschaft gleichen Inhalts das Verhalten des Empfängers auf unterschiedliche Weise beeinflussen. Mit anderen Worten: Inhaltsgleiche Informationen werden vom Adressaten je nach der Form ihrer Präsentation unterschiedlich verarbeitet. Erschwerend wirkt insoweit insbesondere auch der Umstand, dass es Menschen häufig nicht gelingt, ihnen bekannte Informationen vollständig auszublenden.[450] Viel diskutiert ist auch der sog. Ankereffekt. Dieser Begriff aus der Kognitionspsychologie beschreibt die systematische Verzerrung numerischer Urteile in Richtung eines (willkürlich als Ausgangspunkt) vorgegebenen Zahlenwerts, des sog. Ankers.[451] Genutzt wird dieser Effekt etwa bei Lockvogelangeboten. Zu sog. Rückschaufehlern kommt es demgegenüber dann, wenn frühere Vorhersagen über ein Ereignis systematisch falsch bewertet werden, nachdem man den Ausgang des Ereignisses erfahren hat.[452] Der sog *Confirmation Bias*, der hier als letztes Beispiel genannt werden soll, bezeichnet das Phänomen, dass Menschen Informationen umso eher wahrnehmen und als richtig bewerten, je besser sie zur eigenen Erwartungshaltung passen und geeignet erscheinen, den eigenen Standpunkt zu stürzen.[453] Die sog. *echo chambers* in so-

---

446 Vgl. dazu etwa *Kang/Bennett/Carbado/Casey/Dasgupta/Faigman/Godsil/Greenwald/Levinson/Mnookin*, Implicit Bias in the Courtroom, UCLA Law Review, 2012, UCLA School of Law Research Paper. https://ssrn.com/abstract=2026540; *Rachlinski/Johnson/Wistrich/Guthrie*, Does Unconscious Racial Bias Affect Trial Judges?, Notre Dame Law Review, 2009, Vanderbilt Public Law Research Paper No. 09–11. https://ssrn.com/abstract=1374497; *Kang*, What Judges Can Do About Implicit Bias, Court Review. https://ssrn.com/abstract=4033906.

447 Auch hierzu *Nink*, Justiz und Algorithmen, 2021, S. 48 ff. m.w.N.

448 *Nink*, Justiz und Algorithmen, 2021 S. 50ff.

449 Wikipedia: Medien-Priming.

450 Vgl. auch dazu *Nink*, Justiz und Algorithmen, 2021, S. 52.

451 *Nink*, Justiz und Algorithmen, 2021, S. 53. Diese und andere Defekte sind übrigens auch zu berücksichtigen, wenn es darum geht, Fehler algorithmischer Entscheidungen aufzudecken; vgl. dazu *Rhue*, Affectively Mistaken? How Human Augmentation and Information Transparency Offset Algorithmic Failures in Emotion Recognition AI, November 22, 2019. https://ssrn.com/abstract=3492129.

452 *Nink*, Justiz und Algorithmen, 2021, S. 61ff.

453 *Nink*, Justiz und Algorithmen, 2021, S. 63ff.

zialen Medien, die ihrerseits auf entsprechenden Algorithmen beruhen,[454] sind ein illustratives Beispiel. Auch insofern gilt also, dass menschliche Entscheidungsfindung in vielfacher Hinsicht fehlergeneigt ist und insbesondere ein nicht geringes „Diskriminierungspotenzial" aufweist.[455] Dabei ist an dieser Stelle nicht einmal davon die Rede, dass Entscheidungen niemals im luftleeren Raum getroffen werden, sich also ein Richter oder, allgemein gesprochen, ein Entscheider z.B. einem wie auch immer gearteten öffentlichen Druck ausgesetzt sehen mag, der dann Auswirkungen auf den Inhalt seiner Entscheidung zeitigt.[456] Und schließlich gibt es auch Stimmen, die meinen, Richter hätten nicht selten ein „Vor-Urteil" oder Vorverständnis, das auch auf die Wahl der juristischen Methode zu Begründung des von ihnen gefundenen Ergebnisses durchschlage.[457]

2. Unzulässigkeit von „Maschinenentscheidungen"

Wenn Ermessensentscheidungen dennoch nicht Maschinen überlassen werden können, dann deshalb, weil die Entscheidung einer Maschine niemals auf einer Ausübung von Ermessen im Rechtssinn beruhen kann: „Einzelfallgerechtigkeit lässt sich schon begrifflich und ihrem Wesen nach nicht in eine Automatisierung zwängen",[458] da diese nun einmal notwendigerweise auf Schematisierung beruht und daher die relevanten Gegebenheiten nur bedingt antizipiert werden können.[459] Anderes kommt noch hinzu: Entscheidungen gründen stets auf Fakten. Doch gibt es neben „harten" auch „weiche" Fakten, die sich nicht oder jedenfalls nur schwer quantifizieren und deshalb auch nicht o.W. in ein System der automatischen Entscheidungsfindung importieren lassen.[460] Für Entscheidungen spielt regelmäßig der Zeitpunkt der Entscheidung eine wesentliche Rolle. Auch dies setzt der „Vorprogrammierung" von Entscheidungen Grenzen.[461] Dabei muss man sich insgesamt klarmachen, dass KI notwendig „rückwärtsgewandt" ist und man deshalb stets Gefahr läuft, dass Vergangenes bei KI-Entscheidungen einfach „festgeschrieben", um nicht zu sa-

---

454 Vgl. dazu etwa *Lambrecht/Sen/Tucker/Wiertz*, Algorithmic Recommendations and Earned Media: Investigating Product Echo Chambers on YouTube, October 27, 2021. https://ssrn.com/abstract=3951425.

455 Vgl. hierzu *Nink*, Justiz und Algorithmen, 2021, S. 76ff.

456 Vgl. hierzu *Nink*, Justiz und Algorithmen, 2021, S. 66ff.

457 Grundlegend *Esser*, Vorverständnis und Methodenwahl in der Rechtsfindung: Rationalitätsgarantien der richterlichen Entscheidungspraxis, 1970; vgl. zum Ganzen auch *Möllers*, Juristische Methodenlehre, 3. Aufl. 2020, S. 24ff.

458 So *Nink*, Justiz und Algorithmen, 2021, S. 196: „Für gerichtliche Entscheidungen bleibt unerlässlich, dass der Entscheider den Einzelfall und all seine Aspekte verstehen und bewerten kann".

459 Vgl. wieder *Nink*, Justiz und Algorithmen, 2021, S. 198, der zugleich auf die Gefahr aufmerksam macht, „dass algorithmische Prognosen und Entscheidungen sie [die von der Entscheidung betroffenen Einzelpersonen] auf die Zugehörigkeit zu bestimmten Gruppen reduzieren".

460 Ähnlich *Nink*, Justiz und Algorithmen, 2021, S. 179f.

461 Vgl. auch insoweit *Nink*, Justiz und Algorithmen, 2021, S. 194.

gen zementiert, wird. Auch verlangt die Ausübung des Weisungsrechts gem. § 106 S. 1 GewO nach der Rechtsprechung „eine Abwägung der wechselseitigen Interessen nach verfassungsrechtlichen und gesetzlichen Wertentscheidungen, den allgemeinen Wertungsgrundsätzen der Verhältnismäßigkeit und Angemessenheit sowie der Verkehrssitte und Zumutbarkeit“, wobei eben in die Abwägung „alle Umstände des Einzelfalls einzubeziehen (sind)“.[462] Dass KI-Systeme derartige „Wertentscheidungen“ treffen können, wird aber niemand ernsthaft behaupten wollen.[463] In engem Zusammenhang damit steht, dass der Arbeitgeber nach § 106 S. 1 GewO zu einer Abwägung verpflichtet ist, also zu einer „Bewertung von Rechtspositionen unter dem Blickwinkel des Vorrangs“ mit dem Ziel, einen Ausgleich von gegenläufigen Interessen und Belangen zustande zu bringen.[464] Auch dazu sind KI-Systeme zumindest derzeit nicht in der Lage. Schließlich: Maschinen haben keinen *Common Sense*.[465] Ob sie ihn jemals werden entwickeln können, ist fraglich.[466]

Eine Parallele zum Verwaltungsermessen[467] mag das Gesagte verdeutlichen: Ermessensentscheidungen der Verwaltung sollen mit dem Ziel der Einzelfallgerechtigkeit sachnahe Entscheidungen ermöglichen. Dabei beruht die Einräumung von Ermessen gerade darauf, dass der Gesetzgeber die Interessen und Belange der Beteiligten nicht von vornherein abschätzen und darüber hinaus auch die Besonderheiten des Einzelfalls nicht berücksichtigen kann.[468] Ebenso wenig lässt sich dies dann aber in den Prozess der „Entscheidungsfindung“ einer Maschine einspeisen, weshalb man dann auch nicht von einem „Ermessen“ und noch viel weniger von einem „billigen Ermessen“ sprechen kann.[469]

---

462 BAG, NZA-RR 2018, 568 (u. Rn. 39).

463 Vgl. hierzu auch *Rollberg*, Algorithmen in der Justiz – Rechtsfragen zum Einsatz von Legal Tech im Zivilprozess, 2020, S. 69ff., 128ff.

464 So *Freund*, Die Abwägung im Gesellschaftsrecht, NZG 2020, 1328 (1328).

465 Weshalb sie an einfachsten Aufgaben scheitern können; vgl. nur *Pavlus*, The Easy Questions That Stump Computers – What happens when you stack logs in a fireplace and drop a match? Some of the smartest machines have no idea, May 2, 2020. https://www.theatlantic.com/technology/archive/2020/05/computers-common-sense/611050/; vgl. auch *Choi*, The Curious Case of Commonsense Intelligence, Daedalus 2022, 139. https://doi.org/10.1162/DAED_a_01906.

466 Vg. *Hutson*, Can Computers Learn Common Sense? A.I. researchers are making progress on a long-term goal: giving their programs the kind of knowledge we take for granted, April 5, 2022. https://www.newyorker.com/tech/annals-of-technology/can-computers-learn-common-sense.

467 Zu KI in der Verwaltungspraxis zuletzt *Tischbirek*, Zeitschrift für Digitalisierung und Recht (ZfDR) 2021, 307.

468 Ganz ähnlich *Höpfner/Daum*, ZfA 2021, 467 (477), die ebenfalls betonen, dass zwischen dem billigen Ermessen i.S.d. § 106 S. 1 GewO und dem Verwaltungsermessen „einige Gemeinsamkeiten“ bestehen.

469 Umstr. ist, ob es sich bei der „Billigkeit“ um einen einheitlichen Maßstab handelt; vgl. nur Völzmann-*Stickelbrock*, in: Herberger/Martinek/Rüßmann/Weth/Würdinger, jurisPK-BGB Bd. 2, 2020, § 315 Rn. 16ff. Doch dürfte es hierauf im vorliegenden Zusammenhang nicht ankommen.

Allerdings gibt es Stimmen, die auf einen Unterschied zwischen „Arbeitgeberermessen" und Verwaltungsermessen verweisen und daraus ableiten wollen, dass auch Entscheidungen ohne (ausreichende) Abwägung den Anforderungen des § 106 S. 1 GewO genügen und somit grundsätzlich zulässig sind.[470] Ergeben soll sich dies daraus, dass die gerichtliche Kontrolle von Ermessensentscheidungen der Verwaltung aus Gründen der Gewaltenteilung[471] auf den Abwägungsvorgang (Ermessensnichtgebrauch, Ermessensfehlgebrauch) bezogen sei, wohingegen es für die Billigkeit einer durch den Arbeitgeber erteilten Weisung allein darauf ankomme, „ob das Ergebnis, also der Weisungsinhalt, den gesetzlichen Anforderungen genügt". Da im Verhältnis von Arbeitgeber und Arbeitnehmer das Gewaltenteilungsprinzip nicht eingreife, sei „eine Beschränkung gerichtlicher Kontrolle auf den Abwägungsvorgang (...) nicht angezeigt". Ob dann aber der Arbeitgeber eine umfassende Interessenabwägung vorgenommen habe oder „die Weisung lediglich zufällig der Billigkeit entspricht", spiele für die Rechtmäßigkeit der Weisung keine Rolle.[472] Mit Blick auf das Letztere wird geltend gemacht, dass bereits der Wortlaut des § 315 Abs. 3 S. 1 BGB, wonach die Bestimmung für den anderen Teil nur verbindlich ist, „wenn sie der Billigkeit entspricht", auf eine bloße Ergebniskontrolle hindeute.[473] Da letztlich nur der „Gefahr willkürlicher Entscheidungen" begegnet werden solle, komme es nicht darauf an, „ob der Algorithmus einer Künstlichen Intelligenz sämtliche, einige oder gar keine für die Billigkeit der jeweiligen Weisung relevanten Kriterien miteinander abgewogen hat, sofern die Weisung im Ergebnis der Billigkeit entspricht".[474]

Dem ist allerdings nicht zu folgen. Dabei muss man zunächst festhalten, dass bei einer Beschränkung der gerichtlichen Kontrolle auf das Ergebnis der Abwägung evtl. Beeinträchtigungen von Interessen und Belangen des Arbeitnehmers bewusst ausgeblendet würden, nur weil das Ergebnis ggf. „zufällig der Billigkeit entspricht". Mit anderen Worten: Eine Weisung hätte Bestand, weil sie im Ergebnis „nicht unbillig" ist, obwohl eine andersartige Weisung den Interessen der Beteiligten möglicherweise besser gerecht geworden wäre. Macht man sich dies klar, wird sogleich deutlich, dass es in die Irre führt, wenn man davon spricht, dass im Zusammenhang mit § 106 S. 1 GewO „eine Beschränkung gerichtlicher Kontrolle auf den Abwägungsvorgang (...) nicht angezeigt"

---

470 Vgl. *Höpfner/Daum*, ZfA 2021, 467 (480), die lediglich empfehlen, „weisungserteilende Systeme mit einer Remonstrationsfunktion auszustatten und die Beschäftigten anzuweisen, hiervon Gebrauch zu machen, sollte eine KI-Weisung ihrer Ansicht nach unbillig sein"; so auch schon *Göpfert/Brune*, NZA-Beil. 2018, 87 (90). Vgl. neuerdings auch *Knitter*, Digitale Weisungen – Arbeitgeberentscheidungen aufgrund algorithmischer Berechnung, 2022, S. 202 ff. (mit dem Erfordernis einer „Responsivität").

471 Näher hierzu *Höpfner/Daum*, ZfA 2021, 467 (479).

472 So *Höpfner/Daum*, ZfA 2021, 467 (478).

473 Vgl. *Höpfner/Daum*, ZfA 2021, 467 (478f.).

474 So *Höpfner/Daum*, ZfA 2021, 467 (479).

sei. Denn in Wirklichkeit geht es nicht darum, ob die gerichtliche Kontrolle auf den Abwägungsvorgang beschränkt ist, sondern darum, ob die gerichtliche Kontrolle auf das Abwägungsergebnis beschränkt ist. Insoweit spricht nun aber alles dafür, unter den in § 106 S. 1 GewO und § 315 BGB angesprochenen „(näheren) Bestimmungen (der Leistung)" nur solche zu verstehen, die Menschen nicht nur – was unproblematisch ist – als Willenserklärungen zurechenbar sind, sondern von Menschen auch *verantwortet* werden. Selbst wenn es zuträfe, dass nach den genannten Vorschriften Beeinträchtigungen von Arbeitnehmerinteressen in Kauf zu nehmen sind, wenn die Abwägung defizitär war, aber immerhin „das Ergebnis stimmt", so ließe sich damit doch noch nicht der Einsatz automatischer Entscheidungssysteme rechtfertigen, und zwar schon allein deshalb nicht, weil die entsprechenden Defizite in diesen bereits angelegt und insoweit „strukturbedingt" sind. Um es anders zu wenden: Während es gute Gründe dafür geben mag anzunehmen, dass die Kontrolle menschlicher Entscheidungen eingeschränkt ist, spricht nichts für eine derartige Zurückhaltung, wenn die Entscheidung von vornherein gar nicht von Menschen verantwortet wird. Anders zu entscheiden, hieße nun in der Tat, dem Zufall Tür und Tor zu öffnen. Doch besteht dazu umso weniger Anlass, als keine Begründung dafür in Sicht ist, dass das Interesse der Arbeitgeber an einer Entscheidung durch KI den Vorrang gegenüber dem Interesse des Arbeitnehmers an einer „bestmöglichen" Entscheidung verdient.

Nur angedeutet werden soll hier, dass auch der personale Bezug des Arbeitsverhältnisses, aber v.a. auch der Schutz der Menschenwürde nach Art. 1 Abs. 1 GG, dafür sprechen, automatische Entscheidungen auszuschließen und dem Menschen vorzubehalten, der, anders als KI, „zu Empathie und der Abschätzung sozialer Folgen seiner Entscheidung" fähig ist.[475] Auf derselben Linie liegen übrigens Forderungen britischer Gewerkschaftsjuristen, die darauf abzielen, bei Entscheidungen von erheblicher Bedeutung für den Arbeitnehmer einen gesetzlichen Anspruch auf persönliche (analoge) Beteiligung zu vorzusehen. Zur Begründung heißt es dabei u.a.: „Maschinen und Technologie sind nicht menschlich, und wir können zu ihnen keine persönliche Beziehung in der gleichen Weise haben wie zu unseren Mitmenschen. (...) Sie können nur eine Hilfe für die menschliche Interaktion sein, wenn das Arbeitsverhältnis

475 Vgl. *Nink*, Justiz und Algorithmen, S. 463: „Eine vollständig automatisierte Rechtsprechung, die den Einzelnen nur mehr als Input und Output einer formalisierten Zahlenlogik und damit als Objekt, aber nicht mehr als autonomes Individuum behandelt, ist auch mit Art. 1 Abs. 1 GG nicht in Einklang zu bringen"; vgl. auch *Martini*, Blackbox Algorithmus – Grundfragen einer Regulierung Künstlicher Intelligenz, 2019, S. 96ff. zu „technikimmanenten Erkenntnisgrenzen", zu denen der Autor etwa soziale und emotionale Intelligenz sowie *common sense* zählt.

persönlich und auf gegenseitigem Vertrauen aufgebaut bleiben soll. Mitarbeiter haben ein Recht auf mehr als nur eine „Beziehung“ zu einer Maschine“.[476]

Ebenfalls nur kurz angesprochen werden soll hier, dass bei einer großzügigen Anerkennung von „Maschinenentscheidungen“ auf längere Sicht eine u.U. irreparable Schwächung des menschlichen Urteilsvermögens droht, das auf ständigem Lernen in und einer Anpassung an komplexe sozio-technologische Umgebungen beruht.[477] Dabei tut man gut daran, sich den fundamentalen Unterschied zwischen menschlichen Entscheidungen und „Maschinenentscheidungen“ vor Augen zu führen: Bei menschlichen Urteilen „geht es darum [zu entscheiden], was in einer mehrdeutigen, schwierigen, problematischen oder verwirrenden Situation die angemessene, richtige, gute, faire oder gerechte Handlungsweise ist, nachdem man die verschiedenen Merkmale dieser Situation erforscht und in Betracht gezogen und mehrere Optionen (kreativ) entwickelt und (sorgfältig) hinsichtlich ihres jeweiligen Potenzials zur „Verbesserung“ dieser Situation bewertet hat. Urteilsvermögen erfordert daher Vorstellungskraft, Reflexion, Einfühlungsvermögen und Bewertung. Bei der Urteilsbildung wird anerkannt, dass Daten Werte tragen und dass die Ermittlung der Werte, die für die Entscheidungsfindung relevant sind, ein fester Bestandteil des Prozesses ist. Moralische Erwägungen kommen also unweigerlich ins Spiel, denn sie lassen sich nicht ausschließen oder von der Situation trennen, die Urteilsbildung erfordert“.[478] Dagegen ist das „Rechnen“ die „Verarbeitung von Daten durch Kalkül und formale Rationalität. Es stützt sich auf Daten als korrekte Repräsentationen der Realität („Fakten“) und Werte können hierbei nur als stabile, von vornherein gegebene Gegebenheiten, also als eine Form von „Daten“, ihren Platz finden. Da das Rechnen von vordefinierten Regeln und Zielen gesteuert wird, ist es unempfindlich gegenüber Kontext und Zeit“.[479] Es überrascht bei alldem nicht, dass in der KI-Forschung zunehmend eine Zusammenarbeit mit Sozialwissenschaftlern angemahnt wird, um den Blick der KI-Ingenieure über den Bereich bloßer Metriken hinauszuheben.[480]

---

476 So *Allen/Master*, Technology Managing People – the legal implications, 2021, S. 107 (Übersetzung d. Verf.).

477 Vgl dazu *Moser/den Hond/Lindebaum*, Morality in the Age of Artificially Intelligent Algorithms, 7 Apr 2021. https://doi.org/10.5465/amle.2020.0287: „(…) we offer the strong thesis that we are at risk, now, that these algorithms change, perhaps irreversibly so, our morality in fundamental ways by suppressing judgment in decision-making“; vgl. auch *Moser/den Hond/Lindebaum*, What Humans Lose When We Let AI Decide – Why you should start worrying about artificial intelligence now, MIT Sloan, Feb 07, 2022. https://sloanreview.mit.edu/article/what-humans-lose-when-we-let-ai-decide/.

478 So *Moser/den Hond/Lindebaum*, Morality in the Age of Artificially Intelligent Algorithms, S. 9.

479 So *Moser/den Hond/Lindebaum*, Morality in the Age of Artificially Intelligent Algorithms, S. 10 u. Hinw. auf *Dewey*, The quest for certainty, 1929, S. 178.

480 Vgl. nur *Bartolo/Thomas*, Qualitative humanities research is crucial to AI. https://www.fast.ai/2022/06/01/qualitative/.

Aufgrund der Unfähigkeit von Maschinen zur Ausübung von Ermessen[481] und aufgrund der personalen Prägung des Arbeitsverhältnisses sind Ermessensentscheidungen von Maschinen nach § 106 S. 1 GewO ausgeschlossen, so dass diese, arbeitsrechtlich betrachtet, Menschen nicht wirksam Weisungen erteilen können.[482]

IV. Antidiskriminierungsrecht

Eines der meistdiskutierten Probleme im Zusammenhang mit KI betrifft das Problem, dass von KI-Systemen diskriminierende Wirkungen ausgehen können. Dabei spricht nun allerdings auf den ersten Blick sogar einiges dafür, in manchen Fällen vielleicht sogar eher Maschinen als Roboter entscheiden zu lassen.[483] Immerhin sind letztere im Unterschied zu den erstgenannten z.B. frei von Emotionen.[484] Und in der Tat besteht der Anspruch derartiger Systeme ja gerade darin, fehlbare menschliche Urteile durch eine neutrale Entscheidungsfindung zu ersetzen. Um es in den Worten des leitenden Wissenschaftlers eines US-amerikanischen Anbieters von *workforce analytics*-Programmen zu sagen:

---

481 Vgl. insoweit auch *Alkhatib/Bernstein*, Street-Level Algorithms: A Theory at the Gaps Between Policy and Decisions, CHI 2019 Paper. https://doi.org/10.1145/3290605.3300760 mit dem Hinweis auf Unterschiede zwischen menschlichen und algorithmischen Entscheidern: „Street-level bureaucrats are capable of making sense of new situations and then construct rationales that fill in the gaps. (...) Street-level algorithms, by contrast, can be reflexive only after a decision is made, and often only when a decision has been made incorrectly. Even reinforcement learning systems, which require tight loops of feedback, receive feedback only after they take an action. Often, these algorithms only ever receive feedback after a wrong decision is made, as a corrective measure. Sometimes, algorithmic systems don't receive corrective input at all. Algorithmic systems don't make in-the-moment considerations about the decision boundary that has been formed by training data or explicit policies encoded into the program. Instead, the decision boundaries are effectively established beforehand, and street-level algrithms classify their test data without consideration of each case they encounter, and how it might influence the system to reconsider its decision boundary.".

482 Ebenso etwa *Klebe*, Soziales Recht 2019, 128 (134). Denkbar ist angesichts dessen allenfalls, den Grad menschlicher „Verantwortlichkeit" mit Blick auf das Gewicht der potenziell beeinträchtigten Arbeitnehmerinteressen abzuschichten. Dies soll hier aber nicht weiter diskutiert werden. Einer Automatisierung zugänglich hält *Knitter*, Digitale Weisungen – Arbeitgeberentscheidungen aufgrund algorithmischer Berechnung, 2022, S. 194 „gleichförmige Billigkeitsentscheidungen, die in einem eng begrenzten Spielraum getroffen werden".

483 Vor einiger Zeit hat der Journalist Malcolm Gladwell den Begriff *hiring nihilism* geprägt. Mit diesem will er seine Überzeugung auf den Punkt bringen, dass alle von Menschen getroffenen Einstellungsentscheidungen letztlich willkürlich getroffen werden; vgl. dazu *Sullivan*, Interviews Don't Work so Why Not be a Hiring Nihilist? Because it's all a lottery anyway, Oct 28, 2020.

484 Immerhin wird von neueren KI-Anwendungen berichtet, die unbewussten Vorurteilen nun gerade entgegenwirken sollen, indem sie schriftliche Beurteilungen von Mitarbeitern durch ihre Vorgesetzten daraufhin untersuchen, ob sie eher auf die Arbeitsleistung bezogen oder eher persönlichkeitsorientiert sind: https://www.textiq.com.

„Geben wir alles ein und lassen wir die Daten für sich selbst sprechen".[485] Vor diesem Hintergrund sollte es nicht überraschen, dass z.B. in den USA automatisierte Systeme weit verbreitet sind und als zentrales HR-Instrument gelten.[486] Allerdings stellen sich gegenüber den Versprechungen der Anbieter derartiger Systeme doch sogleich gewisse Zweifel ein und zwar auch dann, wenn man einmal davon absieht, dass hinter KI-Programmen ebenfalls unweigerlich Menschen stehen.[487] Zu diesen Zweifeln gibt u.a. der Umstand Anlass, dass bei KI nun einmal alles von der Qualität der Daten abhängt, mit denen der Algorithmus trainiert wurde.[488] Ob KI die in sie gesetzten Erwartungen erfüllen kann, ist deshalb, vorsichtig ausgedrückt, nicht ohne Weiteres ausgemacht. Und in der Tat scheint es, als wiche die anfängliche Euphorie angesichts der Möglichkeiten von KI einer zunehmenden Ernüchterung.[489] So heißt es etwa in einem jüngeren Beitrag zum Einsatz von KI im US-amerikanischen Gesundheitswesen: „Das ‚Versprechen' der KI ist (...) irreführend. Ohne einen umfassenden (...) Rahmen, der Verzerrungen in der KI adressiert, werden Patienten, die in der Vergangenheit von der Gesundheitsindustrie keinen Nutzen hatten weiterhin mit diskriminierenden systemischen Vorurteilen konfrontiert sein, die dann nur verfestigt und automatisiert sein werden".

Im Folgenden soll gezeigt werden, dass sich durch teil- oder vollautomatisierte Entscheidungssysteme in der Tat ernsthafte (und auch neue) Diskriminierungsrisiken ergeben können.[490] Um besser zu verstehen, weshalb dies so ist, ist

---

485 „Let's put everything in and let the data speak for itself"; zitiert nach *Kim*, Data-Driven Discrimination at Work, William & Mary Law Review 2017, 857 (871).

486 Vgl. etwa *Ajunwa*, An Auditing Imperative for Automated Hiring Systems, Harvard Journal of Law & Technology 2021, 1 (12). Dabei zeigt eine Untersuchung durch die Unternehmensberatung Baker McKenzie, dass die Personalabteilungen häufig kaum beteiligt sind und die Unternehmen die mit dem Einsatz von KI einhergehenden Risiken nicht selten unterschätzen: „Despite HR's heavy reliance on AI-enabled tools, HR executives are not the key decision-makers for the management of these technologies. Instead, information technology and information security departments take the lead on these decisions. Half (54%) of survey respondents said their organization involves HR, and far fewer indicated that operations or legal are consulted (42% and 27% respectively). When it comes to managing implicit bias, 40 percent of respondents said they have no oversight into the way AI algorithms uprank or downgrade data. Though companies have the capability to override some AI-enabled outcomes, less than half (47%) can do so with all their AI tools."; vgl. BakerMcKenzie Survey: As Usage of AI Proliferates, Companies May Underestimate AIßs Business Risks, 30 March 2022. https://www.bakermckenzie.com/en/newsroom/2022/03/bm-survey-artificial-intelligence.

487 Vgl. dazu nur *Ajunwa*, The Paradox of Automation as Anti-Bias Intervention, Cardozo Law Review 2020, 1671 (1704ff.).

488 Vgl. hierzu etwa auch *Nink*, Justiz und Algorithmen, 2021, S. 167 f.: „Auch Systeme maschinellen Lernens sind nur so diskriminierungsfrei wie die Daten und Beispielsfälle, mit denen sie trainiert und gefüttert wurden".

489 So *Takshi*, Unexpected Inequality: Disparate-Impact From Artificial Intelligence in Healthcare Decisions, Journal of Law and Health, 2021, 215 (251).

490 Vgl. dazu auch *Orwat*, Diskriminierungsrisiken durch Verwendung von Algorithmen, 2020, S. 22. Zur Reichweite des Art. 22 DSGVO beim Einsatz von KI bei Einstellungen zuletzt *Parviainen*, Can algorithmic recruitment systems lawfully utilise automated decision-making in the EU?, ELLJ 2022, 225.

zunächst ein wenig näher in den Blick zu nehmen, wie KI-Anwendungen funktionieren und wo die „Einfallstore“ für mögliche Fehler sind.[491]

1. Die Arbeitsweise von KI

Bei auf sog. *Data Mining* beruhenden KI-Anwendungen geht es darum, Korrelationen in bestehenden Datensätzen aufzuspüren.[492] So kann man z.B. einen Computer mit Emails „füttern, die als „Spam“ oder „Nicht-Spam“ gekennzeichnet werden. Diese bilden dann die sog. Trainingsdaten. Der Computer findet heraus, welche Merkmale von E-Mail-Nachrichten mit der Einstufung als Spam korrelieren. Dabei wird die Menge der gefundenen Korrelationen oft als „Modell“ (*model*) oder „Vorhersagemodell“ (*predictive model*) bezeichnet. KI entdeckt somit Muster und zeigt Regelmäßigkeiten auf, auf die sich die nachfolgende Entscheidungsfindung stützen kann. Das „Modell“ bildet den akkumulierten Satz der entdeckten Beziehungen, der sich verwenden lässt, um den Prozess der Klassifizierung zu automatisieren, den Wert unbeobachteter Variablen zu schätzen oder zukünftige Ergebnisse vorherzusagen. Um zum Beispiel zurückzukehren: Macht man die Algorithmen mit Beispielen für Spam vertraut, welche bestimmte Begriffe oder Wendungen enthalten (z.B.: „Sie haben gewonnen“), so lernt dieser, welche verwandten Inhalte ebenfalls auf die interessierenden Eigenschaften oder Ergebnisse, die sog. Zielvariable (*target variable*) hinweisen. Die Zielvariable ist das, wonach gesucht wird. Demgegenüber überführen sog. „Klassenlabels“ (*class labels*) alle möglichen Werte der Zielvariable in sich gegenseitig ausschließende Kategorien. Die Aufgabe des Programmierers besteht nun darin, ein Problem in formale Begriffe zu übersetzen, sodass sie von Computern analysiert werden können. Hierin, so wird häufig gesagt, liegt die „Kunst“ des *Data Mining*.[493] Projektziele und Anforderungen müssen in eine *„Data-Mining*-Problemdefinition“ verwandelt werden. Dabei bestimmen die Definitionen der Zielvariablen und der Klassenlabels darüber, welche Ergebnisse erzielt werden. Das macht bei der Frage nach „Spam“ oder „Nicht-Spam“ keine größeren Schwierigkeiten. Soll ein Programm aber darüber entscheiden, ob von einer (ausreichenden) „Kreditwürdigkeit“ einer Person auszugehen ist, oder soll es „gute Arbeitnehmer“ herausfiltern, wird die Aufgabe schon wesentlich komplexer: „Gut“ muss in einer Weise definiert

---

491 Vgl. v. a. *Barocas/Selbst*, California Law Review 2016, 671 (679), auf deren Arbeit die nachfolgende kurze Skizze in erster Linie gründet, vgl. aber etwa auch *Orwat*, Diskriminierungsrisiken durch Verwendung von Algorithmen, S. 76 ff., *Zuiderveen Borgesius*, Discrimination, artificial intelligence, and algorithmic decision-making, Council of Europe, 2018; *Sullivan*, Employing AI, Seton Hall Public Law Research Paper 2018; *Kim*, Data-Driven Discrimination at Work, William & Mary Law Review 2017, 857 (883ff.).

492 Allerdings wird von neueren Ansätzen berichtet, wonach Diskriminierungsrisiken mit Hilfe kausaler Schlussfolgerungen verringert werden sollen; vgl. hierzu nur *Nink*, Justiz und Algorithmen, 2021, S. 170 m.w.N.

493 Vgl. *Barocas/Selbst*, California Law Review 2016, 671 (678).

werden, die mit messbaren Ergebnissen (z.B. Produktivität) korrespondiert. Zu beantworten ist dabei aber auch die Frage, ob Arbeitnehmer nur in „gut" oder „schlecht" eingeteilt werden sollen oder ein umfassendes Ranking erstellt werden soll. Arbeitgebern mögen Kriterien vorschweben, an denen sich zeigt, ob ein Arbeitnehmer „gut" ist. Doch werden diese kaum jemals erschöpfend sein. Auch besteht die Gefahr, dass Zielvariable und Klassenlabels so gewählt werden, dass die Anwendung bestimmte Einschätzungen einfach festschreibt.[494] Mit anderen Worten: Sind bereits die Definitionen „fehlerhaft", kommt es bei der Anwendung von KI fast unweigerlich zu diskriminierenden Wirkungen.[495]

Weitere Schwierigkeiten ergeben sich, wie bereits angedeutet, dann, wenn Computer mit „problematischen" Trainingsdaten trainiert werden. Dabei muss man noch nicht einmal daran denken, dass Daten evtl. Voreingenommenheiten auf Seiten der Programmierer widerspiegeln;[496] in diesem Fall spricht man häufig von *machine bias*.[497] Ganz unabhängig davon besteht nämlich die Gefahr, dass frühere Verzerrungen zementiert werden und sich evtl. sogar – aufgrund von sog. *feedback loops* – noch verstärken.[498] Insoweit wird in der Literatur zuweilen das (reale) Beispiel eines Programms angeführt, bei dem Bewerber für ein Medizinstudium auf der Grundlage früherer Zulas-

---

494 Vgl. hierzu *Barocas/Selbst*, Big Data's Disparate Impact, California Law Review 2016, 671 (679): „These may seem like eminently reasonable things for employers to want to predict, but they are, by necessity, only part of an array of possible definitions of "good". An employer may instead attempt to define the target variable in a more holistic way–by, for example, relying on the grades that prior employees have received in annual reviews, which are supposed to reflect an overall assessment of performance. These target variable definitions simply inherit the formalizations involved in preexisting assessment mechanisms, which in the case of human-graded performance reviews, may be far less consistent".

495 Näher dazu *Barocas/Selbst*, Big Data's Disparate Impact, California Law Review 2016, 671 (679).

496 Vgl. hierzu etwa *Martini*, Blackbox Algorithmus – Grundfragen einer Regulierung Künstlicher Intelligenz, 2019, S. 87: „Der Nimbus der Objektivität mathematischer Formelsprache, der die Automatisierung des Vorgangs bzw. seiner Delegation an ein technisches Assistenzsystem umweht, verdeckt deshalb im Ergebnis oftmals die Tatsache, dass die Entscheidungsmuster subjektiver Vorprägung unterworfen sind". Dementsprechend gilt z.B. die mangelnde Diversität von Entwicklerteams zunehmend als Problem; vgl. nur Stanford University Human-Centered Artificial Intelligence, Artificial Intelligence Index Report 2021, S. 137: "The AI workforce remains predominantly male and lacking in diversity in both academia and the industry, despite many years highlighting the disadvantages and risks this engenders. The lack of diversity in race and ethnicity, gender identity, and sexual orientation not only risks creating an uneven distribution of power in the workforce, but also, equally important, reinforces existing inequalities generated by AI systems, reduces the scope of individuals and organizations for whom these systems work, and contributes to unjust outcomes."

497 Grundlegend *Friedman/Nissenbaum*, Bias in Computer Systems, ACM Transactions on Information Systems, 1996, 330; vgl. hierzu auch *Nink*, Justiz und Algorithmen, 2021, S. 170 („Algorithmen als Projektion der Werteinstellungen ihrer Schöpfer"), der überdies darauf hinweist, dass gerade auch spätere Optimierungsprozesse „Einfallstore für subjektive Elemente" bieten und „Programmierer und Algorithmendesigner (...) in der Regel keine juristische oder ethische Ausbildung haben"; ebda, S. 174.

498 Vgl. hierzu etwa *Kim*, Data-Driven Discrimination at Work, William & Mary Law Review 2017, 857 (882).

sungsentscheidungen sortiert werden sollten, sich dann aber herausstellte, dass dabei systematisch ethnische Minderheiten und Frauen benachteiligt wurden.[499] Der automatisierte Prozess setzte somit – ohne Zutun und Wissen der Nutzer – die bestehenden Vorurteile fort.[500] Denkbar ist aber auch, dass KI bestehende Verzerrungen gewissermaßen verlängert. Spricht z.B. ein Programm Einstellungsempfehlungen auf der Grundlage des Interesses an bestimmten Typen von Kandidaten aus, kommt es letztlich zu Ergebnissen, welche eine evtl. bestehende Voreingenommenheit auf Seiten der Arbeitgeber nicht nur widerspiegeln, sondern sogar fortschreiben.[501] Auch mögen Trainingsdaten, die in die KI-Anwendung eingespeist werden, ihrerseits „fehlerhaft" bzw. verzerrt sind. Die Gründe für eine mögliche „Fehlerhaftigkeit" sind vielfältig. So kann es sein, dass für bestimmte Personengruppen von vornherein weniger und/oder weniger zeitnahe Aufzeichnungen existieren als für andere. Doch kann selbst ein Datensatz mit einzelnen Datensätzen von gleichbleibend hoher Qualität unter statistischen Verzerrungen leiden, die dazu führen, dass verschiedene Gruppen nicht in korrekten Proportionen dargestellt werden.[502] Zu denken ist dabei etwa an den Fall, dass Angehörige einer bestimmten Gruppe nur einen eingeschränkten Internetzugang besitzen und sich deshalb schwerer tun, ihr Interesse an und ihre Qualifikation für eine im Internet ausgeschriebene Stelle anzuzeigen als dies bei Angehörigen anderer Gruppen der Fall ist.[503] Dabei mag es gerade auch dann zu Verzerrungen kommen, wenn Angehörige bestimmter Gruppen in einem Datensatz überrepräsentiert sind. Ein in der Literatur genanntes Beispiel hierfür ist, dass das Verhalten bestimmter Gruppen von Arbeitnehmern von ihren Vorgesetzten besonders engmaschig überwacht wird und sich deshalb Vergehen von Angehörigen dieser Gruppe überproportional in entsprechenden Datensätzen wiederfinden.[504] Bei alldem stellt sich zugleich wieder das grundlegende Problem, dass KI eben „vergangenheitsbezogen" bzw. „rückwärtsgewandt" ist, weil sie notwendigerweise mit histori-

---

499 Vgl. *Barocas/Selbst*, Big Data's Disparate Impact, California Law Review 2016, 671 (682).

500 Die KI-Forschung arbeitet an Anwendungen, welche diese Voreingenommenheit aufdecken sollen; ein Beispiel ist Facebooks Programm Fairness Flow; skeptisch allerdings *Wiggers*, AI experts warn Facebook's anti-bias tool is 'completely insufficient', March 31, 2021. https://venturebeat.com.

501 *Barocas/Selbst*, Big Data's Disparate Impact, California Law Review 2016, 671 (683); vgl. dazu auch *Ajunwa*, An Auditing Imperative for Automated Hiring Systems, Harvard Journal of Law & Technology 2021, 1 (16): "The fact remains that there are myriad of ways that automated hiring could systematically replicate biases that have calcified from organizational practice.".

502 *Barocas/Selbst*, Big Data's Disparate Impact, California Law Review 2016, 671 (684).

503 *Barocas/Selbst*, Big Data's Disparate Impact, California Law Review 2016, 671 (685).

504 *Barocas/Selbst*, Big Data's Disparate Impact, California Law Review 2016, 671 (687).

schen Daten arbeitet.[505] Aber: „Die Zukunft unter den Bedingungen des Status quo vorherzusagen, bedeutet einfach, die Geschichte vorwärts zu projizieren".[506]

Ein anderes Problem ergibt sich aus der Auswahl von Attributen und dem Gewicht, das man ihnen beimisst (*feature selection*). Ein Beispiel mag das Problem verdeutlichen: Bei Einstellungsentscheidungen wird dem Ruf der Hochschule oder Universität, die ein Bewerber oder eine Bewerberin besucht hat, große Bedeutung beigelegt. Besuchen nun aber Angehörige einer bestimmten Gruppe weitaus weniger häufig diese Einrichtungen oder erreichen sie dort jedenfalls, aus welchen Gründen auch immer, weniger häufig einen Abschluss, tritt eine systematische Benachteiligung dieser Personen ein. Ein anderes Beispiel: Wird nur der Abschluss an einer bestimmten Universität als solcher berücksichtigt und werden z.B. Abschlussnote und Studiendauer ausgeblendet, kommt es dazu, dass letztlich gerade nicht der am besten qualifizierte Kandidat ausgewählt wird. Das Beispiel zeigt, dass es bei der sog. *feature selection* entscheidend darauf ankommt „den Kontext mit einzubeziehen und die richtige Balance aus Features und der Größe des Datensets zu finden".[507]

Während die Fehleranfälligkeit von KI in den bislang angesprochenen Fällen letztlich auf „menschlichem Versagen" beruht, können sich Fehler auch aus der Arbeitsweise von KI selbst ergeben. Dabei muss man sich klarmachen, dass KI-Anwendungen, soweit sie *Data Mining* nutzen, Daten mit statistischen Techniken analysieren, um Muster aufzudecken. Dabei mag zwischen korrelierenden Daten ein kausaler Zusammenhang bestehen, doch kann die Beziehung auch rein zufällig sein. In jedem Fall ist die KI-Anwendung nur an der Korrelation als solcher „interessiert". Solange die entdeckten Beziehungen als belastbar gelten können, wird das Datenmodell sie verwenden, um zukünftige

505 Vgl. *Nink*, Justiz und Algorithmen, 2021, S. 171: „Für den Betroffenen wächst es sich zum schwer durchschaubaren Problem aus, wenn unreflektiert ältere Daten in eine Entscheidung einfließen, die nunmehr aus dem ursprünglichen Kontext gerissen sind oder eine zwischenzeitliche Veränderung und Entwicklung des Betroffenen nicht mehr abdecken.

506 Vgl. *Mayson*, Bias In, Bias Out, YALE L.J. 2019, 2218 (2224): „All prediction functions like a mirror. Algorithmic prediction produces a precise reflection of digital data. Subjective prediction produces a cloudy reflection of anecdotal data. But the nature of the analysis is the same. To predict the future under status quo conditions is simply to project history forward"; vgl. auch *Chander*, The Racist Algorithm?, Michigan Law Review 2017, 1023 (1034).

507 Lernen wie Maschinen: Was ist algorithmische Voreingenommenheit (Algorithmic Bias)?. https://www.lernen-wie-maschinen.ai/ki-pedia/was-ist-algorithmische-voreingenommenheit-algorithmic-bias/. Hier findet sich auch das genannte Beispiel.

Fälle zu klassifizieren oder vorherzusagen.[508] Obwohl *Data Mining* die Beziehung nicht erklären kann, wird ein Modell vorhersagen, dass Bewerber, die eine bestimmte Eigenschaft aufweisen, bessere Arbeitskräfte sind und dem Arbeitgeber ihre Auswahl empfehlen.[509] So wird von einer Software berichtet, die bei ihrer Empfehlung daran anknüpfte, dass besonders qualifizierte Bewerber auffällig häufig eine bestimmte japanische Manga-Seite besucht hatten. Dass dies hochgradig problematisch ist, ist indes geradezu mit Händen zu greifen, wenn man bedenkt, dass der Besuch einer derartigen Seite durch einen Nichtjapaner oder eine Nichtjapanerin von vornherein wenig naheliegend ist.[510] Die diskriminierende Wirkung beruht dabei darauf, dass das Programm an ein Merkmal anknüpft, welches zugleich „Stellvertreter" (*proxy*) für eine bestimmte Gruppenzugehörigkeit ist. Diese ist dabei in anderen Daten kodiert.[511] Insoweit wirkt es übrigens auch nur bedingt beruhigend, wenn Unternehmen ihre KI-Produkte damit bewerben, dass diese die als wichtig erachteten Variablen ständig veränderten. Zwar mag man darin einen Beweis für die Anpassungsfähigkeit und Flexibilität einer Anwendung sehen. Mindestens genauso nahe liegt aber der Verdacht, dass die von den entsprechenden Algorithmen getroffenen Vorhersagen nur begrenzten Wert haben, weil sie eben häufig nur vorübergehende, zufällige Korrelationen erfassen. Würden sie kausale Beziehungen abbilden, wären sie stabiler.[512]

Ein vor einiger Zeit erschienener Beitrag zur Diskriminierungsanfälligkeit von KI und Big Data enthält eine „Taxonomie" von – hier bereits skizzierten, aber auch noch von weiteren – Verzerrungen (*biases*), die sich in den verschiedenen Phasen der Herstellung eines KI-Systems, von der Datenerstellung und Problemformulierung bis zur Datenaufbereitung und -analyse, einschleichen können. Das Papier ist umso eindrucksvoller, als es von Praktikern und auch für

508 Grundsätzlich krit. daher etwa *Smith*, High-tech redlining: AI is quietly upgrading institutional racism: How an outlawed form of institutionalized discrimination is being quietly upgraded for the 21st century. https://www.fastcompany.com: „Is our faith in computers so blind that we are willing to trust algorithms to reject job applications and loan applications, set insurance rates, determine the length of prison sentences, and put people in internment camps? Favoring some individuals and mistreating others because they happen to have irrelevant characteristics selected by a mindless computer program isn't progress: it's a high-tech return to a previous era of unconscionable discrimination."

509 Vgl. hierzu etwa auch *Kim*, Data-Driven Discrimination at Work, William & Mary Law Review 2017, 857 (875).

510 Vgl. *Smith*, High-tech redlining: AI is quietly upgrading institutional racism: How an outlawed form of institutionalized discrimination is being quietly upgraded for the 21st century. https://www.fastcompany.com.

511 Vgl. hierzu *Barocas/Selbst*, Big Data's Disparate Impact, California Law Review 2016, 671 (691f.); aus deutscher Sicht *Buchholtz/Scheffel-Kain*, NVwZ 2022, 612.

512 Vgl. *Smith*, High-tech redlining: AI is quietly upgrading institutional racism: How an outlawed form of institutionalized discrimination is being quietly upgraded for the 21st century. https://www.fastcompany.com: "(...) the algorithm captures transitory coincidental correlations that are of little value. If these were causal relationships, they would not come and go. They would persist and be useful".

diese geschrieben wurde. Dabei geht es den Autoren nicht einmal um das Design von fairen Algorithmen. Vielmehr soll es ML-Entwicklern helfen, in den unterschiedlichen Projektphasen Fehler zu vermeiden und insbesondere ihr Bewusstsein für die Fehleranfälligkeit der Systeme zu schärfen.[513] Die Autoren unterscheiden zwischen verschiedenen Formen von Verzerrungen:[514] Die Stichprobenverzerrung (*sampling bias*) zeichnet sich dadurch aus, dass die gewählten Daten für die Wirklichkeit nicht repräsentativ sind; ein Gesichtserkennungsalgorithmus wird etwa mit mehr Fotos von hellhäutigen als von dunkelhäutigen Menschen „gefüttert". Zu Messverzerrungen (*measurement bias*) kommt es z.B. dann, wenn Fotografen bei der Erstellung von Bild- und Videodatensätzen, Objektansichten nur aus bestimmten Perspektiven liefern. Ein *label bias* beruht auf Inkonsistenzen bei der Vergabe von *labels*, zu denen es kommt, wenn unterschiedliche Personen demselben Objekttyp unterschiedliche *labels* zuweisen.[515] Verzerrungen können sich auch bei der Problemformulierung einstellen. Je nachdem, wie ein Problem formuliert wird und wie die Informationen präsentiert werden, können die erzielten Ergebnisse unterschiedlich und möglicherweise verzerrt sein (*framing effect bias*). So gehen in ein Programm, das die zukünftige Kreditwürdigkeit von Kunden schätzen bzw. vorhersehen soll, unternehmerische Vorgaben ein, welche darüber bestimmen, wie man „Kreditwürdigkeit" für die Zwecke des Programms definiert. Verzerrungen können aber auch im Algorithmus oder während der Datenanalyse auftreten. Eine Stichprobenauswahlverzerrung (*sample selection bias*) tritt auf, wenn die gewählten Stichproben nicht repräsentativ für die Grundgesamtheit sind, die analysiert werden soll. Zu einem *confounding bias* im KI-Modell kommt es, wenn der Algorithmus die falschen Beziehungen lernt, indem er nicht alle Informationen in den Daten berücksichtigt oder wenn er die relevanten Beziehungen zwischen Merkmalen und Zielausgaben „übersieht". Ein *design-related bias* tritt auf, wenn sich Verzerrungen als Folge von algorithmischen Beschränkungen oder anderen Systemeinschränkungen wie fehlender Rechnerleistung einstellen. Schließlich müssen mögliche Verzerrungen im Zusammenhang mit der Bewertung und Validierung der Leistung eines KI-Modells in Betracht gezogen werden. Diese reichen von den verschiedenen Formen eines *human evaluation bias*, der darauf gründet, dass nun einmal Menschen am Werke sind, denen z.B. Bestätigungsfehler unterlaufen können, über den *sample treatment bias*, bei dem die für die Evaluierung eines

513 *Srinivasan/Chander*, Biases in AI Systems – A Survey for Practitioners, acmqueue 2021, 47 (48); vgl. zuletzt auch *Mehrabi/Morstatter/Saxena/Lerman/Galstyan*, A Survey on Bias and Fairness in Machine Learning, 25 Jan 2022. https://arxiv.org/pdf/1908.09635.pdf.; vgl. auch European Parliament, AIDA Working Paper on AI and Bias, November 2021.

514 *Srinivasan/Chander*, Biases in AI Systems – A Survey for Practitioners, acmqueue 2021, 47 (48ff.) m.w.N.

515 Der sog. *negative set bias* soll hier einmal ausgeklammert bleiben, weil er mit der vorliegend weniger relevanten Bilderkennung im Zusammenhang steht.

Algorithmus ausgewählten Testsätze verzerrt sind, bis zu unterschiedlichen Formen eines *validation and test dataset bias*, der letztlich dadurch gekennzeichnet ist, dass sich Fehler bei der Datenerstellung in der Phase der Modellevaluierung erneut zeigen können.[516]

Fasst man die Beobachtungen an dieser Stelle zusammen, dann ergibt sich, dass menschliche Entscheidungsfindung zwar sicher nicht perfekt ist, KI-Anwendungen aber ihrerseits, um es zurückhaltend auszudrücken, weitaus anfälliger für Fehler sind, als man vielleicht auf den ersten Blick annehmen würde.[517] Zugleich scheint es häufig alles andere als leicht, bestehende Verzerrungen wieder auszumerzen.[518] Besonders wichtig: Gegenüber KI und *Big Data* ist auch dann Zurückhaltung geboten, wenn man den Entwicklern keine Fahrlässigkeit oder gar Bösgläubigkeit unterstellt.[519] In diesem Zusammenhang ist auch an die oben angesprochene Empfehlung des Ministerrats des Europarats vom 8. April 2020 zu erinnern, in der festgestellt wurde, dass „die meisten algorithmischen Systeme auf statistischen Modellen basieren, in denen Fehler einen unvermeidlichen Teil bilden".[520] Dass manche der Unzulänglichkeiten von KI z.B. Bewerberinnen und Bewerber um eine Stelle dazu einladen, ihrerseits Umgehungsstrategien zu ersinnen (indem z.B. bestimmte Begriffe im Bewerbungsschreiben vermieden oder, umgekehrt, gerade eingebaut werden),[521] macht die Sache nicht besser.

516 Die zuständige US-Regulierungsbehörde hat vor kurzem praktische Leitlinien zur Beseitigung von Verzerrungen in KI-Systemen vorgelegt. Favorisiert wird dabei ein sozio-technischer Ansatz; vgl. National Institute of Standards and Technology (NIST), Towards a Standard for Identifying and Managing Bias in Artificial Intelligence, NIST Special Publication 1270, March 2022.

517 Eine umfassende Analyse bestehender Programme findet sich übrigens bei *Raghavan/Barocas/Kleinberg/Levy*, Mitigating Bias in Algorithmic Hiring: Evaluating Claims and Practices, 2020.

518 Vgl. nur *Quach*, AI models still racist, even with more balanced training, 1 May 2022. https://www.theregister.com/2022/05/01/ai_models_racist/?tpcc=nleyeonai; vgl. auch *Jingwei Li/Danilo Bzdok/Jianzhong Chen u. a.*, Cross-ethnicity/race generalization failure of behavioral prediction from resting-state functional connectivity, Science Advances 2022, 144. DOI: 10.1126/sciadv.abj18.

519 Vgl. nur *Johnson*, Automating the Risk of Bias, The George Washington Law Review 2019, 1214 (1221): „Even when well-intentioned developers aspire to create ADM platforms that are more inclusive, bias may creep in and compromise the outcomes". Richtig ist aber auch, dass sich bewusste Benachteiligungen in KI-Anwendungen verhältnismäßig leicht verstecken lassen; vgl. zu diesem sog. *masking* etwa *Barocas/Selbst*, Big Data's Disparate Impact, California Law Review 2016, 671 (693).

520 Recommendation CM/Rec(2020)1 of the Committee of Ministers to member States on the human rights impacts of algorithmic systems (Adopted by the Committee of Ministers on 8 April 2020 at the 1373rd meeting of the Ministers' Deputies (u. A5.).

521 Vgl. dazu *Ajunwa*, An Auditing Imperative for Automated Hiring Systems, Harvard Journal of Law & Technology 2021, 1 (21 f.). Interessant ist in diesem Zusamnmenhang auch, dass in den USA nach Erkenntnissen des FBI bei Bewerbungungen auf Telearbeitsplätze immer mehr sog. *deepfakes* zum Einsatz kommen. https://www.ic3.gov/Media/Y2022/PSA220628?tpcc=nleyeonai. Ähnliche Manipulationsmöglichkeiten dürfte der Einsatz synthetischer Stimmen eröffnen; vgl. dazu *Hern*, Amazon's Alexa could turn dead loved ones' voices into digital assistant – Technology promises ability to 'make the memories last' by mimicking the voice of anyone it hears, 23 June 2022. https://www.theguardian.com/technology/2022/jun/23/amazon-alexa-could-turn-dead-loved-ones-digital-assistant?tpcc=nleyeonai.

Nach alldem besteht aller Anlass, bei KI-Anwendungen auch unter dem Gesichtspunkt des Antidiskriminierungsrechts „genau hinzusehen".

2. Diskriminierungsproblematik am Beispiel des „KI-Recruiting"

Im Mittelpunkt der Diskussion um „diskriminierende KI" steht der Einsatz von KI-Anwendungen in Einstellungsverfahren.[522] Schon heute werden derartige Anwendungen in beträchtlichem Umfang in der Personalarbeit eingesetzt und noch viel mehr Unternehmen beschäftigen sich mit der Frage eines Einsatzes von KI.[523] Dass hier die Gefahr von Diskriminierungen besteht, ist geradezu mit Händen zu greifen. Es überrascht daher nicht, dass sich die wissenschaftliche Auseinandersetzung mit diskriminierender KI fast ausschließlich mit der Problematik der Verwendung von KI gegenüber Bewerberinnen und Bewerbern befasst.

Viel diskutiert wird in der Literatur etwa über automatisierte Persönlichkeitstests und Telefoninterviews oder von Chatbots geführte Bewerbungsgespräche, die, etwa auf der Grundlage einer KI-gesteuerten Sprachanalyse, insbesondere auch Hinweise auf die psychische Befindlichkeit einer Kandidatin oder eines Kandidaten geben sollen. Dass beim Einsatz derartiger Instrumente Benachteiligungen, z.B. wegen einer Behinderung oder wegen der ethnischen Herkunft, drohen, bedarf keiner Erläuterung.[524] Besonders ernst zu nehmen ist dabei das Risiko, dass es zu einer mittelbaren Diskriminierung i.S.d. § 3 Abs. 2 AGG kommt, weil zwar vordergründig an ein neutrales Merkmal angeknüpft wird, dieses aber von Angehörigen einer bestimmten Personengruppe ungleich häufiger erfüllt wird als von anderen und somit der Bewerber oder die Bewerberin letztlich wegen eines in § 1 AGG genannten Grundes benachteiligt wird. So ist eine bestimmte emotionale Befindlichkeit einer Person für sich genommen ein neutrales Merkmal. Doch stellt es, wenn eine KI-Anwendung hierauf abhebt, eine mittelbare Benachteiligung dar, wenn sich zeigt, dass z.B. Menschen mit Behinderung diese Befindlichkeit erheblich häufiger aufweisen als andere.[525]

Mindestens so großes Interesse wie automatisierte Persönlichkeitstests und dgl. verdienen Anwendungen, mit denen Bewerber und Bewerberinnen „vorsor-

---

522 Vgl. hierzu etwa auch *Söbbing*, InTer 2018, 64.

523 Künstliche Intelligenz in der Personalarbeit Netzwerk Weiterbildung Interessenvertretung Information www.bpm.de Auswertung der Umfrage 30. April 2019. https://www.bpm.de/sites/default/files/20190429_auswertung_bpm-pressemitteilung_final_0.pdf; vgl. auch *Freyler*, NZA 2020, 284 (285).

524 Beide Bsp. bei *Dzida/Groh*, NJW 2018, 1917 (1919).

525 Vgl. wieder *Dzida/Groh*, NJW 2018, 1917 (1919).

tiert" werden, wenn das System nicht sogar so weit geht, dem potenziellen Arbeitgeber die Einstellung bestimmter Personen zu „empfehlen". Insoweit finden sich in der Literatur verbreitet Bedenken gegenüber der Beschränkung des AGG auf die in § 1 AGG genannten Merkmale: Sortiert ein Algorithmus z.B. Bewerber oder Bewerberinnen aus einem bestimmten Stadtteil aus,[526] mag darin eine (mittelbare) Benachteiligung wegen der sozialen Herkunft liegen. Doch ist diese nach dem AGG – im Unterschied insbesondere zum ILO-Übereinkommen Nr. 111 über die Diskriminierung in Beschäftigung und Berufung aus dem Jahre 1958[527] – nicht verboten. Vor diesem Hintergrund ist es dann nicht mehr überraschend, wenn angesichts der Analysefähigkeiten von KI-Systemen gefordert wird, die Diskriminierungsgründe des AGG zu durchforsten und ggf. neue Diskriminierungsgründe zu schaffen, jedenfalls aber insoweit eine Angleichung an die Wertungen der DSGVO vorzunehmen.[528] In der Tat kann der Einsatz von KI etwa Ungleichheiten verstärken, auch wenn hiervon keine geschützten Personengruppen betroffen sind.[529]

Im Folgenden soll es nun allerdings nicht um rechtspolitische Überlegungen und Forderungen, sondern vielmehr darum gehen, die Probleme zu beleuchten, die der Einsatz von KI nach geltendem Recht, also *de lege lata*, mit sich bringt.

a) Vorliegen einer „Behandlung" i.S.d. § 3 AGG

Ein erstes Problem besteht darin, dass § 3 AGG eine Handlung oder, genauer gesagt, eine „Behandlung" voraussetzt. Daran, dass diese beim Einsatz von KI vorliegt, bestehen nach Ansicht mancher Autoren Zweifel, da eine „algorithmenbasierte Diskriminierung" keine Behandlung i.S.d. § 3 AGG darstelle.[530] Dem ist allerdings nicht zu folgen, da die erforderliche (Be-Handlung) einfach in der Entscheidung zu sehen ist, die der Personalverantwortliche auf der Grundlage der KI trifft und mit der er sich deren „Abwägung" zu eigen

526 Bsp. wieder nach *Dzida/Groh*, NJW 2018, 1917 (1919).

527 Art. 1 Nr. 1a des Übereinkommens.

528 Vgl. nur *Wachter/Mittelstadt/Russell*, Why Fairness cannot be automated: Bridging the Gap between EU-Non Discrimination Law and AI, 1 (11f.): „Groups which do not map to a legally protected characteristics may suffer levels of disparity which would otherwise be considered discriminatory if applied to a protected group. These new patterns of disparity may force legislators and society to re-consider whether the scope of non-discrimination remains broad enough to capture significant disparity as caused not only by humans and organisations, but machines as well.".

529 Vgl. hierzu nur *Zuiderveen Borgesius*, Strengthening legal protection against discrimination by algorithms and artificial intelligence, The International Journal of Human Rights 2020, 1572; vgl. zuletzt auch *Wachter*, The Theory of Artificial Immutability: Protecting Algorithmic Groups under Anti-Discrimination Law (February 15, 2022). Tulane Law Review, Forthcoming. https://ssrn.com/abstract=4099100 (mit der Forderung, bei der Anwendung des Antidiskriminierungsrechts auf die Zugehörigkeit zu einer „algorithmischen Gruppe" abzustellen.

530 So *Steege*, MMR 2019, 715 (718).

macht.[531] Das von § 3 AGG geforderte „Tun oder Unterlassen, das von einem menschlichen Verhalten ausgeht",[532] ist somit durchaus gegeben.[533]

b) Subjektiver Tatbestand

Weitere Bedenken, die in der Literatur geäußert werden, setzen am subjektiven Tatbestand an. In der Tat dürfte vielfach nicht einmal der Arbeitgeber selbst Kenntnis von den Merkmalen haben, die für das vom Algorithmus erzielte Ergebnis ausschlaggebend waren. Selbst wenn er den Algorithmus selbst entwickelt hätte mag sich dieser anschließend „selbsttätig weiterentwickelt" haben. Eine Kenntnis des „verpönten" Merkmals auf Seiten des Arbeitgebers ist aber nach verbreiteter Auffassung Voraussetzung einer Benachteiligung i.S.d. § 3 AGG.[534] Allerdings spricht alles dafür, dem Arbeitgeber, sofern man in der Maschine überhaupt einen selbständigen „Wissensträger" sehen will, deren „Kenntnis" jedenfalls – nach § 166 BGB analog – als eigene Kenntnis zuzurechnen, wenn er sich ihr bei der Auswahl von Bewerbern bedient.[535] Dies kann an dieser Stelle nicht näher ausgeführt werden. Hinzuweisen ist immerhin darauf, dass für die dogmatische Begründung der Wissenszurechnung sowohl der Gesichtspunkt der sog. „Wissensverantwortung" des Geschäftsherrn[536] als auch der Umstand Bedeutung hat, dass eine „Wissensaufspaltung" nicht zu ungerechtfertigten Privilegierungen führen kann.[537] Eine Zurechenbarkeit des „Maschinenwissens" ergibt sich sowohl unter dem einen als auch unter dem anderen Gesichtspunkt.[538] Wollte man dem nicht folgen, würde das

---

531 Im Ergebnis ebenso *Dzida/Groh*, NJW 2018, 1917 (1919). Dass eine Entschedung unmittelbar durch das KI-System selbst erfolgt, dürfte praktisch nur selten der Fall sein, stellt aber kaum ein Problem dar, weil nicht ersichtlich ist, woran in einem solchen Fall die Zurechnung gegeüber dem Arbeitgeber scheitern sollte.

532 So BeckOKArbR/*Roloff*, 64. Ed., § 3 AGG Rn. 2. Darauf, dass der Diskriminierungsschutz nach dem AGG „technikneutral" ausgestaltet ist und somit auch gegenüber „diskriminierender KI" eingreift, weisen zurecht hin *Sesing/Tschech*, MMR 2022, 24 (26).

533 Anders als *Steege*, MMR 2019, 715 (718) annimmt, wird der „Output der KI" eben nur dann wirksam, wenn sich der potenzielle Arbeitgeber hierauf stützt.

534 Vgl. hierzu *Lewinski/de Barros Fritz*, NZA 2018, 620 (622).

535 Zutreffend *Martini*, Blackbox Algorithmus – Grundfragen einer Regulierung Künstlicher Intelligenz, 2019, S. 354, der eine Wissenszurechnung auf § 166 BGB analog stützt und darüber hinaus auf BAG, NZA 2009, 79 (u. Rn. 39) hinweist, wo das Gericht – mit Blick auf die Schwerbehinderteneigenschaft eines Bewerbers – entscheidend auf die Möglichkeit der Kenntniserlangung (im „Einflussbereich" des Arbeitgebers) abstellte; vgl. auch ebda, Rn. 35: „Jeder Arbeitgeber hat die Erledigung seiner Personalangelegenheiten so zu organisieren, dass er die gesetzlichen Pflichten zur Förderung schwerbehinderter Bewerber erfüllen kann."; für eine Zurechnung gegenüber dem Arbeitgeber zuletzt auch *Sesing/Tschech*, MMR 2022, 24 (26).

536 Vgl. hierzu nur MünchKomm/*Schubert*, 9. Aufl. 2021, § 166 BGB Rn. 60 m.w.N.

537 Vgl. auch hierzu MünchKomm/*Schubert*, 9. Aufl. 2021, § 166 BGB Rn. 61 m.w.N

538 Für eine uneingeschränkte Wissenszurechnung unter dem Gesichtspunkt einer Qualifizierung von KI als „Wissensvertreterin" zuletzt *Kuntz*, ZfPW 2022, 177.

überdies einem nicht zu rechtfertigenden „Freibrief" für die Arbeitgeber gleichkommen, die sich in Einstellungsverfahren KI bedienen.[539]

c) Kausalität

In der Literatur begegnet gelegentlich die Einschätzung, „aufgrund der Größe der Datenmenge [sei] zu erwarten, dass die Entscheidung nicht nur auf einem Merkmal beruht".[540] In der Tat liegt der „Reiz" der Anwendung von KI und *Big Data* gerade darin, in einer Unmenge von Daten komplexe Muster zu erkennen, so dass es geradezu der Regelfall sein dürfte, wenn das vom KI-System erzielte Ergebnis auf mehr als einem Merkmal beruht. Insoweit wird in der Literatur eine „Analogie zu den Fällen eines Motivbündels" bemüht,[541] wobei es nach der Rechtsprechung für die Bejahung der Kausalität in der Tat genügt, wenn das unzulässige Merkmal die Entscheidung nur mitbeeinflusst hat.[542]

d) Mittelbare Diskriminierung

Probleme bereitet insbesondere auch die Frage, unter welchen Voraussetzungen in der „Entscheidung" durch eine KI eine mittelbare Diskriminierung i.S.d. § 3 Abs. 2 AGG gesehen werden und, wenn das zu bejahen sein sollte, das Anknüpfen an die „dem Anschein nach neutralen Vorschriften, Kriterien oder Verfahren" nach den gleichfalls in § 3 Abs. 2 AGG genannten Voraussetzungen, gerechtfertigt sein könnte.[543] Zu diesen Schwierigkeiten gibt insbesondere der bereits oben angesprochene Umstand Anlass, dass KI gerade darauf abzielt, Korrelationen aufzudecken und Bewerber und Bewerberinnen auf dieser Grundlage zu klassifizieren. Stellt sich nämlich heraus, dass Angehörige einer nach dem AGG geschützten Gruppe in der von der KI gebildeten Gruppe überrepräsentiert sind, ist die Gefahr einer unzulässigen mittelbaren Diskriminierung mit Händen zu greifen.[544] Dies gilt umso mehr, als es, wie bereits oben gesagt, nach der Rechtsprechung für das Vorliegen einer mittelbaren Benachteiligung genügt, wenn das verpönte Merkmal die Entscheidung nur mitbeeinflusst hat und auch eine entsprechende Diskriminierungsabsicht nicht erforderlich ist.[545] Bedenkt man bei alldem zusätzlich erneut, dass der (vermeintliche) Mehrwert des Einsatzes von KI und Data gerade darin besteht, Korrelatio-

---

539 Vgl. auch *Starker*, in: *Hoeren/Sieber/Holznagel* (Hrsg.), Handbuch Multimedia-Recht, 57. Aufl. 2022, Teil 15.6 Big Data und Arbeit Rn. 49. Eine andere Frage ist, ob und in welchem Umfang man von einer Obliegenheit etwa zur Durchführung von sog. *algorithmic audits* ausgeht (vgl. auch dazu *ders.* a.a.O., Rn. 50) und an deren Ausbleiben diskriminierungsrechtliche Wirkungen knüpft.

540 *Freyler*, NZA 2020, 284 (287); ähnlich *Lewinski/de Barros Fritz*, NZA 2018, 620 (622).

541 So *Lewinski/de Barros Fritz*, NZA 2018, 620 (622).

542 Vgl nur BeckOKArbR/*Roloff*, 64. Ed., § 3 AGG Rn. 16 m.w.N.

543 Vgl. zur Abrenzung der mittelbaren von der verdeckten Diskriminierung zuletzt auch *Sesing/Tschech*, MMR 2022, 24 (26).

544 So *Lewinski/de Barros Fritz*, NZA 2018, 620 (622); ähnlich etwa *Freyler*, NZA 2020, 284 (288).

545 Vgl. zu Letzterem nur *Schrader/Schubert*, in: Däubler/Beck (Hrsg.), Allgemeines Gleichbehandlungsgesetz mit Entgelttransparenzgesetz, Berliner LADG, 5. Aufl., 2021, § 3 AGG Rn. 83 m.w.N.

nen aufzuspüren, die für den Menschen schon aufgrund der zugrundeliegenden Datenmengen verborgen bleiben, dann wird deutlich, dass die Anfälligkeit von KI für mittelbare Diskriminierungen nicht nur *ein Problem*, sondern vielleicht sogar *das zentrale Problem* sein dürfte, das sich im vorliegenden Zusammenhang stellt.[546] Illustrieren lässt es sich vielleicht am besten anhand des eingangs erwähnten Beispiels der Manga-Seite: Wer Besucher einer derartigen Seite bei Bewerbungen bevorzugt, benachteiligt unweigerlich wegen der ethnischen Herkunft (und womöglich auch wegen des Geschlechts).[547]

Dass in derartigen Fällen häufig eine mittelbare Diskriminierung vorliegen wird, dürfte o.W. klar sein. Die Frage, die sich deshalb erhebt, ist die, ob und unter welchen Voraussetzungen das Anknüpfen an das neutrale Merkmal gerechtfertigt ist. Insoweit stellt § 3 Abs. 2 AGG bekanntlich darauf ab, dass die „dem Anschein nach neutrale[n] Vorschriften, Kriterien oder Verfahren (...) durch ein rechtmäßiges Ziel sachlich gerechtfertigt und die Mittel (...) zur Erreichung dieses Ziels angemessen und erforderlich (sind)".[548] So ist z.B. bei einem Arbeitgeber, dem es darauf ankommt, dass der Berufsabschluss eines Bewerbers oder einer Bewerberin nicht allzu weit zurückliegt, vereinfacht ausgedrückt, danach zu fragen, ob er insoweit auf ein berechtigtes Interesse bzw. auf ein „wirkliches Bedürfnis des Unternehmens"[549] verweisen kann, das sich noch dazu gegenüber den Interessen der benachteiligten Personen durchsetzt. In einem vom BAG entschiedenen Fall, dem in der Tat genau diese Sachverhaltskonstellation zugrunde lag, war deshalb u.a. zu prüfen, ob die vom Arbeitgeber formulierte Anforderung „zur möglichst optimalen Erledigung der Arbeit erforderlich und angemessen war".[550]

546 Vgl. insoweit auch *Straker/Niehoff*, ABIDA-Fokusgruppe – Diskriminierung durch Algorithmen und KI im eRecruiting, ZD-Aktuell 2018, 06252; vgl. auch Council of Europe, Discrimination, artificial intelligence, and algorithmic decision-making, 2018, S. 10ff.; *Xenidis/Senden*, EU non-discrimination law in the era of artificial intelligence: Mapping the challenges of algorithmic discrimination, in *Bernitz a.o.* (eds.), General Principles of EU law and the EU Digital Order, 2020, 151, 20ff. SSRN: https://ssrn.com/abstract=3529524. Dass daneben auch die unmittelbare Diskriminierung bedeutdam ist, machen geltend *Adams-Prassl/Binns/Kelly-Lyth*, Directly Discriminatory Algorithms, Modern Law Review 2022.

547 Vgl. aus Sicht des US-Rechts auch *Kim*, Data-Driven Discrimination at Work, William & Mary Law Review 2017, 857 (865): „The nature of algorithmic decision-making raises particular concern when employers rely on these models to make personnel decisions. Data mining techniques used to build the algorithms seek to uncover any statistical relationship between variables present in the data, regardless of whether the reasons for the relationship are understood. As a result, if employers rely on these models, they may deny employees opportunities based on unexplained correlations and make decisions that turn on factors with no clear causal connection to effective job performance."

548 Dazu, dass dies bejahendenfalls das Vorliegen einer mittelbaren Diskriminierung bereits tatbestandlich ausschließt, etwa BeckOKArbR/*Roloff*, 64. Ed., § 3 AGG Rn. 18.

549 Vgl. nur NZA 2017, 715 (u. Rn. 38) u. Hinw. auf EuGH, AP EG Art. 138 Nr. 2.

550 BAG, NZA 2017, 715 (u. Rn. 44).

Dass all dies auf den Einsatz von KI und Big Data nicht „passt", bedarf kaum der Erläuterung. Dabei dürfte noch weniger entscheidend sein, dass hier der Arbeitgeber eine Anforderung autonom formuliert, während dort eine Maschine diese aus einer Datenanalyse „ableitet". Viel bedeutsamer ist, dass es nicht dasselbe ist, ob eine Anforderung besteht, weil sie aus Sicht des Arbeitgebers „einem wirklichen Bedürfnis des Unternehmens entspricht"[551] (was dann gerichtlich zu überprüfen ist), oder ob sie besteht, weil eine statistische Evidenz sie valide erscheinen lässt, ohne dass sich, um es salopp auszudrücken, die Maschine oder gar der Arbeitgeber „dabei allzu viel denkt".[552] Um zum „Manga-Beispiel" zurückzukehren: Zwar erscheint es, um das mindeste zu sagen, fernliegend anzunehmen, dass der Besuch einer bestimmten Website Aufschlüsse über Arbeitsproduktivität oder beruflichen Erfolg liefern kann. Dementsprechend gibt dieser Fall jeden Anlass, die Korrelation zu „hinterfragen". Doch ist dies etwas grundsätzlich anderes, als die nach § 3 Abs. 2 AGG angezeigte Prüfung, bei der man untersucht, ob für eine bestimmte Anforderung ein „wirkliches Bedürfnis" besteht und darüber hinaus auch keine übermäßige Beeinträchtigung der legitimen Interessen der nach dem AGG geschützten Personen zu besorgen ist. Dass z.B. der häufige Besuch einer Manga-Seite durch einen Bewerber oder eine Bewerberin einem „wirklichen Bedürfnis" entspricht, wird niemand behaupten.

Weiter veranschaulichen lässt sich die Problematik, wenn man zusätzlich einen Blick auf das US-Recht und dabei insbesondere auf das Rechtsinstitut der *disparate impact discrimination* wirft,[553] die letztlich auch dem Schutz vor mittelbarer Diskriminierung im Unionsrecht zugrunde liegt.[554] Auch insoweit wird nämlich geltend gemacht, dass sich die danach für eine evtl. Rechtfertigung einer Ungleichbehandlung ergebenden Maßstäbe nicht o.W. auf KI und *Big Data* übertragen ließen, wo es hier doch allein darum gehe, „die verfügbaren Daten zu durchforsten und nach statistischen Korrelationen zu suchen, die scheinbar nicht zusammenhängende Variablen, wie z.B. das Verhalten in den

551 Vgl. auch hierzu NZA 2017, 715 (u., Rn. 38).

552 Vgl. nur *Martini*, Blackbox Algorithmus – Grundfragen einer Regulierung Künstlicher Intelligenz, 2019, S. 353: „Mittelbare Diskriminierungen sehen die Hersteller und Betreiber einer Softwareanwendung häufig selbst nicht vorher und erkennen sie möglicherweise auch später nicht."

553 Einen speziellen Fall bildet die sog. *proxy discrimination*, bei welcher der Nutzen einer scheinbar neutralen Praxis für den Diskriminierenden zumindest teilweise gerade aus der Tatsache resultiert, dass sie eine ungleiche Auswirkung erzeugt; vgl. dazu *Prince/Schwarcz*, Proxy Discrimination in the Age of Artificial Intelligence and Big Data, Iowa Law Review 2020, 1257. Algorithmen von Plattformen zur flexiblen Bestimmung von Fahrpreisen untersuchen unter dem Gesichtpunkt von *disparate impact Pandey/Caliskan*, Disparate Impact of Artificial Intelligence Bias in Ridehailing Economy's Price Discrimination Algorithms. https://dl.acm.org/doi/pdf/10.1145/3461702.3462561.

554 Vgl. hierzu nur *Thüsing*, NZA 2000, 570 (570).

sozialen Medien, mit der Leistung am Arbeitsplatz verbinden".[555] Dementsprechend sei vom Arbeitgeber jedenfalls mehr zu fordern als der bloße Hinweis auf das Vorliegen einer derartigen Korrelation.[556]

Kehrt man zum deutschen Recht zurück, dann muss man die Frage beantworten, welche Konsequenzen es für die Rechtfertigung einer mittelbaren Diskriminierung durch KI hat, wenn § 3 Abs. 2 AGG die Möglichkeit hierzu nicht eröffnet (was nach dem eben Gesagten in der Tat der Fall ist). Die Antwort hierauf fällt indes verhältnismäßig leicht. Denn angesichts der fehlenden Rechtfertigungsmöglichkeit bleibt *de lege lata* nichts anderes übrig, als in derartigen Fällen vom Vorliegen einer unzulässigen mittelbaren Benachteiligung auszugehen. Zu einem anderen Ergebnis ließe sich nur dann kommen, wenn man annehmen wollte, dass das AGG lückenhaft ist, weil beim Einsatz von KI entweder eine vom geltenden Recht nicht erfasste Sonderform einer Diskriminierung vorliege,[557] welche nach einer spezifischen Rechtfertigungsmöglichkeit verlange, oder doch jedenfalls das Bestehen einer Rechtfertigungsmöglichkeit fehle, welche auch die „mittelbare Diskriminierung durch KI" abdecke. Doch wäre nicht einzusehen, weshalb man das Vorliegen einer mittelbaren Benachteiligung nur deshalb zu verneinen haben sollte, weil die entsprechende „Entscheidung" von einer KI-Anwendung getroffen wurde. Und auch unter dem Gesichtspunkt des Fehlens einer auf die spezifischen Verhältnisse von KI zugeschnittenen Rechtfertigung erscheint eine Gesetzeslücke nur schwer begründbar, wobei noch hinzukommt, dass im geltenden Recht keinerlei Maßstäbe dafür erkennbar sind, wie sich diese sollte schließen lassen. Dementsprechend muss es damit sein Bewen-

---

555 Vgl. *Kim*, Data-Driven Discrimination at Work, William & Mary Law Review 2017, 857 (866): „Classification bias may seem amenable to challenge under disparate impact doctrine, which targets facially neutral employment practices that have disparate effects on racial minorities or other protected classes. However, a mechanical application of existing disparate impact doctrine will fail to meet the particular risks that workforce analytics pose. That doctrine evolved to address employer use of tests purporting to measure workers' abilities, and therefore focused on the validity of those measures and their relevance to a particular job. In contrast, data mining models do not rest on psychological or any other theories of human behavior. (…). As a result, they pose a different set of risks – risks that existing doctrine does not address well.".

556 Vgl. wieder *Kim*, Data-Driven Discrimination at Work, William & Mary Law Review 2017, 857 (916ff.).: „Under disparate impact doctrine, an employer may defend against a prima facie showing of disparate impact by demonstrating that the challenged practice is "job related (..). and consistent with business necessity." The exact meaning of this phrase is ambiguous, and the standard has proven difficult to apply consistently in practice. When applied to data analytics, however, it is difficult to make sense of the standard at all. When an algorithm relies on seemingly arbitrary characteristics or behaviors interacting in some complex way to predict job performance, the claim that it is "job related" often reduces to the fact that there is an observed statistical correlation. If a statistical correlation were sufficient to satisfy the defense of job-relatedness, the standard would be a tautology rather than a meaningful legal test. In order to protect against discriminatory harms, something more must be required to justify the use of an algorithm that produces biased outcomes.".

557 Vgl. insoweit für das US-amerikanische Diskriminierungsrecht *Kim*, Data-Driven Discrimination at Work, William & Mary Law Review 2017, 857 (925).

den haben, dass derjenige, der sich KI und *Big Data* bedient, eine mittelbare Benachteiligung geschützter Personen riskiert, welche sich nach geltendem Recht nicht rechtfertigen lässt. Zwar hilft dies dem Benachteiligten, wie sogleich zu zeigen sein wird,[558] angesichts der bestehenden Regelung zur Beweisverteilung nur bedingt. Doch erscheint der Umstand, dass sich der Anwender von KI gegenüber dem Risiko von mittelbaren Benachteiligungen gewissermaßen „blind stellt", immerhin als ein Gesichtspunkt, der Beweiserleichterungen zugunsten des potenziell Geschädigten rechtfertigen könnte.[559]

e) Verschulden

Was die Rechtsfolgen einer Diskriminierung anbelangt, bereitet insbesondere das Verschuldenserfordernis Kopfzerbrechen, das nach § 15 Abs. 1 AGG für einen Anspruch auf Schadensersatz besteht, wobei dieses bekanntlich vermutet wird.[560] Eine Haftung des potenziellen Arbeitgebers hängt dann von der Beantwortung der Frage ab, ob § 278 BGB auf „Maschinen" (bzw. auf Algorithmen) analog anzuwenden ist.[561] Diese allgemeine Frage kann hier nicht vertieft werden. Doch sollte man nicht unterschlagen, dass ihre Beantwortung ernste Schwierigkeiten aufwirft. Diese ergeben sich zwar weniger daraus, dass KI-Anwendungen nach derzeitigem Stand eine eigene Rechtsfähigkeit zurecht überwiegend abgesprochen wird,[562] da man damit ja noch nicht daran gehindert wäre, gerade mit Blick auf § 278 BGB eine Teilrechtsfähigkeit anzunehmen.[563] Größeres Gewicht hat demgegenüber, dass § 278 BGB ein Verschulden des Erfüllungsgehilfen voraussetzt, KI aber schwerlich ein subjektiver Verschuldensvorwurf gemacht werden kann.[564]

f) Beweislast

Diskutiert wird in der Literatur – und zwar besonders intensiv – über Fragen der Beweislast. So geht eine verbreitete Einschätzung dahin, dass Bewerber

---

558 Vgl. GG. IV. 2f).

559 Vgl. dazu aus US-amerikanischer Sicht auch *GrimmelmannWestreich*, Incomprehensible Discrimination, California Law Review Online 2017, 164 (176): „A test that turned only on the employer's knowledge of how its model functions would discourage employers from looking too closely at models that superficially seemed to work. Where a model has a disparate impact, our test in effect requires an employer to explain why its model is not just a mathematically sophisticated proxy for a protected characteristic."

560 Vgl. nur ErfKomm/*Schlachter*, 22. Aufl. 2022, § 15 AGG Rn. 6.

561 Bejahend *von Lewinski/de Barros Fritz*, NZA 2018, 620 (623); im Ergebnis ebenso *Dzida/Groh*, NJW 2018, 1917 (1920), wonach es keinen Unterschied machen dürfe, ob der Arbeitgeber natürliche Personen oder Software-Programme einsetze; zust. ErfK/*Schlachter*, 21. Aufl. 2021, § 15 AGG Rn. 9.

562 Vgl. nur *Freyer*, NZA 2020, 284 (286f.).

563 Vgl. hierzu nur *Lampe*, in. Hoeren/Sieber/Holznagel (Hrsg.), Handbuch Multimedia-Recht, September 2021, Teil 29.2 KI im Zivilrecht Rn. 41; auch *Riehm*, in: Kaulartz/Braegelmann (Hrsg.), Rechtshandbuch Artificial Intelligence and Machine Learning, 2020, S. 235f.

564 Vgl. auch insoweit *Lampe*, in: Hoeren/Sieber/Holznagel (Hrsg.), Handbuch Multimedia-Recht, September 2021, Teil 29.2 KI im Zivilrecht Rn. 14.

und Bewerberinnen angesichts der häufig kaum nachvollziehbaren Arbeitsweise von KI-Anwendungen bzw. der Komplexität von Algorithmen trotz der Anwendbarkeit des § 22 AGG regelmäßig in Beweisschwierigkeiten geraten, weil sie häufig nicht einmal Indizien für eine Benachteiligung dartun könnten.[565] Hingewiesen wird dabei nicht zuletzt auch darauf, dass Algorithmen regelmäßig eine Vielzahl von Merkmalen in Betracht ziehen, unter diesen Umständen die „Entscheidungswege" aber vollends nicht mehr nachvollziehbar sind. KI ist somit nicht nur „diskriminierungsanfällig", sondern macht es zusätzlich schwer, Fehler im Nachhinein aufzudecken. Ganz allgemein wird beklagt, dass den geschützten Personen in vollem Umfang das „Transparenzrisiko" zugewiesen werde, ohne dass sich hieran nach geltendem Recht etwas ändern ließe.[566] Bei alldem ist auch zu berücksichtigen, dass sich die geschützte Person im Rahmen der Geltendmachung einer mittelbaren Benachteiligung zwar auch auf Statistiken stützen kann, die eine regelhafte und zugleich wesentlich stärkere nachteilige Betroffenheit belegen,[567] die Rechtsprechung aber verhältnismäßig zurückhaltend ist, wenn es darum geht, statistische Daten als ausreichend valide anzusehen, um eine Beweislastumkehr auszulösen.[568] Auch macht es die „Personalisierungslogik" von KI fast unmöglich, einen statistischen Nachweis zu führen, der sich auf eine hinreichend große Vergleichsgruppe stützen kann.[569] Dabei ist es für potenzielle Diskriminierungsopfer nur ein schwacher Trost, dass ihnen grundsätzlich die Informationspflichten der Art. 13f. DSGVO bzw. der Auskunftsanspruch nach Art. 15 DSGVO zur Hilfe kommen.[570] Denn hiervon wird nur die „Grundlogik" des Verarbeitungsprozesses erfasst, was aber nicht notwendig den Vergleich zu anderen einschließt, den die Feststellung einer Ungleichbehandlung aber voraussetzt.[571] Bei alldem ist auch zu berücksichtigen, dass vielfach nicht einmal der Arbeitgeber selbst

565 Vgl. nur *von Lewinski/de Barros Fritz*, NZA 2018, 620 (622); auch *Orwat*, Diskriminierungsrisiken durch Verwendung von Algorithmen, S. 108.

566 So insbes. *Grünberger*, ZRP 2021, 231 (234), der dies mit Art. 21 GRC für unvereinbar hält und die Entwicklung eines „Zwei-Stufen-Modells" der Darlegungslast vorschlägt.

567 Vgl. nur ErfKomm/*Schlachter*, 22. Aufl. 2022, § 22 AGG Rn. 8.

568 Vgl. nur BAG, NZA 2011, 93; vgl. auch *Grünberger* ZRP 2021, 231 (233); vgl. zum Ganzen auch *Beck*, in: Däubler/Beck (Hrsg.), Allgemeines Gleichbehandlungsgesetz mit Entgelttransparenzgesetz, Berliner LADG, 5. Aufl., 2021, § 22 AGG Rn. 80.

569 So zurecht *Martini*, Blackbox Algorithmus – Grundfragen einer Regulierung Künstlicher Intelligenz, 2019, S. 361.

570 Vgl. dazu auch *Sesing/Tschech*, MMR 2022, 24 (27) m.w.N.

571 Vgl. *Martini*, Blackbox Algorithmus – Grundfragen einer Regulierung Künstlicher Intelligenz, 2019, S. 360.

in der Lage ist, einem abgelehnten Bewerber die Entscheidung begreiflich zu machen.[572]

Vor diesem Hintergrund wirkt es plausibel, wenn in der Literatur Forderungen nach einer Modifizierung der Regelung in § 22 AGG immer lauter werden.[573] Angeregt wird dabei z.B., § 22 AGG in der Weise zu ändern, dass von der Kenntnis der inneren Funktionsweise und Implementierung des Systems unabhängige sog. Blackbox-Auswertungen zukünftig als Indiz für eine Diskriminierung ausreichen sollten; es wäre dann an dem Verwender, diese zu entkräften, indem er etwa die von ihm ergriffenen technisch-organisatorischen Maßnahmen zur Vermeidung von Diskriminierungen offenlegt.[574]

3. Grundlegende Defizite des geltenden Antidiskriminierungsrechts

Nach dem eben Gesagten erscheint eine Anpassung des Konzepts der „mittelbaren Diskriminierung“ dringend geboten. Ebenfalls gut nachvollziehbar erscheinen Forderungen nach Beweiserleichterungen für potenziell Geschädigte.[575] Über der Frage, wie weit Änderungen des AGG reichen und wie sie konkret aussehen sollten, darf man aber nicht die grundlegende Frage vernachlässigen, ob das geltende Antidiskriminierungsrecht strukturell überhaupt noch in der Lage ist, einen ausreichenden Schutz vor Diskriminierungen zu gewährleisten, die von KI-Systemen ausgehen.

a) Erkennbarkeit von Diskriminierungen

So lässt sich bereits daran zweifeln, dass ein auf Schadensersatz und Entschädigung gerichteter Individualrechtsschutz auch gegenüber dem Einsatz von KI ausreichend wirksam ist. Dass insoweit Bedenken bestehen, hat nicht nur mit den oben skizzierten Beweisschwierigkeiten zu tun, denen sich ein Diskrimi-

---

572 Vgl. nur *Hinz*, in: Kaulartz/Braegelmann (Hrsg.), Rechtshandbuch Artificial Intelligence and Machine Learning, 2020, S. 556: „Beim Einsatz von unüberwachten Lernsystemen (...), bei denen die KI Systeme selbstständig unterschiedliche Kategorien und Zusammenhänge bilden und seine Lernziele selbst anpasst/ändert und die dadurch entstehende Clusterbildung vom Arbeitgeber bzw. Programmierer nicht mehr im Sinne eines „Reverse Engineering“ nachverfolgt werden kann, ist hier kaum denkbar, dass der Arbeitgeber im Falle der Geltendmachung von Auskunftsbegehren in der Lage sein dürfte, einem abgelehnten Bewerbers/Mitarbeiter zu erläutern, aus welchen Motiven er abgelehnt wurde.“.

573 Vgl. etwa auch den Dritten Gleichstellungsbericht der Bundesregierung, BT-Drucks. 19/30750 v. 10.6.2021, S. 138, wonach „Plattformbetreibende die Beweislast dafür tragen [sollen], dass sie beim Einsatz algorithmischer Systeme nicht gegen die Bestimmungen des AGG zum Schutz vor Benachteiligungen verstoßen“.

574 Vgl. *Martini*, Blackbox Algorithmus – Grundfragen einer Regulierung Künstlicher Intelligenz, 2019, S. 361f.

575 Vgl. hierzu etwa auch *De Stefano, Valerio/Wouters, Mathias*: AI and digital tools in workplace management and evaluation – An assessment of the EU's legal framework, May 2022, S. 66f. mit weiteren Reformvorschlägen.

nierungsopfer regelmäßig gegenübersehen wird. Die Probleme reichen tiefer. So ist in der Literatur zurecht darauf aufmerksam gemacht worden, dass Diskriminierungen unter den Bedingungen des Einsatzes von KI häufig kaum erkennbar sein werden: „Menschen diskriminieren aufgrund negativer Einstellungen (z.B. Stereotype, Vorurteile) und unbeabsichtigter Voreingenommenheit (z.B. organisatorische Praktiken oder verinnerlichte Stereotype), die als Signal für die Opfer dienen können, dass eine Diskriminierung stattgefunden hat. Entsprechende Signalisierungsmechanismen und Handlungsmöglichkeiten gibt es in algorithmischen Systemen nicht. Im Vergleich zu traditionellen Formen der Diskriminierung ist die automatisierte Diskriminierung abstrakter und nicht intuitiv, subtil, nicht greifbar und schwer zu erkennen“.[576] Ob „die traditionellen Rechtsmittel und Verfahren zur Erkennung, Untersuchung, Vorbeugung und Korrektur von Diskriminierung, die sich überwiegend auf die Intuition verlassen haben“, noch immer zielführend sind, muss vor diesem Hintergrund bezweifelt werden.[577]

b) Kollektiver Rechtsschutz

Das AGG zielt in weitem Umfang auf individuellen Rechtsschutz, der dem Opfer einer Diskriminierung Rechte, insbesondere auf Schadensersatz und Entschädigung, verschafft. Daneben eröffnet § 23 AGG die Möglichkeit der Unterstützung durch Antidiskriminierungsverbände und hat mit der Antidiskriminierungsstelle des Bundes eine Einrichtung geschaffen, welche Personen bei der Durchsetzung ihrer Rechte unterstützen soll. Dies vermag indes nichts daran zu ändern, dass der durch das Antidiskriminierungsrecht Geschützte dem Verwender des Algorithmus i.W. allein gegenüber steht, wobei er seinem Gegenüber und der Maschine klar unterlegen ist und dazu noch unter erheblichem Druck steht, seine Rechte rechtzeitig durchzusetzen.[578] Zwar gibt es durchaus Mittel und Wege, die Position des Geschützten zu stärken, wenn er seine Rechte auf dem Klageweg durchzusetzen versucht. Indes lässt sich allein dadurch an der erheblichen Wissensasymmetrie wenig ändern[579] und v.a. nichts daran, dass der potenziell Geschädigte prozessual in eine Angreiferrolle

576 So *Wachter/Mittelstadt/Russell*, Why Fairness cannot be automated: Bridging the Gap between EU-Non Discrimination Law and AI, 1 (2).

577 Vgl. *Wachter/Mittelstadt/Russell*, Why Fairness cannot be automated: Bridging the Gap between EU-Non Discrimination Law and AI, 1 (2).

578 Vgl. insoweit insbesondere auch die Zweimonatsfrist des § 21 Abs. 5 S. 1 AGG.

579 Aus US-amerikanischer Sicht *Kim*, Data-Driven Discrimination at Work, William & Mary Law Review 2017, 857 (921): „The claimants would have to trace how the data miners collected the data, determine what populations were sampled, and audit the records for errors. Conducting these types of checks for a dataset created by aggregating multiple, unrelated data sources containing hundreds of thousands of bits of information would be a daunting task for even the best-resourced plaintiffs. In addition, the algorithm's creators are likely to claim that both the training data and the algorithm itself are proprietary information. Thus, if the law required complainants to prove the source of bias, they would face insurmountable obstacles."

verwiesen ist, bei der er, um es salopp auszudrücken, überfordert erscheint, wenn er es im Prozess mit einem Algorithmus aufnehmen soll.[580]

Angesichts diese Sachlage empfiehlt es sich, den Individualrechtsschutz durch einen kollektiven Rechtsschutz zu ergänzen.[581] Hierfür sprechen in der Tat – neben der skizzierten Schwäche des ersteren – zwei Gründe: Zum einen, dass die das Problem insgesamt kennzeichnende Wissensasymmetrie auf diesem Weg zumindest in gewissem ausgleichbar erscheint, da das Kollektiv, zumindest potenziell, „mehr weiß" als der Einzelne (und auch weit eher als dieser in der Lage sein wird, die Kosten eines gerichtlichen Verfahrens zu schultern), und zum anderen und v.a., dass Diskriminierungen beim Einsatz von Algorithmen eben gerade keine individuellen „Ausreißer", sondern in der zugrundeliegenden Technik bereits angelegt sind, weshalb somit eine „Bündelung" der Interessen von vornherein nahe liegt. Ein Verbandsklagerecht könnte hier (zumindest teilweise) Abhilfe schaffen.[582]

c) Gedanke der Prävention

Ganz unabhängig davon stellt sich aber die Frage, ob der Problematik „diskriminierender Algorithmen" mit individuellen Rechtsbehelfen überhaupt beizukommen ist. Auch in den USA ist übrigens das (auch hier) „rückwärtsgewandte, haftungsfokussierte Modell der rechtlichen Regulierung" zunehmender Kritik ausgesetzt.[583] In der Tat sollten verstärkt Anstrengungen unternom-

---

580 Vgl. *Orwat*, Diskriminierungsrisiken durch Verwendung von Algorithmen, 2020, S. 137f.: „Sowohl das Recht auf informationelle Selbstbestimmung als auch der Antidiskriminierung legen Verantwortungslasten auf das betroffene Individuum, die unrechtmäßigen Datenverarbeitungen und ungerechtfertigten Ungleichbehandlungen festzustellen und dagegen vorzugehen. Es stellen sich jedoch Fragen, ob diese rechtlichen Grundkonzeptionen überhaupt noch geeignet sind, angesichts einer zunehmenden Menge an daten- und algorithmenbasierten sowie automatisierten Entscheidungsverfahren sowie deren besonderen Eigenschaften. Denn derartige Verantwortungslasten erfordern bei den betroffenen Individuen sehr hohe fachliche, kognitive und zeitliche Voraussetzungen, um (a) die vielen Situationen mit Datenverarbeitungen und Differenzierungen überhaupt wahrzunehmen, b) gegebenenfalls die aus den datenschutzrechtlichen Informationspflichen resultierenden Informationen zu verarbeiten (...) sowie Auskunfts-, Korrektur- oder Löschrechte durchzusetzen und vor allem um (c) die individuellen Konsequenzen, die aus Datenverarbeitungen und vielfältigen (potenziellen) Differenzierungsentscheidungen resultieren, für sich abzuschätzen und das Risiko möglicher Diskriminierungen für sich zu erkennen."

581 In diesem Sinne z.B. auch *Grünberger*, ZRP 2021, 231 (235) m.w.N.: „Es ist daher dringend an der Zeit, über ein intelligentes Design kollektiver Rechtsschutzinstrumente nachzudenken und zu überlegen, wie man *private* und *public enforcement* auch im Nichtdiskriminierungsrecht sinnvoll kombiniert."; vgl. auch *Xenidis/Senden*, EU non-discrimination law in the era of artificial intelligence: Mapping the challenges of algorithmic discrimination' in *Bernitz a.o.* (eds.), General Principles of EU law and the EU Digital Order, 2020, 151, 26. SSRN: https://ssrn.com/abstract=3529524: „Algorithmic discrimination (...) exacerbates the weaknesses of the individual justice approach (...)".

582 Vgl. auch *Orwat*, Diskriminierungsrisiken durch Verwendung von Algorithmen, S. 135: „Der Ansatz des lediglich punktuellen Vorgehens im Einzelfall erscheint mit Blick auf die gegebenenfalls systematische Schlechterbehandlung von vielen Betroffenen durch algorithmenbasierte Differenzierungen nicht sachgerecht."

583 Vgl. *Kim*, Data-Driven Discrimination at Work, William & Mary Law Review 2017, 857 (867f.).

men werden, um Diskriminierungen präventiv entgegenzuwirken.[584] Gefordert werden etwa umfassende Betreiberpflichten, deren Einhaltung nicht zuletzt durch staatliche Behörden zu kontrollieren wäre.[585] Bemerkenswert ist bei alldem allerdings die Skepsis, die vielerorts gegenüber einem Ansatz besteht, der allein auf Transparenz und Erklärbarkeit von KI setzt. Zuverlässigkeit, Sicherheit und Fairness von KI könnten, so lautet eine verbreitete Einschätzung, letztlich nur durch Maßnahmen wie Algorithmus-Folgenabschätzungen, Auditierung und Zertifizierung erreicht werden.[586] Hoffnungsvoll stimmt immerhin, dass es offenbar zunehmende Versuche gibt, Algorithmen im Sinne einer „eingebauten Fairness" zu gestalten.[587] In der Tat erscheint es angesichts des oben Gesagten dringlich, um nicht zu sagen unausweichlich, gerade auch gegenüber mittelbaren Diskriminierungen geeignete technische Vorkehrungen zu treffen.[588] Aus deutscher Sicht erwähnenswert ist insoweit auch die sog. Hambacher Erklärung der Datenschutzkonferenz (DSK), dem Gremium der unabhängigen deutschen Datenschutzaufsichtsbehörden des Bundes und der Länder. Diese enthält die Forderung, dass „vor dem Einsatz von KI-Systemen (...) die Risiken für die Rechte und Freiheiten von Personen mit dem Ziel bewertet werden, auch verdeckte Diskriminierungen durch Gegenmaßnahmen zuverlässig auszuschließen". Darüber hinaus müsse „auch während der Anwendung von KI-Systemen (...) eine entsprechende Risikoüberwachung erfolgen".[589]

---

584 Für ein Anknüpfen an § 12 AGG zuletzt *Sesing/Tschech*, MMR 2022, 24 (26); vgl. aber etwa auch den Dritten Gleichstellungsbericht der Bundesregierung, BT-Drucks. 19/30750 v. 10.6.2021, S. 168 f. mit der Forderung nach der Fixierung präventiver Organisationspflichten

585 Die Vorschläge reichen insoweit etwa von der Einführung behördlicher Ergebniskontrollen zur Aufdeckung von Diskriminierungspotenzialen, ggf. unter Einsatz sog. Kontrollalgorithmen, bis zur Fixierung behördlicher Auskunfts- und Einsichtsrechte zur Kontrolle der Verarbeitungsmechanismen; vgl. nur *Martini*, Blackbox Algorithmus – Grundfragen einer Regulierung Künstlicher Intelligenz, 2019, S. 342 u. 365ff.

586 So etwa *Castelluccia/Le Métayer*, Understanding algorithmic decision-making: Opportunities and challenges, 2019, S. 78; vgl. zum Ganzen auch *Koene/Clifton/Webb/ Patel/Machad/LaViolette/Richardson/Reisman*, A governance framework for algorithmic accountability and transparency, 2019.

587 Vgl. nur *Zehlike/Hacker/Wiedemann*, Matching code and law: achieving algorithmic fairness with optimal transport, in: Data Mining and Knowledge Discovery, 2020, S. 163; vgl. zum Ganzen auch *Barocas/Hardt/Narayanan*, Fairness and Machine Learning Limitations and Opportunities, 2021. https://fairmlbook.org/pdf/fairmlbook.pdf.

588 Vgl. *Martini*, Blackbox Algorithmus – Grundfragen einer Regulierung Künstlicher Intelligenz, 2019, S. 353ff. Dies insbesondere dadurch, dass die algorithmenbasierte Entscheidungsfindung für spezifische diskriminierungsanfällige Faktoren „blind" gestellt wird; ebda., S. 357.

589 Erklärung, S. 3f. Konkretisiert wurde dies im Positionspapier der Konferenz der unabhängigen Datenschutzaufsichtsbehörden des Bundes und der Länder zu empfohlenen technischen und organisatorischen Maßnahmen bei der Entwicklung und dem Betrieb von KI-Systemen v. 6.11.2019; vgl. zum Ganzen auch *Martini*, Blackbox Algorithmus – Grundfragen einer Regulierung Künstlicher Intelligenz, 2019, S. 360, der dem Betreiber eine Pflicht auferlegen will, technische Vorkehrungen gegen mittelbare Diskriminierungen zu treffen; ähnlich *Wachter//Mittelstadt/Russell*, Bias Preservation in Machine Learning: The Legality of Fairness Metrics Under EU Non-Discrimination Law. https://ssrn.com/abstract=3792772.

V. Datenschutz

Kaum der Erläuterung bedarf, dass der Einsatz von KI auch für den Bereich des Datenschutzes weitreichende Implikationen hat. Hierauf soll im Folgenden näher eingegangen werden.

Was den Beschäftigtendatenschutz betrifft, so ist einerseits die Datenschutzgrundverordnung (DSGVO) und andererseits § 26 BDSG zu beachten: Die DS-GVO bringt zum Beschäftigtendatenschutz keine spezifischen Regelungen, enthält aber auch für diesen die wesentlichen datenschutzrechtlichen Wertungen.[590] Zugleich eröffnet Art. 88 DSGVO den Mitgliedstaaten die Möglichkeit, „spezifischere Vorschriften zur Gewährleistung des Schutzes der Rechte und Freiheiten hinsichtlich der Verarbeitung personenbezogener Beschäftigtendaten im Beschäftigungskontext" zu treffen.[591] Nach Art. 88 Abs. 2 DSGVO umfassen die nationalen Vorschriften auch „Überwachungssysteme am Arbeitsplatz", worunter eine automatisierte Überwachung zu verstehen sein dürfte.[592] Mit der Regelung in Art. 88 DSGVO wird dem Umstand Rechnung getragen, dass sich im Beschäftigtendatenschutz besondere Regelungsprobleme ergeben und zwar zum einen aufgrund der strukturellen Unterlegenheit der Arbeitnehmer und zum anderen aufgrund des besonderen Interesses von Arbeitgebern, die Erbringung der Arbeitsleistung kontrollieren zu können.[593] Von der Möglichkeit zur Schaffung spezifischer Regelungen hat der deutsche Gesetzgeber in § 26 BDSG Gebrauch gemacht. Ein spezifisches Beschäftigtendatenschutzgesetz besteht nicht.[594] Umstr. ist, ob Art. 88 DSGVO wirklich nur, wie es der Wortlaut nahelegt, „Spezifizierungen"[595] oder auch „echte" Abweichungen („nach unten" oder

590 Vgl. nur *Seifert*, in Simitis/Hornung/Spiecker gen. Döhmann, Datenschutzrecht, 1. Aufl. 2019, Art. 88 Rn. 1.

591 Vgl. hierzu nur *Gola*, in: Gola/Heckmann, Bundesdatenschutzgesetz, 13. Aufl. 2019, § 26 BDSG Rn. 1f.

592 So *Seifert*, in Simitis/Hornung/Spiecker gen. Döhmann, Datenschutzrecht, 1. Aufl. 2019, Art. 88 Rn. 43 m.w.N

593 Näher zu den spezifischen Regelungsfragen *Seifert*, in Simitis/Hornung/Spiecker gen. Döhmann (Hrsg.), Datenschutzrecht, 1. Aufl. 2019, Art. 88 Rn. 11 ff.

594 Dies könnte sich allerdings ändern; vgl. *Löber*, ZD-Aktuell 2022, 01120 m.w.N.; zuletzt auch *Franzen*, EuZA 2022, 261.

595 Vgl. insoweit auch Erwägungsgrund 155: „Im Recht der Mitgliedstaaten oder in Kollektivvereinbarungen (einschließlich „Betriebsvereinbarungen") können spezifische Vorschriften für die Verarbeitung personenbezogener Beschäftigtendaten im Beschäftigungskontext vorgesehen werden (...)".

„nach oben") zulässt.[596] In jedem Fall aber gilt mit Blick auf die Verarbeitung personenbezogener Daten die DSGVO, soweit ein Verarbeitungszweck nicht erkennbar abschließend durch § 26 BDSG geregelt wurde.[597]

Beim folgenden Blick auf DSGVO und BDSG wird sich zeigen, dass KI und v.a. auch *Big Data* das geltende Recht vor erhebliche Probleme stellen und z.T. auch einen beachtlichen Reformdruck auslösen.

1. Grundbegriffe

Art. 1 DSGVO benennt Gegenstand und Ziele der DSGVO. Zu unterscheiden sind dabei zwei gleichrangige Ziele: zum einen der Grundrechtsschutz natürlicher Personen bei der Verarbeitung personenbezogener Daten (Abs. 1 und 2) und zum anderen der freie Datenverkehr innerhalb der EU (Abs. 1 und 3).[598]

Art. 4 DSGVO enthält Definitionen der wesentlichen Begriffe. Schon diese Begriffsbestimmungen werden durch KI und *Big Data* auf eine ernsthafte Probe gestellt.

a) Persönliche Daten

Dreh- und Angelpunkt der DSGVO ist der Schutz „personenbezogener Daten". Dementsprechend kann es nicht überraschen, dass die Liste der Definitionen in Art. 4 DSGVO mit diesem Begriff beginnt.

Nach Art. 4 Nr. 1 DSGVO sind personenbezogene Daten „alle Informationen, die sich auf eine identifizierte oder identifizierbare natürliche Person (…) beziehen; als identifizierbar wird eine natürliche Person angesehen, die direkt oder indirekt (…) identifiziert werden kann". Insgesamt wurde die Definition der „personenbezogenen Daten" bewusst außerordentlich offen und damit fle-

596 Vgl. *Hanloser*, in: Forgó/Helfrich/Schneider, Betrieblicher Datenschutz, 3. Aufl. 2019, Kapitel 1 Rn. 16; vgl. auch *Wybitul*, NZA 2017, 413 (413), differenzierend *Seifert*, in Simitis/Hornung/Spiecker gen. Döhmann (Hrsg.), Datenschutzrecht, 1. Aufl. 2019, Art. 88 Rn. 22f., der meint, dass der Normzweck des Art. 88 Abs. 1 DSGVO für die Zulässigkeit nationaler Abweichungen „nach oben" spreche; vgl. zum Ganzen zuletzt auch den Vorlagebeschluss des VG Wiesbaden, ZD 2021, 393 (zur Vereinbarkeit des § 26 Abs. 1 S. 1 BDSG entsprechenden § 23 Abs. 1 S. 1 HDSiG mit Art. 88 DSGVO); vgl. dazu auch *Schild*, ZD-Aktuell 2022, 01178.

597 Vgl. nur *Gräber/Nolden*, in: Paal/Pauly, DS-GVO BDSG. 3. Aufl. 2021, § 26 BDSG, Rn. 10; vgl. zum Ganzen zuletzt auch *Malorny*, RdA 2022, 170.

598 Vgl. etwa auch *Spindler/Dalby*, in: Spindler/Schuster, Recht der elektronischen Medien, 4. Aufl. 2019, Art. 1 DSGVO Rn. 1.

xibel gehalten.[599] Ebenso bewusst wurde vom Unionsgesetzgeber die daraus resultierende Rechtsunsicherheit in Kauf genommen.[600]

Ist eine Information keiner Person zugeordnet bzw. kann sie keiner Person zugeordnet werden, ist der Anwendungsbereich der DSGVO nicht eröffnet. Anonyme Daten unterfallen nicht dem Schutz der DSGVO.[601] Schon hier beginnen allerdings im Zusammenhang mit KI die Probleme, wenn man KI mit *Big Data* zusammendenkt, deren Mehrwert ja gerade darin besteht, dass Daten statistisch miteinander korreliert werden können, bei denen dies bislang aus Zeit- oder Kostengründen nicht möglich oder tunlich war.[602] In der Tat ziehen *Big-Data*-Analysen und KI regelmäßig nicht-intuitive und nicht überprüfbare Schlüsse und machen Vorhersagen z.B. über das Verhalten oder bestimmte Neigungen von Personen. Zwar greift bei *Big Data*-Analysen, die sich ausschließlich auf personenbezogene Daten stützen, unzweifelhaft die DSGVO. Doch können derartige Analysen auch ausschließlich nichtpersonenbezogene Daten nutzen.[603] Werden dann aber z.B. Analysen über das Verhalten bestimmter Gruppen auf gruppenzugehörige Personen angewandt, bliebe die DSGVO möglicherweise außer Betracht, obwohl die Gefährdung dieser Personen geradezu auf der Hand liegt. Vor diesem Hintergrund wird es verständlich, dass verschiedentlich davon die Rede ist, auch hier liege in Wirklichkeit eine Verarbeitung personenbezogener (abgeleiteter) Daten vor – die allerdings „nicht,

599 Auch nach der Rechtsprechung des EuGH muss der Begriff weit ausgelegt werden; vgl. dazu nur *Karg*, in Simitis/Hornung/Spiecker gen. Döhmann (Hrsg.), Datenschutzrecht, 1. Aufl. 2019, Art. 4 Nr. 1 Rn. 3 m.w.N. (u. Fn. 10).

600 Vgl. nur *Tosoni/Bygrave*, in: *Kuner/Bygrave/Docksey/Drechsler*, The EU General Data Protection Regulation – A Commentary, 2020, Art. 6 note 7 m.w.N.

601 Vgl. nur *Karg*, in Simitis/Hornung/Spiecker gen. Döhmann (Hrsg.), Datenschutzrecht, 1. Aufl. 2019, Art. 4 Nr. 1 Rn. 19.

602 Vgl. nur *Roßnagel/Geminn/Jandt/Richtert*, Datenschutzrecht 2016 „Smart" genug für die Zukunft? Ubiquitous Computing und Big Data als Herausforderungen des Datenschutzrechts, 2016, S. 21f.

603 Näher hierzu *Roßnagel/Geminn/Jandt/Richtert*, Datenschutzrecht 2016 „Smart" genug für die Zukunft? Ubiquitous Computing und Big Data als Herausforderungen des Datenschutzrechts, 2016, S. 29ff. mit Beispielen.

wie beim klassischen Persönlichkeitsprofil, zu Beginn, sondern am Ende der Datenverarbeitung" stehe.[604]

Nach Art. 4 Nr. 1 sind personenbezogene Daten alle Informationen, die sich auf eine identifizierte oder identifizierbare natürliche Person beziehen. Ein Personenbezug liegt somit vor, wenn eine Person direkt über die Information identifiziert wird.[605] Doch liegt er auch dann vor, wenn eine Person durch Hinzuziehung weiterer Informationen oder Zwischenschritte identifizierbar ist. Dabei wird als „identifizierbar" eine natürliche Person angesehen, „die direkt oder indirekt, insbesondere mittels Zuordnung zu einer Kennung wie einem Namen, zu einer Kennnummer, zu Standortdaten, zu einer Online-Kennung oder zu einem oder mehreren besonderen Merkmalen, die Ausdruck der physischen, physiologischen, genetischen, psychischen, wirtschaftlichen, kulturellen oder sozialen Identität dieser natürlichen Person sind, identifiziert werden kann". Für die Beantwortung der Frage, was unter „Identifizierbarkeit" zu verstehen ist, muss man auch Erwägungsgrund 26 heranziehen. Darin heißt es: „Um festzustellen, ob eine natürliche Person identifizierbar ist, sollten alle Mittel berücksichtigt werden, die von dem Verantwortlichen oder einer anderen Person nach allgemeinem Ermessen wahrscheinlich genutzt werden, um die natürliche Person direkt oder indirekt zu identifizieren, wie beispielsweise das Aussondern. Bei der Feststellung, ob Mittel nach allgemeinem Ermessen wahrscheinlich zur Identifizierung der natürlichen Person genutzt werden, sollten alle objektiven Faktoren, wie die Kosten der Identifizierung und der dafür erforderliche Zeitaufwand, herangezogen werden, wobei die zum Zeitpunkt der Verarbeitung verfügbare Technologie und technologische Entwicklungen zu berücksichtigen sind". Bedeutsam ist dies v.a. deshalb, weil sich der Verordnungsgeber damit wohl grundsätzlich für die subjektive oder relative (und damit gegen die sog. objektive oder absolute) Theorie entschieden hat: Nach der letztgenannten Theorie ist eine Identifizierbarkeit bereits dann gege-

---

604 So *Roßnagel/Geminn/Jandt/Richtert*, Datenschutzrecht 2016 „Smart" genug für die Zukunft? Ubiquitous Computing und Big Data als Herausforderungen des Datenschutzrechts, 2016, S. 26: „Es wird, um es bildlich auszudrücken, keine Akte über eine bestimmte Person geführt, sondern es gibt eine Vielzahl dynamischer anonymer Akten, die in einem Augenblick auf eine bestimmte Person konkretisiert werden können.". Ähnlich *Zuiderveen Borgesius*, Singling out people without knowing their names – Behavioural targeting, pseudonymous data, and the new Data Protection Regulation, Computer Law & Security Review 2016, 256; auch *Wachter/Mittelstadt*, A Right to Reasonable Inferences: Re-Thinking Data Protection Law in the Age of Big Data and AI (October 5, 2018). Columbia Business Law Review 2019. https://ssrn.com/abstract=3248829, die insoweit die Etablierung eines „Rechts auf angemessene Ableitung" (*right to reasonable inferences*) fordern. (Hier nicht zu vertiefende) Probleme anderer Art entstehen, wenn, wie bei KI und *Big Data* häufig der Fall, gemischte Datensätze vorliegen, also solche, die persönliche und nicht persönliche Daten enthalten; vgl. dazu *Tosoni/Bygrave*, in: Kuner/Bygrave/Docksey, The EU General Data Protection Regulation – A Commentary, 2020, Art. 4 note 6.

605 Vgl. nur *Karg*, in Simitis/Hornung/Spiecker gen. Döhmann (Hrsg.), Datenschutzrecht, 1. Aufl. 2019, Art. 4 Nr. 1 Rn. 46, 54 ff.; zu den Anforderungen an eine ausreichende „Identifikation" ebda., Rn. 48ff.

ben, wenn entweder die verantwortliche Stelle oder ein beliebiger Dritter in der Lage sind, die Information auf eine Person zu beziehen. Demgegenüber sind nach der subjektiven oder relativen Theorie nur die Mittel zu berücksichtigen, die der jeweiligen verantwortlichen Stelle im konkreten Einzelfall tatsächlich zur Verfügung stehen, um den Personenbezug herzustellen.[606]

Deutlich ist nach dem eben Gesagten in jedem Fall, dass die Frage nach der Identifizierbarkeit von vornherein mit erheblichen Unsicherheiten belastet ist. Die Datenverarbeitung im Zeichen von KI macht die Beantwortung der Frage nicht leichter. Illustrativ hierfür ist etwa die sich aus Erwägungsgrund 26 ergebende Notwendigkeit der Berücksichtigung der Mittel, „die (...) nach allgemeinem Ermessen wahrscheinlich genutzt werden, um die natürliche Person direkt oder indirekt zu identifizieren". Damit ist nämlich eine dynamische Prüfung angelegt, bei der, neben objektiven Faktoren, wie Zeitaufwand und Kosten, insbesondere auch die zum Zeitpunkt der Verarbeitung verfügbare Technologie zu beachten ist. Ob eine Identifizierbarkeit gegeben ist, hängt mit anderen Worten maßgeblich vom Stand der Technik zum Zeitpunkt der rechtlichen Würdigung des Sachverhalts ab. Dies bedeutet aber angesichts der durch KI zunehmend eröffneten Möglichkeiten der Zuordnung von Informationen zu Einzelpersonen, dass eine Verarbeitung von heute noch anonymen Daten zu einem späteren Zeitpunkt sehr wohl eine Verarbeitung personenbezogener Daten sein kann. Dementsprechend sind die Verantwortlichen zu einer kontinuierlichen Überprüfung und Risikoanalyse verpflichtet, um sicherzustellen, dass ursprünglich anonyme Daten auch weiterhin als solche gelten können.[607]

Dass KI die Möglichkeit der Verknüpfung von (zunächst) anonymen Daten mit konkreten Personen merklich erhöht, dürfte aber außer Frage stehen.[608] Dabei beruht die Möglichkeit zur Identifizierung auf statistischen Korrelationen zwischen nicht identifizierten Daten und personenbezogenen Daten, die dieselbe Person betreffen. Um es anders auszudrücken: Ein auf den ersten Blick anonymes Datenelement wird durch die Anwendung von KI in den Kontext weiterer Daten gerückt, welche dann eine persönliche Zuordnung ermög-

606 Vgl. *Karg*, in Simitis/Hornung/Spiecker gen. Döhmann (Hrsg.), Datenschutzrecht, 1. Aufl. 2019, Art. 4 Nr. 1, Rn. 58ff., der meint, „die Rechtsprechung und die DSGVO" hätten „die Frage nunmehr wohl zugunsten der relativen Theorie, allerdings unter starker Beschränkung und Übernahme einiger Elemente der absoluten Theorie, beantwortet".

607 Vgl. *Karg*, in Simitis/Hornung/Spiecker gen. Döhmann (Hrsg.), Datenschutzrecht, 1. Aufl. 2019, Art. 4 Nr. 1, Rn. 63.

608 Vgl. auch *Holthausen*, RdA 2021, 19 (25) mit der Schlussfolgerung, dass „Anonymität bewahrendes Data Mining im Rahmen von Big Data (...) damit eine Herausforderung für Datenschutz sowie Datensicherheit und eine Aufgabe der Forschung (bleibt)".

lichen.[609] Die sich stetig erweiternden Verknüpfungsmöglichkeiten haben mittlerweile vereinzelt gar zu Forderungen nach einer restriktiven Interpretation des Art. 4 Nr. 1 DSGVO geführt und zwar mit dem Argument, dass einer ausufernden Anwendung der DSGVO entgegengewirkt werden müsse. Angeführt wird dabei, dass die technischen Möglichkeiten mittlerweile die Verknüpfung fast jeden Datums mit einer Person zuließen,[610] wobei man noch hinzufügen könnte, dass der Einsatz von KI-Systemen regelmäßig nicht nur die „Kosten der Identifizierung", sondern auch den hierfür „erforderlichen Zeitaufwand" spürbar verringert. Folgte man dem, drohte allerdings eine Verkürzung des Schutzbereichs des Art. 8 GRC.[611]

Umgekehrt ist nun allerdings auch nicht zu übersehen, dass die DSGVO angesichts der extrem offenen Definition der „personenbezogenen" Daten gewissermaßen zu einem „Gesetz für alles und jedes" degenerieren könnte[612], da „im Zeitalter des Internets der Dinge, der Datafizierung, der fortgeschrittenen Datenanalyse und der datengesteuerten Entscheidungsfindung jede Information personenbezogen" sei. Dabei lautet manch düstere Prognose, dass das in der DSGVO angelegte „System des Rechtsschutzes, das auf einem derart umfassenden Begriff und einer hohen Intensität positiver Befolgungsverpflichtungen beruht, auf Dauer nicht tragfähig sein wird".[613]

Nach Erwägungsgrund 26 ist die Verordnung auf die Verarbeitung personenbezogener Daten, „die in einer Weise anonymisiert worden sind, dass die betroffene Person nicht oder nicht mehr identifiziert werden kann", nicht anzuwenden. Anonymisierungsverfahren zählen (ebenso wie Pseudonymisierungsverfahren) zu den Methoden, die zur Umsetzung der datenschutzrechtlichen Anforderungen durch Technikgestaltung beitragen können.[614] Für eine wirksame Anonymisierung wird gefordert, „dass keine Partei in der Lage ist, eine

609 Näher hierzu *Sartor*, The impact of the General Data Protection Regulation (GDPR) on artificial intelligence, 2020, S. 36ff.

610 Vgl. insbes. *Forgó/Krügel*, MMR 2010, 17 (am Beispiel von Geodaten).

611 So *Karg*, in: Simitis/Hornung/Spiecker gen. Döhmann (Hrsg.), Datenschutzrecht, 1. Aufl. 2019, Art. 4 Nr. 1 DSGVO Rn. 65, der zusätzlich meint, dass „die Ausweitung des Anwendungsbereiches der DSGVO (...) nicht durch eine extensive Auslegung des Begriffs des personenbezogenen Datums verursacht (wird), sondern durch die stetig steigenden Analysefähigkeiten der Informations- und Kommunikationstechnologie und den damit einhergehenden Erkenntnisgewinn über die Persönlichkeit".

612 So *Purtova*, The Law of Everything. Broad Concept of Personal Data and Future of EU Data Protection Law, Law, Innovation and Technology 2018, 42, die insoweit in der Tat von einem „law of everything" spricht.

613 So *Purtova*, The Law of Everything. Broad Concept of Personal Data and Future of EU Data Protection Law, Law, Innovation and Technology 2018, 33. Die Autorin fordert, das Konzept der „personenbezogenen" Daten als Eckpfeiler des Datenschutzes ganz aufzugeben und stattdessen Rechtsbehelfe für „informationsbedingte Schäden" im weitesten Sinne vorzusehen.

614 So *Hansen* in: Simitis/Hornung/Spiecker gen. Döhmann (Hrsg.), Datenschutzrecht, 1. Aufl. 2019, Art. 4 Nr. 5 Rn. 50.

Person aus einem Datenbestand herauszugreifen, eine Verbindung zwischen zwei Datensätzen eines Datenbestands (oder zwischen zwei unabhängigen Datenbeständen) herzustellen oder Informationen aus einem solchen Datenbestand abzuleiten".[615] Allerdings ist unklar, wie konkret der Bezug auf eine natürliche Person sein muss und inwieweit ein ausreichender Personenbezug auch dann gegeben ist, wenn allgemeine statistische Aussagen gewisse Rückschlüsse auf die verwendeten Trainingsdaten erlauben.[616] Technisch gilt wohl ohnehin, dass es komplett anonyme Daten gar nicht gibt.[617] Angemahnt wird in der Literatur insbesondere die Fixierung von Kriterien, anhand derer Daten zweifelsfrei daraufhin überprüft werden können, ob ein Personenbezug vorliegt oder die Daten anonym sind. Mangels einer solchen Überprüfbarkeit gäbe es „keine Garantie, dass ein nach dem Stand der Technik anonymisierter Datenbestand auch tatsächlich anonym ist".[618]

In jedem Fall bestehen aber gerade beim maschinellen Lernen erhebliche Anonymitätsrisiken.[619] So gibt es z.B. Erkenntnisse darüber, dass sich bestimmte ML-Techniken unerwartet deutlich an die zum Training des Modells verwendeten Daten „erinnern" können und diese „Erinnerung" ggf. so stark ist, dass ein getreues Abbild der Trainingsdaten rekonstruiert werden kann.[620] Auch der europäische Gesetzgeber hat inzwischen ausdrücklich anerkannt, dass in Zukunft verstärkt mit der Möglichkeit der Umwandlung anonymisierter Da-

615 Vgl. Art.-29-Gruppe, WP 216, S. 11. Die Art.-29-Gruppe (Article 29 Data Protection Working Party), war ein (aufgrund von Art. 29 der Richtlinie 95/46/EG (Datenschutzrichtlinie) vom 24.10.1995 eingesetztes) unabhängiges Beratungsgremium der Europäischen Kommission in Fragen des Datenschutzes. Die Aussagen der – mittlerweile durch den Europäischen Datenschutzausschuss (vgl. Art. 68 DSGVO) abgelösten – Gruppe haben bei der Auslegung der DSGVO noch stets Gewicht. Allg. zu den Anonymisierungsmethoden *Karg*, in Simitis/Hornung/Spiecker gen. Döhmann (Hrsg.), Datenschutzrecht, 1. Aufl. 2019, Art. 4 Nr. 5, Rn. 50ff.

616 Vgl. dazu *Winter/Battis/Halvani*, ZD 2019, 489 (89f.) unter Hinweis auf Opinion 05/2014 der Art.-29-Gruppe, der eine sehr weitreichende Definition von Rückschlüssen zugrunde lag; vgl. auch *Meents*, in: Kaulartz/Braegelmann (Hrsg.), Artificial Intelligence und Machine Learning, 2020, S. 465 Rn. 1; vgl. auch *Gierschmann*, ZD 2021, 482 (482): „Wissenschaft zur Feststellung und Bewertung von Anonymität noch in der Entwicklung". „Datenschutzfreundliche" Methoden zum Training von KI-Modellen beschreibt *Puschky*, ZD-Aktuell 2022, 00019.

617 Vgl. *Kolain/Grafenauer/Ebers*, Anonymity Assessment – A Universal Tool for Measuring Anonymity of Data Sets Under the GDPR with a Special Focus on Smart Robotics, November 24, 2021, Rutgers University Computer & Technology Law Journal 2022. https://ssrn.com/abstract=3971139, 29.

618 So *Winter/Battis/Halvani*, ZD 2019, 489 (490).

619 Vgl. insoweit etwa auch *Thieltges*, ZfP 2020, 3 (13ff.) mit dem zusätzlichen Hinweis darauf, dass „insbesondere bei der Vermischung von privaten und beruflichen Kontexten [Stichwort: *„bring your own device"*] der Personenbezug immanent ist".

620 Das trainierte Netz reagierte merkbar anders auf Informationen, welche bereits zum Training verwendet wurden, als auf bisher „ungesehene" Testdaten; näher *Winter/Battis/Halvani*, ZD 2019, 489 (492).

ten in personenbezogene Daten gerechnet werden muss.[621] In der Literatur gibt es Vorschläge, wie eine „De-Anonymisierung“ durch KI verhindert oder jedenfalls effektiver sanktioniert werden könnte.[622]

b) Pseudonomysierung

Art. 4 Nr. 5 DSVO enthält eine Definition der „Pseudonymisierung“. Zu verstehen ist darunter „die Verarbeitung personenbezogener Daten in einer Weise, dass die personenbezogenen Daten ohne Hinzuziehung zusätzlicher Informationen nicht mehr einer spezifischen betroffenen Person zugeordnet werden können, sofern diese zusätzlichen Informationen gesondert aufbewahrt werden und technischen und organisatorischen Maßnahmen unterliegen, die gewährleisten, dass die personenbezogenen Daten nicht einer identifizierten oder identifizierbaren natürlichen Person zugewiesen werden“. Insoweit stellt Erwägungsgrund 26 klar, dass „einer Pseudonymisierung unterzogene personenbezogene Daten, die durch Heranziehung zusätzlicher Informationen einer natürlichen Person zugeordnet werden könnten, als Informationen über eine identifizierbare natürliche Person betrachtet werden (sollten)“.[623] Hinsichtlich der Frage nach der Identifizierbarkeit sind nach Erwägungsgrund 26, wie oben bereits ausgeführt, „alle objektiven Faktoren, wie die Kosten der Identifizierung und der dafür erforderliche Zeitaufwand“ heranzuziehen, „wobei die zum Zeitpunkt der Verarbeitung verfügbare Technologie und technologische Entwicklungen zu berücksichtigen sind.“

Auch insofern ist aber wieder zu beachten, dass die Anwendung von KI die Chancen auf eine „Re-Identifizierung“ – und damit auf eine „Überwindung“ der Pseudonymisierung deutlich steigen lässt.[624] So lassen sich etwa durch Ver-

---

621 Dies allerdings nicht in der DSGVO, sondern in der Verordnung (EU) 2018/1807 des Europäischen Parlaments und des Rates vom 4. November 2018 über einen Rahmen für den freien Verkehr nicht-personenbezogener Daten in der Europäischen Union, ABl. L 303/59. Dort wird nicht nur ausdrücklich anerkannt, dass „das wachsende Internet der Dinge, künstliche Intelligenz und maschinelles Lernen (...) bedeutende Quellen für nicht-personenbezogene Daten dar(stellen)“. Festgestellt wird vielmehr auch, dass, wenn „es durch technologische Neuentwicklungen möglich (ist), anonymisierte Daten wieder in personenbezogene Daten umzuwandeln, (...) diese Daten als personenbezogene Daten behandelt werden (müssen)“.

622 Vgl. *Roßnagel/Geminn*, ZD 2021, 487 mit einer Betrachtung des japanischen Rechs.

623 Kritisch gegenüber der bestehenden Regelung *Schleipfer*, ZD 2020, 284 (291), wonach die DSGVO das Potenzial der Pseudonymisierung überschätze und dabei noch wirksamere Möglichkeiten übersehe. Deshalb sei es wünschenswert, wenn das Thema im Rahmen der anstehenden Evaluierung der DS-GVO „intensiv diskutiert“ würde.

624 Vgl. etwa *Sweeney*, Simple Demographics Often Identify People Uniquely, Carnegie Mellon University, Data Privacy Working Paper 3, 2000; S. 2: „It was found that 87% (216 million of 248 million) of the population in the United States had reported characteristics that likely made them unique based only on {5-digit ZIP, gender, date of birth}. About half of the U.S. population (132 million of 248 million or 53%) are likely to be uniquely identified by only {place, gender, date of birth}, where place is basically the city, town, or municipality in which the person resides.“; vgl. zum Ganzen auch *Russell, Stuart/Norvig, Peter*: Artificial Intelligence – A Modern Approach, 4th ed., 2022, S. 1166 m.w.N.

knüpfung der pseudonymisierten Datensätze mit weiteren (u.U. ebenfalls pseudonymisierten) Daten verhältnismäßig leicht Profile erstellen oder bestehende Profile anreichern. Ein derartiges „Verschneiden“[625] zweier Datenbestände, die für sich allein nicht auf die betroffenen Personen schließen lassen, kann deshalb rasch zu einer Re-Identifizierung dieser Personen führen.[626]

c) Profiling

An das sog. Profiling knüpft die DSGVO eine Reihe von spezifischen Regelungen zum Schutz der betroffenen Personen. Verfolgt wird dabei insbesondere das Ziel, eine größere Transparenz bei der Verarbeitung zu gewährleisten.[627]

Art. 4 Nr. 4 DSGVO definiert Profiling als „jede Art der automatisierten Verarbeitung personenbezogener Daten, die darin besteht, dass diese personenbezogenen Daten verwendet werden, um bestimmte persönliche Aspekte, die sich auf eine natürliche Person beziehen, zu bewerten, insbesondere um Aspekte bezüglich Arbeitsleistung, wirtschaftliche Lage, Gesundheit, persönliche Vorlieben, Interessen, Zuverlässigkeit, Verhalten, Aufenthaltsort oder Ortswechsel dieser natürlichen Person zu analysieren oder vorherzusagen“. Allgemein gesprochen bedeutet Profiling „das Sammeln von Informationen über eine Einzelperson (oder eine Gruppe von Einzelpersonen) und die Bewertung ihrer Merkmale oder Verhaltensmuster, um sie in eine bestimmte Kategorie oder Gruppe einzuordnen, insbesondere um sie zu analysieren und/oder Vorhersagen zu treffen, z.B. über ihre Fähigkeit, eine Aufgabe zu erfüllen, ihre Interessen oder ihr wahrscheinliches Verhalten“.[628] Besondere Bedeutung kommt dabei dem in Art. 4 Nr. 4 DSGVO anklingenden Merkmal der automatisierten Persönlichkeitsbewertung zu, die dann auf Korrelationen und Wahrscheinlichkeiten beruht, ohne dass eine kausale Beziehung bestehen müsste.[629] Dabei ist für das Profiling charakteristisch, dass durch die Sammlung, Verknüpfung und Analyse einzelner Merkmale neue Informationen und weiterführende Erkenntnisse über die Persönlichkeit der betroffenen Person generiert werden.[630] Die Datenbasis für ein Profiling kann z.B. das Kommunikations- und Nutzungsverhalten (Aktivitäten

625 So *Hansen* in: Simitis/Hornung/Spiecker gen. Döhmann (Hrsg.), Datenschutzrecht, 1. Aufl. 2019, Art. 4 Nr. 5 Rn. 48.

626 Vgl. *Hansen* in: Simitis/Hornung/Spiecker gen. Döhmann (Hrsg.), Datenschutzrecht, 1. Aufl. 2019, Art. 4 Nr. 5 Rn. 48.

627 Vgl. nur *Scholz*, in: Simitis/Hornung/Spiecker gen. Döhmann (Hrsg.), Datenschutzrecht, 1. Aufl. 2019, Art. 4 Nr. 4 DSGVO Rn. 1.

628 *Sartor*, The impact of the General Data Protection Regulation (GDPR) on artificial intelligence, 2020, S. 39.

629 *Scholz*, in: Simitis/Hornung/Spiecker gen. Döhmann (Hrsg.), Datenschutzrecht, 1. Aufl. 2019, Art. 4 Nr. 4 DSGVO Rn. 9 m.w.N.

630 Vgl. nur *Scholz*, in: Simitis/Hornung/Spiecker gen. Döhmann (Hrsg.), Datenschutzrecht, 1. Aufl. 2019, Art. 4 Nr. 4 DSGVO Rn. 6.

in sozialen Netzwerken, besuchte Webseiten o.ä.) bilden. Zu den Instrumenten des Profiling zählt insbesondere das sog. *Tracking*.[631]

Dass KI-Systeme ein Profiling ermöglichen, liegt geradezu auf der Hand: Die Existenz dieser Systeme und die potenzielle Verfügbarkeit großer Datenbestände haben die Möglichkeiten zur Profilerstellung deutlich erhöht und erlauben überdies eine Analyse in Echtzeit. In der Literatur wird beispielhaft etwa darauf verwiesen, dass es KI-Systemen im Dienste von Versicherern möglich ist, die Wahrscheinlichkeit einer Erkrankung von Bewerbern auf der Grundlage ihrer Gesundheitsakten, aber auch auf der Grundlage ihrer Gewohnheiten (z.B. Ernährungsgewohnheiten oder sportliche Betätigung) oder sozialen Bedingungen zu bestimmen.[632] Im vorliegenden Zusammenhang ist insbesondere zu beachten, dass die Anwendung von *People Analytics* als Profiling zu qualifizieren ist, wenn sie nicht auf aggregiertem Niveau arbeitet, sondern Beurteilungen oder Prognosen hinsichtlich einzelner Mitarbeiter vorgenommen werden.[633] Auch bei der KI-basierten Text- oder Sprachanalyse handelt es sich aber um ein Profiling, das in diesem Fall bestimmte persönliche bzw. charakterliche Eigenschaften der Bewerber aufdecken soll.[634]

2. Grundsätze für die Verarbeitung personenbezogener Daten

Art. 5 DSGVO formuliert – in Umsetzung von Art. 8 Abs. 2 GRC[635] – eine Reihe von Grundsätzen für die Verarbeitung personenbezogener Daten.[636] Auch

631 Vgl. nur *Scholz*, in: Simitis/Hornung/Spiecker gen. Döhmann (Hrsg.), Datenschutzrecht, 1. Aufl. 2019, Art. 4 Nr. 4 DSGVO Rn. 7f.

632 *Sartor*, The impact of the General Data Protection Regulation (GDPR) on artificial intelligence, 2020, S. 39.

633 Vgl. nur *Holthausen*, RdA 2021, 19 (26) m.w.N.; vgl. zum Ganzen auch *Blum*, People Analytics – Eine datenschutzrechtliche Betrachtung moderner Einsatzszenarien für automatisierte, datenbasierte Entscheidungen, 2021, S. 249ff.

634 Vgl. *Joos*, NZA 2020, 1216 (1217).

635 Art. 8 Abs. 2 S. 1 GRC lautet: „Diese Daten dürfen nur nach Treu und Glauben für festgelegte Zwecke und mit Einwilligung der betroffenen Person oder auf einer sonstigen gesetzlich geregelten legitimen Grundlage verarbeitet werden."

636 Vgl. auch Entschließung der 97. Konferenz der unabhängigen Datenschutzaufsichtsbehörden des Bundes und der Länder, Hambacher Schloss 3. April 2019, Hambacher Erklärung zur Künstlichen Intelligenz – Sieben datenschutzrechtliche Anforderungen. In dieser werden, wie der Titel schon sagt, datenschutzrechtliche Forderungen formuliert, die überwiegend mit den in Art. 5 DSGVO genannten Grundsätzen in Zusammenhang stehen: 1. KI darf Menschen nicht zum Objekt machen (Art 22 DS-GVO); 2. KI darf nur für verfassungsrechtlich legitimierte Zwecke eingesetzt werden und das Zweckbindungsgebot nicht aufheben (Art. 5 Abs. 1 lit. b) DSGVO); 3. KI muss transparent, nachvollziehbar und erklärbar sein (Art. 5 Abs. 1 lit. a) DSGVO); 4. KI muss Diskriminierungen vermeiden; 5. Für KI gilt der Grundsatz der Datenminimierung (Art. 5 Abs. 1 lit. c) DS-GVO); 6. KI braucht Verantwortlichkeit; 7. KI benötigt technische und organisatorische Standards. Auf der Grundlage der Hambacher Erklärung hat die DSK dann in einem Positionspapier konkrete Anforderungen an KI-Systeme erarbeitet, deren Umsetzung sie für eine datenschutzkonforme Gestaltung von KI-Systemen empfiehlt; vgl. Positionspapier der Konferenz der unabhängigen Datenschutzaufsichtsbehörden des Bundes und der Länder v. 6.11.2019.

im Hinblick auf diese Grundsätze stellen sich, wie nachfolgend gezeigt werden soll, im Zusammenhang mit dem Einsatz von KI zahlreiche Fragen. Bevor auf diese näher eingegangen wird, soll aber zunächst kurz ein Wort zur Bedeutung der Grundsätze gesagt werden.

a) Allgemeine Bedeutung der Grundsätze

Die Grundsätze des Art. 5 DSGVO bilden eine allgemeine objektive Ordnung des Datenschutzrechts. Sie stellen unmittelbar geltendes Recht dar.[637] Allerdings sind einige der in Art. 5 DSGVO genannten Grundsätze hochgradig konkretisierungsbedürftig. Auch setzen sie stets eine Abwägung zwischen unterschiedlichen Interessen voraus.[638] Die Bedeutung der Grundsätze des Art. 5 DSGVO liegt darin, dass sie Zielsetzungen für die Gestaltung der Datenverarbeitungssysteme und die Durchführung der Datenverarbeitungsvorgänge enthalten.[639] Was speziell die Entwicklung und den Einsatz von neuen Technologien, wie z.B. KI-Systemen betrifft, so lässt sich aus ihnen ein Handlungsrahmen für die datenschutzrechtlichen Vorgaben ableiten, der den Verantwortlichen eine gewisse Orientierung bieten kann.[640]

Kritisiert wird nun allerdings, dass der Unionsgesetzgeber die Grundsätze nicht weiterentwickelt und an die neuen technischen Herausforderungen angepasst habe. Dabei wird geltend gemacht, dass die Regelungen der DSGVO i.W. auf das Verhältnis von Verantwortlichem und betroffener Person zugeschnitten seien, die Lage aber durch KI und *Big Data* wesentlich unübersichtlicher geworden sei. Hingewiesen wird etwa darauf, dass dabei viele Personen in wechselnden Rollen beteiligt seien, die Daten über viele Stellen verteilt seien und nur im Bedarfsfall und meist unbemerkt genutzt würden, vielfältige Zwecke verfolgt würden und die Verarbeitung häufig von den Systemen selbst organisiert werde.[641] Manches Urteil fällt harsch aus „Die Ignoranz gegenüber spezifischen Gefährdungen der Grundsätze durch die Herausforderungen moderner und zukünftiger Formen der Datenverarbeitung führt dazu, dass die Grundsätze diesen Entwicklungen diametral entgegenstehen und diese eigentlich verhindern müssten. Viel wahrscheinlicher ist jedoch, dass die normative

---

637 Vgl. ***Roßnagel***, in Simitis/Hornung/Spiecker gen. Döhmann (Hrsg.), Datenschutzrecht, 1. Aufl. 2019, Art. 5 Rn. 23f.

638 Vgl. ***Roßnagel***, in Simitis/Hornung/Spiecker gen. Döhmann, Datenschutzrecht (Hrsg.), 1. Aufl. 2019, Art. 5 Rn. 22.

639 So ***Roßnagel***, in Simitis/Hornung/Spiecker gen. Döhmann (Hrsg.), Datenschutzrecht, 1. Aufl. 2019, Art. 5 Rn. 21.

640 Vgl. ***Jaspers/Schwartmann/Hermann*** in: Schwartmann/Jaspers/Thüsing/Kugelmann (Hrsg.), DS-GVO/BDSG, 2. Aufl., 2020, Art. 5 Grundsätze für die Verarbeitung personenbezogener Daten, Rn. 95.

641 Vgl. ***Roßnagel/Geminn/Jandt/Richtert***, Datenschutzrecht 2016 „Smart“ genug für die Zukunft? Ubiquitous Computing und Big Data als Herausforderungen des Datenschutzrechts, 2016, S. 99.

Kraft des Faktischen dazu führt, dass die zukünftigen Entwicklungen die Grundsätze unterlaufen werden und diese ihre Funktion einbüßen".[642]

In der Tat sind alle in Art. 5 DSGVO genannten Grundätze angesichts der Entwicklung von KI und Big Data massiven Herausforderungen ausgesetzt. Dementsprechend begegnet die „KI-Festigkeit" der DSGVO erheblichen Zweifeln, weshalb zuweilen gar eine umfassende Modifikation der Regelung empfohlen wird.[643] Auch die Europäische Kommission hat in ihrer Evaluierung der DSGVO anerkannt, dass Art. 5 DSGVO besonderen Herausforderungen begegnet.[644]

b) Die einzelnen Grundsätze des Art. 5 DSGVO

aa) Rechtmäßigkeit, Verarbeitung nach Treu und Glauben, Transparenz

Nach dem Grundsatz der Rechtmäßigkeit bedarf die Verarbeitung von Daten einer gesetzlichen Grundlage. Doch betrifft der Grundsatz nicht nur das „Ob" der Datenverarbeitung, sondern auch das „Wie", so dass auch die Art und Weise der Datenverarbeitung, rechtmäßig sein muss.[645]

Die Gefährdungen dieses Grundsatzes durch KI-Systeme knüpfen v.a. am zentralen Element der Einwilligung an. Eine Position, bei der man auf der Erteilung einer Einwilligung durch den Betroffenen besteht, erscheint angesichts der Allgegenwärtigkeit rechnergestützter Systeme (*ubiquituos computing*) und der Fähigkeit, die aus unterschiedlichen Quellen geschöpften Informationen in Echtzeit verarbeiten zu können, kaum noch haltbar.[646] Auch ist nicht zu erkennen, wie aus anderen Zusammenhängen bekannte Verfahren (wie die Zu-

---

642 So *Roßnagel*, in Simitis/Hornung/Spiecker gen. Döhmann (Hrsg.), Datenschutzrecht, 1. Aufl. 2019, Art. 5 Rn. 30.

643 So etwa *Brink/Groß*, RuP 2019, 105 mit der Forderung, die Hambacher Erklärung zur Künstlichen Intelligenz der Konferenz der unabhängigen Datenaufsichtsbehörden in die DSGVO aufzunehmen.

644 Mitteilung der Kommission an das Europäische Parlament und den Rat – Datenschutz als Grundpfeiler der Teilhabe der Bürgerinnen und Bürger und des Ansatzes der EU für den digitalen Wandel – zwei Jahre Anwendung der Datenschutz-Grundverordnung, COM(2020) 264 final, S. 13: „Es gibt noch einige Herausforderungen dahingehend, klarzustellen, wie die bewährten Datenschutzgrundsätze auf bestimmte Technologien wie künstliche Intelligenz, Blockchain, das Internet der Dinge oder die Gesichtserkennung angewendet werden können, die es kontinuierlich zu überwachen gilt"; vgl. hierzu auch *Roßnagel*, MMR 2020, 657 (659); *Heberlein*, ZD 2020, 487 (490); vgl. zum Ganzen allerdings auch European Data Protection Board, Response to the MEP Sophie in't Veld's letter on unfair algorithms v. 29.1.2020, wo die DSGVO als „solider Rechtsrahmen" bezeichnet wird.

645 Vgl. *Roßnagel* in Simitis/Hornung/Spiecker gen. Döhmann, Datenschutzrecht (Hrsg.), 1. Aufl. 2019, Art. 5 Rn. 38.

646 Vgl. auch *Schürmann*, ZD 2022, 316 (318): „fraglich, ob eine Einwilligung in die Verarbeitung personenbezogener Daten zur Anwendung von KI überhaupt möglich ist".

stimmung durch Setzen eines Häkchens) Abhilfe schaffen könnten.[647] Schließlich erscheint es bei *Big-Data*-Analysen aus praktischen Gründen nahezu ausgeschlossen, die (überdies regelmäßig zahlreichen) betroffenen Personen vorher um eine Einwilligung zu bitten, zumal sie dem Anwender häufig nicht einmal bekannt sind.[648]

Art. 5 Abs. 1 lit. a) DSGVO bestimmt auch, dass personenbezogene Daten „nach Treu und Glauben" verarbeitet werden müssen. Die Verwendung des Begriffs der „Fairness" auch in der deutschen Sprachfassung wäre wohl besser gewesen.[649] Angesprochen ist in Art. 5 Abs. 1 lit. a) DSGVO zum einen eine Fairness in dem Sinne, dass die betroffene Person über die Existenz des Verarbeitungsvorgangs und seine Zwecke unterrichtet werden muss. Dabei sollte der Verantwortliche der betroffenen Person „alle weiteren Informationen zur Verfügung stellen, die unter Berücksichtigung der besonderen Umstände und Rahmenbedingungen, unter denen die personenbezogenen Daten verarbeitet werden, notwendig sind, um eine faire und transparente Verarbeitung zu gewährleisten". Darüber hinaus „sollte er die betroffene Person darauf hinweisen, dass Profiling stattfindet und welche Folgen dies hat".[650] Bereits dieser Aspekt der Fairness wirft im vorliegenden Zusammenhang angesichts der Komplexität der Verarbeitung bei KI-Anwendungen, der Ungewissheit des Ergebnisses und der Vielzahl der Verwendungszwecke Fragen auf.[651]

Angesprochen ist aber in Art. 5 Abs. 1 lit. a) DSGVO auch eine „materielle Fairness". Hierzu fordert Erwägungsgrund 71, dass der für die Verarbeitung Verantwortliche „geeignete mathematische oder statistische Verfahren für das Profiling verwenden, technische und organisatorische Maßnahmen treffen (sollte), mit denen in geeigneter Weise insbesondere sichergestellt wird, dass Faktoren, die zu unrichtigen personenbezogenen Daten führen, korrigiert werden und das Risiko von Fehlern minimiert wird, und personenbezogene Daten in einer Weise sichern, dass den potenziellen Bedrohungen für die Interessen und Rechte der betroffenen Person Rechnung getragen wird und unter

---

647 Gewisse Hoffnungen ruhen immerhin auf sog. *Personal Information Management Systems* (PIMS), die Personen mehr Kontrolle über ihre personenbezogenen Daten geben sollen; vgl. dazu *Botta*, MMR 2021, 946; vgl. auch *Conrad*, InTer 2021, 147.

648 Näher *Roßnagel* in Simitis/Hornung/Spiecker gen. Döhmann (Hrsg.), Datenschutzrecht, 1. Aufl. 2019, Art. 5 Rn. 40; vgl. auch *Roßnagel/Geminn/Jandt/Richtert*, Datenschutzrecht 2016 „Smart" genug für die Zukunft? Ubiquitous Computing und Big Data als Herausforderungen des Datenschutzrechts, 2016, S. 102ff.; vgl. zum Ganzen auch *Kollmar/El-Auwad*, K & R 2021, 73.

649 Näher *Roßnagel* in Simitis/Hornung/Spiecker gen. Döhmann (Hrsg.), Datenschutzrecht, 1. Aufl. 2019, Art. 5 Rn. 46f.

650 Erwägungsgrund 60. Insgesamt dient dieser Aspekt der Fairness v.a. der „Untermauerung bestehender Transparenzpflichten"; so *Geminn*, ZD-Aktuell 2021, 05557.

651 Vgl. *Sartor*, The impact of the General Data Protection Regulation (GDPR) on artificial intelligence, 2020, S. 44.

anderem verhindern, dass es gegenüber natürlichen Personen aufgrund von Rasse, ethnischer Herkunft, politischer Meinung, Religion oder Weltanschauung, Gewerkschaftszugehörigkeit, genetischer Anlagen oder Gesundheitszustand sowie sexueller Orientierung zu diskriminierenden Wirkungen oder zu einer Verarbeitung kommt, die eine solche Wirkung hat". Auch unter diesem Gesichtspunkt hat Art. 5 Abs. 1 lit. a) DSGVO im Zusammenhang mit KI und Big Data erkennbar große Bedeutung. Insgesamt aber steht die Fairness unter einem geringeren Druck als andere Elemente des Art. 5 DSGVO, was allerdings auch mit dem überschaubaren Anwendungsbereich zusammenhängt, der sich nur auf die Art und Weise der Rechtsausübung im Verhältnis zwischen Verantwortlichem und betroffener Person bezieht.[652]

„Transparenz" meint, dass „eine für die Öffentlichkeit oder die betroffene Person bestimmte Information präzise, leicht zugänglich und verständlich sowie in klarer und einfacher Sprache abgefasst ist und gegebenenfalls zusätzlich visuelle Elemente verwendet werden". Die Information kann „auch in elektronischer Form bereitgestellt werden, beispielsweise auf einer Website, wenn sie für die Öffentlichkeit bestimmt ist".[653] Auch hinsichtlich dieses Grundsatzes ergeben sich aufgrund von KI-Anwendungen erhebliche Herausforderungen. Bei Datenverarbeitung im Zeichen von *ubiquituous computing* und KI ist „die Unsichtbarkeit der Erfassung (…) ein Design-Merkmal der Technik und insofern kein behebbarer Fehler".[654] Abgesehen davon gilt, dass *Deap Learning*-Modellierungen weithin in einer *black box* stattfinden. Dies bedeutet, dass Millionen und Abermillionen von Datenpunkten in den Algorithmus eingegeben werden, der daraufhin Korrelationen zwischen bestimmten Datenmerkmalen identifiziert, um eine Ausgabe zu erzeugen. Der Prozess innerhalb der Box ist jedoch meist selbstgesteuert und kaum nachvollziehbar. Dies gilt umso mehr, als die meisten KI-Anwendungen auf neuronalen Netzen beruhen, die nur schwer zu entschlüsseln sind. Zwar gibt es Bemühungen, technische Wege zur

---

652 Vgl. auch *Roßnagel* in Simitis/Hornung/Spiecker gen. Döhmann (Hrsg.), Datenschutzrecht, 1. Aufl. 2019, Art. 5 Rn. 48, der immerhin für die Zukunft einen Bedeutungszuwachs nicht ausschließt, wenn „Einwilligung und Interessenabwägung immer mehr zur Farce werden".

653 Erwägungsgrund 58.

654 Vgl. *Roßnagel* in Simitis/Hornung/Spiecker gen. Döhmann (Hrsg.), Datenschutzrecht, 1. Aufl. 2019, Art. 5 Rn. 61.

Öffnung der *black box* zu finden.[655] Doch mehren sich gerade in jüngerer Zeit die Stimmen, die insoweit vor „falschen Hoffnungen" warnen.[656]

Vor diesem Hintergrund kann es nicht überraschen, dass die Sicherung von Transparenz von KI-Systemen als zentrale Herausforderung gilt. Die Datenschutzkonferenz (DSK) hat in einem Positionspapier eine Reihe von Transparenzanforderungen formuliert. So muss z.B. „der jeweils Verantwortliche bei der Planung spezifizieren und für den Betrieb zumindest dokumentieren, auf welcher theoretischen Grundlage und mit welcher Methode Rohdaten normalisiert und standardisiert werden; synthetische Daten generiert werden; ein Datenbestand komplettiert oder fehlerbereinigt wird; personenbezogene Daten pseudonymisiert und/oder anonymisiert werden; die Gesamtmenge an Roh- bzw. Trainingsdaten für das Grundtraining einer KI-Komponente hergestellt wurde (...); geregelt wird, bis zu welchem Entwicklungsstand die letztlich gültigen Testdaten herangezogen werden dürfen, bevor der Übergang vom Teststatus zum Produktivitätsstatus erfolgt; gesetzlich verbotene, negative Diskriminierungen unterbunden werden (...); die Relevanz bzw. Repräsentativität der Trainingsdaten für die Wissensdomäne bestimmt wird (...).[657]

Von besonderer Bedeutung ist mit Blick auf KI-Systeme, dass Transparenz nach Art. 25 Abs. 1 und 2 DSGVO auch durch datenschutzgerechte Systemgestaltung und durch datenschutzfreundliche Voreinstellungen gewährleistet werden kann.[658] Ebenfalls in Betracht kommen Zertifizierungsverfahren nach Art. 42 DSGVO.[659] Auf beides wird noch zurückzukommen sein.[660]

---

655 Vgl. zu dieser sog. *explainable AI* zuletzt etwa *Hamon/Junklewitz/Sanchez/Malgieri/De Hert*, Bridging the Gap Between AI and Explainability in the GDPR: Towards Trustworthiness-by-Design in Automated Decision-Making, IEEE Computational Intelligence Magazine, Feb 2022, 72. doi: 10.1109/MCI.2021.3129960; *Hacker/Passoth*, Varieties of AI Explanations under the Law. From the GDPR to the AIA, and Beyond (August 25, 2021). in: Holzinger/Goebel/Fong/Moon/Müller/Samek (eds.), Lecture Notes on Artificial Intelligence 13200: AI – beyond explainable AI, Springer, 2022; vgl. zuletzt auch *Choi*, New Test Compares AI Reasoning With Human Thinking – The novel technique can help researchers see if AIs reason as hoped and are trustworthy, 27 April 2022. https://spectrum.ieee.org/trustworthy-ai.

656 So ausdrücklich *Ghassemi/Oakden-Rayner/Beam*, The false hope of current approaches to explainable artificial intelligence in health care, Viewpoint November 01, 2021. https://doi.org/10.1016/S2589-7500(21)00208-9; zuletzt auch *Krishna/Han/Gu/Pombra/Jabbari/Wu/Lakkaraju*, The Disagreement Problem in Explainable Machine Learning: A Practitioner's Perspective. https://arxiv.org/abs/2202.01602.

657 Positionspapier der Konferenz der unabhängigen Datenschutzaufsichtsbehörden des Bundes und der Länder v. 6.11.2019.

658 Näher hierzu *Klingbeil/Kohm*, MMR 2021, 3.

659 Vgl. auch *Roßnagel* in Simitis/Hornung/Spiecker gen. Döhmann (Hrsg.), Datenschutzrecht, 1. Aufl. 2019, Art. 5 Rn. 54.

660 Vgl. G.V.7. u. 8.

bb) Zweckbindung

Art. 5 Abs. 1 lit. b) DSGVO schreibt den Grundsatz der Zweckbindung fest. Danach dürfen personenbezogene Daten nur „für festgelegte, eindeutige und legitime Zwecke erhoben werden und dürfen nicht in einer mit diesen Zwecken nicht zu vereinbarenden Weise weiterverarbeitet werden". Der Grundsatz der Zweckbindung ist der mit Abstand wichtigste Grundsatz des deutschen und europäischen Datenschutzrechts und unterscheidet dieses vom Datenschutzrecht anderer Rechtsordnungen.[661] Zudem ist er nach Art. 8 Abs. 2 S. 1 GRC auch grundrechtlich geboten.[662]

Art. 5 Abs. 1 lit. b) DSGVO verlangt die eindeutige Festlegung eines legitimen Zwecks und beschränkt die Weiterverarbeitung auf diesen Zweck. Allerdings dürfte es immer schwieriger werden, den Zweck einzelner Datenverarbeitungen vorab festzulegen und zu begrenzen, wenn in zunehmenden Maße Daten aus ganz unterschiedlichen Quellen ausgewertet und zusammengeführt werden.[663] Dementsprechend gibt es Zweifel, ob der Zweck auch in Zukunft das angemessene Kriterium sein kann, um die zulässige Datenverarbeitung von der unzulässigen abzugrenzen.[664]

In jedem Fall aber gilt, dass sich häufig nicht vorhersehen lässt, was sich der Algorithmus aneignen wird. Der Zweck kann sich ändern, wenn die Maschine lernt und sich dabei „weiterentwickelt".[665] KI-Systeme erlauben ein *re-purposing*, also die Verarbeitung von personenbezogenen zu ganz neuen Zwecken. So werden vielleicht, um ein Beispiel außerhalb des Arbeitsrechts zu bemühen, Daten zum Zwecke eines Vertrags-Management erhoben, um dann später zu Werbezwecken weiterverarbeitet zu werden.[666] Vielfach sind KI-Systeme auf

661 Vgl. nur *Roßnagel* in Simitis/Hornung/Spiecker gen. Döhmann (Hrsg.), Datenschutzrecht, 1. Aufl. 2019, Art. 5 Rn. 63.

662 Vgl. *Roßnagel* in Simitis/Hornung/Spiecker gen. Döhmann (Hrsg.), Datenschutzrecht, 1. Aufl. 2019, Art. 5 Rn. 64.

663 *Roßnagel* in Simitis/Hornung/Spiecker gen. Döhmann (Hrsg.), Datenschutzrecht, 1. Aufl. 2019, Art. 5 Rn. 111.

664 *Roßnagel* in Simitis/Hornung/Spiecker gen. Döhmann (Hrsg.), Datenschutzrecht, 1. Aufl. 2019, Art. 5 Rn. 112: „Sollen „smarte" Informationstechniken die Sinne des Nutzers erweitern, können sie nicht nur für einen bestimmten Zweck Daten erheben. Sie müssen wie die Sinne des Nutzers die gesamte Umwelt wahrnehmen. Erst wenn diese Daten erhoben und gespeichert sind, kann nach und nach eine zweckorientierte Auswahl und Bewertung erfolgen." Speziell mit Blick auf *Big Data* skeptisch auch *Holthausen*, RdA 2021, 19 (24), der „ein grundlegendes Spannungsverhältnis zwischen Big Data einerseits und datenschutzrechtlicher Zweckbindung andererseits" konstatiert und meint, dass Big Data „vom Grundsatz und seiner Konzeption her keine Zweckbegrenzung vor(sieht) (sog. Mehrdimensionalität der Datenverarbeitung)".

665 Vgl. auch The Norwegian Data Protection Authority, Artificial Intelligence and Privacy, Report January 2018, S. 18.

666 Bsp. nach *Sartor*, The impact of the General Data Protection Regulation (GDPR) on artificial intelligence, 2020, S. 45.

ein *re-purposing* geradezu angelegt. Dies gilt etwa für die sog. *Knowledge Discovery in Databases* (KDD), wo Entscheidungsregeln im Laufe der automatisierten Verarbeitung vom System selbst dynamisch angepasst werden, ohne dass diese auch nur von den Entwicklern stets (vollständig) vorhersehbar wären.[667] Insoweit geht die entscheidende Frage dahin, ob der neue Zweck mit dem Zweck, für den die Daten ursprünglich erhoben wurden, „vereinbar" ist oder ob eine unzulässige Zweckänderung vorliegt.

Ob eine Vereinbarkeit in diesem Sinne vorliegt, entscheidet sich gem. Art. 6 Abs. 4 anhand von fünf Kriterien: (a) der „Verbindung zwischen den Zwecken, für die die personenbezogenen Daten erhoben wurden, und den Zwecken der beabsichtigten Weiterverarbeitung"; (b) dem „Zusammenhang, in dem die personenbezogenen Daten erhoben wurden, insbesondere hinsichtlich des Verhältnisses zwischen den betroffenen Personen und dem Verantwortlichen"; (c) der „Art der personenbezogenen Daten (…)", (d) den „möglichen Folgen der beabsichtigten Weiterverarbeitung für die betroffenen Personen"; (e) dem „Vorhandensein geeigneter Garantien, wozu Verschlüsselung oder Pseudonymisierung gehören kann". All diese Kriterien sind in hohem Maße konkretisierungsbedürftig, um nicht zu sagen konturlos, so dass die Beantwortung der Frage nach der Zulässigkeit einer Zweckänderung von erheblicher Rechtsunsicherheit geprägt ist.[668]

Ob ein *re-purpusing* zulässig ist, wird von Fall zu Fall unterschiedlich zu beantworten sein. Die bestehenden Unsicherheiten spiegeln sich in Positionen wider, die teilweise weit auseinanderliegen. So soll es nach mancher Auffassung in der Literatur keinen Bedenken begegnen, wenn personenbezogene Daten beim Trainieren von KI-Systemen Verwendung finden, solange nur ein Schutz vor Missbrauch bestehe und ausreichende Sicherheitsmaßnahmen ergriffen würden.[669] Demgegenüber ist die DSK insoweit wesentlich „strenger". Danach stellt die Verarbeitung von personenbezogenen Daten für das Trainieren von KI-Komponenten einen eigenen Verarbeitungszweck dar, weshalb nur solche Daten verwendet werden dürften, die dem unmittelbar ausgewiesenen Zweck dienten. Für einen anderen Zweck dürften die Daten dagegen nur verwendet

667 Vgl. *Tabarrini*, Understanding the Big Mind, EuCML 2020, 135 (141) mit Bedenken auch unter dem Gesichtspunkt der Transparenz (Art. 5 Abs. 1 lit. a) und unter dem Gesichtspunkt des Art. 5 Abs. 2 DSGVO.

668 So auch *Roßnagel* in Simitis/Hornung/Spiecker gen. Döhmann (Hrsg.), Datenschutzrecht, 1. Aufl. 2019, Art. 6 Abs. 4 Rn. 35.

669 So *Sartor*, The impact of the General Data Protection Regulation (GDPR) on artificial intelligence, 2020, S. 46f.

werden, wenn die Voraussetzungen einer Zweckänderung vorlägen oder eine ausdrückliche Rechtsgrundlage bestehe (sog. Nichtverkettung).[670]

cc) Datenminimierung

Nach Art. 5 Abs. 1 lit. c) DSGVO gilt der Grundsatz der sog. Datenminimierung. Danach muss die Verarbeitung personenbezogener Daten „dem Zweck angemessen und erheblich sowie auf das für die Zwecke der Verarbeitung notwendige Maß beschränkt sein".[671] Dass sich im vorliegenden Zusammenhang ein erhebliches Spannungsfeld auftut, ist offensichtlich: Auf der einen Seite steht der Grundsatz, dass möglichst wenig Daten zu verarbeiten sind. Auf der anderen Seite stehen KI und *Big Data*, bei denen es um nichts anderes als um eine möglichst umfassende Datenanalyse zur Aufdeckung bislang nicht erkannter Korrelationen geht.[672] Dabei gilt, salopp ausgedrückt: Je mehr Daten verwertet werden können, desto besser. Zur Auflösung dieses Spannungsverhältnisses wird zuweilen diskutiert, eine Verhältnismäßigkeitsprüfung anzustellen. Dabei soll zu fragen sein, ob die Einbeziehung zusätzlicher personenbezogener Daten in eine Verarbeitung einen Nutzen stiftet, der die Risiken für die betroffenen Personen überwiegt.[673] Nach anderer Auffassung soll sich der Grundsatz der Datenminimierung nicht nur auf die Wahl der Mittel, sondern auch auf die Wahl des Zwecks auswirken. Dies würde bedeuten, dass stets die weniger eingriffsintensive Vorgehensweise zu wählen wäre, wenn sich das Ziel auch hierdurch erreichen lässt.[674]

Dass KI das geltende Recht vor erhebliche Anforderungen stellt, zeigt sich besonders eindrucksvoll am Beispiel von Anwendungen, die ein „Gedächtnis" der im Internet der Dinge vernetzten Gegenstände ermöglichen, um damit

---

670 Positionspapier der Konferenz der unabhängigen Datenschutzaufsichtsbehörden des Bundes und der Länder v. 6.11.2019, S. 9; ebenso *Roßnagel/Geminn*, ZD 2021, 487 (487), wonach personenbezogene Daten nur nach vorangegangener Anonymisierung rechtssicher für das Trainieren, Testen und Evaluieren von KI-Systemen verwendet werden können. In dem Positionspapier heißt es dann weiter: „Besonders problematisch ist es, wenn gesetzliche Diskriminierungsverbote die Verwendung bestimmter Daten nicht zulassen und stattdessen hochkorrelierende Ersatzvariablen verwendet werden. Derartige Diskriminierungen sind denkbar, wenn etwa anstelle des Geschlechts Merkmale wie Vorname, Gewicht, gekaufte Produkte etc. herangezogen werden. Insoweit fordert die DSK, dass KI-Systeme und ihre einzelnen Komponenten frühzeitig und dauerhaft auf ihre Diskriminierungseigenschaften hin geprüft werden, um Diskriminierungspotenziale zu erkennen und ggf. vermeiden zu können."

671 Vgl. auch Erwägungsgrund 78 über die zu ergreifenden Maßnahmen zu einer Datenminimierung.

672 Vgl. auch *Kugelmann*, DuD 2021, 503 (506): „Ein grundlegender Widerspruch besteht zwischen der Notwendigkeit von KI-Systemen, möglichst umfangreiche Trainingsdaten einzusetzen, und dem Grundsatz der Datenminimierung nach Art. 5 DSGVO."

673 So *Sartor*, The impact of the General Data Protection Regulation (GDPR) on artificial intelligence, 2020, S. 47.

674 So *Roßnagel* in Simitis/Hornung/Spiecker gen. Döhmann (Hrsg.), Datenschutzrecht, 1. Aufl. 2019, Art. 5 Rn. 124: „Grundsatz der Datensparsamkeit als Gestaltungsziel"; vgl. zum Zusammenhang von Datenminimierung und Zweckbindung auch *Holthausen*, RdA 2021, 19 (24).

z.B. ihre „Lebensspur" zu rekonstruieren. Werden die entsprechenden Daten miteinander abgeglichen, kann nämlich nicht nur der gemeinsame Kontext verschiedener Dinge ermittelt werden, sondern auch der soziale Kontext ihrer jeweiligen Besitzer. Für die (ursprüngliche) Funktion der „Gedächtnisstütze" können aber alle erhobenen Daten „als angemessen, erheblich und vom notwendigen Maß umfasst" gelten.[675] Hingewiesen wird aber in der Literatur auch darauf, KI-Systeme schüfen häufig gerade dadurch einen Mehrwert, dass sie im Hintergrund auf Daten zugreifen, die durch andere Anwendungen bereits generiert wurden, und diese mit aktuellen Daten zusammenfügen. Eine derartige dynamische Einbeziehung von Daten aus unterschiedlichsten Quellen mache es dann aber schwierig, „für jede einzelne Anwendung eine Begrenzung der zu erhebenden Daten durchzusetzen".[676] Schließlich können sich bei selbstlernenden Maschinen, wie oben bereits angesprochen, die Zwecke der Datenverarbeitung ändern. Daraus ergeben sich auch mit Blick auf die Datenminimierung spezifische Herausforderungen, da damit gar nicht mehr absehbar ist, wie viele Daten beim Lernen benötigt werden.[677]

Auch das Ziel der Datenminimierung hat die Datenschutzkonferenz in ihrem bereits oben angesprochenen Positionspapier im Blick. Wörtlich heißt es hierzu etwa: „Die Datenmengen, die für ein Training mit einem akzeptablen Fehler erforderlich sind, um die ausgewiesenen Zielgrößen des Systemverhaltens zu erreichen, sollten bei der Spezifikation eines KI-Systems theoriegestützt abgeschätzt werden. Zwar kann man mit ‚beliebigen Daten' in ‚beliebig großen Mengen' versuchen, die wesentlichen Merkmale einer nur schlecht verstandenen Wissensdomäne zu identifizieren, jedoch vergrößert dies die Risiken für die Rechte und Freiheiten von betroffenen Personen: Wenn KI-Komponenten mit Kategorien von Daten trainiert werden, deren Relevanz für die Wissensdomäne nicht geklärt ist, können in der Folge bei ihrem Einsatz in KI-Systemen Risiken entstehen. Diese Risiken können beispielsweise darin bestehen, dass auf Basis der Datenkategorien, wie dem Geschlecht, das KI-System diskriminierende oder fehlerhafte Ergebnisse liefert".[678]

---

675 *Roßnagel* in Simitis/Hornung/Spiecker gen. Döhmann (Hrsg.), Datenschutzrecht, 1. Aufl. 2019, Art. 5 Rn. 134; *ders.*, DuD 2016, 561.

676 So *Roßnagel* in Simitis/Hornung/Spiecker gen. Döhmann (Hrsg.), Datenschutzrecht, 1. Aufl. 2019, Art. 5 Rn. 134.

677 Vgl. The Norwegian Data Protection Authority, Artificial Intelligence and Privacy, Report January 2018, S. 18: „A challenge when developing AI is that it may be difficult to define the purpose of processing because it is not possible to predict what the algorithm will learn. The purpose may also be changed as the machine learns and develops. This challenges the data minimisation principle as it is difficult to define which data is necessary."

678 Positionspapier der Konferenz der unabhängigen Datenschutzaufsichtsbehörden des Bundes und der Länder v. 6.11.2019, S. 9.

dd) Richtigkeit

Der in Art. 5 Abs. 1 lit. d) DSGVO niedergelegte Grundsatz der „Richtigkeit" besagt, dass personenbezogene Daten „sachlich richtig und erforderlichenfalls auf dem neuesten Stand sein (müssen)". Sind personenbezogene Daten im Hinblick auf die Zwecke ihrer Verarbeitung unrichtig, so sind „alle angemessenen Maßnahmen zu treffen", damit diese Daten, „unverzüglich gelöscht oder berichtigt werden". Dass dieser Grundsatz der „Datenqualität"[679] im Bereich von KI-Anwendungen erhebliche Bedeutung hat, ist offensichtlich. Dies gilt umso mehr, wenn man bedenkt, dass Daten dabei häufig genutzt werden, um Aussagen über die betreffenden Personen zu treffen oder gar daraus Entscheidungen abzuhalten, welche für diese Personen existenziell bedeutsam sein können.[680]

Dabei dürften die Gefahren im Zuge der zu erwartenden weiteren technischen Entwicklung noch weiter zunehmen. Dies gilt z.B. für das *Ubiquitous Computing*, bei dem die Nutzung von Rechnern auf eine Vielzahl von digitalen Endgeräten und Systemen verteilt ist, welche simultan in das Alltagshandeln integriert werden. Dem Nutzer dieser Systeme ist die enorme Menge der über ihn erhobenen und verarbeiteten Daten regelmäßig gar nicht bewusst, weshalb er auch nicht ihre Richtigkeit einfordern wird.[681] Ganz abgesehen davon sind aber KI-Systeme als selbstlernende Systeme gerade darauf angelegt, dass sich Verarbeitungssysteme selbstständig fortentwickeln. Ein solches System wird dann aber mit der Zeit unweigerlich „sowohl für den Verantwortlichen als auch erst Recht für die betroffene Person zu einer Black Box, deren Ergebnisse zwar wahrgenommen werden können, deren Struktur, Regeln und Daten aber nicht bekannt sind und allenfalls im Einzelfall mühsam rekonstruiert werden könnten".[682] Eine wirksame Kontrolle erscheint unter diesen Umständen nahezu ausgeschlossen. Schließlich geht es bei der Anwendung von KI typischerweise um das Erkennen von abstrakten Mustern. Diese bilden dann zwar die Grundlage für Entscheidungen, die gegenüber einer konkreten Person wirksam werden, sind aber selbst nicht personenbezogen. Um es anders zu wenden: Problematisch ist hier nicht die Richtigkeit von Daten, sondern der Umstand, dass eine Person vom KI-System „nach dem statistischen Durchschnitt behandelt (wird")".[683]

---

679 So *Roßnagel* in Simitis/Hornung/Spiecker gen. Döhmann, Datenschutzrecht (Hrsg.), 1. Aufl. 2019, Art. 5 Rn. 136.

680 Vgl. *Sartor*, The impact of the General Data Protection Regulation (GDPR) on artificial intelligence, 2020, S. 48.

681 Vgl. *Roßnagel* in Simitis/Hornung/Spiecker gen. Döhmann (Hrsg.), Datenschutzrecht, 1. Aufl. 2019, Art. 5 Rn. 147.

682 So *Roßnagel* in Simitis/Hornung/Spiecker gen. Döhmann (Hrsg.), Datenschutzrecht, 1. Aufl. 2019, Art. 5 Rn. 148.

683 So *Roßnagel* in Simitis/Hornung/Spiecker gen. Döhmann (Hrsg.), Datenschutzrecht, 1. Aufl. 2019, Art. 5 Rn. 149; vgl. auch *ders.*, DuD 2016, 561.

ee) Speicherbegrenzung

Unter den zunehmenden Druck durch KI-Anwendungen gerät auch der Grundsatz der „Speicherbegrenzung“ in Art. 5 Abs. 1 lit. d) DSGVO, welcher u.a. fordert, dass personenbezogene Daten „in einer Form gespeichert werden, die die Identifizierung der betroffenen Personen nur so lange ermöglicht, wie es für die Zwecke, für die sie verarbeitet werden, erforderlich ist“. Möglichst viele Daten zu sammeln, um sie vor alle möglichen Zwecke fruchtbar zu machen, verträgt sich kaum mit einem Gebot der begrenzten Speicherung.[684] Auch ist nicht zu übersehen, dass Daten nicht selten für ganz unterschiedliche und noch dazu wechselnde Zwecke verarbeitet werden.[685] Schließlich wird in der Literatur auch darauf aufmerksam gemacht, dass die vom Grundsatz der Speicherbegrenzung geforderte Beseitigung des Personenbezugs aufgrund der technischen Entwicklung immer mehr zur Illusion werde. In der Tat können z.B. Sensoren Personen direkt wahrnehmen und trotz Anonymisierung oder Pseudonymisierung auch direkt wiedererkennen. Auch machen es *Big Data*-Analysen verhältnismäßig leicht, anonymisierte oder pseudonymisierte Daten zu deanonymisieren.[686] Dabei gilt: Je umfangreicher und detaillierter die für eine Analyse verfügbaren Daten sind, desto größer ist die Wahrscheinlichkeit, dass durch ihren Abgleich dieser Merkmalsdaten eine Re-identifizierung gelingt.[687]

ff) Zwischenergebnis

Als Zwischenergebnis der bis dahin angestellten Überlegungen lässt sich festhalten, dass das Verhältnis der in Art. 5 DSGVO genannten Grundsätze auf der einen und von KI auf der anderen Seite, vorsichtig ausgedrückt, äußerst spannungsreich ist.[688] Noch plastischer heißt es in der Literatur: „Betrachtet man die (…) grundlegenden datenschutzrechtlichen Prinzipien und nimmt zusätzlich die in Art. 5 Abs. 1 DSGVO benannten weiteren Anforderungen der Richtigkeit, der Speicherbegrenzung, der Integrität und der Vertraulichkeit personenbezogener Daten in den Blick, wird deutlich, dass *Big Data* diesen Prinzipien von seiner Konzeption her weitgehend diametral zuwiderläuft“.[689]

---

684 Vgl. *Sartor*, The impact of the General Data Protection Regulation (GDPR) on artificial intelligence, 2020, S. 49.

685 Vgl. *Roßnagel* in Simitis/Hornung/Spiecker gen. Döhmann (Hrsg.), Datenschutzrecht, 1. Aufl. 2019, Art. 5 Rn. 164 mit dem Bsp., dass die Information, ein Reisender habe einen Zug bestiegen, für Fahrscheinkontrolle, Reservierungssystem, Bewirtungssystem, Bonussystem, Telekommunikationssystem, Reiseplanungssystem und andere Systeme genutzt werden könne.

686 Vgl. *Roßnagel* in Simitis/Hornung/Spiecker gen. Döhmann (Hrsg.), Datenschutzrecht, 1. Aufl. 2019, Art. 5 Rn. 166.

687 Vgl. *Weichert*, ZD 2013, 251 (258).

688 Vgl. etwa auch *Weichert*, in: Däubler/Wedde/Weichert/Sommer (Hrsg.), EU-DSGVO und BDSG, Art. 22 DSGVO Rn. 5, wonach „sämtliche Datenschutzprinzipien auf den Prüfstand gestellt (werden)“.

689 So *Holthausen*, RdA 2021, 19 (25) unter Hinw. auf *Roßnagel*, ZD 2013, 562 (564).

3. Rechtmäßigkeit der Verarbeitung personenbezogener Daten

Die Kernfrage des Datenschutzrechts ist erkennbar, unter welchen Voraussetzungen eine Datenverarbeitung rechtmäßig ist.

a) Rechtmäßigkeit der Verarbeitung nach Art. 6 DSGVO

Art. 6 Abs. 1 DSGVO knüpft die Rechtmäßigkeit der Verarbeitung personenbezogener Daten daran, dass entweder eine Einwilligung vorliegt (Art. 6 Abs. 1 lit. a) oder die Verarbeitung einem der in der Vorschrift genannten Zwecke dient (Art. 6 Abs. 1 lit. b–e). Schließlich ist eine Verarbeitung nach Art. 5 Abs. 1 lit. f) DSGVO auch dann zulässig, wenn sie zur Wahrung der berechtigten Interessen des Verantwortlichen oder eines Dritten erforderlich ist. Dabei muss im Fall einer Weiterverarbeitung nicht nur ein mit dem ursprünglichen Zweck kompatibler Weiterverarbeitungszweck vorliegen, sondern die über die Erhebung hinausgehende neue Verarbeitung muss auch von einer Rechtsgrundlage in Abs. 1 vollständig abgedeckt sein.[690] Was die Einwilligung betrifft, so ist erneut daran zu erinnern, dass dieses Erfordernis in Zeiten von *Ubiquitous Computing* und *Big Data* unweigerlich an Grenzen stößt.[691] Was demgegenüber die in Art. 6 Abs. 1 lit. b)–e) genannten Gründe anbelangt, so dürften diese im vorliegenden Zusammenhang häufig nicht einschlägig sein.

Unabhängig davon ist eine Verarbeitung personenbezogener Daten, wie gesagt, auch dann zulässig, wenn sie „zur Wahrung der berechtigten Interessen des Verantwortlichen oder eines Dritten erforderlich (ist)". Allerdings dürfen „die Interessen oder Grundrechte und Grundfreiheiten der betroffenen Person, die den Schutz personenbezogener Daten erfordern, (nicht) überwiegen". Insoweit wird in der Literatur vertreten, dass es im Grundsatz unschädlich sei, wenn personenbezogene Daten weiterverarbeitet würden, um ein algorithmisches Modell zu entwickeln oder dem KI-System „anzutrainieren". Umso größere Bedenken werfe es aber auf, wenn die Verarbeitung personenbezogener Daten zu dem Zweck erfolge, hieraus konkrete Schlussfolgerungen über die betroffene Person abzuleiten. Demensprechend soll z.B. die „Beurteilung der Leistung von Arbeitnehmern auf der Grundlage von umfassender Überwachung" unzulässig sein.[692] Wo die Grenzen verlaufen, lässt sich aber nur schwer bestimmen: Art. 6 Abs. 1 lit. f) DSGVO ist sehr offen formuliert, was einerseits eine gewisse Flexibilität garantiert, andererseits aber die Ergebnisse der Abwägung wenig vorhersehbar

---

690 Vgl. nur *Albrecht* in Simitis/Hornung/Spiecker gen. Döhmann (Hrsg.), Datenschutzrecht, 1. Aufl. 2019, Art. 5 Rn. 13 m.w.N.

691 *Roßnagel* in Simitis/Hornung/Spiecker gen. Döhmann (Hrsg.), Datenschutzrecht, 1. Aufl. 2019, Art. 5 Rn. 40.

692 So *Sartor*, The impact of the General Data Protection Regulation (GDPR) on artificial intelligence, 2020, S. 50.

macht.[693] Auch den Erwägungsgründen ist nur wenig Greifbares zu entnehmen. Bemühungen des Europäischen Parlaments um eine Konkretisierung war ebenso wenig Erfolg beschieden wie dem Vorschlag der Kommission, im Wege delegierter Rechtsakte zu Konkretisierungen zu kommen.[694] Auch aus Kreisen der Literatur, aber durchaus auch aus Kreisen der Wirtschaft, werden immer wieder spezialgesetzliche Regelungen gefordert,[695] zu denen es aber bislang nicht gekommen ist.[696] Bei alldem ist zusätzlich zu bedenken, dass die Datenverarbeitung allein auf der Initiative der Verantwortlichen beruht, diese deren Zulässigkeit zunächst selbstständig einschätzen und dabei häufig dazu neigen, von der Rechtmäßigkeit der Verarbeitung auszugehen.[697]

Eine gesonderte Regelung hat das bereits oben angesprochene *re-purpusing* erfahren. Nach Art. 6 Abs. 4 DSGVO ist eine Reihe von Kriterien zu beachten, wenn es um die Beantwortung der Frage geht, ob „die Verarbeitung zu einem anderen Zweck mit demjenigen, zu dem die personenbezogenen Daten ursprünglich erhoben wurden, vereinbar ist". Nach dem (nicht abschließenden) Kriterienkatalog sind zu berücksichtigen: eine evtl. Verbindung zwischen den Zwecken; der Zusammenhang, in dem die personenbezogenen Daten erhoben wurden, insbesondere hinsichtlich des Verhältnisses zwischen den betroffenen Personen und dem Verantwortlichen; die Art der personenbezogenen Daten; die möglichen Folgen der beabsichtigten Weiterverarbeitung für die betroffenen Personen[698] und das Vorhandensein geeigneter Garantien (z.B. Verschlüsselung oder Pseudonymisierung). Dabei fehlt gerade auch mit Blick auf das letztgenannte Kriterium eine von den Aufsichtsbehörden gebilligte allgemeine Vorgehensweise. Dementsprechend wird hinsichtlich der Beantwortung der Frage, ab wann die Voraussetzungen einer Verarbeitung zu kompatiblen Zwecken gegeben sind, eine weitgehende Rechtsunsicherheit beklagt.[699]

---

693 Näher *Schantz* in Simitis/Hornung/Spiecker gen. Döhmann (Hrsg.), Datenschutzrecht, 1. Aufl. 2019, Art. 6 Abs. 1 Rn. 86.

694 Vgl. *Schantz* in Simitis/Hornung/Spiecker gen. Döhmann (Hrsg.), Datenschutzrecht, 1. Aufl. 2019, Art. 6 Abs. 1 Rn. 103 m.w.N.

695 Vgl. etwa auch *Schantz* in Simitis/Hornung/Spiecker gen. Döhmann (Hrsg.), Datenschutzrecht, 1. Aufl. 2019, Art. 6 Abs. 1 Rn. 86 (m.w.N.), der insoweit explizit den Fall von „Augmented Reality wie [z.B.] Google Glass" nennt.

696 Immerhin ist eine gewisse Konkretisierung in Form von genehmigten Verhaltensregeln von Verbänden denkbar; vgl. Art. 40 Abs. 2 lit. b) DSGVO.

697 Vgl. hierzu *Schantz* in Simitis/Hornung/Spiecker gen. Döhmann (Hrsg.), Datenschutzrecht, 1. Aufl. 2019, Art. 6 Abs. 1 Rn. 87 m.w.N.

698 Vgl. hierzu *Roßnagel* in Simitis/Hornung/Spiecker gen. Döhmann (Hrsg.), Datenschutzrecht, 1. Aufl. 2019, Art. 6 Abs. 4 Rn. 58 mit der Einschätzung, dass „unter den Bedingungen moderner Datenverarbeitung im Kontext von Big Data, künstlicher Intelligenz, selbstlernenden Systemen, Kontexterfassung, Internet der Dinge und anderen Anwendungen des Ubiquitous Computing (…) die Berücksichtigung möglicher Folgen von Zweckänderungen nur restriktiv wirken (könne)"; ebenso *Frenzel*, in: Paal/Pauly, DS-GVO BDSG, 3. Aufl. 2021, Art. 6 Rn. 49.

699 Vgl. *Dehmel*, ZD 2020, 62 (65).

b) Verbot der Verarbeitung sensibler Daten

Die DSGVO stuft gewisse Daten als besonders sensibel ein: Nach Art. 9 Abs. 1 DSGVO ist die Verarbeitung personenbezogener Daten, „aus denen die rassische und ethnische Herkunft, politische Meinungen, religiöse oder weltanschauliche Überzeugungen oder die Gewerkschaftszugehörigkeit hervorgehen, sowie die Verarbeitung von genetischen Daten, biometrischen Daten zur eindeutigen Identifizierung einer natürlichen Person, Gesundheitsdaten oder Daten zum Sexualleben oder der sexuellen Orientierung einer natürlichen Person (...) untersagt".

Auch insoweit ergeben sich durch KI-Anwendungen besondere Herausforderungen. Eine erste Herausforderung liegt darin, dass Daten, die zunächst nicht mit einer bestimmten Person verknüpft sind, durch Weiterverarbeitung mit dieser Person in Verbindung gebracht werden können. Die zweite Herausforderung besteht darin, dass ein bestimmtes beobachtbares Verhalten oder bekannte Merkmale von Personen (z.B. ihre Online-Aktivitäten) Rückschlüsse auf Einstellungen, Gesundheitszustand oder sexuelle Orientierung erlauben, also zur Generierung sensibler Daten führen können.[700] Allerdings wird weit überwiegend die Auffassung vertreten, dass Art. 9 DSGVO keine unmittelbar sensiblen Daten voraussetzt. Vielmehr soll die Vorschrift bereits dann eingreifen, wenn sich ihre Sensibilität nur mittelbar aus dem Gesamtzusammenhang der Verarbeitung erweist.[701] Allerdings gibt es auch andere Stimmen. Danach soll ein „Hervorgehen" i.S.d. Art. 9 Abs. 1 DSGVO bei „automatisch anheftende(n) Daten" zu verneinen sein. Betrachte man etwa die Analysemöglichkeiten neuer KI-Systeme, die z.B. Lichtbilder und Sprachaufnahmen hinsichtlich emotionaler Zustände und Gesundheitsdaten auswerteten, werde deutlich, „wie sehr der Begriff des „Hervorgehens" bei einfachen Verarbeitungen ausufert, wenn nicht auf den konkreten Verarbeitungszweck abgestellt wird".[702]

700 Vgl. *Sartor*, The impact of the General Data Protection Regulation (GDPR) on artificial intelligence, 2020, S. 53; grundsätzliche Kritik bei *Barczak*, DÖV 2020, 997 mit der Beobachtung, dass derzeit gerade auch in diesem Bereich „hartes *Data-Mining* betrieben (werde)".

701 *Petri* in Simitis/Hornung/Spiecker gen. Döhmann (Hrsg.), Datenschutzrecht, 1. Aufl. 2019, Art. 9 Rn. 11 (sog. „kontextbezogene oder mittelbar sensible Daten"), der sich zugleich dagegen wendet, dass derartige Daten „nur zurückhaltend dem Verarbeitungsverbot nach Abs. 1 zugeordnet werden"; ebda, Rn. 12 m.w.N.

702 So *Matejek/Mäusezahl*, ZD 2019, 551 (553): „Der Anwendungsbereich des Art. Art. 9 DSGVO ist danach im Hinblick auf die 1. Kategorie [Daten, aus denen bestimmte sensible Merkmale „hervorgehen"] erst dann eröffnet, wenn die Quelldaten für die Gewinnung solch sensibler Daten über die genannten Merkmale genutzt werden und nicht bereits, wenn festgestellt wird, dass die Daten grundsätzlich dazu geeignet sind, solche Merkmale preiszugeben. Anstelle der passiven Formulierung „hervorgehen" sollte die Regelung im Wege einer teleologischen Reduktion also eher bezogen auf die konkrete Verarbeitungsabsicht eingeengt verstanden werden (i.S.e. aktiven „Hervorbringens")".

c) Spezifische Regelungen in § 26 BDSG

Spezifische Regelungen zum Beschäftigtendatenschutz enthält § 26 BDSG, dessen Wortlaut an die DSGVO angepasst wurde.[703] Nach § 26 Abs. 1 S. 1 BDSG dürfen „personenbezogene Daten von Beschäftigten (...) für Zwecke des Beschäftigungsverhältnisses verarbeitet werden, wenn dies für die Entscheidung über die Begründung eines Beschäftigungsverhältnisses oder nach Begründung des Beschäftigungsverhältnisses für dessen Durchführung oder Beendigung oder zur Ausübung oder Erfüllung der sich aus einem Gesetz oder einem Tarifvertrag, einer Betriebs- oder Dienstvereinbarung (Kollektivvereinbarung) ergebenden Rechte und Pflichten der Interessenvertretung der Beschäftigten erforderlich ist". Zentraler – und für alle Erlaubnistatbestände des Abs. 1 gleichermaßen geltender – Maßstab für die Rechtmäßigkeit der Verarbeitung ist somit die „Erforderlichkeit".[704] Damit wird die allgemeine Vorschrift des Art. 6 Abs. 1 lit. b) DSGVO konkretisiert, welche insbesondere die Verarbeitung personenbezogener Daten für die Erfüllung eines Vertrags an den Erforderlichkeitsgrundsatz bindet.[705] § 26 Abs. 2 S. 1 BDSG sieht die Möglichkeit einer Einwilligung vor, bestimmt aber zugleich, dass „für die Beurteilung der Freiwilligkeit der Einwilligung insbesondere die im Beschäftigungsverhältnis bestehende Abhängigkeit der beschäftigten Person sowie die Umstände, unter denen die Einwilligung erteilt worden ist, zu berücksichtigen (ist)". § 26 Abs. 3 S. 1 BDSG bestimmt, dass – abweichend von Art. 9 Abs. 1 DSGVO – die Verarbeitung besonderer Kategorien personenbezogener Daten i.S.d. Art. 9 Abs. 1 DSGVO für Zwecke des Beschäftigungsverhältnisses v.a. dann zulässig ist, „wenn sie zur Ausübung von Rechten oder zur Erfüllung rechtlicher Pflichten aus dem Arbeitsrecht (...) erforderlich ist und kein Grund zu der Annahme besteht, dass das schutzwürdige Interesse der betroffenen Person an dem Ausschluss der Verarbeitung überwiegt". Nach § 26 Abs. 4 S. 1 BDSG ist die Verarbeitung personenbezogener Daten, auch auf der Grundlage von Kollektivvereinbarungen zulässig. Somit können auch Betriebsvereinbarungen und Tarifverträge die Verarbeitung von Beschäftigtendaten erlauben.[706]

Die Kernvoraussetzung für die Rechtmäßigkeit der Verarbeitung ist, wie gesagt, deren „Erforderlichkeit". Bei der danach vorzunehmenden Prüfung „sind die widerstreitenden Grundrechtspositionen zur Herstellung praktischer Konkordanz abzuwägen". Konkret(er) „sind die Interessen des Arbeitgebers an der

703 Vgl. auch BT-Drucks. 18/11325, S. 97. Allg. zum Verhältnis von § 26 BDSG zur DSGVO *Gräber/Nolden*, in: Paal/Pauly, DS-GVO BDSG. 3. Aufl. 2021, § 26 BDSG, Rn. 8ff.

704 Näher *Seifert*, in Simitis/Hornung/Spiecker gen. Döhmann (Hrsg.), Datenschutzrecht, 1. Aufl. 2019, Art. 88 Rn. 56f.

705 *Seifert*, in Simitis/Hornung/Spiecker gen. Döhmann (Hrsg.), Datenschutzrecht, 1. Aufl. 2019, Art. 88 Rn. 21.

706 Vgl. nur *Wybitul*, NZA 2017, 413 (417).

Datenverarbeitung und das Persönlichkeitsrecht des Beschäftigten zu einem schonenden Ausgleich zu bringen, der beide Interessen möglichst weitgehend berücksichtigt".[707] Dass sich danach über die Rechtmäßigkeit der Verarbeitung häufig wird streiten lassen, zeigt etwa die Diskussion um die Zulässigkeit eines „*predictive policing*" bei Arbeitnehmern.[708] Dieses soll nach mancher Ansicht jedenfalls dann unzulässig sein, wenn es dabei um das Erstellen eines Persönlichkeitsprofils geht.[709] Doch werden die Schranken zuweilen auch anders bestimmt. So wird etwa argumentiert, dass ein *predictive policing* nur dann unzulässig sei, wenn es sich um eine „Persönlichkeitsdurchleuchtung" handele, wobei die Grenze zu einer solchen auch erst dann überschritten sein soll, „wenn die erhobenen Daten nahe am Kern des Persönlichkeitsrechts sind und diese zu einer Prognose verarbeitet werden, die ebenfalls nahe am Kern des Persönlichkeitsrechts ist".[710] Die unterschiedlichen Sichtweisen illustrieren die Unwägbarkeiten einer Verhältnismäßigkeitsprüfung, bei der, neben dem Gebot der Datenminimierung nach Art. 5 lit. c) DSGVO, zusätzlich auch die Unternehmerfreiheit des Arbeitgebers zu beachten ist, innerhalb derer auch wirtschaftliche Aspekte zum Tragen kommen.[711]

4. Informationspflichten und Rechte der Betroffenen

a) Informationspflichten

Art. 13 und 14 DSGVO enthalten Informationspflichten bei der Erhebung personenbezogener Daten. Die erstgenannte Vorschrift statuiert eine Informationspflicht bei der Erhebung von personenbezogenen Daten bei der betroffenen Person selbst, die letztgenannte Vorschrift statuiert eine Informationspflicht, wenn die personenbezogenen Daten nicht bei der betroffenen Person erhoben wurden.

Im vorliegenden Zusammenhang besondere Bedeutung hat dabei die Regelung in Art. 13 Abs. 3 und 14 Abs. 4 DSGVO, die auf den Fall zielt, dass „der Verantwortliche (beabsichtigt), die personenbezogenen Daten für einen anderen Zweck weiterzuverarbeiten als den, für den die personenbezogenen Daten

---

707 BT-Drucks. 18/11325 v. 24.2.2017, S. 97.

708 Schon heute wird zuweilen ein sog. *fraud monitoring* durchgeführt, bei dem etwa für bestimmte Tätigkeiten die Wahrscheinlichkeit für die Begehung von Straftaten gegen das Arbeitgebervermögen ermittelt wird. Beim *predictive policing* geht es demgegenüber darum, unter Anwendung von KI zu prognostizieren, welche Arbeitnehmer besonders anfällig für die Begehung von Compliance-Verstößen sind; vgl. *Rudkowski*, NZA 2020, 72 (73); *Haußmann/Thieme*, NZA 2019, 1612 (1615).

709 So *Rudkowski*, NZA 2020, 72 (74).

710 So *Dzida*, NZA 2017, 541 (545), der deshalb eine Big-Data-Analyse für „rechtlich problematisch" hält, wenn mit dieser ermittelt werden soll, ob Arbeitnehmer „generell zu Straftaten neigen".

711 Vgl. nur *Gola*, in: Gola/Heckmann, Bundesdatenschutzgesetz, 13. Aufl. 2019, § 26 BDSG Rn. 16 m.w.N.

erhoben wurden". Die Vorschrift dient ersichtlich der Sicherung des Zweckbindungsgrundsatzes (Art. 5 Abs. 1 lit. b) und Art. 6 Abs. 3 S. 3, Abs. 4 DSGVO).[712] Besondere Bedeutung kommt daneben aber auch der Regelung in Art. 13 Abs. 2 lit. f) und Art. 14 Abs. 2 lit. g) DSGVO zu. Nach diesen Vorschriften hat der Verantwortliche „über das Bestehen einer automatisierten Entscheidungsfindung einschließlich Profiling" zu informieren und „zumindest in diesen Fällen – aussagekräftige Informationen über die involvierte Logik sowie die Tragweite und die angestrebten Auswirkungen einer derartigen Verarbeitung für die betroffene Person" mitzuteilen.[713] Dem entspricht die – sogleich darzustellende – wortgleiche Regelung in Art. 5 Abs. 1 lit. h) DSGVO, wobei sich die Informationspflicht von der dort geregelten Auskunftspflicht nur dadurch unterscheidet, dass sie in die Zukunft gerichtet ist, während sich Art. 15 Abs. 1 lit. h) auf automatisierte Entscheidungen bezieht, die bereits stattgefunden haben.[714]

b) Auskunftsrecht

Nach Art. 15 Abs. 1 DSGVO besteht ein Auskunftsrecht darüber, ob personenbezogene Daten verarbeitet wurden; ist dies der Fall, so kann der Betroffene eine Reihe konkreter Informationen verlangen.[715] Mit Blick auf KI-Systeme ist v.a. Art. 15 Abs. 1 lit. h) DSGVO relevant, der, wie soeben bereits gesagt, der Regelung in Art. 13 Abs. 2 lit. f) und 14 Abs. 2 lit. g) entspricht. Danach bezieht sich das Auskunftsrecht auch auf „das Bestehen einer automatisierten Entscheidungsfindung einschließlich Profiling gemäß Artikel 22 Absätze 1 und 4 und – zumindest in diesen Fällen – aussagekräftige Informationen über die involvierte Logik sowie die Tragweite und die angestrebten Auswirkungen einer derartigen Verarbeitung für die betroffene Person".

Die Regelung wirft Fragen auf. So ist umstr., ob hinsichtlich eines Profiling auch dann ein Auskunftsrecht besteht, wenn die Voraussetzungen des Art. 22 Abs. 1 DSGVO nicht gegeben sind.[716] Doch ist der Anwendungsbereich der Regelung auch deshalb unklar, weil nicht deutlich ist, worauf sich der Satzteil „zumindest in diesen Fällen" bezieht.[717] Dementsprechend ist zweifelhaft,

---

712 Vgl. *Dix* in Simitis/Hornung/Spiecker gen. Döhmann, Datenschutzrecht (Hrsg.), 1. Aufl. 2019, Art. 13 Rn. 20.

713 *De lege ferenda* für eine Ausweitung dieser Hinweispflichten auf grundrechtssensitive algorithmenbasierte Verfahren *Martini*, Blackbox Algorithmus – Grundfragen einer Regulierung Künstlicher Intelligenz, 2019, S. 285ff bzw. 293ff.

714 Vgl. *Dix* in Simitis/Hornung/Spiecker gen. Döhmann, Datenschutzrecht (Hrsg.), 1. Aufl. 2019, Art. 13 Rn. 16.

715 Vgl. zu Art. 15 DSGVO zuletzt *Leibold*, ZD-Aktuell 2021, 05313.

716 Vgl. dazu *Sesing*, MMR 2021, 288 (289).

717 Vgl. auch dazu *Sesing*, MMR 2021, 288 (290), der das Bestehen einer automatisierten Entscheidungsfindung als solche als „einzig sinnvollen Bezugspunkt" ansieht; zum Hintergrund der Regelung *Martini*, Blackbox Algorithmus – Grundfragen einer Regulierung Künstlicher Intelligenz, 2020, S. 290.

wann ein Anspruch auf „aussagekräftige Informationen über die involvierte Logik" besteht. In der Literatur wird insoweit von manchen eine Risikobewertung gefordert: „Je gravierender die Auswirkungen der unterstützten Entscheidungen für Betroffene sein können, je größer die Gefahr einer unbesehenen Übernahme durch den Entscheidungsverantwortlichen ist und je stärker die Ergebnisse der automatisierten Datenverarbeitung in die zu treffenden Entscheidungen einfließen, umso eher ist für Betroffene von Interesse, welcher Logik die automatisierte Datenverarbeitung folgt und welche Tragweite diese Art der Datenverarbeitung haben kann".[718]

Unabhängig hiervon bleibt indes die Schwierigkeit zu bestimmen, was genau der Verantwortliche schuldet und ob ggf. auch eine Pflicht zur Offenlegung von Berechnungsformeln besteht.[719] Dabei liegt auf der Hand, dass sich beim *Machine Learning* angesichts der Komplexität der Verfahren und der beschränkten Nachvollziehbarkeit der Ergebnisse besondere Schwierigkeiten ergeben. Insoweit wird zuweilen angenommen, dass schon nach geltendem Recht ein Anspruch jeder betroffenen Person auf Zugriff auf die interne Dokumentation der Erstellung eines *Maschine Learning*-Modells bestehe. Dabei müsse allerdings gewährleistet sein, dass das Informationsinteresse des Betroffenen jeweils mit dem Interesse an der Wahrung des Geschäftsgeheimnisses und der Operationalität des Modells abgewogen werde.[720] *De lege ferenda* wird „in Anbetracht des manifesten Diskriminierungsrisikos beim Einsatz von ML ein (ML-spezifischer) Anspruch der betroffenen Personen darauf" gefordert, „Auskunft zu erlangen über die statistische Verteilung des Output des ML-Modells zwischen den verschiedenen geschützten Gruppen (z.B. Score-Verteilung Männer vs. Frauen vs. diverse Personen)". Nur so könne letztlich durch die Betroffenen geprüft werden, ob überhaupt eine statistische Ungleichbehandlung und damit möglicherweise eine (mittelbare) Diskriminierung vorliege.[721]

Ob sich aus Art. 15 Abs. 1 lit. h) DSGVO auch ein Anspruch auf eine eingehende Erläuterung automatisierter Einzelentscheidungen (*right to explanation*) ergibt, wie man sie im deutschen Recht z.B. im Zusammenhang mit der Begründung von Verwaltungsakten kennt (§ 39 Abs. 1 VwVfG), wird in der Literatur auch angesichts der begrenzten Erklärbarkeit der z.B. durch Einsatz von Algorithmen oder neuronaler Netze gewonnenen Ergebnisse kontrovers diskutiert.[722] Die Befürworter eines solchen Anspruchs weisen darauf hin, dass nur

718 So *Sesing*, MMR 2021, 288 (290).

719 Vgl. auch hierzu *Sesing*, MMR 2021, 288 (291) mit einem Überblick über den Streitstand.

720 Vgl. *Hacker*, NJW 2020, 2142 (2144) m.w.N.

721 Vgl. *Hacker*, NJW 2020, 2142 (2144).

722 Vgl. auch hierzu *Sesing*, MMR 2021, 288 (292); vgl. auch *Cabral*, in: Hallinan/Leenes/De Hert (eds.), Data Protection and Privacy Data Protection and Artificial Intelligence, 2021, S. 29 ff.

so „der durch die neuen Technologien wie der künstlichen Intelligenz verschärften informationellen Asymmetrie entgegengewirkt werden (könne)".[723]

Probleme wirft i.H.a. Art. 15 Abs. 1 lit. h) DSGVO (sowie die Ansprüche aus Art. 13 Abs. 2 lit. f), Art. 14 Abs. 2 lit. g)) das Verhältnis zum Schutz von Betriebs- und Geschäftsgeheimnissen auf, auf welche der Verpflichtete evtl. verweisen kann.[724] Dieser Schutz ist auch durchaus ernst zu nehmen, da jedenfalls „eine pauschale Pflicht, den Quellcode für Softwareanwendungen zu offenbaren, der Ausbeutung fremder geistiger Leistung den Weg ebnen (kann)".[725] Allerdings dürfte dieser praktisch ohnehin kaum weiterhelfen.[726] Auch stehen bei der Auskunftspflicht (und den Informationspflichten) Informationen über die involvierte Logik sowie die Tragweite und Auswirkungen einer solchen Verarbeitung für die betroffene Person im Vordergrund, wobei unter „involvierter Logik" Aufbau, Struktur und Ablauf der Datenverarbeitung zu verstehen sind.[727] Insoweit wird man aber vom Verantwortlichen – allein schon angesichts der durch den Einsatz von KI ohnehin verschärften Informationsasymmetrie – erwarten müssen, dass er der betroffenen Person diese so erläutert, dass die betroffene Person ihre Rechte nach Art. 22 DSGVO wahrnehmen kann.[728] Dabei spricht vieles dafür, die geschuldete Informationstiefe an dem Kontext und den Risikograden des Systems zu orientieren.[729]

---

723 So *Dix* in Simitis/Hornung/Spiecker gen. Döhmann (Hrsg.), Datenschutzrecht, 1. Aufl. 2019, Art. 15 Rn. 25; für die Informationspflichten gilt weitgehend dasselbe; vgl. auch *ders.*, ebda., Art. 13 Rn. 16. Bemerkenswerterweise enthält nunmehr Art. 6 des Vorschlags einer Richtlinie zur Verbesserung der Arbeitsbedingungen in der Plattformarbeit (COM(2021) 762 final) ein in mehrfacher Hinsicht außerordentlich weit reichendes Informationsrecht i.H.a. automatisierte Überwachungs- und Entscheidungssysteme, das auch dann eingreift, wenn Entscheidungen vom System nicht selbst getroffen, sondern lediglich unterstützt werden; dieses Recht soll nach ErwGr 32 die Pflichten der Plattformbetreiber nach Art. 13, 14 u. 15 DSGVO unberührt lassen; näher zum Ganzen *Krause*, NZA 2022, 521 (529).

724 Allg. zum rechtlichen Schutz von Algorithmen *Söbbing*, ITRB 2019, 192.

725 So *Martini*, Blackbox Algorithmus – Grundfragen einer Regulierung Künstlicher Intelligenz, 2020, S. 289; ähnlich *Joos*, NZA 2020, 1216 (1218) u. Hinweis auf Erwägungsgrund 6, wonach das Auskunftsrecht einerseits „die Rechte und Freiheiten anderer Personen, etwa Geschäftsgeheimnisse oder Rechte des geistigen Eigentums und insbesondere das Urheberrecht an Software, nicht beeinträchtigen (sollte), andererseits aber „nicht dazu führen (darf), dass der betroffenen Person jegliche Auskunft verweigert wird".

726 Ebenso *Martini*, Blackbox Algorithmus – Grundfragen einer Regulierung Künstlicher Intelligenz, 2020, S. 289.

727 Vgl. *Dix* in Simitis/Hornung/Spiecker gen. Döhmann, Datenschutzrecht (Hrsg.), 1. Aufl. 2019, Art. 13 Rn. 16.

728 Zutreffend *Dix* in Simitis/Hornung/Spiecker gen. Döhmann, Datenschutzrecht (Hrsg.), 1. Aufl. 2019, Art. 13 Rn. 16: „Ein Verantwortlicher, der nicht in der Lage ist, der betroffenen Person die involvierte Logik einer Technik der automatisierten Entscheidungsfindung oder des Profiling aussagekräftig zu erläutern, kann diese nicht rechtskonform einsetzen.".

729 Vgl. insoweit auch *Krafft/Zweig*, Transparenz und Nachvollziehbarkeit algorithmenbasierter Entscheidungsprozesse – Ein Regulierungsvorschlag aus sozioinformatischer Perspektive, 2019.

c) Weitere Rechte der Betroffenen

Art. 17 Abs. 1 DSGVO ist Grundlage eines Rechts auf Löschung („Recht auf Vergessenwerden").[730] Ein Recht auf Datenübertragbarkeit enthält Art. 20 DSGVO, wobei der Anwendungsbereich der Vorschrift i.H.a. KI-Systeme umstritten ist. So besteht z.B. keine Einigkeit hinsichtlich der Frage, ob auch dann ein Recht auf Datenübertragung gegeben ist, wenn der für ein *Big Data*-System Verantwortliche durch eine Datenverknüpfung den Bezug zur betroffenen Person herstellen kann.[731] Zweifelhaft ist aber etwa auch, ob sich das Recht auch auf Daten erstreckt, die aus den gesammelten Daten über die betroffene Person abgeleitet wurden.[732] Art. 21 Abs. 1 DSGVO enthält ein Widerspruchsrecht der betroffenen Person bezüglich der Verarbeitung sie betreffender personenbezogener Daten, wobei – im vorliegenden Zusammenhang besonders interessant – der Fall des Profiling ausdrücklich erwähnt wird (Art. 21 Abs. 1 S. 1 DSGVO).

5. Das Verbot automatisierter Entscheidungen

Nach Art. 22 Abs. 1 DSGVO hat „die betroffene Person (...) das Recht, nicht einer ausschließlich auf einer automatisierten Verarbeitung – einschließlich Profiling – beruhenden Entscheidung unterworfen zu werden, die ihr gegenüber rechtliche Wirkung entfaltet oder sie in ähnlicher Weise erheblich beeinträchtigt".[733] Die Vorschrift sollte mit Erwägungsgrund 71 zusammengelesen werden. Dort wird nicht nur ein „Online-Einstellungsverfahren ohne jegliches menschliche Eingreifen" als möglicher Anwendungsfall der Vorschrift genannt, sondern, als Beispielsfall für das Profiling" ausdrücklich auch die „Analyse oder Prognose von Aspekten bezüglich Arbeitsleistung, wirtschaftliche Lage, Gesundheit, persönliche Vorlieben oder Interessen, Zuverlässigkeit oder Verhalten, Aufenthaltsort oder Ortswechsel der betroffenen Person".[734] Anders als es der Wortlaut des Art. 22 Abs. 1 DSGVO und die Gesetzessystematik nahelegen, handelt es sich nicht allein um ein Recht des Betroffenen. Viel-

---

730 Näher zum – durchaus umstr. – Begriff der „Löschung" *Dix* in Simitis/Hornung/Spiecker gen. Döhmann, Datenschutzrecht (Hrsg.), 1. Aufl. 2019, Art. 17 Rn. 5.

731 So *Dix* in Simitis/Hornung/Spiecker gen. Döhmann, Datenschutzrecht (Hrsg.), 1. Aufl. 2019, Art. 20 Rn. 6, der meint, dass dies auch die Nutzung von Fitness-Trackern, Smart Watches oder Smartphone-Apps betreffen könne; enger demgegenüber *Werkmeister/Brandt*, CR 2016, 233 (237).

732 Vgl. *Sartor*, The impact of the General Data Protection Regulation (GDPR) on artificial intelligence, 2020, S. 57.

733 Art. 22 Abs. 4 DSGVO bestimmt zusätzlich, dass Entscheidungen nach Absatz 2 grundsätzlich nicht auf besonderen Kategorien personenbezogener Daten nach Art. 9 Abs. 1 beruhen dürfen.

734 Nach *Weichert*, in: Däubler/Wedde/Weichert/Sommer (Hrsg.), EU-DSGVO und BDSG, Art. 22 DSGVO Rn. 42a soll die Vorschrift auch dann anwendbar sein, wenn von einem Arbeitgeber „bei einem (...) Nudging eine direkt-kontrollierende Intention verfolgt oder Wirkung erreicht wird".

mehr stellt Art. 21 Abs. 1 DSGVO nach wohl h.M. zugleich ein Verbot, genauer ein Verbot mit Erlaubnisvorbehalt, dar.[735]

a) Normzweck

Der Zweck des Art. 22 Abs. 1 DSGVO ist weniger klar, als man auf den ersten Blick meinen könnte.[736] Allerdings dürften die Überlegungen, die im Zusammenhang mit der Vorgängerregelung in Art. 15 der Datenschutzrichtlinie[737] angestellt wurden, auf Art. 22 Abs. 1 DSGVO in weitem Umfang übertragbar sein.[738] Insoweit hatte die Kommission in ihrem ursprünglichen Vorschlag ausgeführt, es gehe bei der Vorschrift um den Schutz der betroffenen Person davor, „Gegenstand einer Entscheidung zu sein, die eine Beurteilung ihres menschlichen Verhaltens impliziert und sich allein auf eine rechnergestützte Verarbeitung personenbezogener Daten stützt, die eine Beschreibung des Profils oder der Persönlichkeit des Betroffenen vermittelt". Durch diese Bestimmung solle „das Interesse der betroffenen Person an der Beteiligung an den Prozessen im Zusammenhang mit den für sie wichtigen Entscheidungen ge-

735 Vgl. nur *Atzert* in: Schwartmann/Jaspers/Thüsing/Kugelmann, DS-GVO/BDSG, 2. Aufl., 2020, Art. 22 Rn. 1f.; neuerdings auch *Djeffal*, ZaöRV 2020, 847 (861), der die Vorschrift selbst als „law-by-design-obligation" interpretiert, die von Entwicklern verlange, die Rechte, Freiheiten und berechtigten Interessen der betroffenen Personen in den Designprozess einzubeziehen. Dabei reiche es nicht aus, ein vorgegebenes Regelwerk anzuwenden. Vielmehr müssten eine soziotechnische Folgenabschätzung durchgeführt und alle Aspekte abgewogen werden; ebda., 868; vgl. zum Ganzen auch *Bygrave*, in: Kuner/Bygrave/Docksey/Drechsler (eds.), The EU General Data Protection Regulation – A Commentary, 2020, Art. 22 note 2 (m.w.N.). Eng verwandt mit Art. 22 DSGVO ist Art. 8 des Vorschlags für eine Richtlinie des Europäischen Parlaments und des Rates zur Verbesserung der Arbeitsbedingungen in der Plattformarbeit, COM(2021) 762 final; näher hierzu Krause, NZA 2022, 521 (529).

736 Das VG Wiesbaden hat sich in seinem Vorabentscheidungsersuchen v. 1.10.2021, VuR 2022, 70 zum Normzweck des Art. 22 Abs. 1 DSGVO wie folgt geäußert: „Anliegen des Verordnungsgebers ist es, zu verhindern, dass die Entscheidungsfindung ohne individuelle Einschätzung und Bewertung durch einen Menschen stattfindet. Die betroffene Person soll keinem ausschließlich technischen und undurchschaubaren Vorgang ausgeliefert sein, ohne die zugrunde liegenden Annahmen und Bewertungsmaßstäbe nachvollziehen und durch Ausübung ihrer Rechte gegebenenfalls intervenieren zu können. Regelungsanliegen ist damit neben dem Schutz vor diskriminierenden Entscheidungen auf Grundlage vermeintlich objektiver Datenverarbeitungsprogramme auch die Schaffung von Transparenz und Fairness bei der Entscheidungsfindung. Entscheidungen über die Ausübung individueller Freiheiten sollen nicht ungeprüft der Logik von Algorithmen überlassen werden. Denn Algorithmen arbeiten mit Korrelationen und Wahrscheinlichkeiten, die nicht zwingend einer Kausalität folgen und auch nicht zwangsläufig zu nach menschlicher Einsicht „richtigen" Ergebnissen führen. Aus der Systematisierung zutreffender Einzeldaten können vielmehr fehlerhafte, unfaire oder diskriminierende Schlussfolgerungen gezogen werden, die – werden sie zur Grundlage einer Entscheidungsfindung – die Freiheitsrechte der betroffenen Person erheblich tangieren, und ihn vom Subjekt zum Objekt einer entpersonalisierten Entscheidung degradieren. Das trifft in besonderem Maße dann zu, wenn die betroffene Person nicht um den Einsatz von Algorithmen weiß oder sie – falls doch – nicht übersehen kann, welche Daten mit welchem Gewicht und durch welche Analysemethoden in die Entscheidung einfließen."

737 Richtlinie 95/46/EG des Europäischen Parlaments und des Rates vom 24. Oktober 1995 zum Schutz natürlicher Personen bei der Verarbeitung personenbezogener Daten und zum freien Datenverkehr, ABl. v. 23.11.1995, S. 31.

738 Vgl. *Bygrave*, in: Kuner/Bygrave/Docksey/Drechsler (eds.), The EU General Data Protection Regulation – A Commentary, 2020, Art. 22, A. Rationale and Policy Underpinnings.

schützt werden.“ Und weiter: „Die Verwendung umfangreicher Datenprofile von Privatpersonen durch mächtige öffentliche und private Einrichtungen entzieht dem Einzelnen die Möglichkeit, Entscheidungsprozesse innerhalb dieser Institutionen zu beeinflussen, wenn die Entscheidungen ausschließlich auf der Grundlage seines „Datenschattens“ getroffen werden“.[739] Im geänderten Vorschlag wird dies dann noch durch einen weiteren Gedanken ergänzt: „Die Gefahr einer missbräuchlichen Verwendung der Informatik bei der Entscheidungsfindung ist eine der Hauptgefahren der Zukunft: Das von der Maschine gelieferte Ergebnis, die immer höher entwickelte Software und Expertensysteme zugrunde legt, hat einen scheinbar objektiven und unbestreitbaren Charakter, dem der menschliche Entscheidungsträger übermäßige Bedeutung beimessen kann, wenn er seiner Verantwortung nicht nachkommt“.[740]

Zugleich besteht weitgehend Einigkeit, dass Art. 22 Abs. 1 DSGVO in engstem Zusammenhang mit dem Schutz der Menschenwürde steht.[741] Der Sinn des Art. 22 Abs. 1 DSGVO liegt erkennbar darin sicherzustellen, dass, der „Mensch [nicht] zum bloßen Objekt voll automatisierter Datenverarbeitungsverfahren verkommt“.[742] Diese in der Literatur anzutreffende Formulierung entspricht weitgehend der sog. Objektformel“, welche das BVerfG im Zusammenhang mit Art. 1 Abs. 1 GG zur Anwendung bringt.[743] Verantwortliche sollen, so heißt es in der Literatur, „Entscheidungen, die für Betroffene rechtlich relevant sind oder sie gar beschweren, nicht ‚ausschließlich‘ auf rationale Erwägungen bzw. eine Schematisierung von Lebenssachverhalten stützen dürfen“.[744] Ersteres überzeugt indes nur bedingt, da man in Art. 22 Abs. 1 DSGVO dann ein Recht des Betroffenen auf (potenziell) „irrationale“ Entscheidungen sehen müsste. Insoweit ist es denn auch nicht von der Hand zu weisen, dass eine „rein maschinelle“ Entscheidungsfindung gegenüber der menschlichen Ent-

739 Kommission der Europäischen Gemeinschaften, Vorschlag für eine Richtlinie des Rates zum Schutz von Personen bei der Verarbeitung personenbezogener Daten v. 13.09.1990, KOM(90) 314 endg., S. 32.

740 Kommission der Europäischen Gemeinschaften, Geänderter Vorschlag der Kommission für eine Richtlinie des Rates zum Schutz natürlicher Personen bei der Verarbeitung personenbezogener Daten und zum freien Datenverkehr, v. 15.10.1992 KOM(1992) 422 endg., S. 26.

741 Vgl. nur *Bygrave*, in: Kuner/Bygrave/Docksey/Drechsler (eds.), The EU General Data Protection Regulation – A Commentary, 2020, A. Rationale and Policy Underpinnings (m.w.N.).

742 So *Atzert* in: Schwartmann/Jaspers/Thüsing/Kugelmann, DS-GVO/BDSG, 2. Aufl., 2020, Art. 22 Rn. 2 m.w.N.; vgl. auch *Geminn*, DÖV 2020, 172 (176) mit der Frage, „ob ein technisches System überhaupt dazu in der Lage ist, die Subjektqualität des Menschen zu würdigen und ihn als etwas anderes als ein Objekt zu behandeln“. Zur Sonderstellung einer Vorschrift, die nicht die Verarbeitung personenbezogener Daten im engeren Sinn regelt, sondern die darauf basierende Entscheidungsfindung und die Anwendung eines bestimmten Verarbeitungsergebnisses zum Gegenstand hat, *Scholz* in Simitis/Hornung/Spiecker gen. Döhmann, Datenschutzrecht, 1. Aufl. 2019, Art. 22 Rn. 4.

743 Vgl. nur BVerfGE 9, 89 u. C.I.1.); auch *Kunig/Kotzur*, in: von Münch/Kunig, Grundgesetz-Kommentar, 7. Aufl. 2021, Art. 1 Rn. 33 m.w.N.

744 *Atzert* in: Schwartmann/Jaspers/Thüsing/Kugelmann, DS-GVO/BDSG, 2. Aufl., 2020, Art 22 Rn. 2.

scheidungsfindung nicht nur Nachteile aufweist.[745] Ebenso wie ein Mensch gelegentlich aus „Mitgefühl" entscheidet,[746] entscheidet er eben nicht selten auch aus Antipathie.[747] Überzeugend scheint demgegenüber Letzteres, da eine „Schematisierung von Lebenssachverhalten", wie sie einer Entscheidungsfindung durch KI-Systeme eigen ist, nun einmal keine „echte" Einzelfallentscheidung darstellt.[748] Wenn gelegentlich zum Zweck des Art. 22 Abs. 1 DSGVO formuliert wird, dass „belastende Wertungsentscheidungen immer auch von einer natürlichen Person inhaltlich verantwortet werden (sollten)",[749] trifft dies allerdings nicht zu. Richtig ist vielmehr, dass KI-Systeme zumindest beim derzeitigen Stand gar keine „Wertentscheidungen" treffen können.[750]

Dass Art. 22 Abs. 1 DSGVO im vorliegenden Zusammenhang zentrale Bedeutung hat, liegt auf der Hand: Nicht nur bestehen bis dahin ungekannte Möglichkeiten zur Datensammlung, sondern auch solche zu ihrer Verknüpfung und Analyse. Im „Internet der Dinge" stehen Daten zu allen Lebensbereichen und aus den unterschiedlichsten Quellen zur Verfügung, die auch genutzt werden. Auch sind diese durchaus nicht mehr nur an das „klassische" Internet gebunden, wenn man an sog. *Wearables*[751] oder Sensordaten denkt.[752] Was speziell den Aspekt der Verknüpfung von Daten anbelangt, so sei nur auf die Mög-

745 Vgl. insoweit etwa *Schulz*, in: Gola/Heckmann, Bundesdatenschutzgesetz 13. Aufl. 2019, Art. 22 Rn. 2; *Atzert* in: Schwartmann/Jaspers/Thüsing/Kugelmann, DS-GVO/BDSG, 2020, 2. Aufl., Art. 22 Rn. 6 gibt allerdings zu bedenken, dass auch die „Entscheidungen von KI auf Algorithmen beruhen, die von nicht fehlerfrei arbeitenden natürlichen Personen programmiert und implementiert werden müssen", weshalb der „Faktor „Mensch" (…) auch der ausschließlich automatisierten Entscheidungsfindung per se immanent" sei.

746 Vgl. *Atzert* in: Schwartmann/Jaspers/Thüsing/Kugelmann, DS-GVO/BDSG, 2. Aufl., 2020, Art. 22 Rn. 6: „Der Verordnungsgeber stellt mithilfe des Art. 22 sicher, dass auch im Zeitalter der ubiquitären Digitalisierung Raum für menschliches Ermessen sowie Mitgefühl bleibt und somit die Berücksichtigung von atypischen bzw. Härtefällen weiterhin gewährleistet ist.".

747 Bemerkenswerterweise hat die Art. 29-Gruppe gar anerkannt, dass die automatische Entscheidungsfindung ggf. „potenziell eine größere Konsistenz oder Fairness im Entscheidungsfindungsprozess [ermöglicht] (z.B. durch Verringerung des Potenzials für menschliches Versagen, Diskriminierung und Machtmissbrauch) (Übersetzung d. Verf.)"; vgl. WP 29 WP 251 Rev. 01 v. 3.10.2017, S. 13.

748 Vgl. auch *Scholz* in Simitis/Hornung/Spiecker gen. Döhmann (Hrsg.), Datenschutzrecht, 1. Aufl. 2019, Art. 22 Rn. 10; vgl. hierzu auch schon oben unter G. III. 2.

749 So *Scholz* in Simitis/Hornung/Spiecker gen. Döhmann, Datenschutzrecht (Hrsg.), 1. Aufl. 2019, Art. 22 Rn. 3.

750 Vgl. auch *von Graevenitz*, ZRP 2018, 238 (240): „Auch bleibt fraglich, ob eine Maschine jemals in der Lage sein wird, wertende Gesichtspunkte in einer Art einzubinden, wie es menschlichen Entscheidern möglich ist und wie es gemeinhin von ihnen auch erwartet wird"; vgl. auch *Enders*, JA 2018, 721 (725) mit der Feststellung, dass „auch bei einem Selbst-Lerneffekt der KI (…) die Frage (bleibt), wer die erste, genauer müsste man wohl sagen, die ersten, initiierenden Wertentscheidungen vorgibt und die Maßstäbe für das anschließende „Selbstlernen" der KI setzt"; vgl. auch hierzu oben unter G. III. 2.

751 Hierzu aus US-amerikanischer Sicht *Ajunwa*, Algorithms at Work: Productivity Monitoring Applications and Wearable Technology as the New Data-Centric Research Agenda for Employment and Labor Law, September 10, 2018, St. Louis U. L.J. 2019, 21. https://ssrn.com/abstract=3247286.

752 Vgl. *Scholz* in Simitis/Hornung/Spiecker gen. Döhmann, Datenschutzrecht (Hrsg.), 1. Aufl. 2019, Art. 21 Rn. 8.

lichkeit des sog. *Scoring* verwiesen, bei dem ein künftiges Verhalten mit einem Wahrscheinlichkeitswert prognostiziert wird. Dieses breitet sich in immer mehr Lebensbereiche aus; zu diesen zählt mittlerweile auch die Bewertung von Bewerbern und Arbeitnehmern.[753]

b) Zweifelsfragen

So deutlich die rechtliche Dignität und die praktische Bedeutung des Art. 22 Abs. 1 DSGVO sind, so unbestreitbar ist nun andererseits, dass die Anwendung der Vorschrift zu einer Fülle von Zweifelsfragen Anlass gibt. Eine erste Frage betrifft den Anwendungsbereich der Regelung: Während Art. 22 Abs. 1 DSGVO nach der wohl h.M. alle automatisierten Datenverarbeitungsprozesse erfasst, die zu einer abschließenden Entscheidung führen, soll die Vorschrift nach anderer Auffassung nur dann anwendbar sein, wenn die Entscheidung auf die Bewertung einzelner Persönlichkeitsmerkmale abzielt,[754] und jedenfalls die lediglich punktuelle Einbeziehung personenbezogener Daten in die automatisierte Entscheidungsfindung nicht vom Verbot erfasst sein.[755]

Deutlich weniger Probleme bereitet auf den ersten Blick die Beantwortung der Frage, was unter einer „automatisierten Entscheidung" zu verstehen ist. Verhältnismäßig deutlich dürfte nämlich sein, dass man von einer „Entscheidung" nur dann wird sprechen können, wenn ein gestaltender Akt mit abschließender Wirkung vorliegt.[756] Auch wird von einer „automatisierten Entscheidung" kaum die Rede sein können, wenn es sich dabei um eine einfache Wenn-Dann-Entscheidung handelt.[757] Jenseits dessen wird das Bild aber rasch unklar. Denn zwar bedarf keiner Begründung, dass Art. 22 Abs. 1 DSGVO nur auf automatisierte Entscheidungen und nicht auch auf automatisiert erzeugte Entscheidungsvorschläge zielt. Dementsprechend leuchtet ein, dass die Vorschrift außer Betracht bleibt, wenn der output der Maschine „von einem Menschen – anhand weiterer Kriterien – im Sinne einer abschließenden Beurteilung überprüft und damit in eine eigene Entscheidung übersetzt wird" und dass dies auch dann zu gelten hat, wenn dem Vorschlag letztlich gefolgt wird.[758] Doch bleibt dunkel, was genau die „Übersetzung in eine eigene Entscheidung" fordert.

---

753 *Scholz* in Simitis/Hornung/Spiecker gen. Döhmann, Datenschutzrecht (Hrsg.), 1. Aufl. 2019, Art. 21 Rn. 9.

754 Vgl. nur *Scholz* in Simitis/Hornung/Spiecker gen. Döhmann, Datenschutzrecht (Hrsg.), 1. Aufl. 2019, Art. 22 Rn. 19 m. w, Nachw. zum Streitstand (u. Fn. 50).

755 So *Höpfner/Daum*, ZfA 2021, 476 (485).

756 So *Scholz* in Simitis/Hornung/Spiecker gen. Döhmann, Datenschutzrecht (Hrsg.), 1. Aufl. 2019, Art. 22 Rn. 17.

757 So wiederum *Scholz* in Simitis/Hornung/Spiecker gen. Döhmann, Datenschutzrecht (Hrsg.), 1. Aufl. 2019, Art. 22 Rn. 18 unter Verweis auf den Schutzzweck der Norm.

758 So *Scholz* in Simitis/Hornung/Spiecker gen. Döhmann, Datenschutzrecht (Hrsg.), 1. Aufl. 2019, Art. 22 Rn. 28.

Ähnliches Kopfzerbrechen bereitet die Frage, wann eine Entscheidung *ausschließlich* auf die automatisierte Verarbeitung gestützt wird.[759] Hiervon soll nicht nur dann auszugehen sein, wenn von vornherein keine Überprüfung durch einen Menschen vorgesehen ist und eine solche auch anschließend nicht erfolgt, sondern auch dann, wenn der Mensch die automatisierte Vorgabe lediglich bestätigt oder übernimmt.[760] Stattdessen soll nach verbreiteter Auffassung zu fordern sein, dass der Mensch bei seiner Überprüfung über die nötige Datengrundlage verfügt und auch eine entsprechende fachliche Qualifikation besitzt. Außerdem soll er, so heißt es, einen Entscheidungsspielraum haben, um von der automatisierten Entscheidung ggf. auch abweichen zu können.[761] Vorausgesetzt wird bei alldem erkennbar, dass der Mensch nach den Gegebenheiten die tatsächliche Möglichkeit zur Nachprüfung hat, was massenweise automatisierte Entscheidungen an Art. 22 Abs. 1 DSGVO scheitern lassen dürfte, weil diese eine menschliche Überprüfung faktisch unmöglich machen. Selbst wenn man dem folgt, bleibt aber noch immer eine erhebliche Grauzone. Dies zeigt sich insbesondere daran, dass Uneinigkeit hinsichtlich der Frage besteht, ob es den Anforderungen des Art. 22 Abs. 1 DSGVO genügt, wenn sich die Überprüfung auf das „Herausfiltern unplausibler Entscheidungen" beschränkt.[762] Dabei trifft zwar zu, dass sich „auch wahrscheinlich richtige Programmentscheidungen (…) als individuell falsch erweisen (können)".[763] Doch ist eben gerade die Frage, ob Art. 22 Abs. 1 DSGVO entnommen werden muss, dass gegenüber automatisierten Entscheidungen mehr als eine „Evidenzkontrolle" vorzunehmen ist.[764]

Keinesfalls unproblematisch ist schließlich auch das Erfordernis, dass die automatisierte Entscheidung gegenüber der betroffenen Person „rechtliche Wirkung entfaltet oder sie in ähnlicher Weise erheblich beeinträchtigt". Dies gilt gerade auch im vorliegenden Zusammenhang. Zwar leuchtet o.W. ein, dass

---

759 In Erwägungsgrund 71 wird ein „Online-Einstellungsverfahren ohne jegliches menschliche Eingreifen" als Beispiel für eine ausschließlich auf einer automatisierten Verarbeitung beruhende Entscheidung angeführt, vgl. zur Problematik von Entscheidungsfindungsprozessen mit mehreren Phasen, die sowohl manuell als auch automatisiert sein können, Binns/Veale, International Data Privacy Law 2021, 319.

760 Vgl. *Scholz* in: Simitis/Hornung/Spiecker gen. Döhmann (Hrsg.), Datenschutzrecht, 1. Aufl. 2019, Art. 21 Rn. 26.

761 Vgl. *Scholz* in: Simitis/Hornung/Spiecker gen. Döhmann, Datenschutzrecht (Hrsg.), 1. Aufl. 2019, Art. 21 Rn. 27 (u. Hinw. auf Art.-29-Gruppe, 17/EN WP251rev. 01, S. 10).

762 Verneinend *Scholz* in: Simitis/Hornung/Spiecker gen. Döhmann, Datenschutzrecht (Hrsg.), 1. Aufl. 2019, Art. 21 Rn. 27; bejahend BeckOK DatenschutzR/*v. Lewinski*, 40. Ed., DSGVO Art. 22 Rn. 25.1.

763 So *Scholz* in: Simitis/Hornung/Spiecker gen. Döhmann, Datenschutzrecht (Hrsg.), 1. Aufl. 2019, Art. 21 Rn. 27.

764 Darin, dass der Mensch hier alle Entscheidungen, wenn auch nur „am Rande" kontrolliert, liegt der Unterschied zur bloßen Stichprobenkontrolle, die wohl allgemein als nicht ausreichend erachtet wird; vgl. zu Letzterer *Scholz* in: Simitis/Hornung/Spiecker gen. Döhmann, Datenschutzrecht (Hrsg.), 1. Aufl. 2019, Art. 21 Rn. 27.

eine „rechtliche Wirkung" im Privatrecht z.B. bei der Kündigung eines Vertrags zu bejahen ist.[765] Doch ist i.H.a. arbeitsrechtliche Weisungen zu beachten, dass diese von vornherein nur auf eine Konkretisierung der Pflichten aus dem Arbeitsvertrag gerichtet sind; der Arbeitgeber kann Inhalt, Ort und Zeit der Arbeitsleistung nach § 106 S. 1 GewO eben nur „näher bestimmen". Dass schließlich im Einzelfall unklar sein kann, wann eine tatsächliche Beeinträchtigung „erheblich" ist (und z.B. nicht lediglich eine „Belästigung" darstellt),[766] bedarf kaum der Begründung.

6. Datenschutz durch Technikgestaltung und datenschutzfreundliche Voreinstellungen

Art. 25 DSGVO beschreibt ein neues Instrument, nämlich einen Datenschutz durch Technikgestaltung (*data protection by design*) und durch datenschutzfreundliche Voreinstellungen (*data protection by default*).[767] Danach muss der Verantwortliche die geeigneten technischen und organisatorischen Maßnahmen treffen,[768] um insbesondere die Grundsätze des Art. 5 DSGVO wirksam umzusetzen.[769] Ziel ist ein in die Verarbeitung personenbezogener Daten „eingebauter Datenschutz",[770] der gerade auch im Zusammenhang mit KI Interesse verdient und auf den sich durchaus auch gewisse Hoffnungen richten.[771]

In Deutschland wurde mit dem sog. Standard-Datenschutzmodell (SDM) eine Methode entwickelt, um die rechtlichen Anforderungen (insbesondere) aus Art. 5 DSGVO in technische und organisatorische Maßnahmen zu überführen, die im Referenzmaßnahmen-Katalog des SDM detailliert beschrieben werden. Dieser unterstützt somit die Transformation abstrakter rechtlicher Anforderungen in konkrete technische und organisatorische Maßnahmen".[772] Darüber hinaus hat die Datenschutzkonferenz (DSK) dazu aufgefordert, „analog zu

---

765 *Scholz* in: Simitis/Hornung/Spiecker gen. Döhmann, Datenschutzrecht (Hrsg.), 1. Aufl. 2019, Art. 21 Rn. 34.

766 Hierzu *Scholz* in: Simitis/Hornung/Spiecker gen. Döhmann, Datenschutzrecht (Hrsg.), 1. Aufl. 2019, Art. 21 Rn. 35.

767 Vgl. hierzu etwa *Baumgartner/Gausling*, ZD 2017, 308.

768 Zu den technischen und organisatorischen Maßnahmen im Zusammenhang mit Art. 32 DSGVO *Joos/Meding*, CR 2020, 834. Die Vorschrft konkretisiert, ebenso wie Art. 25 DSGVO, die Anforderungen des Art. 24 DSGVO; vgl. dazu nur *Hansen* in: Simitis/Hornung/Spiecker gen. Döhmann (Hrsg.), Datenschutzrecht, 1. Aufl. 2019, Art. 25 Rn. 14.

769 Näheres zu den insoweit in Betracht kommenden Maßnahmen in Erwägungsgrund 78.

770 Vgl. *Hansen* in: Simitis/Hornung/Spiecker gen. Döhmann (Hrsg.), Datenschutzrecht, 1. Aufl. 2019, Art. 25 Rn. 1.

771 Vgl. zu dieser Regelung auch *Klingbeil/Kohm*, MMR 2021, 3.

772 Das Standard-Datenschutzmodell – Eine Methode zur Datenschutzberatung und-prüfung auf der Basis einheitlicher Gewährleistungsziele, Version 2.0b von der 99. Konferenz der unabhängigen Datenschutzaufsichtsbehörden des Bundes und der Länder am 17. April 2020 beschlossen, S. 5f. https://www.datenschutzzentrum.de/uploads/sdm/SDM-Methode_V2.0b.pdf.

Art. 25 DSGVO (...) bereits alle datenschutzrechtlichen Anforderungen bei der Systementwicklung (mitzudenken)".[773]

So überzeugend der Gedanke eines „eingebauten Datenschutzes" auf den ersten Blick auch unter Effektivitätsgesichtspunkten ist, so sehr ist indes vor überzogenen Erwartungen zu warnen. Dass in Wirklichkeit Zurückhaltung geboten ist, ergibt sich einerseits daraus, dass sich die Anforderungen der DSGVO vornherein nicht allein durch Technik erfüllen lassen und andererseits auch daraus, dass angesichts der unterschiedlichen offiziellen Sprachfassungen der Vorschrift gar nicht klar ist, inwieweit die Vorschrift überhaupt eine „datenschutzfördernde Technik" fordert.[774] Unabhängig davon scheint der Gedanke aber bislang kaum Einzug in die Praxis der Software- und Hardware-Entwicklung gehalten zu haben.[775]

Kritiker führen gegen die Regelung in Art. 25 DSGVO ihre „Technikneutralität" ins Feld. Zwar ziele die Vorschrift auf eine „freiheitsfördernde Technikgestaltung". Doch sei sie zu abstrakt und überdies mit zu vielen Vorbehalten ausgestattet. Deshalb nutzten die Verantwortlichen „die Technikneutralität dieser Vorschrift (...), um sich mit der Aufgabe der datenschutzgerechten Systemgestaltung gar nicht beschäftigen zu müssen".[776] Zu den konkreten Vorschlägen einer Reform der DSGVO zählt deshalb, „den technischen Datenschutz (Privacy by Design)[777] zu fördern und zu gestalten". Datenschutz, der in die Systeme eingebaut sei, müsse dann „nicht mühevoll im Einzelfall überprüft werden – eine Aufgabe, die auch gar nicht mehr zu leisten wäre".[778]

7. Zertifizierung

Nach Art. 42 Abs. 1 S. 1 DSGVO fördern „die Mitgliedstaaten, die Aufsichtsbehörden, der Ausschuss und die Kommission (...) insbesondere auf Unionsebene die Einführung von datenschutzspezifischen Zertifizierungsverfahren sowie von Datenschutzsiegeln und -prüfzeichen, die dazu dienen, nachzuweisen,

---

773 Vgl. Positionspapier der Konferenz der unabhängigen Datenschutzaufsichtsbehörden des Bundes und der Länder v. 6.11.2019.

774 Vgl. nur *Hansen* in: Simitis/Hornung/Spiecker gen. Döhmann (Hrsg.), Datenschutzrecht, 1. Aufl. 2019, Art. 25 Rn. 16.

775 So *Hansen* in: Simitis/Hornung/Spiecker gen. Döhmann, Datenschutzrecht (Hrsg.), 1. Aufl. 2019, Art. 17.

776 So *Roßnagel*, MMR 2020, 222 (227): „Mahnt z.B. ein betrieblicher Datenschutzbeauftragter eine bestimmte Maßnahme datenschutzgerechter Systemgestaltung an, kann er nie nachweisen, dass diese von der abstrakten Anforderung eines „Privacy by Design" gefordert wird."

777 Vgl. dazu zuletzt auch *Vásquez*, DSRITB 2021, 149.

778 *Roßnagel/Geminn/Jandt/Richtert*, Datenschutzrecht 2016 „Smart" genug für die Zukunft? Ubiquitous Computing und Big Data als Herausforderungen des Datenschutzrechts, 2016, S. XVI; vgl. zum Ganzen auch ebda., S. 134ff.

dass diese Verordnung bei Verarbeitungsvorgängen von Verantwortlichen oder Auftragsverarbeitern eingehalten wird".[779] Hinter der Regelung verbirgt sich die Einschätzung, dass Datenschutz v.a. dann wirksam ist, wenn er die für die Datenverarbeitung Verantwortlichen einbindet. Hierfür bedarf es alternativer Datenschutzkonzepte, zu denen auch Datenschutzaudits und Datenschutzzertifizierungen zählen und auf die Schaffung von Marktanreizen zu datenschutzkonformem Verhalten zielen.[780]

Adressaten der Zertifizierung sind, ebenso wie bei Art. 25 DSGVO, nur Verantwortliche (Art. 4 Nr. 7) und Auftragsverarbeiter (Art. 4 Nr. 8). Nicht angesprochen werden demgegenüber von der Regelung die Hersteller und Anbieter von Produkten und Dienstleistungen. Indes könnten gerade die Hersteller von IT-Produkten durch Konzeption, Erforschung und Entwicklung für die tatsächliche Verfügbarkeit von datenschutzfreundlichen Lösungen am Markt sorgen. Dementsprechend sollten auch diese in der Vorschrift adressiert werden.[781]

Unabhängig davon bleibt aber nach geltendem Recht noch immer das Problem, dass die Zertifizierung als freiwillige Maßnahme ausgestaltet ist. Die praktische Wirksamkeit des Instruments hängt deshalb daran, dass die Marktkräfte einen ausreichenden Druck erzeugen. Da dies durchaus zweifelhaft ist, wird, statt einer ex ante erfolgenden Zertifizierung, verschiedentlich die Bereitstellung eines regulatorischen Rahmens für eine den gesamten Lebenszyklus eines algorithmenbasierten Systems begleitende Auditierung gefordert.[782]

8. Datenschutz-Folgeabschätzung

Art. 35 DSGVO enthält eine Regelung zur sog. Datenschutz-Folgeabschätzung.[783] Nach Art. 35 Abs. 1 S. 1 DSGVO „führt der Verantwortliche vorab eine Abschätzung der Folgen der vorgesehenen Verarbeitungsvorgänge für den Schutz personenbezogener Daten durch", sofern „eine Form der Verarbei-

779 Vgl. hierzu auch Erwägungsgrund 100.

780 Vgl. *Scholz* in: Simitis/Hornung/Spiecker gen. Döhmann (Hrsg.), Datenschutzrecht, 1. Aufl. 2019, Art. 42, Rn. 4.

781 Vgl. *Scholz* in: Simitis/Hornung/Spiecker gen. Döhmann (Hrsg.), Datenschutzrecht, 1. Aufl. 2019, Art. 42, Rn. 19; ebenso *Haußmann/Thieme*, NZA 2019, 1612 (1618): „Auch ohne verbindliche Verfahren würde es Betriebsparteien helfen, wenn die Hersteller sich mit den zentralen Fragen des Arbeitnehmerdatenschutzes im System vertraut machen und die Antworten auf gängige Fragen in leicht verständlichen Formaten mitliefern." Dabei beklagen die Autoren, dass die einschlägigen Regelungen der DSGVO von Mitgliedstaat zu Mitgliedstaat unterschiedlich interpretiert würden, und zwar gerade auch im Bereich des Beschäftigtendatenschutzes.

782 So *Martini*, Blackbox Algorithmus – Grundfragen einer Regulierung Künstlicher Intelligenz, 2019, S. 442.

783 Näher hierzu *Schürmann*, ZD 2022, 316 (319).

tung, insbesondere bei Verwendung neuer Technologien, aufgrund der Art, des Umfangs, der Umstände und der Zwecke der Verarbeitung voraussichtlich ein hohes Risiko für die Rechte und Freiheiten natürlicher Personen zur Folge (hat)". Nach Art. 35 Abs. 3 ist eine Datenschutz-Folgenabschätzung etwa bei einer systematischen und umfassenden Bewertung persönlicher Aspekte natürlicher Personen, die sich auf automatisierte Verarbeitung einschließlich Profiling gründet, aber auch bei der umfangreichen Verarbeitung besonderer Kategorien von personenbezogenen Daten gemäß Art. 9 Abs. 1 DSGVO erforderlich.[784] Diskutiert wird derzeit, ob und inwieweit Art. 35 DSGVO Vorbild für eine umfassende Technikfolgenabschätzung bei bestimmten KI-Anwendungen sein könnte.[785]

9. Grundlegende Defizite des geltenden Datenschutzrechts

Die DSGVO bildet einen Rechtsrahmen für die Anwendung von KI. Welche konkreten Anforderungen an diese zu stellen sind, ist indes vielfach unklar. Die Grundsätze des Art. 5 DSGVO sind sehr allgemein und abstrakt gehalten und bedürfen daher in hohem Maße der Konkretisierung, was für eine (unmittelbar geltende) Verordnung untypisch ist.[786] Für manche der Grundsätze fehlt noch stets eine „stabile" Dogmatik. Regelmäßig ist eine Abwägung zwischen unterschiedlichen Interessen vorzunehmen, deren Ergebnisse schwer vorherzusagen sind.[787] Diese Offenheit der DSGVO bietet mit Blick auf eine sich dynamisch entwickelnde Technik viele Vorteile,[788] stellt den Rechtsanwender aber zugleich vor erhebliche Herausforderungen.

Ob das bestehende Datenschutzrecht und insbesondere der in Gestalt der DS-GVO bestehende Rechtsrahmen ausreicht, um die Anwendung von KI datenschutzrechtlich ausreichend einzuhegen, muss angesichts der oben an vielen Stellen aufgezeigten Probleme bezweifelt werden. In der Literatur begegnet man nicht selten großer Skepsis. So wird zuweilen etwa geltend gemacht, dass „die Grundausrichtung des Datenschutzrechts (…) der Ära der Lochkarten (entstammt)". Doch erwüchsen Gefahren heute weniger daraus, dass ein personenbezogenes Einzeldatum erhoben oder verarbeitet werde, sondern zusehends daraus, „dass ein Algorithmus Massendaten aus dem Informationsstrom

784 Umfassend hierzu auch *Kaminski/Malgieri*, Algorithmic Impact Assessments under the GDPR: Producing Multi-layered Explanations (September 18, 2019), International Data Privacy Law, 2020, forthcoming, U of Colorado Law Legal Studies Research Paper No. 19–28. https://ssrn.com/abstract=3456224.

785 Vgl. *Ruschemeier*, NVwZ 2020, 446 (446).

786 Zutreffend *Roßnagel*, ZD 2018, 339 (342).

787 Vgl. wieder *Roßnagel*, ZD 2018, 339 (342).

788 Insoweit zuversichtlich etwa *Kugelmann*, DuD 2021, 503 (503): „Das Datenschutzrecht bietet insoweit Sicherheit, als jedenfalls die rechtlichen Grundlagen mit insbesondere der Datenschutz-Grundverordnung und den innerstaatlichen Datenschutzgesetzen feststehen."

anzapft und anschließend Rückschlüsse auf die Persönlichkeit oder Verhaltensweisen einer einzelnen Person zieht, indem er sie anhand spezifischer Merkmale einer Vergleichsgruppe zuordnet".[789] Auch liegt der DSGVO erkennbar die Annahme zugrunde, man könne für alle Daten einen oder mehrere Datenverantwortliche ausfindig machen. Auch diese Prämisse unterliegt aber zunehmend Zweifeln, die sich übrigens nicht zuletzt aus der häufigen Verknüpfung von KI und *Blockchain*-Technologie ergeben, da die letztere gerade darauf ausgerichtet ist, eine Dezentralisierung zu erreichen, indem ein einheitlicher Akteur durch viele verschiedene Akteure ersetzt wird.[790] Vor diesem Hintergrund kann es dann nicht mehr überraschen, dass von manchen eine grundlegende Revision der DSGVO gefordert wird.[791]

Empfohlen wird dabei zuweilen eine Neuorientierung, die sich vom geltenden Personenbezug löst und stärker eine (präventive) „Risikoregulierung" anstrebt,[792] wie sie nun in der Tat im Entwurf eines „KI-Gesetzes" zu finden ist.[793] Aufgrund der Möglichkeiten, Daten aus unterschiedlichen Quellen zusammenzuführen und auszuwerten, erscheint die Differenzierung zwischen personenbezogenen Daten auf der einen und bloßen Sachdaten oder anonymisierten Daten auf der anderen Seite zunehmend problematisch und in gewissem Umfang wohl geradezu obsolet.[794] Bei der empfohlenen Alternative ginge es in weitem Umfang um „prozedurale Vorgaben für den allgemeinen Umgang mit Datenbeständen und die Datenverarbeitung".[795] Anknüpfungspunkt für die Regulierung wäre nicht länger (allein) ein personenbezogenes Datum.

789 So *Martini*, Blackbox Algorithmus – Grundfragen einer Regulierung Künstlicher Intelligenz, 2019, S. 265.

790 Vgl. hierzu nur *Finck*, Blockchain and the General Data Protection Regulation, 2019, S. 101.

791 Hierfür etwa *Roßnagel/Geminn/Jandt/Richter*, Datenschutzrecht 2016 „Smart" genug für die Zukunft? Ubiquitous Computing und Big Data als Herausforderungen des Datenschutzrechts, 2016, S. XVII, wonach der Verordnung „ein überzogenes Verständnis von Technikneutralität" zugrunde liege. Auch gibt es Forderungen nach einer „breiten Debatte, die nicht nur politische und administrative Behörden einbezieht, sondern auch die Zivilgesellschaft und die Wissenschaft". Diese Debatte müsse sich, so lautet ein in der Literatur geäußertes Desideratum, mit der Frage befassen, „welche Standards für die KI-Verarbeitung personenbezogener Daten gelten sollen, insbesondere um die Akzeptanz, Fairness und Angemessenheit von Entscheidungen über Einzelpersonen sicherzustellen" (Übersetzung d. Verf.); so *Sartor*, The impact of the General Data Protection Regulation (GDPR) on artificial intelligence, 2020, S. 80 in seiner Studie für das Europäische Parlament. Der Autor unterbreitet darüber hinaus eine Reihe von Reformvorschlägen.

792 So *Martini*, Blackbox Algorithmus – Grundfragen einer Regulierung Künstlicher Intelligenz, 2019, S. 265.

793 Vgl. E. III. 1.

794 So *Martini*, Blackbox Algorithmus – Grundfragen einer Regulierung Künstlicher Intelligenz, 2019, S. 266.

795 So *Martini*, Blackbox Algorithmus – Grundfragen einer Regulierung Künstlicher Intelligenz, 2019, S. 264. Dabei empfiehlt er zugleich, in Anlehnung an die bestehenden Regelungen in Artt. 24 Abs. 1 u. 25 Abs. 1 (*privacy by design*), Art. 32 Abs. 1 DSGVO (IT-Sicherheit *by Design*) sowie Art. 35 Abs. 1 S. 1 DSGVO, „stärker den Risikogehalt der Verarbeitungstätigkeit in den Regulierungsfokus (zu rücken)"; ebda, S. 268.

Vielmehr rückten verstärkt die Analysemittel in den Mittelpunkt.[796] Gerade mit Blick auf *Big Data* wird gefordert, das bestehende „Konzept der Gefahrenabwehr“ durch das „Konzept der Vorsorge“ zu ergänzen; zu den insoweit vorgeschlagenen Maßnahmen zählt etwa die verpflichtende Prognose des möglichen Personenbezugs oder die Beschränkung von Einwilligungen, die negative Konsequenzen für Dritte haben können.[797] Ebenfalls diskutiert wird eine Verabschiedung vom Konzept des Schutzes personenbezogener Daten und die Aufrichtung eines Schutzes vor „allen negativen Folgen der Informationsverarbeitung für den Einzelnen oder die Allgemeinheit“. Dabei solle jede automatisierte Informationsverarbeitung zumindest eine Verpflichtung auslösen, zu prüfen, welche Auswirkungen sie haben kann.[798]

Unabhängig davon scheint es ratsam, den in Art. 25 DSGVO zum Ausdruck kommenden Gedanken des „Datenschutzes durch Technikgestaltung“ verstärkt in den Blick zu nehmen und zwar allein schon deshalb, weil sich das Problem hierbei gleichsam „an der Wurzel packen“ ließe. Allerdings müssten dabei bestimmte Funktionen verbindlich vorgegeben werden, um den nach geltendem Recht möglichen Einwand abzuschneiden, dass eine bestimmte Maßnahme von der Vorschrift nicht verlangt werde.[799] So verstanden kommt dem bereits jetzt in Art. 25 DSGVO verankerten Gedanken, „Rechtsregeln und deren Einhaltung bereits im Code von Programmen zu verankern“ eine enorme Tragweite zu. Jedenfalls besteht die Einschätzung, dass die „Effektivität des Rechts“ letztlich nur auf diese Weise zu sichern sei. Die Rechtswissenschaft sei dabei eingeladen, „ihr Normen- und Organisationswissen formalisiert so zur Verfügung zu stellen, dass Informatik-Prozeduren darauf zugreifen und dieses Wissen integrieren können“.[800]

Weitere Überlegungen zielen – in Anlehnung an die Regulierung anderer Risikotechnologien – u.a. auf erhöhte Transparenzanforderungen[801] (und zwar ins-

796 So *Martini*, Blackbox Algorithmus – Grundfragen einer Regulierung Künstlicher Intelligenz, 2019, S. 269.

797 So *Roßnagel*, ZD 2013, 562 (566f.).

798 So *Purtova*, The Law of Everything. Broad Concept of Personal Data and Future of EU Data Protection Law, Law, Innovation and Technology 2018, 40 (79f.): „(…) to abandon the concept of personal data as a cornerstone of data protection altogether, and seek remedies for ‘information-induced harms’ – understood broadly as any individual or public negative consequences of information processing – without a sentimental attachment to this familiar proxy.“

799 Vgl. *Roßnagel*, MMR 2020, 222.

800 So *Herberger*, NJW 2018, 2825 (2828); grundlegend hierzu *Brownsword*, Law, Technology and Society – Reimagining the Regulatory Environment, 2019.

801 Vgl. insoweit *Martini*, Blackbox Algorithmus – Grundfragen einer Regulierung Künstlicher Intelligenz, 2019, S. 283ff.

besondere durch Ausweitung der bestehenden Informationspflichten)[802] sowie eine „begleitende Rechtmäßigkeitskontrolle",[803] welche der „Wandlungsfähigkeit von Algorithmen"[804] Rechnung tragen soll. Insoweit begegnen, wenig überraschend, viele Überlegungen wieder, die bereits im Zusammenhang mit dem Antidiskriminierungsrecht vorgestellt wurden.[805]

Darüber hinaus erscheint es plausibel, wenn die Forderung erhoben wird, (auch) im Datenschutzrecht stärker auf einen kollektiven Rechtsschutz zu setzen. Schon materiell-rechtlich spricht vieles dafür, den „Privatheitsschutz nicht nur als eine Aufgabe individueller Rechteverfolgung zu verstehen", sondern „stärker (auch) als kollektiven Güterschutz [zu] konzipieren und weiter[zu] entwickeln.[806] Ganz unabhängig davon ist aber auch hier wieder die bestehende Informationsasymmetrie zu beachten, welche es naheliegend erscheinen lässt, über die bestehenden Instrumente kollektiven Schutzes (in Art. 80 Abs. 1 und 2 DSGVO) hinaus weitere kollektive Schutzmechanismen zu etablieren.[807]

VI. Arbeitsschutz

Der Einsatz von KI wirft zahlreiche arbeitsschutzrechtliche Fragen auf. Dies gilt umso mehr, wenn man bedenkt, dass KI häufig etwa mit dem Einsatz von Robotern einhergeht, was zu einer ganzen Reihe zusätzlicher Probleme führt. Die Probleme können hier nur gestreift werden.

Alles andere als unproblematisch ist in arbeitsschutzrechtlicher Hinsicht beispielsweise der Gebrauch von *Human Resource Analytics*. Diese geht mit zahlreichen Versprechungen auch gegenüber den Beschäftigten einher. So sollen diese dadurch befähigt werden, individuelle Möglichkeiten zur Optimierung ihrer

---

802 Vgl. *Martini*, Blackbox Algorithmus – Grundfragen einer Regulierung Künstlicher Intelligenz, 2019, S. 284ff.

803 Vgl. *Martini*, Blackbox Algorithmus – Grundfragen einer Regulierung Künstlicher Intelligenz, 2019, S. 363ff.

804 So *Martini*, Blackbox Algorithmus – Grundfragen einer Regulierung Künstlicher Intelligenz, 2019, S. 363.

805 Vgl. G.IV.3.

806 So *Martini*, Blackbox Algorithmus – Grundfragen einer Regulierung Künstlicher Intelligenz, 2019, S. 370.

807 So *Martini*, Blackbox Algorithmus – Grundfragen einer Regulierung Künstlicher Intelligenz, 2019, S. 274, der „neue Mechanismen staatlicher Kontrolle und Marktaufsicht" fordert.; vgl. hierzu etwa auch *De Stefano, Valerio/Wouters, Mathias*: AI and digital tools in workplace management and evaluation – An assessment of the EU's legal framework, May 2022, S. 65f. mit weiteren Reformvorschlägen. Eine umfassende Novellierung des Art. 22 DSGVO fordern de *Hert/Lazcoz*, Radical Rewriting of Art. 22 GDPR on machine decisions in the Ai era, European Law Blog.

Leistung besser erkennen und damit Karriere und persönliche Entwicklung gezielter vorantreiben zu können. Unabhängig davon, wie man zu diesen Verheißungen steht, sollten die erheblichen physischen und insbesondere auch psychosozialen Risiken nicht unterschätzt werden, die damit einhergehen. Dies gilt insbesondere dann, wenn der Arbeitgeber aufgrund der ihm zur Verfügung stehenden Instrumente der Beobachtung und nachfolgenden Analyse stets deutlich „mehr weiß" (oder doch zu wissen glaubt) als der Arbeitnehmer, bei dem sich dann leicht ein Gefühl der Ohnmacht und des „Ausgeliefertseins" einstellen kann. Die Europäische Agentur für Sicherheit und Gesundheitsschutz am Arbeitsplatz (EU-OSHA) meint dazu: „Wie können Arbeitnehmer sicher sein, dass Entscheidungen fair, genau und ehrlich getroffen werden, wenn sie keinen Zugang zu den Daten haben, die ihr Arbeitgeber besitzt und verwendet? Arbeitsschutzrisiken durch Stress und Angst entstehen, wenn Arbeitnehmer das Gefühl haben, dass Entscheidungen auf der Grundlage von Zahlen und Daten getroffen werden, auf die sie weder Zugriff noch Einfluss haben".[808]

Der zunehmende Einsatz von Robotik wirkt in vieler Hinsicht segensreich, weil er es möglich macht, Maschinen einzusetzen, wo etwa für Menschen ergonomische Risiken bestehen oder Gefahren durch den Einsatz von Chemikalien drohen. Gefährdungen der Arbeitnehmer lassen sich dadurch deutlich minimieren.[809] Mehr noch: Der Einsatz von Robotern mag es z.B. älteren Arbeitnehmern überhaupt erst ermöglichen, ihrer Tätigkeit weiter nachzugehen. Auch lassen sich gerade stupide Routineaufgaben häufig ohne Weiteres auf Roboter übertragen.[810] In mancher Hinsicht ist die technische Entwicklung ermutigend. So wurde jüngst von Robotern berichtet, welche die Körpersprache ihrer „menschlichen Arbeitskollegen" erlernen (und sich so besser auf sie einstellen können).[811] KI tritt z.B. auch in Gestalt von kollaborativen Robotern (*Cobots*) auf den Plan. Diese erfreuen sich bei den Unternehmen zunehmender

808 European Agency for Safety and Health at Work, OSH and the Future of Work: Benefits and Risks of Artificial Intelligence Tools in Workplaces, Discussion Paper, 2019, S. 4.

809 European Agency for Safety and Health at Work, Foresight on new and emerging occupational safety and health risks associated with digitalisation by 2025, European Risk Observatory Report, 2018, S. 89. Dass der Einsatz von Robotern geeignet ist, Menschen anstrengende Arbeiten abzunehmen, wird u. a. am Beispiel von sog. Exoskeletten deutlich. Diese docken gewissermaßen von außen an den Körper an und unterstützen den Menschen dabei, Arbeitsaufgaben zu erledigen, und zwar entweder rein mechanisch (passives Exoskelett) oder (zusätzlich) mithilfe digitaler Datenauswertung (aktives Exoskelett); vgl. dazu *Martini/Botta*, NZA 2018, 625.

810 Weitere positive Beispiele bei *Beyerer/Müller-Quade u.a.*, KI-Systeme schützen, Missbrauch verhindern – Maßnahmen und Szenarien in fünf Anwendungsgebieten, Whitepaper, o. J., S. 28.

811 Vgl. *Knight*, This Warehouse Robot Reads Human Body Language – Machines that understand what their human teammates are doing could boost productivity without taking jobs, June 28, 2022. https://www.wired.com/story/warehouse-robot-reads-body-language/.

Beliebtheit.[812] So sind derzeit bei Amazon Berichten zufolge ca. 100.000 KI-unterstützte *Cobots* im Einsatz, wobei es mit deren Hilfe gelungen ist, die Einarbeitungszeit für neue Mitarbeiter auf zwei Tage zu reduzieren.[813] Doch sind *Cobots* arbeitsschutzrechtlich nicht ohne Probleme. Eine Gefahrenquelle stellt beispielsweise das komplexe Zusammenspiel von Sensorik, Hardware und Software und deren Konnektivität dar; physische Gefahren für die Arbeitnehmer drohen v. a. dann, wenn Verbindungen instabil oder fehlerhaft sind.[814] Auch gibt es die Befürchtung, die zunehmende Mobilität und Entscheidungsautonomie von *Cobots*, die auf selbstlernenden Algorithmen basieren, könnten dazu führen, dass ihre Aktionen für die Menschen, die mit ihnen zusammenarbeiten, immer weniger vorhersehbar sind. Auch besteht die Gefahr, dass Arbeitnehmer gegenüber dem Arbeitstempo und -niveau eines *Cobots* ins Hintertreffen geraten und sich mehr und mehr einem entsprechenden Druck ausgesetzt sehen. Schließlich reduziert sich mit dem zunehmenden Einsatz von *Cobots* der Kontakt zu den Kollegen mit u.U. erheblichen psychosozialen Folgen.[815]

Besondere Herausforderungen ergeben sich auch im Zusammenhang mit der Nutzung von *Augmented* oder *Virtual Reality*. Zwar liegen deren Vorteile geradezu auf der Hand, wenn man daran denkt, dass sie es z.B. ermöglichen, Wartungsarbeiten aus der Ferne durchzuführen. Doch kann es bei Menschen, die in diesen Umgebungen arbeiten, zu kognitiven Störungen bis hin zur Desorientierung kommen. Und wenn Treffen immer öfter in der „virtuellen Realität" stattfinden, mag dies zwar die Effizienz erhöhen und das Reisebudget senken, geht aber auf Kosten „echter" sozialer Interaktion.[816] Dies ist übrigens auch gegenüber der – zunehmend praktische Gestalt gewinnenden – Vision eines (hybriden) Arbeitens im sog. Metaverse zu bedenken.[817]

---

812 Eine im Juni 2022 veröffentlichte Studie zeigt, dass der weltweite Markt für Cobots im Jahr 2021 um 45 % zugelegt und mit insgesamt 31.325 Einheiten ein Rekordhoch erreicht hat: https://www.k-zeitung.de/cobots-markt-legt-2021-um-45-zu/.

813 *Moore*, OSH and the Future of Work: Benefits and Risks of Artificial Intelligence Tools in Workplaces, European Agency for Safety and Health at Work Discussion Paper, 2019, S. 6.

814 *Moore*, OSH and the Future of Work: Benefits and Risks of Artificial Intelligence Tools in Workplaces, European Agency for Safety and Health at Work Discussion Paper, 2019, S. 6.

815 European Agency for Safety and Health at Work, Impact of Artificial Intelligence on Occupational Safety and, Health, Policy Brief, 2021, S. 1; vgl. zum Ganzen auch *Jansen/van der Beek/Cremers/Neerincx/van Middelaar*, Emergent Risks to Workplace Safety, Working in the Same Spot as a Cobot, Report for the Ministry of Social Affairs and Employment, 2018, S. 50f.

816 European Agency for Safety and Health at Work, Foresight on new and emerging occupational safety and health risks associated with digitalisation by 2025, European Risk Observatory Report, 2018, S. 37.

817 Vgl. hierzu nur *Purdy*, How the Metaverse Could Change Work, April 05, 2022. https://hbr.org/2022/04/how-the-metaverse-could-change-work.

Fragen wirft auch der Einsatz sog. *Chatbots* auf, also technischen Dialogsystemen, mit denen per Texteingabe oder Sprache kommuniziert werden kann. Zwar können *Chatbots* Menschen von repetitiven Aufgaben entlasten. Doch wird z.B. eine ausreichende Schulung der Mitarbeiter angemahnt, damit diese die Rolle und Funktion von *Chatbots* am Arbeitsplatz verstehen und die Beiträge, die diese bei der Unterstützung leisten, besser einordnen können.[818]

Auch andere Bereiche des Einsatzes von KI am Arbeitsplatz werden in der Literatur kritisch betrachtet. Dies gilt etwa für digitale Assistenzsysteme wie *Wearables*, Brillen mit *Virtual-Reality*-Funktionalität oder Tablets, wie sie insbesondere im Zusammenhang mit interner Logistik und *lean production* zur Anwendung kommen.[819] Insoweit wird insbesondere auf die Gefahr der Arbeitsintensivierung und Leistungsverdichtung hingewiesen, da die Beschäftigten von diesen Systemen beständig Anweisungen erhielten.[820] Insgesamt wird in der Literatur verschiedentlich hervorgehoben, dass digitale Assistenzsysteme eine Echtzeitkontrolle der Arbeitsprozesse und eine individuelle Anleitung der Mitarbeiter ermöglichten und somit eine „Tendenz (…) zur Fremdsteuerung“ aufwiesen.[821] Ganz unabhängig davon drohe – auf längere Sicht – ein *deskilling*, da Beschäftigte immer mehr auf die Ausführung „modularer Tätigkeiten“ zurückgeworfen würden.[822] Befürchtet wird auch ein Verlust an Arbeitsautonomie,[823] wie er aber z.B. auch in Callcentern droht, wenn sich die Beschäftigten Wort für Wort an ein vorgegebenes Skript halten müssen.[824] Besorgnisse löst überdies der Umstand aus, dass Beschäftigte vielfach einer Dauerüberwachung durch KI ausgesetzt sind,[825] in die häufig auch die Kunden eines Unternehmens eingeschaltet sind.[826] Als Musterbeispiel hierfür gelten insoweit vielen die Arbeitsbedingungen der Beschäftigten von Amazon in den USA. In den

---

818 *Moore*, OSH and the Future of Work: Benefits and Risks of Artificial Intelligence Tools in Workplaces, European Agency for Safety and Health at Work Discussion Paper, 2019, S. 7.

819 Vgl. hierzu etwa auch *Butollo/Jürgens/Krzywdzinski, Martin*, WZB Discussion Paper, No. SP III 2018-303, 2018, S. 11ff.

820 *Moore*, OSH and the Future of Work: Benefits and Risks of Artificial Intelligence Tools in Workplaces, European Agency for Safety and Health at Work Discussion Paper, 2019, S. 7; auch *Adrian Todoli Signes*, Making algorithms safe for workers: occupational risks associated with work managed by artificial intelligence, S. 6 f. https://doi.org/10.1177/10242589211035040.

821 Vgl. *Butollo/Jürgens/Krzywdzinski*, WZB Discussion Paper, No. SP III 2018-303, 2018, S. 17.

822 *Moore*, OSH and the Future of Work: Benefits and Risks of Artificial Intelligence Tools in Workplaces, European Agency for Safety and Health at Work, Discussion Paper, S. 7 f.

823 Vgl. nur *Todoli-Signes*, Making algorithms safe for workers: occupational risks associated with work managed by artificial intelligence, S. 6ff. https://doi.org/10.1177/10242589211035040.

824 Vgl. hierzu etwa auch *Doellgast/O'Brady*, Making call center jobs better: The relationship between management practices and worker stress, A Report for the CWA, 2020, S. 4.

825 Vgl. hierzu zuletzt etwa *Todoli Signes*, Making algorithms safe for workers: occupational risks associated with work managed by artificial intelligence, S. 4ff. https://doi.org/10.1177/10242589211035040.

826 Vgl. hierzu *Levy/Barocas*, Refractive Surveillance: Monitoring Customers to Manage Workers, International Journal of Communication 2018, 1166 mit der Feststellung, dass Unternehmen zunehmend Kundendaten bei der Führung der Mitarbeiter einsetzen.

Logistikzentren des Unternehmens findet eine vollumfängliche Überwachung durch Kameras dar.[827] Doch scheint man dabei nicht stehenbleiben zu wollen. So hat sich Amazon vor einiger Zeit ein Armband patentieren lassen, das genau verfolgt, wo Lagerarbeiter ihre Hände auflegen, und sie durch Vibrationen in eine andere Richtung lenken kann. Das Patent besagt, dass „die Ultraschallverfolgung der Hände eines Arbeiters verwendet werden kann, um die Ausführung der zugewiesenen Aufgaben zu überwachen".[828] Dem Erfindungsreichtum scheinen dabei kaum Grenzen gesetzt. So wird in der Literatur von einem Unternehmen berichtet, welches das klassische Namensschild in ein Überwachungsgerät verwandelt hat. Dieses birgt ein Mikrofon, das Gespräche aufzeichnet, sowie einen Bluetooth- und Infrarotsensor, der überwacht, wo sich ein Beschäftigter aufhält, sowie einen Beschleunigungsmesser, der aufzeichnet, wenn sie sich bewegen. Die dazugehörige Software sammelt Daten darüber, wie viel Zeit jeder Mitarbeiter mit Gesprächen verbringt und in welchem Verhältnis Sprechen und Zuhören zueinander stehen.[829] In Studien sind die Auswirkungen dieser Überwachungspraxis auf die Beschäftigten beschrieben worden.[830] Darin ist zuweilen auch vom sog. Hawthorne-Effekt die Rede,[831] welcher Verhaltensänderungen bei Personen bezeichnet, die sich bewusst machen, dass sie beobachtet werden.[832] Beschrieben wird insbesondere, dass unter ständiger Überwachung das Selbstwertgefühl der Beschäftigten und ihre Fähigkeit zur Kommunikation mit Kolleginnen und Kollegen Schaden nimmt.[833]

Weit überwiegend kritisch wird auch das sog. *gig work*, also die durch Plattformen vermittelte Arbeit gesehen. Dies gilt etwa für Beschäftigte von Lieferdiensten, wo ein hoher Zeit- und Leistungsdruck beklagt wird, der u.a. vom Entgeltsystem (z.B. Bezahlung nach der Anzahl von Lieferungen) und der Bewertung der Leistung durch die Kunden ausgeht. Die daraus resultierenden

---

827 Vgl. hierzu zuletzt *Gurley*, Internal Documents Show Amazon's Dystopian System for Tracking Workers Every Minute of Their Shifts. https://www.vice.com/en/article/5dgn73/internal-documents-show-amazons-dystopian-system-for-tracking-workers-every-minute-of-their-shifts; vgl. auch *Gilbert/Thomas/Pissarides/Al-Izzi/Miller/Burnell*, The Amazonian Era: How algorithmic systems are eroding good work, Institute for the Future of Work, 2021.

828 So *Hanley/Hubbard*, Eyes Everywhere: Amazon's Surveillance Infrastructure and Revitalizing Worker Power, September 1, 2020, S. 9 m.w.N. https://www.openmarketsinstitute.org.

829 Vgl. *Bales/Stone*, An Invisible Web at Work: Artificial Intelligence and Electronic Surveillance at the Workplace, Berkeley Journal of Employment & Labor Law, 2020, 1 (18).

830 Vgl. etwa *Ockenfels-Martinez/Boparai*, The Public Health Crisis Hidden in Amazon Warehouses, Oakland, CA. Human Impact Partners and Warehouse Workers Resource Center, 2021. https://humanimpact.org/hipprojects/amazon/.

831 So *Hanley/Hubbard*, Eyes Everywhere: Amazon's Surveillance Infrastructure and Revitalizing Worker Power, September 1, 2020. https://www.openmarketsinstitute.org.

832 https://en.wikipedia.org/wiki/Hawthorne_effect

833 Vgl. *Singh*, Employee Surveillance Rises Alongside Work-from-Home Rates, December 18, 2021. https://icetonline.com.

Arbeitsschutzrisiken, insbesondere die psychosozialen Risiken,[834] sind nicht zu übersehen.[835] Zugleich zeigen sich gerade hier ernste Probleme bei der Durchsetzung der arbeitsschutzrechtlichen Bestimmungen durch die zuständigen Behörde.[836] Die Europäische Agentur für Sicherheit und Gesundheitsschutz am Arbeitsplatz hat insoweit gerade auch das weitreichende *algorithmic management* durch die Plattformen als eine der Gefahrenquellen ausgemacht: „Die Verwendung von Algorithmen zur Zuweisung, Überwachung und Bewertung von Arbeit und die Leistung und das Verhalten von Plattformarbeitern beeinträchtigt das Machtgleichgewicht zwischen Plattformarbeitern, Plattformen und Kunden und untergräbt die Autonomie, die Kontrolle über die Arbeit und die Flexibilität von Plattformarbeitern (...). Dies kann zu Stress, Ängsten, Erschöpfung und Depressionen führen und verschlechtert die physische und psychische Gesundheit, die Sicherheit und das allgemeine Wohlbefinden der Plattformarbeiter".[837] Diese und andere Gefahren werden zunehmend erkannt und haben bereits zu manchen lobenswerten privaten Initiativen geführt.[838] Auch die Kommission hat in ihrem Vorschlag einer Richtlinie zur Verbesserung der Arbeitsbedingungen in der Plattformarbeit die „potenziell erheblichen Auswirkungen auf die körperliche und geistige Gesundheit" der Beschäftigten ausdrücklich hervorgehoben.[839] Dementsprechend sind digitale Arbeitsplattformen nach Art. 7 Abs. 2 RL-E verpflichtet, „(a) die Risiken automatisierter Überwachungs- und Entscheidungsfindungssysteme für die Sicherheit und Gesundheit der Plattformbeschäftigten, insbesondere im Hinblick auf mögliche Risiken von Arbeitsunfällen sowie psychosoziale und ergonomische Risiken, zu bewerten; (b) zu bewerten, ob die Schutzmaßnahmen dieser Systeme angesichts der spezifischen Merkmale der Arbeitsumgebung für

---

834 Vgl. hierzu nur *Bérastégui*, Exposure to psychosocial risk factors in the gig economy: a systematic review. ETUI Report, European Trade Union Institute, 2021. https://www.etui.org/sites/; vgl. auch European Agency for Safety and Health at Work, Digital platform work and occupational safety and health: a review, 2021.

835 *Moore*, OSH and the Future of Work: Benefits and Risks of Artificial Intelligence Tools in Workplaces, European Agency for Safety and Health at Work, Discussion Paper, S. 8. Ein anderes Problem ist die mangelnde "Fairness" der Arbeitsbedingungen; vgl. hierzu etwa *Sühr/Biega/Zehlike*, Two-Sided Fairness for Repeated Matchings in Two-Sided Markets: A Case Study of a Ride-Hailing Platform, Applied Data Science Track Paper 2019.

836 Vgl. nur European Agency for Safety and Health at Work, Actions by labour and social security inspectorates for the improvement of occupational safety and health in platform work, Policy Case Study 2022.

837 Vgl. European Agency for Safety and Health at Work, Occupational Safety and Health in Digital Platform Work: Lessons from Regulations, Policies, Actions and Initiatives, Policy Brief 2021.

838 Vgl. etwa Partnership on AI, Framework for Promoting Workforce Well-being in the AI-Integrated Workplace, 2020.

839 Proposal for a Directive of the European Parliament and of the Council on improving working conditions in platform work of 9.12.2021, 2021/0414 (COD), S. 2; vgl. auch Commission Staff Working Document – Impact Assessment Report – Accompanying the document Proposal for a Directive of the European Parliament and of the Council to improve the working conditions in platform work in the European Union of 10.12.2021, SWD(2021) 396 final/2 (Erwägungsgrund 38).

die ermittelten Risiken geeignet sind; c) und geeignete Präventions- und Schutzmaßnahmen einzuführen". Darüber hinaus „dürfen sie automatisierte Überwachungs- und Entscheidungsfindungssysteme nicht in einer Weise einsetzen, die einen unangemessenen Druck auf die Plattformarbeiter ausübt oder die körperliche und geistige Gesundheit der Plattformarbeiter anderweitig gefährdet".[840]

Um es an dieser Stelle zusammenzufassen: Die technische Entwicklung, unter Einschluss des zunehmenden Einsatzes von KI, birgt enorme Chancen für den Schutz von Leben und Gesundheit der Arbeitnehmer. Doch stehen diesen nicht zu unterschätzende Risiken gegenüber. In der Literatur werden im Hinblick auf Automatisierung, Robotisierung und KI v.a. folgende Risiken benannt: Leistungsverdichtung; Verlust von Autonomie, Vermischung von Arbeit und Privatleben, zunehmende Komplexität der Aufgaben für manche und Beschränkung auf „modulare Tätigkeiten" für andere; ständige Überwachung; Anpassungsdruck und der Verlust menschlicher Interaktion am Arbeitsplatz.[841] Eine Autorin hat es jüngst folgendermaßen zusammengefasst: „Stress, Diskriminierung, erhöhte Prekarität, Muskel-Skelett-Erkrankungen und die Möglichkeiten der Arbeitsintensivierung und des Arbeitsplatzverlustes stellen nachweislich psychosoziale Risiken bis hin zu physischer Gewalt an digitalisierten Arbeitsplätzen dar (...) Tatsächlich vergrößert KI die Arbeitsschutzrisiken an digitalisierten Arbeitsplätzen, da sie eine verstärkte Überwachung und Nachverfolgung ermöglicht und somit zu einem Mikromanagement führen kann, das eine Hauptursache für Stress und Ängste ist".[842] Mit ihrem Vorschlag einer Richtlinie zur Verbesserung der Arbeitsbedingungen in der Plattformarbeit hat die Kommission die Auswirkungen auf die körperliche und geistige Gesundheit der Beschäftigten anerkannt. Doch ist der Einsatz von KI nicht auf den Bereich der Beschäftigung auf Plattformen beschränkt, weshalb auch dort Regelungen getroffen werden sollten, wenn nicht gar, angesichts der Geltung

840 Nach Art. 6 Abs. 1 lit b) RL-E müssen digitale Arbeitsplattformen Plattformarbeitnehmer u. a. über automatisierte Entscheidungsfindungssysteme informieren, die sich erheblich auf ihre Sicherheit und Gesundheit am Arbeitsplatz auswirken.

841 Vgl. European Agency for Safety and Health at Work, Foresight on new and emerging occupational safety and health risks associated with digitalisation by 2025, European Risk Observatory Report, 2018, S. 37.

842 So *Moore*, OSH and the Future of Work: Benefits and Risks of Artificial Intelligence Tools in Workplaces, European Agency for Safety and Health at Work, Discussion Paper, S. 2f.; vgl. auch *dies.*, The Threat of Physical and Psychosocial Violence and Harassment in Digitalized Work, ACTRAV Bureau for Workers' Activities, ILO, 2018.

des allgemeinen Gleichheitssatzes, müssten.[843] Immerhin hat die Europäische Kommission nicht nur einen Vorschlag für eine Verordnung zur Künstlichen Intelligenz vorgelegt, sondern auch einen Vorschlag für eine Verordnung über Maschinenprodukte,[844] welche die Maschinen-Richtlinie 2006/42/EG ablösen soll, und ebenfalls rechtlich verbindliche Bedingungen für die Verwendung von KI enthält.[845]

VII. Haftungsfragen

Haftungsfragen zählen zu den bedeutsamsten und zugleich schwierigsten Problemen, die sich im Zusammenhang mit der Nutzung von KI-System ergeben. Diese Fragen stellen sich selbstverständlich auch im Arbeitsrecht, wobei allerdings hier in weitem Umfang nichts anderes gilt als im allgemeinen Zivilrecht. Die überragende Bedeutung der zivilrechtlichen Haftung (und speziell des Deliktsrechts) ergibt sich schon daraus, dass dieses dem Schutz von Rechten und Rechtsgütern dient, wobei § 823 Abs. 1 BGB das Leben, den Körper, die Gesundheit, die Freiheit und das Eigentum[846] ausdrücklich nennt. Zugleich bestimmt das Deliktsrecht den Entfaltungsraum, den der Einzelne in persönlicher und wirtschaftlicher Hinsicht hat.[847] Insoweit steht das Deliktsrecht im „Spannungsverhältnis zwischen Rechtsgüterschutz [des potentiell Geschädigten] und Handlungsfreiheit [des potenziellen Schädigers]".[848] Dem Deliktsrecht kommt, um es anders zu wenden, neben der Ausgleichs- eine Präventionsfunktion in dem Sinne zu, dass der Einzelne sein Verhalten regelmäßig am Ziel der Vermeidung von Ersatzansprüchen ausrichten wird. Dies bedeutet

---

843 Eine übergreifende arbeitsschutzrechtliche Regulierung, die bereits bei der Programmierung eines Algorithmus ansetzen soll, fordert *Todoli Signes*, Making algorithms safe for workers: occupational risks associated with work managed by artificial intelligence, S. 16. https://doi.org/10.1177/10242589211035040. Wenig inspiriert wirkt allerdings die Auseinandersetzung mit der Problematik von KI in der Mitteilung der Kommission an das Europäische Parlament, den Rat, den Europäischen Wirtschafts-und Sozialausschuss und den Ausschuss der Regionen, Strategischer Rahmen der EU für Gesundheit und Sicherheit am Arbeitsplatz 2021–2027, Arbeitsschutz in einer sich wandelnden Arbeitswelt v. 28.6.2021, COM(2021) 323 final, S. 7, wo es heißt: „Die neuen Technologien bringen jedoch auch eine Reihe von Herausforderungen mit sich: i) sowohl aufgrund der zunehmenden Unregelmäßigkeit in Bezug auf das Wann und das Wo der Ausführung der Arbeit ii) als auch aufgrund der Risiken im Zusammenhang mit neuen Werkzeugen und Maschinen."

844 Vorschlag für eine Verordnung des Europäischen Parlaments und des Rates über Maschinenprodukte v. 21.4.2021, COM(2021) 202 final.

845 Vgl. hierzu etwa *Mattiuzzo/Vock/Mössner/Voß*, Sichere Maschine mit – oder trotz – künstlicher Intelligenz, ARP 2021, 188.

846 Vgl. hierzu nur Staudinger/*Hager*, 2021, Vorbemerkungen zu §§ 823 BGB Rn. 10.

847 Vgl. insoweit auch die – nachfolgend näher darzustellende – Entschließung des Europäischen Parlaments vom 20. Oktober 2020 mit Empfehlungen an die Kommission für eine Regelung der zivilrechtlichen Haftung beim Einsatz künstlicher Intelligenz (2020/2014(INL) unter Erwägungsgrund B.

848 So *Larenz/Canaris*, SchuldR BT, 13, Aufl. 1994, S. 350.

aber im vorliegenden Zusammenhang nicht mehr und nicht weniger, als dass die Modalitäten der Herstellung und Nutzung von KI-Systemen sehr wesentlich davon abhängen, welche potenziellen Haftungsfolgen vom Schädiger einkalkulieren sind.[849] Dabei darf man ohne Weiteres annehmen, dass ein Mehr an Haftung für alle potenziellen Schädiger einen Anreiz setzt, das Risiko des Eintritts von Schäden nach Möglichkeit zu reduzieren.[850]

Im Folgenden soll zunächst der Fragenkreis der außervertraglichen Haftung und erst im Anschluss daran die vertragliche Haftung beleuchtet werden. Der Grund hierfür ist v.a., dass die aktuellen rechtspolitischen Bemühungen um die Schaffung spezifischer zivilrechtlicher Haftungsregeln für KI primär auf die deliktische Haftung zielen.

1. Außervertragliche Haftung

a) „Deliktsfähigkeit" der Maschine und „Autonomierisiko"

Wie grundstürzend viele Haftungsfragen sind, macht v.a. der Umstand deutlich, dass in der haftungsrechtlichen Diskussion sehr eingehend die Frage erörtert wird, ob und inwieweit die Maschine selbst Schädiger sein kann, also, wenn man so will, deliktsfähig ist. Dass diese Frage gestellt wird, kann nicht überraschen, wenn man das oben Gesagte zur Frage nach der Rechtsfähigkeit bedenkt.[851] Und in der Tat wurde die Diskussion um die Rechtsfähigkeit von Maschinen durch eine Entschließung des Europäischen Parlaments angestoßen, welche auf nichts anderes als die Gestaltung der zivilrechtlichen Haftung für KI-Systeme zielt.

Wenn diese Frage gerade im Haftungsrecht gestellt wird, dann deshalb, weil Robotern unter bestimmten Voraussetzungen ein gewisses Maß an „Autonomie" und damit eben auch eine Fähigkeit zur Schädigung anderer nicht abge-

---

849 Vgl. auch insoweit die Entschließung des Europäischen Parlaments vom 20. Oktober 2020 mit Empfehlungen an die Kommission für eine Regelung der zivilrechtlichen Haftung beim Einsatz künstlicher Intelligenz (2020/2014(INL), wo bereits der erste Erwägungsgrund (A.) den Hinweis darauf enthält, „dass das Konzept der „Haftung" im alltäglichen Leben zwei bedeutende Rollen spielt, dass nämlich zum einen sichergestellt wird, dass eine Person, die einen Personen- oder Sachschaden erlitten hat, berechtigt ist, von der Partei, die für den Personen- oder Sachschaden nachweislich haftbar ist, Schadensersatz zu verlangen und zu erhalten, und zum anderen wirtschaftliche Anreize für natürliche und juristische Personen geschaffen werden, an erster Stelle die Verursachung von Personen- oder Sachschäden zu vermeiden oder das Risiko einer Schadensersatzzahlung in ihr Verhalten einzukalkulieren"; vgl. zum Ganzen auch *Evas*, Civil liability regime for artificial intelligence – European added value assessment, Study European Research Service, 2020, S. 4ff. (m.w.N.).

850 Vgl. dazu auch *Wagner*, VersR 2020, 717 (723): „Ein gut eingestelltes Haftungsrecht generiert Anreize zur Entwicklung von Technologien, die gegenüber den etablierten Lösungen einen Sicherheitsgewinn versprechen, und schreckt vor dem Einsatz von Technologien ab, die höhere Schadenskosten verursachen als sie an zusätzlichem Nutzen generieren."

851 Vgl. G.II.

sprochen werden kann. Diese ist zwar mit menschlicher Selbstbestimmung nicht einmal entfernt vergleichbar. Doch lässt sich eine gewisse „Freiheit" kaum leugnen, wenn sich eine Maschine zwischen zwei oder mehreren Optionen „entscheidet", ohne dass dies durch die steuernde Software bereits zwingend vorgegeben wäre.[852] Und wer einwendet, dass die „Entscheidung" letztlich doch stets „vorprogrammiert" sei, sollte bedenken, dass die „Lernfähigkeit" von Algorithmen gerade in der Fähigkeit zur Verbesserung ihrer Entscheidungsregeln besteht: Indem das System diese weiterentwickelt, „entwächst es der Kontrolle durch seinen Programmierer".[853] Dies gilt bei künstlichen neuronalen Netze, die das menschliche Gehirn imitieren, sogar in ganz besonderer Weise, da das Programm dabei je nach dem „Zustand" des Netzes in die eine oder andere Richtung optiert, wobei das generierte Ergebnis wieder in das System eingespeist wird, so dass sich die Verknüpfungen ständig weiterentwickeln.[854] Dementsprechend kommt man nicht daran vorbei, dass „zum ersten Mal in der Geschichte (...) Artefakte selbst entscheiden können, was sie ‚tun und lassen'",[855] weshalb man das „Verhalten" des digitalen Systems auch nicht ohne Weiteres mit dem Verhalten desjenigen gleichsetzen kann, der es geschaffen hat oder nutzt. Indes ist beim derzeitigen Stand der technischen Entwicklung eine Haftung der Maschine selbst abzulehnen und zwar aus denselben Gründen, die bereits oben angesprochen wurden: Noch fehlt es an der Fähigkeit zu autonomer Entscheidungsfindung, welche eine Gleichstellung mit natürlichen Personen in haftungsrechtlicher Hinsicht tragen könnte.

b) Einzelfragen der Verschuldenshaftung

Wendet man sich nunmehr den Voraussetzungen einer Verschuldenshaftung zu, dann zeigt sich rasch, dass jede einzelne ihrer Voraussetzungen bei einer Haftung im Zusammenhang mit dem Einsatz von KI auf eine ernsthafte Probe gestellt wird und in der Tat Haftungslücken drohen.[856] Zu diesem Ergebnis kommt auch eine Expertengruppe, die vor einiger Zeit von der Europäischen

---

852 Von einem „Minimalbegriff der Autonomie" spricht *Wagner*, VersR 2020, 717 (720).

853 So *Wagner*, VersR 2020, 717 (720).

854 Auch hierzu *Wagner*, VersR 2020, 717 (720): „Allein maßgebend ist, dass das Verhalten des Systems für Außenstehende, einschließlich seiner Schöpfer, nicht vorhersagbar ist, sondern in der konkreten Handlungssituation das System selbst eine Entscheidung generiert."

855 *Wagner*, VersR 2020, 717 (724).

856 So etwa auch *Veith*, Künstliche Intelligenz, Haftung und Kartellrecht – Zivilrechtliche Verantwortlichkeit beim Einsatz von Künstlicher Intelligenz und Implikationen für das Kartellrecht, 2021, S. 124; „entspannter" demgegenüber *Hofmann*, Der Einfluss von Digitalisierung und künstlicher Intelligenz auf das Haftungsrecht, CR 2020, 282.

Kommission eingesetzt wurde, um das geltende Haftungsrecht in den Mitgliedstaaten auf mögliche Schwachstellen zu untersuchen.[857]

aa) Kausalität

Als problematisch erweist sich nach den Feststellungen der Experten häufig bereits die Klärung der Kausalität, also die Beantwortung der Frage, ob der eingetretene Schaden gerade von dem als Schädiger in Anspruch Genommenen verursacht wurde. Dass Ursache eines Schadens ein fehlerhafter Algorithmus war, dürfte sich, so die Experten, häufig nur schwer feststellen bzw. beweisen lassen.[858] Und dies gelte umso mehr, als in Fällen der vorliegenden Art eine erhebliche räumliche und zeitliche Entfernung zwischen Handlung und Rechtsgutverletzung liegen könne.[859] Dabei nähmen die Schwierigkeiten noch zu, wenn der Algorithmus durch Techniken des maschinellen Lernens immer weiter modifiziert wurde und sich deshalb vom „Original" u.U. weit entfernt habe.[860] In solchen Fällen die Kausalität zu klären, dürfte, so die Experten, häufig nur nach kostspieligen Analysen möglich sein. Dass der Geschädigte im Zusammenhang mit seinen Aufwendungen ggf. einen Ersatzanspruch habe, sei nur ein schwacher Trost, weil eben unsicher sei, wer insoweit überhaupt als Schuldner (und damit als Adressat eines Schadensersatzanspruchs) in Betracht komme.[861] Demensprechend lohne es sich, in derartigen Fällen an die Einführung einer Gefährdungshaftung zu denken,[862] die eben nicht an ein Verschulden, sondern an die Prinzipien der Gefahrveranlassung und Gefahrbeherrschung anknüpfe.[863]

Im Zusammenhang mit der Kausalität ist häufig auch vom sog. „Vernetzungsrisiko" die Rede, das beim Einsatz von KI zu beachten sei. Während das eben beschriebene „Autonomierisiko" daran anknüpft, dass bei autonomen KI-Sys-

---

857 Expert Group on Liability and New Technologies, New Technologies Formation, Liability for Artificial Intelligence and other emerging digital technologies, 2019; vgl. auch die nachfolgende, die Rechtslage in den USA einbeziehende rechtsvergleichende Studie von *Karner/Koch/Geistfeld*, Comparative Law Study on Civil Liability for Artificial Intelligence, 2020.

858 Expert Group on Liability and New Technologies, New Technologies Formation, Liability for Artificial Intelligence and other emerging digital technologies, 2019, S. 20; vgl. zur Problematik auch *Müller-Hengstenberg/Kirn*, CR 2018, 682; *Teubner*, AcP 2018, 155 (157) meint insoweit gar, „die am schwierigsten zu korrigierende Haftungslücke entsteht im Falle multipler Kausalität bei schädigenden Handlungen mehrerer Computer, wenn diese untereinander vernetzt sind."

859 Vgl. nur *Zech*, ZfPW 2020, 198 (206f.).

860 Vgl. zum sog. „Autonomierisiko" aufgrund des Umstands, dass das „Verhalten" eines technischen Systems in der Schadenssituation nicht von einem Menschen vorherbestimmt, sondern „durch die Software determiniert" wird, *Hofmann*, CR 2020, 282 (283) im Anschluss an *Teubner*, AcP 2018, 155 (163).

861 Expert Group on Liability and New Technologies – New Technologies Formation, Liability for Artificial Intelligence and other emerging digital technologies, 2019, S. 20.

862 Vgl. insoweit in der Tat Expert Group on Liability and New Technologies – New Technologies Formation, Liability for Artificial Intelligence and other emerging digital technologies, 2019, S. 21.

863 Vgl. *Larenz/Canaris*, SchuldR BT, 13, Aufl. 1994, S. 605.

temen mit einem gewissen Recht von einem „Fehlverhalten“ des Systems selbst gesprochen werden kann bzw. muss, knüpft der Begriff des „Vernetzungsrisikos“ daran an, dass KI-Systeme regelmäßig auf komplexen Verbindungen der Computer untereinander beruhen, so dass es sich, wenn es zu Schädigungen kommt, regelmäßig als schwierig erweist, den Schadensverlauf zu rekonstruieren und v.a. den Schädiger sicher zu identifizieren. Damit bringt die Digitalisierung „eine Prämisse ins Wanken (...), nämlich die praktische Möglichkeit, Verantwortungskreise benennen und die Verantwortlichkeitssphären verschiedener Subjekte voneinander abgrenzen zu können“.[864] Auch hierauf müssen rechtliche Antworten gefunden werden.

Immerhin mag man es mit Blick auf das deutsche Recht als tröstlich empfinden, dass dieses durchaus Lösungen bereithält, wenn an einer Verletzungshandlung mehrere Schädiger beteiligt sind oder als Schädiger in Betracht kommen. Denn nach § 830 Abs. 1 S. 1, Abs. 2 BGB ergibt sich bei einer sog. kumulativen Kausalität („haben mehrere durch eine gemeinschaftlich begangene unerlaubte Handlung einen Schaden verursacht“) eine Verantwortlichkeit jedes einzelnen Schädigers und, was noch viel wichtiger ist, nach § 830 Abs. 1 S. 2 BGB eine Verantwortlichkeit jedes einzelnen Schädigers auch bei Kausalitätszweifeln („wenn sich nicht ermitteln lässt, wer von mehreren Beteiligten den Schaden durch seine Handlung verursacht hat“). Doch führt dies dann nicht weiter, wenn bereits unaufklärbar ist, ob Handlungen nur im Zusammenspiel mit anderen oder jeweils für sich allein ursächlich waren. Denn für § 830 Abs. 1 S. 2 BGB muss feststehen, dass einer von mehreren Handelnden die Rechtsgutsverletzung bzw. den Schaden verursacht hat. Darüber hinaus muss aber auch feststehen, dass jeder eine Handlung begangen hat, die jeweils konkret geeignet war, die Rechtsgutverletzung bzw den Schaden herbeizuführen. Demgegenüber greift die Vorschrift nicht ein, wenn nicht aufgeklärt werden kann, ob Rechtsgutverletzung bzw. Schaden nur durch das Zusammenwirken beider verursacht wurden (mögliche kumulative Kausalität).[865] Im Ergebnis kann daher nach geltendem Recht dem „Vernetzungsrisiko“ nur sehr eingeschränkt begegnet werden.

bb) Rechtswidrigkeit und Schuld

Probleme ergeben sich aber auch mit Blick auf die Voraussetzungen von Rechtswidrigkeit und Schuld. So ist angesichts der Neuartigkeit des Phänomens der KI undeutlich, welchen konkreten Inhalt Verkehr(sicherungs)pflichten haben sollen, die man in diesem Bereich annehmen muss,[866] bzw. wie man

864 So *Wagner*, VersR 2020, 717 (725).

865 Vgl. *Zech*, ZfPW 2019, 198 (207f.); auch *Wagner*, VersR 2020, 717 (733).

866 Vgl. hierzu etwa *Schmid*, CR 2019, 141 zu einer Pflicht zur „integrierten Produktbeobachtung“ für automatisierte und vernetzte Systeme.

die „verkehrserforderliche Sorgfalt" substantiieren soll, auf die im Zusammenhang mit der Feststellung von Verschulden abzustellen ist.[867] Ganz entsprechend ist denn auch die oben angesprochene Expertengruppe zu dem Schluss gekommen, dass „die aufkommenden digitalen Technologien (...) die Anwendung verschuldensabhängiger Haftungsregeln aufgrund des Fehlens etablierter Modelle für das ordnungsgemäße Funktionieren dieser Technologien und der Möglichkeit ihrer Entwicklung als Ergebnis des Lernens ohne direkte menschliche Kontrolle (erschweren)".[868] Im Schrifttum begegnet zuweilen sogar noch mehr Skepsis. So wird gelegentlich die Einschätzung geäußert, dass insbesondere angesichts selbstlernender Algorithmen und der Bildung komplexer Systeme die Kausalität, aber eben auch das Verschulden, häufig nicht mehr rekonstruierbar seien. Gefordert wird deshalb von manchen eine „systemische Haftung", wonach alle an einem System Beteiligten grundsätzlich haftbar wären;[869] vom „Modell individueller Kausalitäts- und Verschuldenszuschreibung" hätte man dann Abstand genommen.

cc) KI als „Verrichtungsgehilfe"

Auch die Haftung für Dritte wirft im Zusammenhang mit der Nutzung von KI-Systemen Fragen auf. In Deutschland rechnet bekanntlich § 831 BGB hierher. Danach ist „wer einen anderen zu einer Verrichtung bestellt" ersatzpflichtig, wenn „der andere in Ausführung der Verrichtung einem Dritten widerrechtlich [einen Schaden zufügt]". Dabei drängt sich geradezu auf, dass eine derartige Haftung im vorliegenden Zusammenhang eminente Bedeutung erlangen kann. Denn wenn der „Geschäftsherr" für den „Verrichtungsgehilfen" haftet, dann liegt es nahe, auch denjenigen haften zu lassen, der sich zur Verrichtung bestimmter Aufgaben eines KI-Systems bedient. So hat denn auch die EU-Expertengruppe das Argument als „recht überzeugend" bewertet, „dass die Mithilfe einer selbst lernenden und autonomen Maschine nicht anders behandelt werden sollte als die Beschäftigung menschlichen Hilfspersonals".[870] Dabei kommt mit Blick auf § 831 Abs. 1 BGB noch hinzu, dass die Qualifikation als Verrichtungsgehilfe Abhängigkeit und Weisungsgebundenheit voraussetzt,[871] wobei es genügt, „dass der Geschäftsherr die Tätigkeit des Handelnden

---

867 Vgl. auch hierzu *Zech*, ZfPW 2019, 198 (210f.); vgl. auch *Haagen*, Verantwortung für Künstliche Intelligenz – Ethische Aspekte und zivilrechtliche Anforderungen bei der Herstellung von KI-Systemen, 2021, S. 187ff.; *Herbosch*, The Diligent Use of AI Systems: A Risk Worth Taking?, EuCML 2022, 14.

868 Expert Group on Liability and New Technologies – New Technologies Formation, Liability for Artificial Intelligence and other emerging digital technologies, 2019, S. 23.

869 So *Spiecker gen. Döhmann*, CR 2016, 698 (703).

870 Dem entspricht es, dass in Deutschland Teile des Schrifttums jedenfalls eine analoge Anwendung des § 831 Abs. 1 BGB für vertretbar halten; in diesem Sinne *Denga*, CR 2018, 69 (74f.); *Horner/Kaulartz*, CR 2016, 7, 8f.; a.A. *Grützmacher*, CR 2016, 695; vgl. zum Ganzen auch *Müller-Hengstenberg/Kirn*, CR 2018, 682 (686).

871 Vgl. nur MünchKomm/*Wagner*, 8. Aufl. 2020, § 831 BGB Rn. 14.

jederzeit beschränken oder entziehen oder nach Zeit und Umfang bestimmen kann".[872] Da hiervon im vorliegenden Zusammenhang wohl o.W. auszugehen ist, erscheint es mehr als naheliegend, § 831 BGB auch mit Blick auf KI zur Anwendung zu bringen und auf diesem Weg zu einer Haftung desjenigen zu kommen, der sich eines derartigen Systems bedient. [873] Dass die Nutzung „nicht-menschlicher Hilfsmittel" in vielen Bereichen sicherer (und der Eintritt eines Schadens deshalb u.U. sogar weniger wahrscheinlich) sein mag, als bei der Mithilfe von natürlichen Personen, wie die Expertengruppe zu bedenken gibt,[874] vermag hieran nichts zu ändern.[875]

Selbst wenn man somit den Weg einer (analogen) Anwendung des § 831 Abs. 1 BGB durchaus wird beschreiten können, so ist damit aber letztlich nicht allzu viel gewonnen. Denn eine strikte Zurechnung des „Fehlverhaltens" des „digitalen Verrichtungsgehilfen" zum Geschäftsherrn lässt die Vorschrift nicht zu. Vielmehr handelt es sich bei § 831 Abs. 1 BGB bekanntlich um eine Haftung für vermutetes Verschulden bzw. für eine vermutete Verkehrspflichtverletzung.[876] Dementsprechend steht dem Geschäftsherrn stets der Entlastungsbeweis gem. § 831 Abs. 1 S. 2 BGB offen, der ihm aber i.d.R. auch gelingen sollte und zwar i.d.R. wohl eher noch besser als bei der Einschaltung eines „menschlichen Gehilfen", weil der Nutzer das Verhalten eines autonomen digitalen Systems von vornherein nicht beeinflussen kann.[877]

c) Rechtspolitische Initiativen

Angesichts der zahlreichen Fragezeichen, die sich mit Blick auf KI-Systeme auf der Grundlage des geltenden Haftungsrechts ergeben, stellt sich die Frage, ob und inwieweit das Haftungsrecht im Zeichen von KI umgestaltet werden sollte. Im Folgenden sollen v.a. eine entsprechende Initiative des Europäischen Parlaments und parallele Bemühungen der Europäischen Kommission vorge-

---

872 So etwa BGH, NJW 1966, 1807.

873 Vgl. auch *Wagner*, VersR 2020, 717 (730): „Damit entsprechen sie der Rolle des „Gehilfen" oder „Dieners" besser als Menschen."

874 Expert Group on Liability and New Technologies – New Technologies Formation, Liability for Artificial Intelligence and other emerging digital technologies, 2019, S. 24.

875 Interessant sind in diesem Zusammenhang übrigens jüngere Überlegungen im US-amerikanischen Schrifttum, bei der Frage nach der „Haftung für KI" an der Position der Arbeitnehmer anzusetzen, die durch KI häufig ersetzt werden, und diese Haftung analog zur Haftung des Arbeitgebers für die von ihm eingesetzten Verrichtungsgehilfen zu konstruieren; so *Diamantis*, Employed Algorithms: A Labor Model of Corporate Liability for AI (October 19, 2021), 72 Duke L.J. https://ssrn.com/abstract=3945882.

876 *Larenz/Canaris*, SchuldR BT, 13, Aufl. 1994, S. 475.

877 So auch *Wagner*, VersR 2020, 717 (730), der dementsprechend vorhersagt, dass es in Ergänzung der Pflichten des Geschäftsherrn zur Auswahl, Überwachung und Instruktion nach § 831 BGB zur Entwicklung von „digitalen Organisationspflichten" nach § 823 Abs. 1 BGB kommen wird, und der rechtspolitisch eine Abschaffung des Entlastungsbeweises nach § 831 Abs. 1 Satz 2 für „dringend geboten" hält (ebda., 736).

stellt werden. Beide Initiativen beruhen in gewissem Umfang auf den Empfehlungen der oben genannten Expertengruppe; diese gilt es daher zunächst kurz vorzustellen. Darüber hinaus ist darauf hinzuweisen, dass auch die geplante KI-Verordnung Auswirkungen auf die Frage der zivilrechtlichen Haftung haben dürfte, weil es beispielsweise alles andere als fernliegend erscheint, deren Vorgaben auch Maßstäbe dafür zu entnehmen, was im Rahmen des § 823 Abs. 1 BGB als ein pflichtwidriges und schuldhaftes Verhalten gelten soll.[878]

aa) Empfehlungen der Expertengruppe

Nach Auffassung der von der Europäischen Kommission eingesetzten Expertengruppe sind für KI-Systeme bestimmte Eigenschaften charakteristisch. Sie seien hochgradig komplex und zwar sowohl i.H.a. das Zusammenwirken unterschiedlicher Hardware- und Software-Komponenten[879] als auch i.H.a. die „interne Komplexität" von Algorithmen. Dementsprechend seien die Verantwortungsbeiträge häufig schwer zu ermitteln.[880] Mit der Komplexität von KI-Systemen gehe eine erhebliche Undurchsichtigkeit der Systeme einher. „Je komplexer aufkommende digitale Technologien werden", so die Expertengruppe, „desto weniger können diejenigen, die ihre Funktionen ausnutzen oder ihnen ausgesetzt sind, die Prozesse nachvollziehen, die ihnen selbst oder anderen Schaden zugefügt haben könnten". Auch seien die Systeme in dem Sinn „offen", dass sie auf ständige Aktualisierung und Interaktion ausgelegt seien. KI-Systeme seien in dem Sinn „unberechenbar", dass ihre Auswirkungen im Zeitpunkt der Inbetriebnahme häufig nur schwer antizipiert werden könnten. Überdies seien sie „datengetrieben", also hochgradig von externen Daten abhängig. Schließlich seien sie „verletzbar", weil sie der Aktualisierung bedürften und auf Interaktion ausgerichtet seien.[881]

Im Lichte dieser Besonderheiten empfiehlt die Expertengruppe ein zweitgeteiltes Haftungssystem bestehend aus Gefährdungshaftung (*strict liabilty*)[882] und Verschuldenshaftung. Was die erstere anbelangt, so bewertet die Expertengruppe diese als „angemessene Reaktion auf die Risiken, die von neu entstehenden digitalen Technologien ausgehen, wenn diese beispielsweise in nicht

878 Näher hierzu *Grützmacher*, CR 2021, 433 (442).

879 Dem ließe sich noch hinzufügen, dass für zahlreiche Anwendungen eine „Verflechtung der Einzelhandlungen von Menschen und Algorithmen" zu beobachten ist; so *Teubner*, AcP 2018, 155 (189), der für dieses „Verbundrisiko" meint, dass sich „den hier auftretenden Risiken (...) besser begegnen (lässt), wenn man die Mensch-Algorithmen-Assoziation, den Hybrid als solchen, als gemeinsamen Zurechnungspunkt für Handlungen, Rechte und Pflichten identifiziert.".

880 Von einem „Vernetzungsrisiko" spricht insoweit *Teubner*, AcP 2018, 155 (163)), vgl. auch *Hofmann*, CR 2020, 282 (283).

881 Vgl. Expert Group on Liability and New Technologies –New Technologies Formation, Liability for Artificial Intelligence and other emerging digital technologies, 2019, S. 33f.

882 Eingehend hierzu *Evas*, Civil liability regime for artificial intelligence – European added value assessment, Study European Research Service, 2020, S. 12ff.

privaten Umgebungen betrieben werden und typischerweise erhebliche Schäden verursachen". Dabei soll nach den Vorstellungen der Experten die Person haften, welche das Risiko kontrolliert und aus der Anwendung Nutzen zieht. Damit sind in der Tat Gesichtspunkte angesprochen, welche auch die Tatbestände der Gefährdungshaftung in Deutschland bestimmen. Auch hier haftet, wer die Gefahr veranlasst bzw. beherrscht.[883] Und auch hier spielt der „Gedanke der Zusammengehörigkeit von Vorteil und korrespondierendem Risiko" eine bedeutsame Rolle.[884] Allerdings sind die Überlegungen der Expertengruppe nicht ohne Kritik geblieben. So wird etwa geltend gemacht, dass die ihnen letztlich zugrundeliegende Unterscheidung von Anwendungen mit geringerer und Anwendungen mit größerer Risikoneigung zumindest klärungsbedürftig sei und es sich bei manchen Anwendungen hinsichtlich der von ihnen ausgehenden Risiken geradezu um „schwarze Schwäne" handele.[885]

Was die verschuldensabhängige Haftung betrifft, so sprechen sich die Experten für die Anerkennung einer Reihe von „Sorgfaltspflichten" der Betreiber von KI-Systemen aus. Diese sollten sich u.a. auf die „Wahl des richtigen Systems für die richtige Aufgabe und die richtigen Fähigkeiten" beziehen und auch eine Pflicht zur Überwachung des Systems und dessen Wartung beinhalten.[886] Im Übrigen solle dem Geschädigten mit Beweiserleichterungen geholfen werden, für welche etwa die Wahrscheinlichkeit, dass die Technologie zumindest zu dem Schaden beigetragen hat, und eine bestehende Informationsasymmetrie zwischen Betreiber und Geschädigten eine Rolle spielen würden.[887] Im Einzelfall solle sogar eine Beweislastumkehr eingreifen und zwar insbesondere dann, wenn der Nachweis einer Verletzung für den Geschädigten mit unverhältnismäßigen Schwierigkeiten und Kosten verbunden wäre.[888]

---

883 Vgl. demgegenüber *Teubner*, AcP, 2018, 155 (184), der auf dem Unterschied besteht, dass im vorliegenden Zusammenhang „nicht eine Haftung für den rechtmäßigen Einsatz gefährlicher Anlagen, sondern Haftung für rechtswidriges Fehlverhalten des autonom entscheidenden Softwareagenten" in Rede stehe. Das Risiko digitaler Entscheidungsautonomie sei „prinzipiell anders geartet als die Risiken, auf die es in den bisherigen Fällen der Gefährdungshaftung ankommt". Demensprechend fordert der Autor eine eigenständige „digitale Assistenzhaftung", wobei mit Blick auf den Adressaten der Haftung eine Orientierung an der „Zurechnungs- und Haftungseinheit" erfolgen solle, in der die Rechtsprechung für die Zwecke der Kfz-Gefährdungshaftung Fahrer, Halter und Versicherung zusammenfasst; ebda, 31.; vgl. dazu auch *Zech*, Entscheidungen digitaler autonomer Systeme: Empfehlen sich Regelungen zu Verantwortung und Haftung?, Gutachten A zum 73. Deutschen Juristentag, 2022, A 77ff.

884 *Larenz/Canaris*, SchuldR BT, 13, Aufl. 1994, S. 605.

885 So *Bertoloni*, Artificial Intelligence and Civil Liability – Study requested by the JURI Committee, 2020, S. 77f.

886 Expert Group on Liability and New Technologies – New Technologies Formation, Liability for Artificial Intelligence and other emerging digital technologies, 2019, S. 44.

887 Expert Group on Liability and New Technologies – New Technologies Formation, Liability for Artificial Intelligence and other emerging digital technologies, 2019, S. 49f.

888 Expert Group on Liability and New Technologies – New Technologies Formation, Liability for Artificial Intelligence and other emerging digital technologies, 2019, S. 52.

Was schließlich eine mögliche Haftung für fremdes Verschulden (*vicarious liability*) betrifft, so sollen hierfür nach Auffassung der Experten grundsätzlich dieselben Voraussetzungen gelten wie bei der Haftung für das Fehlverhalten eines (menschlichen) Dritten: „Wenn ein Schaden durch eine autonome Technologie verursacht wird, die in einer Weise eingesetzt wird, die funktional dem Einsatz menschlicher Hilfskräfte entspricht, sollte die Haftung des Betreibers für den Einsatz der Technologie dem ansonsten bestehenden System der Haftung eines Auftraggebers für solche Hilfskräfte entsprechen".[889] In die Kategorien des deutschen Rechts übersetzt würde dies bedeuten, dass das KI-System widerrechtlich und grundsätzlich auch schuldhaft „gehandelt" haben müsste.[890] Nach den Vorstellungen der Expertengruppe soll dies nur dann nicht gelten, wenn die Leistung des KI-Systems menschlicher Leistung überlegen ist. In diesem Fall soll eine Haftung nach den Vorstellungen der Experten voraussetzen, dass es der Nutzer des Systems unterlassen hat, ein weniger fehleranfälliges System zu nutzen. Dies würde dazu passen, dass § 831 Abs. 1 BGB letztlich daran anknüpft, dass der Geschäftsherr den Gehilfen nicht sorgfältig ausgewählt bzw. nicht sorgfältig überwacht und instruiert hat.[891]

Bereits oben wurde darauf hingewiesen, dass die Überlegungen der Expertengruppe in der Literatur nicht nur auf Zustimmung gestoßen sind. Kritisiert wird, wie gesagt, etwa die Zweiteilung von KI in „low risk" and „high risk", welche nach Auffassung der Experten über das Eingreifen einer Gefährdungshaftung entscheiden soll.[892] Doch gibt es darüber hinaus auch grundsätzliche Bedenken gegenüber einem Ansatz, der KI übergreifend regeln will. Stattdessen finden sich in der Literatur Forderungen nach einer Betrachtung, welche zwischen den einzelnen Systemen unterscheidet und somit spezifische Lösungen sucht.[893]

bb) Entschließung des Europäischen Parlaments

Das Europäische Parlament hat am 20. Oktober 2020 eine Entschließung verabschiedet, welche Empfehlungen für die Gestaltung eines zivilrechtlichen Haftungsregimes enthält; der Entschließung ist als Anlage ein konkreter Ver-

889 Expert Group on Liability and New Technologies – New Technologies Formation, Liability for Artificial Intelligence and other emerging digital technologies, 2019, S. 45.

890 Vgl. hierzu *Larenz/Canaris*, SchuldR BT, 13, Aufl. 1994, S. 479.

891 *Larenz/Canaris*, SchuldR BT, 13, Aufl. 1994, S. 481.

892 Vgl. *Bertolini*, Artificial Intelligence and Civil Liability – Study requested by the JURI Committee, 2020, S. 77.

893 Vgl. insoweit *Bertolini*, Artificial Intelligence and Civil Liability – Study requested by the JURI Committee, 2020, S. 89. Der Autor selbst vertritt einen sog. Risiko-Management-Ansatz, aufgrund dessen die Haftung der Partei zugewiesen wird, „welche am besten in der Lage ist, (i) ein Risiko zu identifizieren, (ii) es zu kontrollieren und durch ihre Entscheidungen zu minimieren und (iii) es zu steuern – idealerweise durch Zusammenlegung und Verteilung unter allen anderen Parteien – eventuell über Versicherungen und/oder Entschädigungsfonds (…)"; ebda., S. 99.

ordnungsentwurf (VO-E) beigefügt.[894] Ins Auge gefasst wird dabei die Haftung des Betreibers eines KI-Systems.[895] Mit Blick auf Hersteller wird dagegen eine Überarbeitung der Produkthaftungsrichtlinie angeregt,[896] welche nach den Vorstellungen des Europäischen Parlaments allerdings in eine Verordnung verwandelt werden soll.[897] Dabei geht das Europäische Parlament von einem weiten Begriff von „KI Systemen" aus; dieser umfasse eine „große Gruppe verschiedener Technologien", wozu das Parlament „einfache Statistik, maschinelles Lernen und Deep Learning" zählt.[898]

Was die Herausforderungen betrifft, welche sich durch KI-Systeme in haftungsrechtlicher Hinsicht ergeben, so sieht das Parlament diese zunächst darin, „dass sich leicht Situationen ergeben könnten, in denen es aufgrund ihrer Opazität extrem aufwändig oder sogar unmöglich sein könnte zu identifizieren, unter wessen Kontrolle sich das mit einem KI-System einhergehende Risiko befand oder welcher Code, welche Eingabe oder welche Daten letztendlich zu dem schädlichen Vorgang geführt haben". Dieser Faktor könne „die Ermittlung des Zusammenhangs zwischen Personen- oder Sachschaden und dem verursachenden Verhalten erschweren (..) und (...) in der Folge [dazu führen, dass] Opfer womöglich keine angemessene Entschädigung erhalten".[899] Doch sieht das Parlament noch weitere Herausforderungen, nämlich solche, die sich „aus der Konnektivität zwischen einem KI-System und anderen KI-Systemen und Nicht-KI-Systemen, ihrer Abhängigkeit von externen Daten, ihrer Anfälligkeit für Cybersicherheitsverletzungen sowie der Gestaltung zunehmend autonomer KI-Systeme ergeben, die unter anderem maschinelles Lernen und Deep-Learning-Techniken verwenden".[900]

---

894 Entschließung des Europäischen Parlaments vom 20. Oktober 2020 mit Empfehlungen an die Kommission für eine Regelung der zivilrechtlichen Haftung beim Einsatz künstlicher Intelligenz (2020/2014(INL); vgl. hierzu etwa *Müller-Hengstenberg/Kirn*, MMR 2021, 376; *Heiss*, Europäische Haftungsregeln für Künstliche Intelligenz, EuZW 2021, 93.

895 Vgl. Art. 1 VO-E.

896 Vgl. hierzu auch *Bertolini*, Artificial Intelligence and Civil Liability – Study requested by the JURI Committee, 2020, S. 60ff.

897 Vgl. insoweit Erwägungsgrund 8, der einige inhaltliche Desiderata enthält: eine Definition von „Produkten" mit der Klarstellung, ob und inwieweit digitale Inhalte und digitale Dienste in ihren Geltungsbereich fallen; die evtl. Anpassung von Begriffen wie „Schaden", „Fehler" und „Hersteller"; eine Definition von „Hersteller", welche Hersteller, Entwickler, Programmierer, Dienstleister sowie Backend-Betreiber umfasst; die evtl. Einführung einer Umkehr der Beweislast „in eindeutig festgelegten Fällen und nach einer eingehenden Prüfung". Dabei betont das Parlament, dass „jede Aktualisierung des Rahmens für die Produkthaftung mit einer Aktualisierung der Richtlinie 2001/95/EG des Europäischen Parlaments und des Rates vom 3. Dezember 2001 über die allgemeine Produktsicherheit einhergehen sollte, um sicherzustellen, dass KI-Systeme dem Grundsatz der eingebauten Sicherheit („safety and security by design") entsprechen".

898 Erwägungsgrund F.

899 Erwägungsgrund H.

900 Erwägungsgrund I.

Betrachtet man den Vorschlag genauer, dann zeigt sich Folgendes: Zunächst wendet sich das Parlament explizit dagegen, haftungsrechtlich alles beim alten zu lassen, da „Komplexität, Konnektivität, Opazität, Anfälligkeit, die Fähigkeit, durch Aktualisierungen modifiziert zu werden, die Fähigkeit zum eigenständigen Lernen und die potenzielle Autonomie von KI-Systemen sowie die Vielzahl der beteiligten Akteure" besondere Herausforderungen darstellten, auf die reagiert werden müsse.[901] Sodann spricht sich das Parlament dagegen aus, KI-Systemen Rechtspersönlichkeit zu verleihen, da Personen- oder Sachschäden „doch fast immer das Ergebnis davon sind, dass jemand die Systeme konstruiert, betreibt oder auf sie einwirkt".[902] Zwar stellten sich Kausalitätsprobleme und Beweisschwierigkeiten. Doch ließen sich diese in den Griff bekommen, „indem die einzelnen Personen in der gesamten Wertschöpfungskette, die das mit dem KI-System verbundene Risiko verursachen, aufrechterhalten oder kontrollieren, haftbar gemacht werden".[903] Schließlich wird festgestellt, es müsse „klar sein, dass jeder, der ein KI-System erstellt, unterhält, kontrolliert oder darauf einwirkt für die von der Aktivität, Vorrichtung oder dem Prozess verursachten Personen- oder Sachschäden verantwortlich sein muss".[904]

Zentral ist dann schließlich die bereits oben angesprochene Zweiteilung:[905] Für „KI-Systeme mit hohem Risiko" soll Art. 4 VO-E gelten. Dieser sieht in Abs. 1 vor, dass die Betreiber derartiger Systeme einer verschuldensunabhängigen Haftung für alle Personen- oder Sachschäden unterliegen, „die von einer von dem KI-System angetriebenen physischen oder virtuellen Aktivität, Vorrichtung oder Prozess verursacht wurden".[906] Für alle anderen KI-Systeme gilt demgegenüber nach Art. 8 Abs. 1 VO-E eine verschuldensabhängige Haftung. Dabei ist eine Haftung nach Art. 8 Abs. 2 VO-E ausgeschlossen, wenn der Betreiber nachweist, dass der Schaden ohne sein Verschulden verursacht wur-

901 Erwägungsgrund 6.

902 Erwägungsgrund 7. In Erwägungsgrund 6 (Vorschlag) wird gar ausdrücklich hervorgehoben, dass „KI-Systeme weder Rechtspersönlichkeit noch menschliches Gewissen besitzen und dass ihre einzige Aufgabe darin besteht, der Menschheit zu dienen".

903 Unter 7.

904 Erwägungsgrund 8 (Vorschlag).

905 Kritisch *Sousa Antunes*, Civil Liability Applicable to Artificial Intelligence: A Preliminary Critique of the European Parliament Resolution of 2020, December 5, 2020. https://ssrn.com/abstract=3743242.

906 Dabei sollen nach Art. 4 Abs. 2 S. 1 „alle KI-Systeme mit hohem Risiko sowie alle kritischen Sektoren, in denen diese zum Einsatz kommen" in dem Anhang der Verordnung aufgeführt werden. Art. 4 Abs. 3 S. 1 schließt eine Haftungsbefreiung für Fälle aus, in denen Betreiber „argumentieren, dass sie mit der gebührenden Sorgfalt gehandelt haben oder dass der Schaden durch autonome Aktivitäten, Geräte oder Prozesse verursacht wurde, die von ihrem KI-System gesteuert wurden". Ein Ausschluss der Haftung kommt nach Art. 4 Abs. 3 S. 2 nur in Fällen von höherer Gewalt in Betracht.

de.[907] Allerdings „darf sich (der Betreiber) seiner Haftung nicht entziehen (...), indem er anführt, dass der Personen- oder Sachschaden durch eine von seinem KI-System angetriebene autonome Aktivität, Vorrichtung oder einen entsprechenden Prozess verursacht wurde“. Nur im Fall höherer Gewalt, haftet der Betreiber nicht. Den Fall des mitwirkenden Verschuldens regelt Art. 10 VO-E. Nach Art. 11 S. 1 VO-E haften mehrere Betreiber eines KI-Systems gesamtschuldnerisch.

Bemerkenswert ist, dass die Haftung nach Art. 1 VO-E, wie gesagt, den Nutzer und nicht etwa den Hersteller von KI treffen soll. In der Literatur ist dies mit dem Hinweis darauf kritisiert worden, dass der Nutzer im Gegensatz zum Hersteller meist nur wenig Einfluss auf das „Verhalten“ des Systems habe.[908] Die Frage ist von grundsätzlicher Bedeutung, da sie ganz allgemein das Problem der Verteilung der Verantwortlichkeiten zwischen Nutzer und Hersteller aufwirft. Im vorliegenden Zusammenhang stellt sie sich allerdings nicht wirklich, weil die Verordnung – in Art. 3 lit. e und f – „Frontend-Betreiber“ und „Backend-Betreiber“ unterscheidet und den letztgenannten so definiert, dass es sich „um den Hersteller des digitalen autonomen Systems, jedenfalls um den wichtigsten Akteur innerhalb der Gruppe derjenigen Personen (handelt), die als Hersteller in Betracht kommen“.[909] Allerdings zeigen die Definitionen von Frontend-Betreiber“[910] und „Backend-Betreiber“[911], dass die Grenzen nicht immer leicht zu ziehen sind.

cc) Bericht der Kommission

Im Jahre 2020 hatte die Europäische Kommission einen Bericht vorgelegt, der sich u.a. mit der Problematik der Haftung für KI und der Produktsicherheit be-

---

907 Genannt werden insoweit die Fälle, dass „a) das KI-System (...) ohne seine Kenntnis aktiviert (wurde), während alle angemessenen und erforderlichen Maßnahmen getroffen waren, um eine solche Aktivierung außerhalb der Kontrolle des Betreibers zu verhindern, oder b) alle folgenden Maßnahmen (...) mit gebührender Sorgfalt getroffen (wurden): Auswahl eines geeigneten KI-Systems für die jeweilige Aufgabe und die jeweiligen Fähigkeiten, ordnungsgemäße Inbetriebnahme des KI-Systems, Überwachung der Aktivitäten und Aufrechterhaltung der betrieblichen Zuverlässigkeit durch regelmäßiges Installieren aller verfügbaren Aktualisierungen“.

908 Vgl. *Wagner*, ZEuP 2021, 545 (551); vgl. zum Ganzen zuletzt auch European Data Protection Board, letter to the European Commission on adapting liability rules to the digital age and artificial intelligence (AI), 25.2.2022, welches mit Blick auf die Adressaten einer Haftung eine „klare Rollenverteilung“ anmahnt.

909 So *Wagner*, ZEuP 2021, 545 (552); zu den Hintergründen ebda., 571.

910 „Frontend-Betreiber“ ist „die natürliche oder juristische Person, die ein gewisses Maß an Kontrolle über ein mit dem Betrieb und der Funktionsweise des KI-Systems verbundenes Risiko ausübt und für die sein Betrieb einen Nutzen darstellt“.

911 Backend-Betreiber“ ist „jede natürliche oder juristische Person, die auf kontinuierlicher Basis die Merkmale der Technologie definiert und Daten und einen wesentlichen Backend-Support-Dienst bereitstellt und daher auch ein gewisses Maß an Kontrolle über ein mit dem Betrieb und der Funktionsweise des KI-Systems verbundenes Risiko ausübt“.

fasst.[912] Darin bezeichnet die Kommission u.a. Konnektivität, Autonomie, Datenabhängigkeit und Opazität von KI-Systemen als Herausforderungen für das bestehende Produktsicherheitsrecht.[913] Was speziell den Gesichtspunkt der „Autonomie" anbelangt, so meint die Kommission, dass es „in Zukunft (...) auch Situationen geben (kann), in denen die Ergebnisse der KI-Systeme nicht vollständig im Voraus bestimmt werden können". In solchen Situationen spiegele „die vor dem Inverkehrbringen des Produkts durchgeführte Risikobewertung möglicherweise nicht mehr die Verwendung, die Funktionsweise oder das Verhalten des Produkts wider".[914] Bemerkenswert ist auch, dass die Kommission in ihrem Bericht davon spricht, „das künftige ‚Verhalten' von KI-Anwendungen [könne] zu psychischen Gesundheitsrisiken für die Nutzer führen, die sich beispielsweise aus ihrer Zusammenarbeit mit humanoiden KI-Robotern und -Systemen zu Hause oder im Arbeitsumfeld ergeben". Daraus zieht sie den Schluss, dass „das Konzept der Produktsicherheit (...) ausdrücklich die psychischen Gesundheitsrisiken erfassen (sollte)".[915] Mit Blick auf die Haftung wird als eines der Hauptprobleme ausgemacht, was oben mit dem in der Literatur entwickelten Begriff des „Vernetzungsrisikos" bezeichnet wurde. In dem Bericht der Kommission heißt es hierzu: „KI-Anwendungen sind häufig in komplexe IoT-Umgebungen integriert, in denen viele verschiedene vernetzte Geräte und Dienste interagieren. Die Kombination verschiedener digitaler Komponenten in einem komplexen Ökosystem und die Vielfalt der beteiligten Akteure kann es schwierig machen zu beurteilen, in welchem Fall ein potenzieller Schaden verursacht wird und wer dafür haftet. Aufgrund der Komplexität dieser Technologien kann es für die Opfer sehr schwer sein, die haftbare Person zu ermitteln und alle nach nationalem Recht erforderlichen Voraussetzungen für einen erfolgreichen Anspruch nachzuweisen. Die Kosten des Nachweises können wirtschaftlich untragbar sein und die Opfer davon abhalten, eine Entschädigung zu verlangen".[916]

Nicht zuletzt mit Blick auf mögliche Beweiserleichterungen zugunsten des Geschädigten hat die Kommission eine öffentliche Konsultation durchgeführt, welche im Januar 2022 abgeschlossen wurde. Ihre Schlussfolgerungen will die Kommission im dritten Quartal dieses Jahres präsentieren.

---

912 Bericht der Kommission an das Europäische Parlament, den Rat und den Europäischen Wirtschafts- und Sozialausschuss, Bericht über die Auswirkungen künstlicher Intelligenz, des Internets der Dinge und der Robotik in Hinblick auf Sicherheit und Haftung v. 19.2.2020, COM(2020) 64 final; vgl. auch das Weissbuch „Zur Künstlichen Intelligenz – ein europäisches Konzept für Exzellenz und Vertrauen" v. 19.2.2020, COM(2020) 65 final/2.

913 COM(2020) 65 final/2, S. 6ff.

914 COM(2020) 65 final/2, S. 8; vgl. zur „Autonomie" von KI etwa auch *Buiten/de Streel/Peitz*, EU Liability Rules for the Age of Artificial Intelligence, 2021, S. 26ff.

915 COM(2020) 65 final/2, S. 10.

916 COM(2020) 65 final/2, S. 17.

2. Vertragliche Haftung

a) Verkehrspflichten als vertragliche Schutzpflichten

Die obigen Ausführungen zielten auf den Bereich der außervertraglichen Haftung, also das, was man in Deutschland Delikts- und Gefährdungshaftung nennt. Auch der soeben vorgestellte Verordnungsentwurf des Europäischen Parlaments hat nur diesen Bereich im Auge. Art. 2 Abs. 3 VO-E bestimmt ausdrücklich, dass die Regelung „vorbehaltlich eventueller zusätzlicher Haftungsansprüche aus vertraglichen Beziehungen sowie aus Bestimmungen zu Produkthaftung, Verbraucherschutz, Diskriminierungsbekämpfung, Arbeitnehmer- und Umweltschutz zwischen dem Betreiber und der natürlichen oder juristischen Person (gilt), die aufgrund des KI-Systems einen Personen- oder Sachschaden erlitten hat, die nach Unionsrecht oder nationalem Recht an den Betreiber gestellt werden können“.

Die außervertragliche Haftung ist auch für Arbeitnehmer von Bedeutung, und zwar insbesondere dann, wenn sie einen anderen als ihren Vertragspartner auf Schadensersatz in Anspruch nehmen. Doch ist sie auch dann von Bedeutung, wenn der Arbeitnehmer vom Arbeitgeber Schadensersatz verlangt. Insoweit gilt im deutschen Recht das sog. Kumulationsprinzip. Dieses besagt, dass sich – anders als etwa in Frankreich – vertragliche und deliktische Ansprüche nicht ausschließen, sondern nebeneinander stehen.[917] Doch sind die ersteren – und das ist der entscheidende Punkt – nicht auf die explizit übernommenen Hauptpflichten beschränkt. Vielmehr werden die Sorgfaltspflichten des Deliktsrechts, die sog. Verkehrspflichten, als Schutzpflichten in den Vertrag integriert. Dabei ergibt sich aus § 241 Abs. 2 BGB, dass zwischen deliktischen Verkehrspflichten und vertraglichen Schutzpflichten inhaltlich kein Unterschied besteht. Die Verletzung einer deliktischen Verkehrspflicht löst somit automatisch auch die Vertragshaftung aus, die kumulativ neben die Deliktshaftung tritt.[918]

b) Digitale Gehilfenhaftung?

Allerdings bleibt es auch nach dem Kumulationsprinzip dabei, dass vertragliche und deliktische Haftung ihren jeweils eigenen Regeln folgen, und insoweit besteht mit Blick auf die erstere bekanntlich die Besonderheit, dass sich der Schuldner einer Vertragspflicht das Verschulden seines Erfüllungsgehilfen nach § 278 BGB zurechnen lassen muss, während ihm bei der deliktischen Gehilfenhaftung des § 831 Abs. 1 BGB die Möglichkeit des Entlastungsbeweises offen steht. Dies führt dann im vorliegenden Zusammenhang zu der Frage, ob

917 Vgl. nur MünchKomm/*Wagner*, 8. Aufl. 2020, vor § 823 BGB, Rn. 82.
918 Vgl MünchKomm/*Wagner*, 8. Aufl. 2020, § 823 BGB, Rn. 449.

§ 278 BGB analog auf digitale Erfüllungsgehilfen anwendbar ist. Diese Frage wird zu Recht überwiegend verneint. Denn § 278 BGB gestaltet die Verantwortlichkeit des Schuldners in der Weise, dass dieser ein Verschulden des Erfüllungsgehilfen wie eigenes Verschulden zu vertreten hat. § 278 BGB setzt somit ein Verschulden des Erfüllungsgehilfen voraus.[919] Da sich aber mit Blick auf Maschinen die Frage nach einem Verschulden (noch) nicht sinnvoll stellen lässt, muss eine Analogie zu § 278 BGB ausscheiden.[920]

Der kurze Blick auf (vertragliche und deliktische Haftung) zeigt v.a. zweierlei. Zum einen, dass sich bei der Haftung im Zusammenhang mit KI spezifische und v.a. gänzlich neue Probleme stellen (Stichworte sind „Autonomie-" und „Vernetzungsrisiko") und zum anderen, dass das geltende Recht hierauf nur z.T. ausreichende Antworten bereithält.

VIII. Betriebliche Mitbestimmung

Die betriebliche Mitbestimmung bildet in Deutschland ein zentrales Element des Schutzes der Arbeitnehmerinnen und Arbeitnehmer. Die folgenden Ausführungen zeigen, dass die Bedeutung der Mitbestimmung in Zukunft noch zunehmen wird, weil KI und Big Data anerkannte Zwecke der Mitbestimmung in besonderer Weise berühren und darüber hinaus auch weitere Argumente für die Notwendigkeit der Gewährleistung einer effektiven Mitbestimmung liefern.

1. Anerkannte Zwecke der Mitbestimmung

Betrachtet man zunächst die weithin anerkannten Zwecke der Mitbestimmung, dann ist zunächst festzustellen, dass diese – anders als die Tarifautonomie – weniger dem Ausgleich ungleicher Machtpositionen als vielmehr dazu dient, der Stellung des Arbeitnehmers als „Mitglied der Belegschaft" Rechnung zu tragen.[921] Leitend ist somit der Gedanke, dass sich der Arbeitnehmer im Arbeitsvertrag „zur Übernahme einer lediglich allgemein festgelegten Funktion (Aufgabe)

---

919 Dies ist freilich nicht unumstr.; vgl. etwa die Nachw. bei MünchKomm/*Grundmann*, 9. Aufl. 2022, § 278 BGB Rn. 50 (u. Fn. 230).

920 Vgl. insoweit nur Staudinger/*Caspers*, 2019, § 278 BGB Rn. 5 m. w. N.; ebenso *Kumkar*, K & R 2020, 801 (806f.), auch *Heiderhoff/Gramsch*, ZIP 2020, 1937 (1939) mit dem Argument, dass es „wenig plausibel" sei, „eine Schwelle vorzusehen, ab deren Überschreiten der Wechsel von der einfachen Maschinenhaftung zur Zurechnung nach § 278 BGB einsetzt"; für eine Differenzierung nach dem Grade der „Autonomie" des Systems demgegenüber *Hacker*, RW 2018, 243 (255). Für eine analoge Anwendung des § 278 BGB sprechen sich dagegen aus *Lohmann/Preßler*, RDi 2021, 538.

921 GK-BetrVG/*Wiese*, 12.Aufl. 2021, Einl., Rn. 75.

innerhalb eines fremden Arbeits- oder Lebensbereichs verpflichtet",[922] was zu einer Abhängigkeit führt, welche es mit Blick auf das Selbstbestimmungsrecht des einzelnen zu begrenzen gilt.[923] Und dass der Gesetzgeber dabei den Weg der Etablierung einer kollektiven Interessenvertretung beschritten hat, erklärt sich nicht allein mit praktischen Erwägungen, sondern zusätzlich damit, dass es bei der Betriebsverfassung auch um den „Ausgleich divergierender Interessen der Arbeitnehmer untereinander" geht;[924] dass der Arbeitgeber mit einem derartigen Ausgleich überfordert wäre, liegt auf der Hand.

Besonders deutlich werden diese Zusammenhänge, wenn man sich an dieser Stelle noch einmal den Bericht der Mitbestimmungskommission aus dem Jahre 1970 vor Augen führt.[925] In diesem Bericht stand zwar die unternehmerische Mitbestimmung im Vordergrund. Doch enthält er auch weiterhin gültige Überlegungen zu den Grundlagen der Mitbestimmung und damit eben auch zur betrieblichen Mitbestimmung. Den Ausgangspunkt dieser Überlegungen bilden dabei der Schutz der Menschenwürde und die Achtung des Persönlichkeitsrechts als zentrale Wertentscheidung. Wörtlich heißt es hierzu in dem Bericht: „Gegenstand dieser Wertentscheidung ist die zutreffende Gestaltung der Stellung des Einzelnen in der organisierten Gemeinschaft Unternehmen. Inhaltlich beruht die Wertentscheidung auf dem grundlegenden Bekenntnis zur Würde der Person, zu den unverletzlichen und unveräußerlichen Menschenrechten als Grundlage jeder menschlichen Gemeinschaft und zum Recht auf freie Entfaltung der Persönlichkeit (Art. 1 und 2 GG). Zunächst allgemein ausgedrückt, besagt sie, dass die Unterordnung des Arbeitnehmers unter fremde Leitungs- und Organisationsgewalt im Unternehmen mit seiner Selbstbestimmtheit, der ihm rechtlich zuerkannten Möglichkeit, seine Zwecke selbst zu wählen und eigene Initiativen zu entfalten, nur solange vereinbar ist, als sie ihre Entsprechung in Gestalt der Freiheit der Beteiligung an den Entscheidungen findet, die den Arbeitsprozess regeln und gestalten".[926]

Aus dieser Wertentscheidung leitet die Mitbestimmungskommission ab, dass es einer Betriebsverfassung bedürfe, da der Arbeitsvertrag die „soziale und gesellschaftliche Wirklichkeit des Betriebes als eines sozialen Verbandes", nicht erfassen könne.[927] Die Mitbestimmung gebe „der sozialen Wirklichkeit des Betriebes als einer gemeinsamen, zweckorientierten Veranstaltung und als ge-

922 GK-BetrVG/*Wiese*, 12.Aufl. 2021, Einl., Rn. 76.
923 Auch hierzu GK-BetrVG/*Wiese*, 12.Aufl. 2021, Einl., Rn. 76.
924 GK-BetrVG/*Wiese*, 12.Aufl. 2021, Einl., Rn. 77; zur wertungsmäßigen Fundierung der Betriebsverfassung auch *Reichold*, Betriebsverfassung als Sozialprivatrecht, 1995, S. 486ff.
925 BT-Drucks. VI/334, S. 56ff.
926 BT-Drucks. VI/334, S. 56.
927 BT-Drucks. VI/334, S. 58.

meinsamer Bedingung aller betroffenen Arbeitnehmer den rechtlichen Ausdruck, den ihr der Einzelvertrag nicht zu geben vermag".[928] Dabei ging die Mitbestimmungskommission davon aus, dass sich der Arbeitnehmer mit Abschluss des Arbeitsvertrags sowohl der „unternehmerischen Planungskompetenz" als auch dem Weisungsrecht des Arbeitgebers unterwerfe. Der Arbeitnehmer finde, so die Kommission, „strukturelle Gegebenheiten" vor, „die mit den rechtlichen Mitteln der freiwilligen Kooperation, das heißt im Wege der Vertragsfreiheit, allein nicht bewältigt werden können". Und weiter: „Ebenso wenig wie für den Abschluss oder Nichtabschluss des Arbeitsvertrages kann der Arbeitnehmer auch für die Unterwerfung unter die Planungskompetenz des Unternehmens und ein Weisungsrecht des Arbeitgebers auf seine ‚Freiheit' verwiesen werden, Verträge zu schließen oder ihren Abschluss zu verweigern. An einer solchen gleichberechtigten Freiheit fehlt es in beiden Fällen und damit auch an der vollen Verwirklichung des den Vertrag kennzeichnenden Konsensualprinzips. Der wirtschaftliche Zwang zum Abschluss eines Arbeitsvertrages setzt sich in der Notwendigkeit fort, der Planungszuständigkeit des Unternehmens, ihrer Konkretisierung durch das Weisungsrecht und damit der Existenz und Ausübung von Befehlsbefugnissen zuzustimmen. Die Weisungsbefugnis lässt sich somit nach Auffassung der Kommission nicht allein durch die vertragliche Zustimmung des Arbeitnehmers rechtfertigen. Sie ist kein Resultat gegenseitiger Übereinstimmung der Vertragsparteien, sondern besteht unabhängig von dieser".[929]

Dabei sah die Mitbestimmungskommission als eine wesentliche Aufgabe der Mitbestimmung die „Begründung eines Zwanges zur Kooperation zwischen Arbeitgeber und Arbeitnehmer" an und namentlich die „Einführung von Argumentations- und Diskussionszwängen" und zwar insbesondere hinsichtlich der Ausübung der aus dem Arbeitsvertrag resultierenden Weisungsbefugnisse des Arbeitgebers. Insoweit meinte die Kommission, eine Mitbestimmung der Arbeitnehmer sei „auch deshalb geboten, weil nur auf diese Weise die besondere, der Stellung und Tätigkeit der Arbeitnehmer im Unternehmen eigene Sachkunde und Betrachtungsweise zuverlässig in die Entscheidungsprozesse im Unternehmen Eingang finden".[930] Zugleich bewertete sie die Mitbestimmung auch als „ein geeignetes und notwendiges Mittel zur Ergänzung der Schutzfunktion des Arbeitsvertragsrechts und des Arbeitsschutzrechts im unternehmensinternen Bereich".[931]

---

928 BT-Drucks. VI/334, S. 59.
929 BT-Drucks. VI/334, S. 61.
930 BT-Drucks. VI/334, S. 67.
931 BT-Drucks. VI/334, S. 67.

a) Mitgliedschaftsgedanke

Dass sich an den von der Mitbestimmungskommission angeführten Gedanken einer „Mitgliedschaft" des Arbeitnehmers im „sozialen Verband" Betrieb auch unter den Bedingungen der Digitalisierung weiter anknüpften lässt, dürfte unzweifelhaft sein. Zwar ist nicht zu übersehen, dass sich im Zuge der Digitalisierung die Betriebsgrenzen vielfach auflösen und der „soziale Verband" in demselben Maße lockerer wird wie die Grenzen des Betriebs verschwimmen. Doch wird niemand behaupten, dass damit das Band der Mitgliedschaft zerschnitten wäre. Auch mag es zwar sein, dass die Interessen der Arbeitnehmer in gewissem Umfang weniger hart aufeinandertreffen, wenn, z.B. als Folge einer zunehmenden Nutzung des Homeoffice, die Zahl persönlicher Begegnungen abnimmt. Dass aber an die Stelle alter umgehend neue Konflikte (sowohl innerhalb der Belegschaft als auch gegenüber dem Arbeitgeber) treten, wird sich kaum leugnen lassen; man denke nur daran, dass etwa im Zusammenhang mit dem Homeoffice die Frage beantwortet werden muss, von wem, unter welchen Voraussetzungen und in welchem Umfang dieses soll genutzt werden dürfen. Auch diese Konflikte gilt es dann aber aufzulösen. Der „Mitgliedschaftsgedanke" ist somit als Begründung für das Bestehen einer Betriebsverfassung auch weiterhin in vollem Umfang tragfähig.[932]

b) Menschenwürde und Persönlichkeitsrecht

Wendet man sich nunmehr dem Schutz der Menschenwürde und der Achtung des Persönlichkeitsrechts als „zentraler Wertentscheidung" für die betriebliche Mitbestimmung zu, dann gilt es zunächst zu unterstreichen, dass diese Wertentscheidung „zeitlos" ist und somit zweifellos weiter Gültigkeit hat. Hinzu kommt aber, dass Menschenwürdeschutz und Schutz der Persönlichkeit durch KI und *Big Data* ganz neuen Herausforderungen begegnen. Dies soll nachfolgend, obwohl Menschenwürde und Persönlichkeitsrecht stets „zusammen gedacht" werden sollten und daher vielfache Überschneidungen zu beobachten sind, für beide Bereiche getrennt beleuchtet werden.

aa) Schutz der Menschenwürde

Die Menschenwürdegarantie ist für das Grundgesetz geradezu prägend, mehr noch, „die ‚Staatsidee' der Bundesrepublik Deutschland als Rechtsgemeinschaft (findet) ihren normativen Ausdruck am ehesten in Art. 1 GG und dort vor allem in der Menschenwürdegarantie des Abs. 1".[933] Dementsprechend ist

932 Nur nebenbei sei bemerkt, dass die zunehmende Entgrenzung des Betriebs die Notwendigkeit einer kollektiven Interessenvertretung noch zusätzlich unterstreicht, da allein schon eine gewisse „Vereinzelung", zu der es im Zuge der zunehmenden Verbreitung nicht betriebsgebundener Arbeit fast zwangsläufig kommt, für eine wirkungsvolle Vertretung der Arbeitnehmerinteressen sinnvollerweise gar nichts anderes als die Bündelung in einem kollektiven Interessenvertretungsorgan übrig lässt.

933 So Maunz/Dürig/*Herdegen*, Art. 1 GG Rn. 4.

die Menschenwürde anderen Belangen von Verfassungsrang übergeordnet, ein Vorrang, der sich nicht zuletzt in einer von der ganz h.M. postulierten Abwägungsfestigkeit der Menschenwürde im Konflikt mit anderen Rechtsgütern zeigt.[934] Bekräftigt wird dies durch die Aufnahme der Menschenwürdegarantie in die „Ewigkeitsgarantie" des Art. 79 Abs. 3 GG. Aus alldem ergibt sich, dass die Achtung der Menschenwürde auch fünfzig Jahre nach dem Wirken der Mitbestimmungskommission nichts an Bedeutung eingebüßt hat. Dementsprechend hat sich denn auch nichts an der Einsicht geändert, dass mit dem Eintritt des Arbeitnehmers in eine „Betriebsgemeinschaft" die Möglichkeit zur Mitsprache einhergehen muss. Bei alldem ist auch zu berücksichtigen, dass sich aus Art. 1 Abs. 1 GG nicht nur eine Verpflichtung des Staates zur Achtung der Menschenwürde (Abs. 1 S. 2, 1. Alt.) ergibt, welche der Abwehrdimension der Menschenwürdegarantie Rechnung trägt,[935] sondern auch eine Schutzpflicht (Abs. 1 S. 2, 2. Alt.), welche dahin geht, „die Bedingungen menschenwürdiger Existenz zu sichern und Vorkehrungen gegen Würdeverletzungen durch Private zu treffen".[936]

Unübersehbar ist auch, dass angesichts der Möglichkeiten, die KI und *Big Data* schon heute eröffnen, die Menschenwürde, wenn vielleicht nicht auf dem Spiel steht, dann doch massiven Herausforderungen ausgesetzt ist. Besonders illustrativ ist insoweit die Unterwerfung von Menschen unter die Entscheidungsgewalt von Maschinen, die den europäischen Gesetzgeber zur Regelung in Art. 22 Abs. 1 DSGVO veranlasst hat. Der Zusammenhang, in dem diese Vorschrift mit dem Schutz der Menschenwürde steht, zeigt sich, wie bereits oben angesprochen wurde, allein schon darin, dass die Literatur den Zweck des Art. 22 Abs. 1 DSGVO vielfach in einer Weise formuliert, welche stark an die vom BVerfG zu Art. 1 Abs. 1 GG entwickelte sog. „Objektformel" erinnert.[937] Doch erscheint die Menschenwürde auch diesseits automatischer Entscheidungen betroffen, wenn man z.B. die ausgeprägten „manipulativen Fähigkeiten" vieler KI-Systeme bedenkt. Nicht umsonst wird in der Kritik am Gebrauch von Techniken des *Nudging* nicht zuletzt auch darauf verwiesen, dass dieses nicht im Einklang mit der Menschenwürde stehe.[938]

Doch wird die Menschenwürde auch in anderen Dimensionen berührt. Drei Ausprägungen der Menschenwürdegarantie fallen dabei besonders ins Auge:

---

934 Auch hierzu Maunz/Dürig/*Herdegen*, Art. 1 GG Rn. 4.

935 Vgl. nur Maunz/Dürig/*Herdegen*, Art. 1 GG Rn. 75.

936 So Maunz/Dürig/*Herdegen*, Art. 1 GG Rn. 78.

937 Vgl. nur *Atzert* in: Schwartmann/Jaspers/Thüsing/Kugelmann, DS-GVO/BDSG, 2. Aufl., 2020, Art. 22 Rn. 2 m.w.N; vgl. hierzu auch schon oben unter G. V. 5a).

938 Vgl. hierzu nur *McCrudden*, Nudging and human dignity, 6. Januar 2015. https://verfassungsblog.de/nudging-human-dignity-2/.

der Schutz vor der „Ausforschung unwillkürlicher Abläufe“,[939] der Schutz der räumlich-gegenständlichen Privatsphäre und der Schutz vor der Ausforschung von Persönlichkeitsmerkmalen.

Was den erstgenannten Schutzbereich betrifft, so besteht Einigkeit, dass es dem Staat verwehrt ist, ein Defizit der Willenskontrolle über körperliche Abläufe durch staatliche Machtmittel auszunutzen. Hieraus folgt etwa das Verbot eines Einsatzes von Lügendetektoren, da diese ja gerade die unmittelbare Registrierung physiologischer Abläufe dienen und entsprechende Auswertungen erlauben.[940] Ganz allgemein verstößt die Verwendung eines Polygraphen, mit dem bei Vernehmungen im Strafverfahren der willentlichen Kontrolle entzogene körperliche Vorgänge wie Blutdruck, Puls oder Atemfrequenz gemessen und aufgezeichnet werden, gegen die Menschenwürde (sowie gegen die einfachgesetzlichen Vorschriften der §§ 136a, 69 Abs. 3 StPO) und führt weithin zu einem völlig ungeeigneten Beweismittel.[941] Nichts anderes kann dann für auf KI und *Big Data* beruhende Verfahren gelten, sofern diese ebenfalls auf eine „Ausforschung unwillkürlicher Abläufe“ hinauslaufen.

Was den Schutz der räumlich-gegenständlichen Privatsphäre anbelangt, so ist es bislang nicht gelungen, einen Kernbereich der privaten Lebensgestaltung zu bestimmen, welcher dem staatlichen Ein- bzw. Zugriff unüberwindbare Grenzen setzen würde.[942] Doch besteht aller Anlass, die Menschenwürde auch unter diesem Gesichtspunkt als tangiert anzusehen, wenn etwa auf dem Zusammenspiel von KI und Sensorik beruhende Auswertungen Arbeitnehmerinnen und Arbeitnehmern „bis in die letzte Ecke des Betriebs“ verfolgen.

Mit Blick auf den Schutz vor Ausforschung von Persönlichkeitsmerkmalen ist schließlich v.a. zweierlei festzuhalten, nämlich zum einen, dass sich Implikationen für die Menschenwürde insbesondere dann einstellen, wenn es um die Aufdeckung einer „tiefere(n) Schicht von Persönlichkeitsmerkmalen“ geht,[943] und zum anderen, dass sich hieraus Schranken insbesondere für prädiktive Tests ergeben.[944] Insoweit ist aber mit Blick auf KI und *Big Data* noch einmal daran zu erinnern, dass KI immer stärker dazu genutzt wird, (innere) Eigenschaften von Personen aufzudecken. Erinnert sei aber auch daran, dass es bei KI vielfach um nichts anderes als darum geht, das Verhalten von Menschen

939 Vgl. Maunz/Dürig/*Herdegen*, Art. 1 GG Rn. 85.

940 Vgl. Maunz/Dürig/*Herdegen*, Art. 1 GG Rn. 85

941 Vgl. nur Werner, in: Weber, Rechtswörterbuch, 27. Edition 2021, Lügendetektor; vgl. aus der Rechtsprechung BGH, NJW 1999, 657; BGH, NJW 2003, 2527.

942 Vgl. nur Maunz/Dürig/*Herdegen*, Art. 2 GG Rn. 90.

943 Vgl. Maunz/Dürig/*Herdegen*, Art. 2 GG Rn. 93.

944 Vgl. auch hierzu Maunz/Dürig/*Herdegen*, Art. 2 GG Rn.94 auch unter Hinweis auf ein „Recht auf Nichtwissen“.

möglichst zuverlässig vorauszusagen. Das sog. *predictive policing* dürfte insoweit das beste Beispiel sein.[945]

Von KI und *Big Data* berührt erscheint die Menschenwürde schließlich auch unter dem Gesichtspunkt der Anerkennung eines „sozialen Achtungsanspruchs".[946] Erinnert sei hier etwa an Mahnungen von Experten, in der Arbeitswelt von morgen, auf eine ausreichende „Interaktion von menschlichen Arbeitnehmern mit anderen Arbeitnehmern" zu setzen und auf jeder Entscheidungsebene zumindest ein „Kernnetzwerk menschlicher Mitarbeiter" aufrechtzuerhalten, um „Empathie zu schaffen" und die „Erhaltung der menschlichen Autonomie zu verbessern".[947] Ernst zu nehmen sind aber auch Warnungen davor, Menschen könnten im Zusammenwirken mit Maschinen auf Dauer ihre sozialen und anderweitigen Kompetenzen einbüßen. Auch dies wäre unter dem Gesichtspunkt des Schutzes der Menschenwürde erkennbar außerordentlich problematisch.

Zusammenfassend lässt sich an dieser Stelle festhalten, dass sich der Schutz der Menschenwürde unter den Bedingungen von KI und *Big Data* ernstzunehmenden Herausforderungen gegenübersieht,[948] die es dringlich erscheinen lassen, auch in Gestalt einer kollektiven Interessenvertretung und Mitbestimmung Vorkehrungen für einen ausreichenden Schutz zu treffen.

bb) Persönlichkeitsrecht

Nichts geändert hat sich aber auch am Stellenwert des Persönlichkeitsrechts, auf welches die Mitbestimmungskommission ebenfalls abstellt.[949] Dies ergibt sich allein schon daraus, dass das Recht auf freie Entfaltung der Persönlichkeit mit dem Schutz der Menschenwürde „unlösbar verbunden" ist,[950] so dass für dieses von

---

945 Vgl. dazu etwa *McDaniel/Pease*, Predictive Policing and Artificial Intelligence, 2021, S. 290 die das *prodictive policing* allerdings mit zahlreichen Fragezeichen versehen und eine erhebliche Fehleranfälligkeit beklagen.

946 Vgl. Maunz/Dürig/*Herdegen*, Art. 2 GG Rn. 117.

947 IEEE, Ethically Aligned Design – A Vision for Prioritizing Human Well-being with Autonomous and Intelligent System, 1st ed., 2019, S. 102.

948 Nur am Rande sei bemerkt, dass sich Fragen auch unter dem Gesichtspunkt stellen, ob und in welchem Umfang Maschinen an der Menschenwürdegarantie teilhaben (sollen); vgl. dazu *Geminn*, DÖV 2020, 172; vgl. dazu allerdings auch IEEE, Ethically Aligned Design – A Vision for Prioritizing Human Well-being with Autonomous and Intelligent System, 1st ed., 2019, S. 19f., wonach „autonomen und intelligenten Systemen keine Rechte und Privilegien gewährt werden (sollten), die den Menschenrechten entsprechen" (Übersetzung d. Verf.).

949 Dabei ist auch für das Persönlichkeitsrecht festzuhalten, dass dieses nicht nur ein klassisches Abwehrrecht darstellt, sondern auch zu entsprechenden staatlichen Schutzpflichten führt; vgl. nur Vgl. Maunz/Dürig/*Herdegen*, Art. 2 GG Rn. 132ff.

950 So Maunz/Dürig/*Herdegen*, Art. 2 GG Rn. 1. Oder anders: „Im Wertsystem der Grundrechte macht Art. 2 Abs. 1 unbezweifelbar, worin inhaltlich (materiell) die Würde des Menschen (Art. 1 Abs. 1) vornehmlich besteht: – in der „freien Entfaltung seiner Persönlichkeit""; Voraufl., Art. 2 Rn. 1.

vornherein nichts grundsätzlich anderes gelten kann als für jenes. Die Frage, die sich stellt, ist somit auch hier nicht die, ob das Persönlichkeitsrecht aus Art. 2 Abs. 1 GG weiter uneingeschränkt Geltung beanspruchen kann, was zweifelsohne der Fall ist, sondern vielmehr die, ob mit den jüngeren technischen Entwicklungen besondere Herausforderungen für den Schutz der Persönlichkeit einhergehen.

Für die Beantwortung dieser Frage erscheint es ratsam, sich den Inhalt dieses Rechts noch einmal kurz vor Augen zu führen, Das Allgemeine Persönlichkeitsrecht, welches die Rechtsprechung aus Art. 1 Abs. 1 und Art. 2 Abs. 1 GG entwickelt hat,[951] „ergänzt als „unbenanntes" Freiheitsrecht die speziellen („benannten") Freiheitsrechte, die, wie etwa die Gewissens- oder die Meinungsfreiheit, ebenfalls konstituierende Elemente der Persönlichkeit schützen. Seine Aufgabe ist es, im Sinne des obersten Konstitutionsprinzips der „Würde des Menschen" (Art. 1 Abs. 1 GG) die engere persönliche Lebenssphäre und die Erhaltung ihrer Grundbedingungen zu gewährleisten, die sich durch die traditionellen konkreten Freiheitsgarantien nicht abschließend erfassen lassen".[952] Dabei war in der Rechtsprechung von Beginn an anerkannt, dass sich die Notwendigkeit des Schutzes der persönlichen Lebenssphäre „vor allem mit Blick auf moderne Entwicklungen und die mit ihnen verbundenen neuen Gefährdungen für die menschliche Persönlichkeit" ergibt.[953] Einfachgesetzlich ist v.a. bemerkenswert, dass nach § 75 Abs. 2 S. 1 BetrVG Arbeitgeber und Betriebsrat die freie Entfaltung der Persönlichkeit der im Betrieb beschäftigten Arbeitnehmer zu schützen und zu fördern haben. Die Vorschrift ist Ausdruck der Verpflichtung des Staates, die Grundrechtsträger auch vor einer unverhältnismäßigen Beschränkung ihrer Grundrechte durch privatautonome Regelungen zu schützen.[954]

Das Allgemeine Persönlichkeitsrecht kann hier nicht im Einzelnen entfaltet werden. Es umfasst, bezogen auf das Verhältnis des Einzelnen zum Staat, u.a. die Gewährleistung sachlich und räumlich definierter Rückzugsräume sowie den Schutz vor staatlicher Ausforschung in der engeren Lebenssphäre. Staatliche Eingriffe in diese Bereiche sind zwar nicht schlechthin unzulässig, bedürfen aber einer Rechtfertigung, deren (abgestufte) Maßstäbe sich aus der vom BVerfG entwickelten

951 Näher zu den dogmatischen Grundlagen Maunz/Dürig/*Herdegen*, Art. 2 GG Rn. 127ff.

952 So BVerfG, NJW 1980, 2070 (u. II.2a); vgl. auch BAG, NZA 2014, 551 (u. Rn. 40).

953 So BVerfG, NJW 1980, 2070 (u. II.2a); vgl. dazu auch *Holthausen*, RdA 2021, 19 (27). Vgl. zum Unionsrecht nur EuGH v. 6.10.2020 – C-511/18, C-512/18, C-520/18 (La Quadrature du Net ua/Premier ministre ua sowie Ordre des barreaux francophones et germanophone ua/Conseil des Ministres), NJW 2021, 531 (Vorratsdatenspeicherung) mit einem Abstellen u. a. auf Art. 7 GRC (Achtung des Privat- und Familienlebens).

954 Vgl. insoweit insbes. BAG, AP BetrVG 1972 § 87 Überwachung Nr. 41 (u. B.I.2a)).

sog. Sphärentheorie ergeben.[955] Was die erstgenannten Fälle betrifft, so zählt zu den danach zu garantierenden „Rückzugsräumen“ auch ein Bereich, „in dem der Einzelne unbeobachtet sich selbst überlassen ist“[956] bzw. beanspruchen kann, schlicht „in Ruhe gelassen“ zu werden.[957] Dies beschränkt sich nicht auf den rein häuslichen Bereich, sondern erfasst auch andere Örtlichkeiten, in denen der Betroffene erkennbar davon ausgehen kann, nicht der Observation durch Dritte zu unterliegen.[958] Was die letztgenannten Fälle, also insbesondere die „engere Lebenssphäre“, angeht, so zielt die Gewährleistung insbesondere auch auf den „Schutz des psychischen Innenbereichs“, so dass der Einzelne vor staatlicher „Ausforschung der Gedanken- und Gefühlswelt“ geschützt ist.[959] Auch in diesem Zusammenhang wird in der Literatur häufig auf den Einsatz von Lügendetektoren verwiesen, bei dem „der Aussagende (…) quasi technisch durchleuchtet und mit seiner Aussage als eigener Persönlichkeitsdarstellung mechanisch (…) relativiert“ und „insoweit zu einem bloßen Anhängsel eines Apparates (wird)“.[960] Eine besondere Ausprägung des Allgemeinen Persönlichkeitsrechts stellt das Recht auf informationelle Selbstbestimmung dar, welches die Befugnis enthält, selbst über die Preisgabe und Verwendung persönlicher Daten zu befinden.[961] Gerade auch die Anerkennung dieses Rechts in der Rechtsprechung ist „Ausprägung eines sich an moderne Entwicklungen anpassenden Persönlichkeitsschutzes“,[962] wobei anerkannt ist, dass zunehmend Bedrohungen dieses Rechts durch Private[963] und somit die Problematik der Anerkennung entsprechender staatlicher Schutzpflichten vor Übergriffen durch diese in den Mittelpunkt rücken.[964] Zwar ist das – vom Arbeitgeber zu beachtende – zivilrechtliche Persönlichkeitsrecht mit dem aus Art. 2 Abs. 1 i.V.m. Art. 1 Abs. 1 GG hergeleiteten Grundrecht nicht identisch. Vielmehr bestehen bei der Bestimmung der Reichweite, bei der Abwägung widerstreitender Interessen und bei der Konkretisierung im Einzelfall durchaus Unterschiede. Dennoch dürften die Lösungen im Ergebnis kaum voneinander abwei-

---

955 Einzelheiten hierzu bei Maunz/Dürig/*Herdegen*, Art. 2 GG Rn. 157 ff.; auch kann in diesem Zusammenhang auf die umfangreiche Lit. zu § 75 Abs. 2 BetrVG verwiesen werden.

956 BVerfG, NJW 1995, 1015 (u. B.I.3.).

957 BVerfG, NJW 1969, 1707 (u. C.II.1b); vgl. zum Ganzen auch *Richardi/Maschmann*, in: Richardi (Hrsg.), 17. Aufl. 2022, § 75 BetrVG Rn. 50.

958 Maunz/Dürig/*Herdegen*, Art. 2 GG Rn. 149.

959 Maunz/Dürig/*Herdegen*, Art. 2 GG Rn. 154.

960 Maunz/Dürig/*Herdegen*, Art. 2 GG Rn. 155 mit dem Zusatz, dass „auf Grund des faktischen Selbstentlastungszwanges (…) in die Verwendung eines Lügendetektors auch nicht wirksam eingewilligt und damit auf die Grundrechtsausübung verzichtet werden“ könne.

961 Näher hierzu etwa Maunz/Dürig/*Herdegen*, Art. 2 GG Rn. 173ff.; vgl. auch *Richardi/Maschmann*, in: Richardi (Hrsg.), 17. Aufl. 2022, § 75 BetrVG Rn. 60ff.

962 Maunz/Dürig/*Herdegen*, Art. 2 GG Rn. 173: „Der Einzelne, der regelmäßig gar nicht weiß, was wo über ihn gesammelt wird, wo er elektronische Spuren hinterlässt, kann bei systematischer Datensammlung zu einem bloßen Objekt staatlicher Stellen oder wirtschaftlicher Marketingstrategen werden.“

963 Maunz/Dürig/*Herdegen*, Art. 2 GG Rn. 173, der davon spricht, dass sich insoweit „der Blickwinkel in einer spezifischen Weise verschoben (hat)“.

964 Näher Maunz/Dürig/*Herdegen*, Art. 2 GG Rn. 189ff.

chen, da eine Auslegung des zivilrechtlichen Persönlichkeitsrechts, die im Widerspruch zur Grundrechtsdogmatik stünde, ausgeschlossen ist.[965]

Dass das Allgemeine Persönlichkeitsrecht in all den genannten Schutzaspekten aufgrund der jüngeren technischen Entwicklungen besonderen Herausforderungen begegnet, dürfte kaum weiterer Begründung bedürfen. Insoweit sei auch hier an die zu Beginn dieser Untersuchung aufgeführten Beispiele für KI-Anwendungen erinnert, welche, insbesondere aufgrund des Zusammenspiels von Sensorik, *Big Data* und KI, Möglichkeiten zur Steuerung und Überwachung bereithalten, die bis in den Bereich der „Gedanken- und Gefühlswelt" reichen. Auch ohne dass dies hier im Einzelnen erneut ausgebreitet werden muss, wird sich somit kaum bestreiten lassen, dass die durch den Stand der Technik eröffneten Möglichkeiten die Risiken einer Verletzung des Allgemeinen Persönlichkeitsrechts (und einer Missachtung der Menschenwürde) erheblich vergrößert haben.

Dass sich die „persönlichkeitsrechtliche Gefährdungslage" gerade aufgrund jüngerer technischer Entwicklungen erheblich verschärft hat, macht etwa auch eine jüngere Entscheidung des BVerfG deutlich, in der es um *Datamining* ging, also, in den Worten des Gerichts gesprochen, den Einsatz von Verfahren und Methoden, „mit deren Hilfe bereits vorhandene große Datenbestände, zumeist auf statistischmathematischen Verfahren basierend, selbstständig auf Zusammenhänge analysiert werden, um auf diesem Wege ‚neues Wissen' zu generieren".[966] Insoweit geht das BVerfG davon aus, dass es „grundsätzlich eine gesteigerte Belastungswirkung" habe, wenn „in einer Datei gespeicherte Daten aus verschiedenen (...) Quellen im Wege der Verknüpfung zur Erzeugung neuer Erkenntnisse und Zusammenhänge genutzt (werden)",[967] zumal diese „eine erhebliche Persönlichkeitsrelevanz" aufweisen könnten.[968] Dabei werde das Eingriffsgewicht noch weiter erhöht, wenn „diese neuen Erkenntnisse unmittelbar zu operativen Zwecken verwendet werden können".[969]

---

965 Vgl. nur MünchArbR/*Reichold*, 4. Aufl. 2018, § 94 Rn. 2.

966 BVerfG, NVwZ 2021, 226 (u. Rn. 74) u. Hinw. auf BT-Drucks. 17/11582, S. 3.

967 BVerfG, NVwZ 2021, 226 (u. Rn. 109).

968 BVerfG, NVwZ 2021, 226 (u. Rn. 110).

969 BVerfG, NVwZ 2021, 226 (u. Rn. 111); vgl. zum Ganzen auch *Golla*, NJW 2021, 667 (668 f.) m. w, N. und dem Hinw. darauf, dass die Eingriffsintensität „zudem durch die Möglichkeit (steigt), komplexe Verknüpfungen zwischen den Daten herzustellen". Die Verarbeitung personenbezogener Daten sei „v.a. deswegen rechtfertigungsbedürftig, weil sich Informationen mit modernen technischen Hilfsmitteln komplex verknüpfen und zu Persönlichkeitsbildern zusammenfügen lassen" und „durch die softwarebasierten Verarbeitungs- und Verknüpfungsmöglichkeiten (...) auch zuvor möglicherweise belanglose Informationen einen neuen Gehalt (gewinnen)."

cc) Zusammenfassung

Fasst man die Überlegung an dieser Stelle zusammen, dann ergibt sich zweierlei: dass die Überlegungen der Mitbestimmungskommission zum Stellenwert von Menschenwürde und Persönlichkeitsrecht weiterhin uneingeschränkt gültig sind, dass sie aber zugleich angesichts der heute eröffneten technischen Möglichkeiten, um das mindeste zu sagen, nichts an Aktualität eingebüßt haben. Die Mitbestimmung in den Zusammenhang des Schutzes der Menschenwürde und der Achtung der Persönlichkeitsrechte der Arbeitnehmer zu stellen, erscheint heute wichtiger denn je. In der Tat fordert es die darin gründende Selbstbestimmtheit des Arbeitnehmers, einer „Leitungs- und Organisationsgewalt“ Grenzen zu ziehen, bei deren Ausübung Arbeitgebern heute ganz andere und v.a. wesentlich intensiver wirkende Instrumente zu Gebote stehen als dies früher der Fall war.

c) Kollektive Interessenvertretung

Eine wichtige Weichenstellung der betrieblichen Mitbestimmung besteht darin, dass es hierbei zu einer Bündelung der Wahrnehmung der Arbeitnehmerinteressen in einem einheitlichen Interessenvertretungsorgan, dem Betriebsrat, kommt. In der Sichtweise der Mitbestimmungskommission gibt dies „der sozialen Wirklichkeit des Betriebes als einer gemeinsamen, zweckorientierten Veranstaltung und als gemeinsamer Bedingung aller betroffenen Arbeitnehmer den rechtlichen Ausdruck, den ihr der Einzelvertrag nicht zu geben vermag“.[970]

Dabei sollte man nun allerdings nicht stehen bleiben. Denn wenn es zutrifft, dass häufig auch der Arbeitgeber kaum in der Lage ist, die „Entscheidungswege“ der von ihm eingesetzten KI nachzuvollziehen, dann hat dies erst recht für den Arbeitnehmer zu gelten, der dieser ausgesetzt ist. Für diesen muss es daher dabei bleiben, dass „die technischen Spezifikationen und Gestaltungselemente (zu komplex sind), als dass der Einzelne die exakte Funktionsweise eines Softwaresystems zu durchdringen vermag“.[971] Diese „Überforderung“ des Einzelnen im Angesicht der KI hat denn auch zu Forderungen nach einer Re-Regulierung einzelner Regelungsbereiche geführt, die oben zwar nicht abschließend bewertet wurden, angesichts der getroffenen Feststellungen zu den einzelnen Regelungsfragen aber hochgradig plausibel erscheinen. Erinnert sei an dieser Stelle nur an zwei Befunde im Zusammenhang mit im vorliegenden Zusammenhang zentralen Regelungsbereichen, nämlich dem Datenschutz- und dem Diskriminierungsrecht: Zum einen den, dass allein schon angesichts der Schwäche eines an der Erhebung und Verarbeitung eines personenbezogenen Einzeldatums ansetzenden Schutzes, eine Neukonzeption empfehlenswert erscheint, die „stärker

---

970 BT-Drucks. VI/334, S. 59.

971 So *Martini*, Blackbox Algorithmus – Grundfragen einer Regulierung Künstlicher Intelligenz, 2019, S. 269.

auf prozedurale Vorgaben für den allgemeinen Umgang mit Datenbeständen und die Datenverarbeitung setzt".[972] Und zum anderen den, dass auch das geltende Antidiskriminierungsrecht allein schon angesichts der für den Betroffenen bestehenden Beweisnöte einen Neuansatz nahelegt, der Maßnahmen wie Algorithmus-Folgenabschätzungen, Auditierung und Zertifizierung deutlicher in den Blick nimmt. Beide Befunde lassen aber für die hier in Rede stehende Problematik nur eine Schlussfolgerung zu, nämlich die, dass die Schwäche, in der sich der Einzelne gegenüber dem Einsatz von KI befindet, die Einräumung adäquater kollektiver Rechte nahe legt.[973] Dies muss umso mehr gelten, als sich nur auf diesem Wege ein präventiver Schutz gewährleisten lässt, bei dem Arbeitnehmer mitgestalten können, statt zunächst Eingriffe erdulden zu müssen, um sich anschließend in die Rolle des Anspruchstellers gedrängt zu sehen.[974]

d) Akzeptanz und Sachkunde

Bei alldem ist schließlich auch zu bedenken, dass sich nur unter der Voraussetzung der Gewährleistung einer kollektiven Mitsprache auf die Akzeptanz einer mit vielerlei Risiken verbundenen Technik hoffen lässt, weshalb eine „Mitwirkung auf Augenhöhe" letztlich auch im wohlverstandenen Interesse der Arbeitgeberseite selbst liegt. Dabei gilt es auch in diesem Zusammenhang zwei Gedanken der Mitbestimmungskommission im Auge zu behalten, nämlich zum einen den, die Mitbestimmung gewährleiste, dass „die besondere, der Stellung und Tätigkeit der Arbeitnehmer im Unternehmen eigene Sachkunde und Betrachtungsweise zuverlässig in die Entscheidungsprozesse im Unternehmen Eingang finden"[975] und zum anderen den, dass ein wesentlicher Vorzug der Mitbestimmung in der „Einführung von Argumentations- und Diskussionszwängen" liege. Bedenkt man z.B., dass für die Gewährleistung einer „diskriminierungsfreien" KI die Auswahl repräsentativer Testdaten entscheidende Bedeutung hat, dann spricht alles dafür, Arbeitnehmervertreter insoweit miteinzubeziehen. Und wenn es zutrifft, dass „gemischte" Entwicklerteams eher in der Lage sind, „diskriminierungsfreie" Anwendungen zu garantieren als Teams, die sich ausschließlich aus KI-Experten zusammensetzen und wenn dementsprechend fast allgemein die Empfehlung ausgesprochen wird, genau

972 So *Martini*, Blackbox Algorithmus – Grundfragen einer Regulierung Künstlicher Intelligenz, 2019, S. 264; vgl. dazu auch G. V. 9.

973 Für den Bereich der DSGVO wird die Bedeutung des kollektiven Schutzes etwa unterstrichen von *Martini*, Blackbox Algorithmus – Grundfragen einer Regulierung Künstlicher Intelligenz, 2019, S. 274; vgl. dazu auch G. IV. 3b).

974 Die eben angestellten Überlegungen spiegeln sich – was die europäische Ebene betrifft – insbesondere auch in Forderungen aus der Literatur. wider, die darauf zielen, den Herausforderungen durch KI mit einer Stärkung der Gewerkschaften bzw. einer verstärkten Mitbestimmung zu begegnen – wobei mit Blick auf Letztere allerdings v.a. an die Mitbestimmung auf Unternehmensebene gedacht wird; so jedenfalls *Spencer/Cole/Joyce/Whittaker/Stuart*, Digital Automation and the Future of Work, European Parliamentary Research Service, 2021, S. 53f. m.w.N.

975 BT-Drucks. VI/334, S. 67.

diese „gemischten" Teams zu bilden,[976] dann lässt dies mit Blick auf die hier vorliegende Problematik ebenfalls nur einen Schluss zu, nämlich den, dass auch die Arbeitnehmerseite über ihr Interessenvertretungsorgan beteiligt sein muss, wenn es etwa um die Konfiguration eines KI-Systems im Betrieb geht. Die „Argumentations- und Diskussionszwänge", die dabei installiert werden, können das Ergebnis nur verbessern.

Noch bedeutsamer erscheint aber das bereits oben angesprochene Problem, dass eine wirkungsvolle Kontrolle von KI zweierlei voraussetzt. Zum einen ein Fachwissen in der Informatik und zum anderen eine Kenntnis der tatsächlichen Gegebenheiten, die z.B. „der Auswahl und Anwendung von Algorithmen, Modellen und Kriterien der Differenzierung zugrunde liegen".[977] Während der Betriebsrat über die erstgenannten Kenntnisse kaum jemals selbst verfügen wird, weshalb man ihm die Möglichkeit des Zugriffs auf ausreichende Expertise sichern muss,[978] ist er i.H.a. die letztgenannten für eine Mitwirkung geradezu prädestiniert. In diesem Zusammenhang ist übrigens auch die Beobachtung von Interesse, dass die Diskussion um „ethische KI" überwiegend auf einer abstrakten Ebene geführt wird und entsprechende Forderungen damit nicht selten ohne konkreten Bezug zu dem Kontext sind, in dem der Einsatz von KI stattfindet.[979] Wünschenswert wäre demgegenüber eine möglichst enge Verzahnung mit der Lebenswirklichkeit.

2. Neue Herausforderungen

Die bislang angestellten Überlegungen zeichnen sich allesamt dadurch aus, dass sie im Rahmen der Zwecke verbleiben, welche der Mitbestimmung „traditionell" zugewiesen werden. Allerdings geben die jüngeren technischen Entwicklungen Anlass, darüber nachzudenken, ob eine Mitwirkung der Arbeitnehmer nicht auch aus anderen Gründen geboten sein könnte. Zu denken ist insoweit insbesondere daran, dass Arbeitgeber mehr und mehr Aufgaben an

976 Vgl. nur *Byrum*, Build a Diverse Team to Solve the AI Riddle, May 18, 2020. https://sloanreview.mit.edu/article/build-a-diverse-team-to-solve-the-ai-riddle/.

977 So *Orwat*, Diskriminierungsrisiken durch Verwendung von Algorithmen, 2020, S. 127.

978 Eindrucksvoll zu den Schwierigkeiten, denen Betriebsräte bei der sinnvollen Begleitung von KI-Projekten im Betrieb begegnen, *Thieltges*, ZfP 2020, 3 (29).

979 Vgl. *Birhanem/Ruane/Laurent/Brown/Flowers/Ventresque/Dancy*, The Forgotten Margins of AI Ethics, 13. https://arxiv.org/pdf/2205.04221.pdf: „Even though AI Ethics is a fast growing and broadly construed field of enquiry, its pace is no match for the rate at which algorithmic systems are being developed and integrated into every possible corner of society. Thus, the field holds a crucial place in ensuring that algorithmic systems are just and equitable; in bringing to light algorithmic failures, whom they fail; as well as in holding responsible bodies accountable. If AI Ethics is to protect the welfare and well-being of the most negatively impacted stakeholders, it needs to be guided by the lived experiences and perspective of such stakeholders. The field also needs to treat AI Ethics as non-divorcible from day-to-day life and something that can't emerge in a historical, social, cultural, and contextual vacuum."

lernfähige Systeme delegieren. Zwar mögen diese Systeme nicht selbst entscheiden bzw. selbst entscheiden dürfen. Darauf, dass sie bei den Entscheidungsprozessen auf Arbeitgeberseite zunehmend eine wichtige Rolle spielen, deutet aber einiges hin. Dementsprechend ist hier, wie auch in anderen Zusammenhängen, eine Mitwirkung des Betriebsrats geboten, um die Gesetzeskonformität des Arbeitgeberhandelns sicherzustellen und d.h. eben insbesondere zu gewährleisten, dass das in Art. 22 Abs. 1 DSGVO enthaltene und im vorliegenden Zusammenhang geradezu fundamentale Verbot automatisierter Entscheidungen auf Seiten des Arbeitgebers Beachtung findet. Diese Sicherung erscheint umso dringlicher, als sich im Rahmen des Art. 22 Abs. 1 DSGVO schwierige Abgrenzungsfragen stellen können: Da sich die Vorschrift nur auf „ausschließlich automatisierte Entscheidungen" richtet, werden sich praktisch häufig Zweifelsfälle ergeben, wenn eine menschliche Mitwirkung „nur am Rande" erfolgt. Zu klären kann dann z.B. sein, ob der der Maschine zur Seite tretende Mensch über die nötige Datengrundlage verfügt, eine ausreichende fachliche Qualifikation mitbringt und auch einen Entscheidungsspielraum hat, um von der automatisierten Entscheidung abweichen zu können.[980] Ganz unabhängig davon erscheinen aber auch Mahnungen plausibel, Menschen könnten zunehmend geneigt sein, das „überlegene Wissen" der Maschine anzuerkennen und ihren „Entscheidungsvorschlägen" o.W. zu folgen.[981] Auch insoweit ist dann aber eine zusätzliche Sicherung in Gestalt der Beteiligung des kollektiven Interessenvertretungsorgans angezeigt.

Über all diesen Überlegungen sollte man aber das grundlegende Problem nicht aus dem Auge verlieren. Dieses liegt darin, dass der Einsatz von KI, zumindest auf längere Sicht betrachtet, die Gefahr einer „Entpersonalisierung"

980 Vgl. *Scholz* in Simitis/Hornung/Spiecker gen. Döhmann, Datenschutzrecht (Hrsg.), 1. Aufl. 2019, Art. 22 Rn. 27; vgl. hierzu auch schon oben unter G. V. 5b).

981 Experimente belegen, dass Menschen Robotern häufig selbst dann noch blind vertrauen, wenn sie eigentlich allen Anlass hätten, dies nicht zu tun; vgl. nur *Robinette/Li/Allen/ Howard/Wagner*, Overtrust of robots in emergency evacuation scenarios, in: Bartneck (ed.), The Eleventh ACMIEEE International Conference on Human Robot Interaction, Piscataway, 2016, S. 101 ; vgl. hierzu etwa auch Hardré, in: Tettegah/Espelage (ed.), Emotions, Technology, and Behaviors – A Volume in Emotions and Technology, 2016, S. 85. Auch scheinen sie sich verhältnismäßig leicht zu risikoreichem Verhalten verleiten zu lassen; vgl *Hanoch/Arvizzigno/Hernandez García/Denham/Belpaeme/Gummerum*, The Robot Made Me Do It: Human–Robot Interaction and Risk-Taking Behavior, Cyberpsychology, Behavior, and Social Networking 2021. doi: 10.1089/cyber.2020.0148; vgl. zum Ganzen auch *Martini*, Blackbox Algorithmus – Grundfragen einer Regulierung Künstlicher Intelligenz, 2020, S. 87; vgl. zuletzt auch *Brink/ Schwartmann/Oetjen/Voss*, In der Anwendung der DSGVO läuft einiges schief – so war sie nicht gemeint, FAZ v. 18.7.2022, S. 18 mit der Sorge darum, „wie der Mensch die Kompetenz bekommt, die, „intelligente" Maschine zu verstehen, um sich zur Not auch gegen den Vorschlag des Computers entscheiden zu können".

des Arbeitsverhältnisses[982] und auch die einer „Entmündigung" in sich trägt, und zwar nicht nur auf Seiten der Arbeitnehmer („Unterforderung" und „Unterordnung" des Menschen unter die Maschine u. dgl., womit der Schutz durch Art. 1 und Art. 2 GG angesprochen ist), sondern, was im vorliegenden Zusammenhang nicht minder wichtig ist, auch auf Seiten der Arbeitgeber. Verlagert sich nämlich – ggf. als Folge eines schleichenden Prozesses – „die Handlungs- und Verantwortungsethik vom Menschen auf die Künstliche Intelligenz – oder jedenfalls auf die Menschen „im Umfeld der KI", deren Programmierleistung die Handlungen des Nutzers überlagert",[983] dann bedarf es auch insoweit der Aktivierung des mitbestimmungsrechtlichen Schutzes. Zwar enthält das geltende Recht (§ 613 S. 2 BGB) nur die Wertung, dass einem Arbeitnehmer nicht gegen seinen Willen ein anderer Arbeitgeber aufgezwungen werden darf. Doch muss man darüber hinaus das Risiko im Auge behalten, dass der Arbeitgeber durch den umfassenden Einsatz von KI vielfältige Entscheidungsbefugnisse und damit letztlich auch Teile seiner Verantwortung gegenüber den Arbeitnehmern mehr und mehr auf Maschinen delegiert. Auch insoweit ist dann aber eine Mitwirkung des Betriebsrats dringend geboten, um zu gewährleisten, dass es dabei nicht zu Grenzüberschreitungen kommt.

Dass das eben angesprochene Szenario zwar ein Zukunftsszenario, aber als solches keinesfalls aus der Luft gegriffen ist, wird deutlich, wen man sich beispielsweise die aktuelle gesellschaftsrechtliche Debatte um die Bedeutung von KI vor Augen führt. In der einschlägigen Literatur werden verschiedene Entwicklungsstufen des „Miteinanders" von Mensch und Maschine beschrieben, die etwa von *assisted intelligence* (KI assistiert dem Menschen), *augmented intelligence* (KI assistiert in einer Weise wie das ein Mensch nicht könnte), *amplifed intelligence* (die Maschine entscheidet mit), *autonomous intelligence* (die Maschine entscheidet selbständig nach menschlichen Vorgaben) bis zur *autopoietic intelligence* (die Maschine ist in der Lage, den Bereich ihrer Entscheidungszuständigkeit selbständig zu entwickeln und zu erweitern) reichen.[984] Dass die Maschine im Begriff ist, diese Stufen nach und nach zu erklimmen, lässt sich, um das mindeste zu sagen, nicht ausschließen – , weshalb es z.B. auch durchaus nicht fernliegend ist, sich schon heute, wie dies in der gesellschaftsrechtlichen Literatur denn auch geschieht, mit der Möglichkeit von sog. *self-driving corpo-*

982 Vgl. insoweit auch *Allen/Master*, Technology Managing People – the legal implications, 2021, S. 78: „The increased reliance on technology to make management decisions risks profoundly undermining the personal nature of the employment relationship. Humans have the potential to provide empathetic and nuanced responses within decision-making, which is currently beyond AI-powered tools.".

983 Vgl. *Schliesky*, NJW 2019, 3692 (3696) am Beispiel von Assistenzsystemen.

984 Vgl. *Hilb*, Toward artifcial governance? The role of artificial intelligence in shaping the future of corporate governance, Journal of Management and Governance, 2020, 851 (861).

rations zu befassen, bei denen die unternehmerischen Entscheidungen von KI-Systemen getroffen werden.[985]

3. Mitbestimmung und Plattformarbeit

Bemerkenswerterweise hat auch die Europäische Kommission in ihrem Vorschlag für eine Richtlinie zur Verbesserung der Arbeitsbedingungen in der Plattformarbeit, wenn auch (zunächst) nur für diesen Bereich, den Stellenwert der kollektiven Mitsprache ausdrücklich anerkannt.[986] Nach Art. 9 Abs. 1 RL-E stellen die Mitgliedstaaten „unbeschadet der Rechte und Pflichten gemäß der Richtlinie 2002/14/EG (…) sicher, dass die Vertreter der Plattformbeschäftigten oder – wenn es solche Vertreter nicht gibt – die betroffenen Plattformbeschäftigten (…) durch die digitalen Arbeitsplattformen bezüglich Entscheidungen unterrichtet und angehört werden, die wahrscheinlich zur Einführung automatisierter Überwachungs- und Entscheidungssysteme gemäß Artikel 6 Absatz 1[987] bzw. zu wesentlichen Änderungen im Einsatz dieser Systeme führen".[988] Dabei dient die Regelung ausdrücklich dem Ziel, „den sozialen Dialog über algorithmische Managementsysteme zu fördern".[989] Die Regelung unterstreicht die Bedeutung einer Mitwirkung im Zusammenhang mit KI. Dass sie für das deutsche Recht nur begrenzt Bedeutung hätte, steht auf einem anderen Blatt.[990]

---

985 Vgl. *Armour/Eidenmüller*, Self-driving Corporations, European Corporate Governance Institute – Law Working Paper No. 475/2019. Auch in anderen Zusammenhängen gibt es Mahnungen, sich möglicher Regelungsfragen beizeiten anzunehmen; so für die evolutionäre Entwicklung von Robotern jüngst *Eiben/Ellers/Meynen/Nyholm*, Robot Evolution – Ethical Concerns, frontiers in Robotics and AI, 03. November 2021: doi: 10.3389/frobt.2021.744590.

986 Vorschlag für eine Richtlinie des Europäischen Parlaments und des Rates zur Verbesserung der Arbeitsbedingungen in der Plattformarbeit v. 9.12.2021, COM(2021) 762 final.

987 Danach sind automatisierte Überwachungssysteme Systeme, „die zur elektronischen Kontrolle, Überwachung oder Bewertung der Arbeitsleistung von Plattformbeschäftigten eingesetzt werden", wohingegen automatisierte Entscheidungssysteme genutzt werden, „um Entscheidungen zu treffen oder zu unterstützen, die sich erheblich auf die Arbeitsbedingungen dieser Plattformbeschäftigten auswirken, insbesondere auf ihren Zugang zu Arbeitsaufträgen, ihren Verdienst, ihre Sicherheit und ihren Gesundheitsschutz bei der Arbeit, ihre Arbeitszeit, ihre Beförderung und ihren vertraglichen Status, einschließlich der Beschränkung, Aussetzung oder Beendigung ihres Kontos".

988 Vgl. auch Erwägungsgrund 39 mit dem Hinweis darauf, dass sich „die Einführung automatisierter Überwachungs- und Entscheidungssysteme durch digitale Arbeitsplattformen oder wesentliche Änderungen im Einsatz dieser Systeme (…) unmittelbar auf die Arbeitsorganisation und die individuellen Arbeitsbedingungen von Plattformbeschäftigten aus(wirken)".

989 So Vorschlag für eine Richtlinie des Europäischen Parlaments und des Rates zur Verbesserung der Arbeitsbedingungen in der Plattformarbeit, COM(2021) 762 final, S. 4 u. 20. Bemerkenswert ist insoweit übrigens auch der Hinweis darauf, dass die DSGVO den betroffenen Personen zwar individuelle Rechte einräume, aber „nicht die wichtigen kollektiven Aspekte des Arbeitsrechts, einschließlich der Rolle der Arbeitnehmervertreter, der Unterrichtung und Anhörung der Arbeitnehmer und der Rolle der Arbeitsaufsichtsbehörden bei der Durchsetzung der Arbeitnehmerrechte (berücksichtige)"; ebda, S. 8.

990 Vgl. hierzu *Krause*, NZA 2022, 521 (530).

4. Einzelne Regelungen

Im Folgenden sollen einzelne Regelungen näher betrachtet werden, die im vorliegenden Zusammenhang besondere Relevanz haben.[991]

a) Mitbestimmungsrecht bei technischen Einrichtungen

Zentrale Bedeutung hat für den Einsatz von KI-Systemen ersichtlich das Mitbestimmungsrecht nach § 87 Abs. 1 Nr. 6 BetrVG,[992] welches sich auf „die Einführung und Anwendung von technischen Einrichtungen“ richtet, „die dazu bestimmt sind, das Verhalten oder die Leistung der Arbeitnehmer zu überwachen“. Das Mitbestimmungsrecht bezweckt, „Arbeitnehmer vor solchen Beeinträchtigungen ihres Persönlichkeitsrechts durch den Einsatz technischer Überwachungseinrichtungen zu bewahren, die nicht durch schützenswerte Belange des Arbeitgebers zu rechtfertigen oder unverhältnismäßig sind“. Entgegengewirkt werden soll der Gefahr, dass Arbeitnehmer „zum Objekt einer Überwachungstechnik gemacht werden, die anonym personen- oder leistungsbezogene Informationen erhebt, speichert, verknüpft und sichtbar macht“; dies allesamt Maßnahmen, die geeignet sind, „bei den Betroffenen einen psychischen Anpassungsdruck zu erzeugen, durch den sie in ihrer Freiheit, ihr Handeln aus eigener Selbstbestimmung zu planen und zu gestalten, wesentlich gehemmt werden“.[993] Dabei ist dieses Mitbestimmungsrecht ebenso wenig wie andere Mitbestimmungsrechte dadurch ausgeschlossen oder eingeschränkt, dass der Arbeitgeber die relevante Software von einem Dritten bezieht. Dementsprechend kann er auch nicht geltend machen, dass es sich bei einem Algorithmus um ein fremdes Betriebsgeheimnis handelt.[994]

Bedenkt man insbesondere die Fähigkeit von KI-Systemen zur Bewältigung gewaltiger Datenmengen (*Big Data*) und die damit eröffnete Möglichkeit, hieraus Aussagen für das (zukünftige) Verhalten der Arbeitnehmer abzuleiten,

---

991 Nicht näher eingegangen werden soll hier auf das Mitbestimmungsrecht nach § 87 Abs. 1 Nr. 7 BetrVG; vgl. dazu nur *Gäbert*, AuR 2021, 9. Auch die Regeln zur Beschäftigungssicherung nach §§ 111f. BetrVG sollen hier ausgeklammert bleiben, da sie nicht „KI-spezifisch“ sind; vgl. dazu aber etwa *Klebe*, SR 2019, 128 (131f.).

992 Vgl. hierzu auch *Schwarze*, in: *Ebers/Heinze/Krügel/Steinrötter* (Hrsg.), Künstliche Intelligenz und Robotik, 2020, § 8 Arbeitsrechtliche Probleme von KI und Robotik S. 270 (300ff.).

993 So BAG, NZA 2017, 1205 (u. Rn. 20). Die Entscheidung enthält eine fast schulmäßige Prüfung der Verhältnismäßigkeit einer das Persönlichkeitsrecht der Arbeitnehmer einschränkenden Betriebsvereinbarung.

994 Vgl. insoweit BAG, NZA 2015, 314 (u. Rn. 15): „In mitbestimmungspflichtigen Angelegenheiten kann sich der Arbeitgeber Dritten gegenüber grundsätzlich nicht in einer Weise binden, die die Mitregelungsbefugnis des Betriebsrats faktisch ausschließen würde. Vielmehr muss der Arbeitgeber durch eine entsprechende Vertragsgestaltung sicherstellen, dass die ordnungsgemäße Wahrnehmung des Mitbestimmungsrechts gewährleistet ist.“; vgl. zum Ganzen etwa auch *Klebe*, in: Däubler/Klebe/Wedde, Betriebsverfassungsgesetz, 18. Aufl. 2022, § 87 BetrVG Rn. 21.

dann kommt man nicht an der Erkenntnis vorbei, dass die Sicherung einer ausreichenden Mitbestimmung mit Blick auf technische Einrichtungen heute wichtiger ist denn je.[995] Was den Anwendungsbereich des § 87 Abs. 1 Nr. 6 BetrVG betrifft, so ist zu beachten, dass das BAG bei der Beantwortung der Frage, ob eine technische Einrichtung dazu bestimmt ist, das Verhalten oder die Leistung der Arbeitnehmer zu überwachen, allein auf die objektive Eignung abstellt. Notwendig ist somit nicht, dass der Arbeitgeber mit der Einführung und Anwendung einer technischen Einrichtung den Zweck einer Überwachung verfolgt. Vielmehr genügt es, wenn die technische Einrichtung nach ihrer Konstruktion oder einem mit ihr verbundenen Programm zu einer Kontrolle objektiv geeignet ist.[996] Dabei begründet § 87 Abs. 1 Nr. 6 BetrVG zwar nach allg. Auffassung ein Initiativrecht. Da es ausschließlich um eine Regelung gehen könne, mit der Gefahren für Arbeitnehmer begegnet werde, soll aber der Betriebsrat nach der Rechtsprechung die Einführung einer technischen Einrichtung nicht verlangen können.[997]

aa) Voraussetzungen des Mitbestimmungsrechts

Was zunächst die Voraussetzungen des Mitbestimmungsrechts betrifft, so ist festzuhalten, dass an der Auslegung der Vorschrift durch das BAG zunächst einmal nicht vorbeizukommen ist. Zwar sind Bedenken aus der betrieblichen Praxis ernst zu nehmen, die sich etwa daran festmachen, dass jedes Softwareupdate ein Mitbestimmungsrecht des Betriebsrats auslöst.[998] Dies ändert aber bei Zugrundelegung der Rechtsprechung nichts daran, dass der Arbeitgeber den Betriebsrat zu beteiligen hat und das Zustimmungserfordernis beachten muss.[999] Auch lässt sich der Vorschrift weder ein Hinweis auf eine Erheblichkeitsschwelle entnehmen,[1000] noch gibt es eine Grundlage dafür, dem Arbeitgeber ein Recht zur vorläufigen Einführung einer technischen Einrichtung zuzugestehen.[1001] Zwar mögen Verzögerungen, zu denen es bei der Ausübung von Mitbestimmungsrechten kommen mag, aus Arbeitgebersicht beklagenswert sein. Doch lassen sich deshalb Mitbe-

---

995 Illustrativ hierzu *Klebe*, NZA-Beil. 2017, 77 (82).

996 Vgl. insoweit nur BAG, NZA 2017, 657 (u. Rn. 22): „Zur Überwachung „bestimmt" sind technische Einrichtungen, wenn sie objektiv geeignet sind, Verhaltens- oder Leistungsinformationen über den Arbeitnehmer zu erheben und aufzuzeichnen; auf die subjektive Überwachungsabsicht des Arbeitgebers kommt es nicht an (...)"; vgl. auch BAG, NZA 2019, 1009 (u. Rn. 24).

997 BAG, NZA 1990, 407; zustimmend etwa *Richardi/Maschmann*, in: Richardi (Hrsg.), 17. Aufl. 2022, § 87 BetrVG Rn. 530. Allerdings begegnet diese Sichtweise zunehmend Kritik; vgl. insoweit nur die Nachw. bei *Klebe*, in: Däubler/Klebe/Wedde, Betriebsverfassungsgesetz, 18. Aufl. 2022, § 87 BetrVG Rn. 805.

998 Vgl. wiederum *Henssler*, NZA-Beilage 2020, 3 (7); vgl. auch *Haußmann/Thieme*, NZA 2019, 1612 (1617) mit Änderungsvorschlagen *de lege ferenda*; äußerst krit. zuletzt auch *Krülls*, RdA 2021, 279 mit einem Vergleich mit dem österreichischen Recht.

999 So auch *Klebe*, NZA-Beilage 2017, 77 (82); allg. hierzu statt aller *Richardi/Maschmann*, in: Richardi (Hrsg.), 17. Aufl. 2022, § 87 BetrVG Rn. 55.

1000 Vgl. insbes. BAG, ZD 2019, 131; vgl. aber etwa auch *Schreiner*, DB 2019, 554.

1001 Vgl. dazu *Klebe*, NZA-Beilage 2017, 77 (u. Fn. 51).

stimmungsregeln nicht einfach beiseitesetzen. Und auch wenn es in Zeiten einer zunehmenden Digitalisierung der Betriebe besonders schmerzhaft sein mag, wenn es gerade in diesem Bereich zu einem Zeitverlust kommt, so wäre gegenüber demjenigen, der die Notwendigkeit von Beschränkungen der Mitbestimmung geltend macht, doch zweierlei zu fordern: einerseits, dass er konkret benennt, weshalb eine Mitbestimmung gerade hier nicht mehr hinnehmbar erscheint, und andererseits, dass er zumindest Anhaltspunkte dafür liefert, wie die Fälle zu umgrenzen sind, in denen die Mitbestimmungsrechte des Betriebsrats zurücktreten sollen. Weder das eine noch das andere ist aber bislang, soweit ersichtlich gelungen.[1002] Unabhängig davon ist aber darauf hinzuweisen, dass die Problematik nach Regelungen in Gestalt von (Rahmen-) Vereinbarungen der Betriebspartner geradezu schreit; ein Weg, der nun in der Tat z.B. von der Enquete-Kommission,[1003] aber auch in Teilen der Literatur angesprochen wurde[1004] und den zu beschreiten gelegentlich auch geradezu angemahnt wird.[1005] So heißt es etwa im Abschlussbericht der Enquete-Kommission: „Um den Zustimmungsprozess zu beschleunigen, wäre es beispielsweise möglich, dass Arbeitgeber und Betriebsrat eine prinzipienbasierte Rahmenvereinbarung und anwendungsspezifische Einzelvereinbarungen abschließen. Ein Vorteil dieser Lösung wäre es, den Aufwand beim Abschluss der zahlreichen Einzelvereinbarungen zu reduzieren. In der Rahmenvereinbarung sollten Punkte geregelt werden, die bei der Einführung aller Anwendungen als Fragen aufkommen.“[1006]

Nach dem eben Gesagten ist Versuchen einer restriktiven Auslegung des § 87 Abs. 1 Nr. 6 BetrVG entgegenzutreten. Zugleich ist aber darauf hinzuweisen, dass dieser Mitbestimmungstatbestand in Zukunft sogar noch an Bedeutung gewinnen dürfte und zwar als Folge der technischen Entwicklung selbst. Denn wenn es in der Vergangenheit nachvollziehbar war, § 87 Abs. 1 Nr. 6 BetrVG bei der Verarbeitung bloßer Statusdaten (wie z.B. Name, Anschrift, Familienstand, berufliche Qualifikationen und Lebenslauf) außer Betracht zu lassen, weil diese

1002 Eine andere Frage ist, dass es zweifelhaft sein kann, inwieweit z.B. *people analytics*-Anwendungen ein Mitbestimmungsrecht nach § 87 Abs. 1 Nr. 6 BetrVG auslösen. Dabei ist das Aggregationsniveau der Verarbeitung von maßgeblicher Bedeutung, aber auch, ob und inwieweit die gesammelten Daten zu Beurteilungen führen, welche – zumindest potenziell – in personelle Einzelmaßnahmen münden. Unerheblich dürfte es demgegenüber sein, wenn die Anwendung auf Vorhersagen zielt, da diese Zielrichtung das Vorliegen einer Überwachung nicht ausschließt; näher zum Ganzen *Götz*, Big Data im Personalmanagement – Datenschutzrecht und betriebliche Mitbestimmung, 2020, S. 190ff.

1003 Bericht der Enquete-Kommission Künstliche Intelligenz – Gesellschaftliche Verantwortung und wirtschaftliche, soziale und ökologische Potenziale, BT-Drucks. 19/23700, S. 321.

1004 Vgl. zuletzt etwa *Ludwig/Hinze*, NZA 2021, 1444 (1445).

1005 Auch hierzu *Henssler*, NZA-Beilage 2020, 3 (7).

1006 Bericht Enquete-Kommission, BT-Drucks. 19/23700, S. 321. Im Übrigen fordert die Kommission, dass „die Prinzipien und Inhalte von herkömmlichen Betriebsvereinbarungen auf Basis des § 87 Abs. 1 Nr. 6 BetrVG weiter bzw. neu gedacht werden“. Und weiter: „Es geht darum, die Prozessorientierung zu stärken und agiler zu gestalten sowie die Analyse von Auswirkungen und die Evaluierung auf Standards und wissenschaftlichen Erkenntnissen aufzubauen.“

nicht unmittelbar an ein bestimmtes Verhalten anknüpfen, so dürfte dies nach dem derzeitigen Stand der Technik, der die Zusammenführung und Auswertung von Daten aus ganz unterschiedlichen Quellen erlaubt, nur noch begrenzt richtig sein. Selbst wenn man einmal davon absieht, dass sich die Auswertung regelmäßig in einer *black box* vollzieht (und somit die „Entscheidungsgrundlagen" allenfalls begrenzt nachvollziehbar sind), ist nämlich nicht daran vorbeizukommen, dass Statusdaten nicht nur als solche analysefähig, sondern auch durchaus aussagekräftig sind und zwar erst recht dann, wenn man sie mit anderen Daten zusammenführt.[1007] Vor diesem Hintergrund spricht viel dafür, § 87 Abs. 1 Nr. 6 BetrVG auch mit Blick auf Statusdaten zur Anwendung zu bringen, die zum Zweck der Vertragsabwicklung gespeichert werden.[1008]

bb) Initiativrecht

Was ein evtl. Recht des Betriebsrats auf Einführung einer technischen Einrichtung betrifft, so ist nicht daran vorbeizukommen, dass das BAG im Zusammenhang mit § 87 Abs. 1 Nr. 6 BetrVG ein derartiges Initiativrecht vor geraumer Zeit ausdrücklich abgelehnt hat,[1009] obwohl Mitbestimmungsrechte des Betriebsrats nach § 87 Abs. 1 BetrVG nach der ständigen Rechtsprechung des Gerichts grundsätzlich auch ein Initiativrecht des Betriebsrats einschließen.[1010] Zur Begründung stellt das BAG auf den Zweck des § 87 Abs. 1 Nr. 6 BetrVG ab. Diesen sieht es darin, dass „den Gefahren einer Verletzung des Persönlichkeitsrechts und des Rechts der Arbeitnehmer auf freie Entfaltung dieser Persönlichkeit, die von technischen Überwachungseinrichtungen ausgehen können, (...) durch eine mitbestimmte Regelung über die Einführung und nähere Nutzung solcher Einrichtungen begegnet werden" könne. Dem Mitbestimmungsrecht komme somit eine „Abwehrfunktion" zu. Dieser widerspreche es jedoch, „wenn der Betriebsrat selbst – gleich aus welchen Gründen – die Einführung einer solchen technischen Kontrolleinrichtung verlangt", was unabhängig davon gelte, „ob durch eine technische Kontrolleinrichtung tatsächlich Interessen der Arbeitnehmer berührt werden, ob der Betriebsrat eine solche Interessenbeeinträchtigung sieht oder ob er diese durch die nähere Ausgestaltung der mitbestimmten Regelung über die Anwendung der technischen Kontrolleinrichtung auszuschließen erstrebt".[1011]

Auch diese Rechtsprechung ist selbstverständlich zu respektieren. Allerdings bestehen ihr gegenüber ernste Bedenken, die bis zu der rechtsmethodischen Frage reichen, ob das BAG mit seiner Entscheidung in Wirklichkeit nicht richterliche Rechtsfortbildung betrieben und dabei zugleich deren Grenzen überschritten

1007 Näher *Klebe/Klengel*, NZA 2021, 1144 (1147).
1008 So in der Tat *Klebe/Klengel*, NZA 2021, 1144.
1009 BAG, NZA 1990, 407.
1010 So ausdrücklich auch BAG, NZA 1990, 407 (u. 2.a).
1011 BAG, NZA 1990, 406 (407f.).

hat.[1012] Auch ist zu bezweifeln, dass das BAG wirklich alle potenziellen Interessen berücksichtigt hat, da eben nicht von vornherein auszuschließen ist, dass, neben dem Persönlichkeitsschutz der Arbeitnehmer, noch andere schützenswerte Interessen bestehen, welche den Persönlichkeitsschutz überwiegen (und innerhalb der „Binnenschranken der Betriebsautonomie" grundsätzlich Berücksichtigung finden könnten).[1013] Ohne dass dies im Einzelnen hier abgewogen werden kann, spricht aber jedenfalls für die Bejahung eines Initiativrechts des Betriebsrats, dass es verwunderlich wäre, wenn das Initiativrecht zum Einsatz von KI-Systemen allein beim Arbeitgeber läge und der Betriebsrat somit keinerlei rechtlich gesicherte Möglichkeit hätte, evtl. Vorteile des Einsatzes von KI zum Wohle der Arbeitnehmer zum Tragen zu bringen.[1014] Ein Initiativrecht des Betriebsrats bei Einführung von elektronischer Zeiterfassung hat zuletzt das LAG Hamm bejaht.[1015]

b) Gestaltung von Arbeitsplatz, Arbeitsablauf und Arbeitsumgebung

§ 90 BetrVG statuiert Unterrichtungs- und Beratungsrechte des Betriebsrats.[1016] Als Gegenstände dieser Rechte werden in Abs. 1 genannt: die Planung von Neu-, Um- und Erweiterungsbauten von Fabrikations-, Verwaltungs- und sonstigen betrieblichen Räumen (Nr. 1), von technischen Anlagen (Nr. 2), von Arbeitsverfahren und Arbeitsabläufen (Nr. 3) und der Arbeitsplätze (Nr. 4).[1017] Dabei ist unter „Arbeitsverfahren" die Technologie zu verstehen, die zur Veränderung des Arbeitsgegenstandes angewandt wird, um die Arbeitsaufgabe zu erfüllen, wohingegen unter „Arbeitsabläufe" die zeitliche und räumliche Anordnung der Arbeitsvorhaben im Betrieb zu verstehen ist.[1018] § 90 Abs. 2 S. 1 BetrVG konkretisiert den Inhalt des Beteiligungsrechts in der Weise, dass der Arbeitgeber mit dem Betriebsrat „die vorgesehenen Maßnahmen und ihre

---

1012 So LAG Berlin-Brandenburg, BeckRS 2015, 68190 (u. 3.3) in einer ausführlichen Auseinandersetzung mit der Entscheidung des BAG.

1013 So in der Tat LAG Berlin-Brandenburg, BeckRS 2015, 68190 (u. Rn. 32) m.w.N.

1014 Ähnlich etwa *Greiner/Kalle*, RdA 2021, 76 (82) mit dem Hinweis, dass die Vorschrift (mittlerweile) auch Geräte erfasse, „deren Einführung und Verwendung auch aus Arbeitnehmersicht vorteilhaft sein können", und der Einschätzung, dass es nicht überzeuge, die Rolle des Betriebsrats „generell darauf zu reduzieren, auf Vorstöße des Arbeitgebers zu reagieren"; krit. zur Rspr. des BAG aber etwa auch *Klebe/Schmidt/Klengel*, in: Gräfl/Lunk/Oetker/Treibinger, (Hrsg), 100 Jahre Betriebsverfassungsrecht, 2020, S. 303; auch *Krause*, ebda., S. 353.

1015 LAG Hamm, NZA-RR 2021, 602 m. Anm. *Schmidt*. Gegen diese Entscheidung ist ein Rechtsbeschwerdeverfahren beim BAG anhängig (Az. 1 ABR 22/21).

1016 Vgl. hierzu auch *Schwarze*, in: Ebers/Heinze/Krügel/Steinrötter (Hrsg.), Künstliche Intelligenz und Robotik, 2020, § 8 Arbeitsrechtliche Probleme von KI und Robotik S. 270 (297f.).

1017 § 90 Abs. 1 Nr. 4 BetrVG betrifft die arbeitstechnische Gestaltung des Arbeitsplatzes und seiner Umgebung und erfüllt nach allg. Auffassung die Funktion einer begrenzten Generalklausel, da schon die in § 90 Abs. 1 Nrn. 1–3 BetrVG genannten Gegenstände unter dem Gesichtspunkt mitwirkungspflichtig sind, dass sie Einfluss auf die Gestaltung des Arbeitsplatzes, des Arbeitsablaufs oder der Arbeitsumgebung haben; vgl. nur BeckOK ArbR/*Werner*, 64. Ed., § 90 BetrVG Rn. 7; *Annuß*, in: Richardi (Hrsg.), 17. Aufl. 2022, § 90 BetrVG Rn. 16.

1018 Vgl. nur *Annuß*, in: Richardi (Hrsg.), 17. Aufl. 2022, § 90 BetrVG Rn. 13.

Auswirkungen auf die Arbeitnehmer, insbesondere auf die Art ihrer Arbeit sowie die sich daraus ergebenden Anforderungen an die Arbeitnehmer so rechtzeitig zu beraten (hat), dass Vorschläge und Bedenken des Betriebsrats bei der Planung berücksichtigt werden können". Damit wird deutlich, dass der Arbeitgeber den Betriebsrat nicht nur einfach über seine Pläne unterrichten muss, sondern der Betriebsrat vielmehr in die Planung mit einzuschalten ist.[1019] Dabei sollen Arbeitgeber und Betriebsrat nach § 90 Abs. 2 S. 2 BetrVG „auch die gesicherten arbeitswissenschaftlichen Erkenntnisse über die menschengerechte Gestaltung der Arbeit berücksichtigen".

Das Betriebsrätemodernisierungsgesetz vom 14. Juni 2021 hat insoweit – jedenfalls aus Sicht des Gesetzgebers[1020] – (nur) die „Klarstellung" gebracht, dass die in Nr. 3 genannten „Arbeitsverfahren und Arbeitsabläufe" die Nutzung von KI miteinschließen.[1021] § 90 Abs. 1 Nr. 3 BetrVG führt dazu, dass der Einsatz von KI die Mitbestimmung nach dieser Vorschrift auslöst, wenn sich KI auf Arbeitsverfahren und Arbeitsabläufe auswirkt, was allerdings regelmäßig der Fall sein dürfte. Abgesehen davon kann der Einsatz von KI (nach wie vor) auch nach § 90 Abs. 1 Nr. 2 BetrVG relevant werden, wenn KI Teil einer „technischen Anlage" ist:[1022] Dass der geplante Einsatz von Robotern als „technische Anlage" i.S.d. § 90 Abs. 1 Nr. 2 BetrVG[1023] die Rechte nach § 90 BetrVG auslöst, entspricht, soweit ersichtlich, der allg. Meinung.[1024] Dafür, dass für andere KI-Systeme etwas anderes gelten sollte, ist nichts ersichtlich.

c) Auswahlrichtlinien

§ 95 BetrVG zielt auf Richtlinien über die personelle Auswahl bei Einstellungen, Versetzungen, Umgruppierungen und Kündigungen. Diese bedürfen nach § 95 Abs. 1 S. 1 BetrVG der Zustimmung des Betriebsrats, wobei dieser in Betrieben mit mehr als 500 Arbeitnehmern die Aufstellung von Richtlinien über die bei Maßnahmen des Abs. 1 S. 1 zu beachtenden fachlichen und persönlichen Voraussetzungen und sozialen Gesichtspunkte verlangen kann. Mit diesem Inhalt enthält § 95 BetrVG das stärkste Beteiligungsrecht in Angelegenheiten, die zur Personalplanung gehören, wobei § 95 Abs. 2 S. 1 BetrVG dem Betriebsrat insoweit sogar ein Initiativrecht einräumt.[1025]

1019 So auch *Annuß*, in: Richardi (Hrsg.), 17. Aufl. 2022, § 90 BetrVG Rn. 13.

1020 Vgl. die Gesetzesbegr., BT-Drucks. 19/28899, S. 15, 23.

1021 Vgl. nur *Wankel*, in: Däubler/Klebe/Wedde, Betriebsverfassungsgesetz, 18. Aufl. 2022, § 90 BetrVG Rn. 15a.

1022 Vgl. ErfKomm/*Kania*, 22. Auf. 2022, § 90 BetrVG Rn. 4; auch *Ludwig/Hinze*, NZA 2021, 1444 (1445); vgl. zum Ganzen auch *Frank/Heine*, NZA 2022, 1448 (1449).

1023 Vgl. nur BeckOK ArbR/*Werner*, 64. Ed., § 90 BetrVG Rn. 3.

1024 Vgl. nur *Kohte*, NZA 2015, 1417 (1419); *Günther/Böglmüller*, in: Arnold/Günther, Arbeitsrecht 4.0, 1. Aufl. 2018, Kap. 4, Rn. 104.

1025 Vgl. nur *Thüsing*, in: Richardi (Hrsg.), 17. Aufl. 2022, § 95 BetrVG Rn. 50.

Mit dem Betriebsrätemodernisierungsgesetz wurde § 95 BetrVG ein neuer Absatz 2a eingefügt. Danach finden die Absätze 1 und 2 auch dann Anwendung, „wenn bei der Aufstellung der Richtlinien nach diesen Absätzen Künstliche Intelligenz zum Einsatz kommt". Die Ergänzung zielt etwa auf den Fall, dass eine KI-Anwendung eigenständig oder innerhalb eines von einem Dritten vorgegebenen Rahmens Auswahlrichtlinien aufstellt.[1026] Da die Auswahlrichtlinie in beiden Fällen dem Arbeitgeber zuzurechnen wäre, der den Einsatz der KI veranlasst hat, ändert die Neuregelung an der materiellen Rechtslage nichts.[1027] Dennoch handelt es sich um eine durchaus berechtigte Klarstellung einer mit dem zunehmenden Einsatz von KI immer bedeutsamer werdenden Zurechnungsfrage.

d) Berufsbildung

Nach § 97 Abs. 2 BetrVG hat der Betriebsrat ein Mitbestimmungsrecht bei Maßnahmen der betrieblichen Bildung.[1028] Dieses knüpft daran an, dass der Arbeitgeber Maßnahmen plant oder durchführt, „die dazu führen, dass sich die Tätigkeit der betroffenen Arbeitnehmer ändert und ihre beruflichen Kenntnisse und Fähigkeiten zur Erfüllung ihrer Aufgaben nicht mehr ausreichen". In diesem Fall kann dann der Betriebsrat bei der Einführung von Maßnahmen der betrieblichen Berufsbildung mitbestimmen. Nach Einschätzung mancher stellt die – heute noch vielfach übersehene[1029] – Vorschrift gerade in Zeiten des digitalen Umbruchs eine geeignete Grundlage für Qualifizierungsinitiativen dar.[1030] Dies gilt gerade auch mit Blick auf den Einsatz von KI-Systemen. Die zentrale Voraussetzung für das Eingreifen der Vorschrift ist,[1031] dass sich die Tätigkeit der Arbeitnehmer durch eine Maßnahme des Arbeitgebers ändert und die beruflichen Kenntnisse und Fähigkeiten zur Erfüllung ihrer Aufgaben deshalb nicht mehr ausreichen. Besitzen die Arbeitnehmer dagegen die erforderlichen Kenntnisse und Fähigkeiten und müssen sie nur neu eingewiesen werden, scheidet eine Anwendung der Vorschrift aus.[1032] Dass gerade der Einsatz von KI-Systemen die betroffenen Arbeitsplätze und damit die Tätigkeit der Mitarbeiter in einem Maß verändert, dass eine bloße Einweisung regelmäßig nicht mehr ausreicht, liegt geradezu auf der Hand.[1033] Zu beachten ist bei alldem, dass die Mitbestimmung

---

1026 Vgl. die Gesetzesbegr., BT-Drucks. 19/28899, S. 23.

1027 Vgl. auch *Wankel*, in: Däubler/Klebe/Wedde, Betriebsverfassungsgesetz, 18. Aufl. 2022, § 95 BetrVG Rn. 11a.

1028 Vgl. hierzu auch *Schwarze*, in: Ebers/Heinze/Krügel/Steinrötter (Hrsg.), Künstliche Intelligenz und Robotik, 2020, § 8 Arbeitsrechtliche Probleme von KI und Robotik S. 270 (276); zuletzt auch *Krause*, NZA 2022, 737.

1029 *Göpfert/Seier*, NZA 2019, 588 (588) sprechen gar von einem „Dornröschendasein" der Vorschrift.

1030 *Göpfert/Seier*, NZA 2019, 588 (594) schreiben der Vorschrift das „Potential zur ‚Zentralnorm'" zu.

1031 Hinsichtlich der Voraussetzungen des Mitbestimmungsrechts ist manches unklar; vgl. nur *Thüsing*, in: Richardi (Hrsg.), 16. Aufl. 2018, § 97 BetrVG Rn. 11ff.

1032 So jedenfalls *Göpfert/Seier*, NZA 2019, 588 (589).

1033 So auch *Göpfert/Seier*, NZA 2019, 588 (589).

nach § 97 Abs. 2 BetrVG ein Eingreifen der §§ 111ff. BetrVG nicht ausschließt,[1034] wobei allerdings die Einzelheiten des Verhältnisses von Mitbestimmung bei Weiterbildung auf der einen und Interessenausgleich und Sozialplan auf der anderen Seite noch nicht abschließend geklärt sind.[1035]

e) Hinzuziehung von Sachverständigen

Nach § 80 Abs. 3 BetrVG kann der Betriebsrat „bei der Durchführung seiner Aufgaben nach näherer Vereinbarung mit dem Arbeitgeber Sachverständige hinzuziehen, soweit dies zur ordnungsgemäßen Erfüllung seiner Aufgaben erforderlich ist". Zwar vermag der Betriebsrat einen Sachverständigen nach dem klaren Wortlaut der Vorschrift „nur nach näherer Vereinbarung mit dem Arbeitgeber" hinzuzuziehen. Doch besteht Einigkeit darüber, dass der Betriebsrat einen Anspruch auf Hinzuziehung eines Sachverständigen hat, soweit dies zur ordnungsgemäßen Erfüllung seiner Aufgaben erforderlich ist. Dabei gilt nach der Rechtsprechung, dass der Arbeitgeber zur Erteilung seiner Zustimmung nur verpflichtet werden kann, wenn die Heranziehung des Sachverständigen in der konkreten Situation, in der der Betriebsrat seine Aufgaben zu erfüllen hat, als erforderlich anzusehen ist.[1036] Verweigert der Arbeitgeber eine Vereinbarung trotz der Erforderlichkeit der Hinzuziehung des Sachverständigen, so kann der Betriebsrat die fehlende Zustimmung des Arbeitgebers durch eine arbeitsgerichtliche Entscheidung ersetzen lassen.[1037]

Mit dem Betriebsrätemodernisierungsgesetz wurden Abs. 3 zwei Sätze hinzugefügt: „Muss der Betriebsrat zur Durchführung seiner Aufgaben die Einführung oder Anwendung von Künstlicher Intelligenz beurteilen, gilt insoweit die Hinzuziehung eines Sachverständigen als erforderlich. Gleiches gilt, wenn sich Arbeitgeber und Betriebsrat auf einen ständigen Sachverständigen in Angelegenheiten nach Satz 2 einigen." Die Neuregelung soll dem Betriebsrat „einen vereinfachten Zugriff auf besonderen Sachverstand in diesbezüglichen Fragen zu verschaffen, damit er seine Aufgaben insoweit durchführen kann".[1038] Bedenkt man, dass § 80 Abs. 3 BetrVG in seiner alten Fassung beträchtlichen Raum für Meinungsverschiedenheiten zwischen den Beteiligten über die Hinzuziehung eines Sachverständigen ließ, dann wird deutlich, dass die Änderung der Vorschrift einen nicht unerheblichen Mehrwert bietet. Denn wenn die Hinzuziehung kraft einer unwiderleglichen gesetzlichen Ver-

1034 Vgl. *Göpfert/Seier*, NZA 2019, 588 (592); auch *Röder/Gebert*, NZA 2017, 1289 (1293).
1035 Ebenso *Göpfert/Seier*, NZA 2019, 588 (592).
1036 Vgl. nur BAG, NZA 2006, 553 (u. Rn. 31) m.w.N.
1037 Vgl. nur BAG, NZA 2015, 629 (u. Rn. 20).
1038 Vgl. die Gesetzesbegr., BT-Drucks. 19/28899, S. 23.

mutung, um die es sich insoweit handelt, als erforderlich anzusehen ist,[1039] sind Streitigkeiten zwischen Arbeitgeber und Betriebsrat insoweit ausgeschlossen. Zu Bedenken Anlass gibt allerdings, dass auch in diesen Fällen weiterhin eine Vereinbarung zwischen Arbeitgeber und Betriebsrat erforderlich ist,[1040] so dass nach wie vor die Gefahr besteht, dass es mit Blick auf die Person des Sachverständigen und/oder Honorarfragen zu Streitigkeiten zwischen Arbeitgeber und Betriebsrat kommt.[1041] Noch bedenklicher dürfte aber sein, dass weiterhin Streit um die Frage droht, wie das Thema konkret zu bestimmen ist, zu dem der Sachverständige Stellung nehmen soll.[1042]

f) Das Regelungsinstrument der Betriebsvereinbarung

Wie auch sonst, so ist auch hier, wo es um Mitbestimmung im Zeichen von KI geht, die Betriebsvereinbarung das Mittel der Wahl.[1043] Der Abschluss von Betriebsvereinbarungen drängt sich aber auch von der Sache her geradezu auf. Zum einen sind die rechtlichen Vorgaben in Gestalt der DSGVO, wie die oben angestellte Analyse gezeigt hat, insgesamt eher dünn, durchgängig sehr abstrakt und hochgradig ausfüllungsbedürftig. Diese durch entsprechende Kollektivvereinbarungen zu konkretisieren, bietet sich somit von vornherein an. Zum anderen ist die technische Entwicklung derart im Fluss, dass man – insbesondere auch vor dem Hintergrund einer immer größer werdenden Neigung der Unternehmer, KI und *Big Data* einzusetzen, nicht auf vollumfängliche Antworten des Gesetzgebers warten sollte. Dies gilt umso mehr, als sich einzelne Aspekte kaum isoliert betrachten lassen, weil z.B. KI, Sensorik, Video- und Audiotechnik, Geotracking und *Big-Data*-Auswertungen immer mehr ineinandergreifen.[1044] Insoweit ist es dann auch kein Zufall, dass die DSGVO nicht nur in dem – vom deutschen Gesetzgeber in § 26 BDSG umgesetzten – Art. 88 Abs. 1 auf die Möglichkeit verweist, „durch Kollektivvereinbarungen spezifischere Vorschriften zur Gewährleistung des Schutzes der Rechte und Freiheiten hinsichtlich der Verarbeitung personenbezogener Beschäftigtendaten im Beschäftigungskontext“ zu treffen, sondern in Erwägungsgrund 155 explizit auch „Betriebsvereinbarungen“ in Bezug nimmt. Dabei ermöglichen Betriebsvereinbarungen einen auf die betrieblichen Bedürfnisse zugeschnittenen Be-

---

1039 Vgl. nur *Buschmann*, in: Däubler/Klebe/Wedde, Betriebsverfassungsgesetz, 18. Aufl. 2022, § 80 BetrVG Rn. 158c.

1040 So ausdrücklich die Gesetzesbegr., BT-Drucks. 19/28899, S. 23.

1041 Vgl. auch *Frank/Heine*, NZA 2021, 1448 (1449); *Reinartz*, NZA-RR 2021, 457 (467); skeptisch auch *Schulze*, ArbRAktuell 2021, 211 (213).

1042 Vgl. *Thüsing*, in: Richardi (Hrsg.), 17. Aufl. 2022, § 80 BetrvG Rn. 103, der überdies die fehlende Definition des Begriffs „Künstliche Intelligenz“ durch den Gesetzgeber beklagt; vgl. hierzu auch *Frank/Heine*, NZA 2021, 1448; *Horstmeier*, BB 2022, 116 (120).

1043 Vgl. auch *Körner*, NJW 2018, 2825.

1044 Vgl. hierzu *Weichert*, NZA 2020, 1597 (1599).

schäftigtendatenschutz.[1045] Dessen Ausgestaltung setzt nach Art. 88 Abs. 2 DS-GVO und § 75 Abs. 2 BetrVG eine Abwägung zwischen den Persönlichkeitsrechten des Arbeitnehmers und dem schutzwürdigen Interesse des Arbeitgebers unter Berücksichtigung der Umstände des Einzelfalls voraus,[1046] die bei den sachnahen Betriebspartnern gut aufgehoben ist.[1047]

Für die Etablierung eines „betrieblichen Beschäftigtendatenschutzes" streiten aber nicht nur – abstrakt – die rasante technische Entwicklung und die „Offenheit" der rechtlichen Vorgaben. Vielmehr besteht auch ein sehr konkretes Bedürfnis für entsprechende Regelungen der Betriebspartner. Auch dieses wurde bei der Betrachtung der DSGVO bereits angesprochen: Da für die Beurteilung der Rechtmäßigkeit der Verarbeitung die Einwilligung der betroffenen Person zentrale Bedeutung hat, diese aber angesichts der Besonderheiten von KI schon rein praktisch gesehen an Grenzen stößt, existiert ein erhebliches Interesse am Abschluss einer Betriebsvereinbarung, mit der sich gem. § 26 Abs. 4 S. 1 BDSG eine belastbare Ermächtigungsgrundlage schaffen lässt.[1048] Dieses Interesse dürfte regelmäßig auch beiderseitig sein, weil sowohl dem Betriebsrat als auch dem Arbeitgeber daran gelegen sein muss, Unsicherheiten zu vermeiden, die sich z.B. im Zusammenhang mit der „Freiwilligkeit" der Einwilligung nicht selten ergeben.[1049]

Einem beiderseitigen Interesse von Arbeitgeber und Arbeitnehmern dürften aber auch über den Datenschutz hinausweisende Vereinbarungen dienen.[1050]

1045 So auch der Entwurf eines Gesetzes zur Anpassung des Datenschutzrechts an die Verordnung (EU) 2016/679 und zur Umsetzung der Richtlinie (EU) 2016/680 (Datenschutz-Anpassungs- und -Umsetzungsgesetz EU – DSAnpUG-EU), BT-Drucks. 18/11325, S. 98.

1046 Vgl. insoweit nur BAG, NZA 2003, 1193; vgl. zum Ganzen auch *Holthausen*, RdA 2021, 19 (27f.).

1047 Welche Rolle die Tarifparteien in diesem Zusammenhang spielen könnten, soll hier nicht näher untersucht werden; vgl. dazu aber etwa *Haußmann/Thieme*, NZA 2019, 1612 (1619) mit einer Diskussion der Möglichkeit, „branchentypische Systemnutzungen in Grundzügen zu regeln"; vgl. auch *Henssler*, NZA-Beilage 2020, 3 (7); BMAS, Ergebnisbericht des Zukunftsdialogs „Neue Arbeit – Neue Sicherheit", 2019, S. 32.

1048 Vgl. *Holthausen*, RdA 2021, 19 (28) mit der Einschätzung, dass die Einwilligung „mit Blick auf ihren individuellen, freiwilligen und stets widerruflichen Charakter ein sperriger, unhandlicher und ggf. sogar untauglicher Erlaubnistatbestand für eine Datenverarbeitung" und „ein wirksames Einwilligungs-Management (...) insbesondere bei Massentatbeständen und somit auch bei Big Data, People Analytics und dem Einsatz von KI eine wahre Herkules-Aufgabe und mit Blick auf die Wirksamkeitsvoraussetzungen der Einwilligung äußerst störanfällig" sei.

1049 Vgl. auch insoweit *Holthausen*, RdA 2021, 19 (28).

1050 Vgl. auch *Holthausen*, RdA 2021, 19 (28), der auf den doppelten Vorteil verweist, dass die Betriebsparteien einerseits „anlass- und zweckbezogen präzisere Regelungen treffen können, als dies bei einem bloßen Rückgriff auf die gesetzlichen Erlaubnistatbestände der DS-GVO oder nationaler Regelungen möglich ist", und andererseits Betriebsvereinbarungen zugleich der Ausübung von Mitbestimmungsrechten des Betriebsrats dienen. Der Autor illustriert die Gestaltungsmöglichkeiten am Bespiel einer Betriebsvereinbarung zu einer sog. Puls-Befragung"; ebda. (29f.). Für den Abschluss sog. „Digitalisierungsvereinbarungen" werben *Ludwig/Hinze*, NZA 2021, 1444, wobei ihnen ein *quid pro quo* (Rahmenregelungen im Interesse der Belegschaft gegen eine „Reduzierung" des Mitbestimmungsrechts aus § 87 Abs. 1 Nr. 6 BetrVG) vorschwebt.

Diese können insbesondere auch den Streit um die Anwendung des § 87 Abs. 1 Nr. 6 BetrVG entschärfen, sofern sie ein vereinfachtes Verfahren in Fällen geringfügiger Veränderungen an technischen Einrichtungen vorsehen, die jede für sich betrachtet das Mitbestimmungsverfahren erneut in Gang setzen würden.[1051] In der Tat sind schon heute in der Praxis vielfältige Vereinbarungen anzutreffen.[1052] Für diese bildet zwar der Umstand, dass Analyseverfahren das (geistige) Eigentum der KI-Anbieter bilden und grundsätzlich unter das Geschäftsgeheimnis fallen, jedenfalls praktisch einen begrenzenden Faktor.[1053] Das ändert aber nichts an der Sinnhaftigkeit derartiger Vereinbarungen. So lässt sich etwa der Zweck des eingesetzten KI-Modells oder der *Machine-Learning*-Anwendung in einer Betriebsvereinbarung konkret regeln; mögliche Fehlerquellen können identifiziert werden; Regelungen können auf eine größtmögliche Transparenz zwischen Entwickler- und Anwenderunternehmen hinwirken; und auch die Auswirkungen des KI-Einsatzes lassen sich in einer Betriebsvereinbarung adressieren.[1054] Dabei drängt es sich angesichts der Geschwindigkeit der Entwicklung auf, die entsprechenden Mitbestimmungsprozesse möglichst offen zu gestalten.[1055]

5. Zusammenfassung

Zusammenfassend lässt sich sagen, dass der Mitbestimmungsgedanke nicht nur nichts von seiner Bedeutung eingebüßt hat, sondern die Sicherung einer ausreichenden Mitbestimmung im Zeichen von KI und *Big Data* dringlicher denn je erscheint. Der DGB hat kürzlich einen „Gesetzentwurf für ein modernes Betriebsverfassungsgesetz" vorgestellt, der von einer Expertengruppe erarbeitet wurde.[1056] Dieser enthält eine Reihe konkreter Reformüberlegungen, die eine Grundlage für die dringlich zu führende Diskussion um eine Reform des Betriebsverfassungsgesetzes bilden können.

1051 Vgl. *Haußmann/Thieme*, NZA 2019, 1612 (1619).

1052 Vgl. hierzu *Thieltges*, Machine Learning Anwendungen in der Betrieblichen Praxis – Praktische Empfehlungen zur betrieblichen Mitbestimmung, 2020 mit einer umfassenden Auswertung von entsprechenden Vereinbarungen.

1053 Vgl. dazu auch *Thieltges*, ZfP 2020, 3 (30).

1054 Vgl. wieder *Thieltges*, Machine Learning Anwendungen in der Betrieblichen Praxis – Praktische Empfehlungen zur betrieblichen Mitbestimmung, 2020, S. 28ff.

1055 Vgl. hierzu wiederum das Konzeptpapier des DGB „Künstliche Intelligenz (KI) für Gute Arbeit" vom März 2022, S. 14, wo ein Nachdenken über die Etablierung „lebender Vereinbarungen" gefordert wird; vgl. zu Reformüberlegungen auch *Klebe*, AuR 2020, 196.

1056 Der Enwurf ist abrufbar unter: https://www.dgb.de/themen/++co++02729430-b4bf-11ec-9dbe-001a4a160123; eine Darstellung der Grundzüge bei *Klapp/Klebe*, NZA 2022, 689: krit. *Annuß*, NZA 2022, 694.

H. Fazit

1. Schon gegenüber dem Begriff „Künstliche Intelligenz“ ist Vorsicht geboten. Die „künstliche“ Intelligenz ist etwas ganz anderes als die Intelligenz des Menschen.[1057] Vielleicht erfasst man KI-Anwendungen am besten, wenn man in ihnen „komplementäre Werkzeuge“ mit eigenen Stärken und Schwächen sieht.[1058]
2. Moderne KI muss stets mit *Big Data* zusammengedacht werden. Die moderne Computertechnik erlaubt es, in der Zeit eines Wimpernschlags riesige Datenmengen auszuwerten. KI zielt dabei auf das Erkennen von Mustern. Doch ist insoweit zu beachten, dass Algorithmen „mit Korrelationen und Wahrscheinlichkeiten (arbeiten), die nicht zwingend einer Kausalität folgen und auch nicht zwangsläufig zu nach menschlicher Einsicht ‚richtigen‘ Ergebnissen führen“. Dementsprechend können „aus der Systematisierung zutreffender Einzeldaten (...) fehlerhafte, unfaire oder diskriminierende Schlussfolgerungen gezogen werden, die – werden sie zur Grundlage einer Entscheidungsfindung – die Freiheitsrechte der betroffenen Person erheblich tangieren“.[1059]
3. Angesichts der Fehleranfälligkeit von KI besteht, selbst ungeachtet des Verbots automatisierter Entscheidungen in Art. 22 DSGVO, aller Grund, Entscheidungen Menschen vorzubehalten. Im Anwendungsbereich des Art. 22 DSGVO ist eine effektive Kontrolle der Voraussetzungen dieser Vorschrift zu gewährleisten. In praktischer Hinsicht sollte man sich mit der Gefahr auseinandersetzen, dass Menschen zunehmend geneigt sein könnten, Entscheidungen von Maschinen treffen zu lassen.[1060]
4. Der Einsatz von KI kann auch im Arbeitsleben viel Gutes bewirken, wie sich etwa am Beispiel des Arbeitsschutzes zeigen lässt. Zugleich stellt KI viele Bereiche des Arbeitsrechts vor gewaltige Herausforderungen, wenn man etwa an das Datenschutzrecht denkt. Vielfach ist Zurückhaltung angezeigt. So erscheint die anfängliche Euphorie über angeblich „diskrimi-

---

1057 Vgl. auch *Walsh*, Was Künstliche Intelligenz wirklich besonders macht, FAZ v. 7.6.2022, S. 20.

1058 Vgl. dazu nur nur *Fletcher/Larson*, Optimizing Machines Is Perilous. Consider ‘Creatively Adequate’ AI – The future of artificial intelligence needs less data and can tolerate ambiguity, Jan 25, 2022: https://www.wired.com: „(...) we must banish the futurist delusion that AI is the smarter version of ourselves. AI’s method of cogitation is mechanically distinct from human intelligence: Computers lack emotion, so they can’t literally be courageous, and their logic boards can’t process narrative, rendering them incapable of adaptive strategy. Which means that AI antifragility won’t ever be human, let alone superhuman; it will be a complementary tool with its own strengths and weaknesses.“

1059 So VG Wiesbaden, VuR 2022, 70.

1060 Bildhaft *Schneider*, BC 2022, 225 (231): „Werden digitale Instrumente eingeführt, nimmt der Druck, diese zu nutzen, unweigerlich zu, zumal die Ergebnisse oft eindrucksvoll erscheinen und – wie aufgeführt – (...) in der Vergangenheit zu richtigen bzw. besseren Entscheidungen geführt hätten. Wer nur einen Hammer als Werkzeug hat, hält jedes Problem für einen Nagel.“

nierungsfreie" Entscheidungen von Maschinen unbegründet. Im Gegenteil besteht angesichts der Arbeitsweise von KI aller Anlass zur Zurückhaltung: Korrelationen aufzudecken, heißt nicht, „intelligent" zu entscheiden.

5. Auf der internationalen Ebene ist im vorliegenden Zusammenhang die Arbeit des Europarats herauszuheben. Insbesondere das Ministerkomitee hat sich unter verschiedenen Gesichtspunkten mit KI auseinandergesetzt. So enthält die Erklärung des Ministerkomitees vom Februar 2019 einen Hinweis auf die Gefahr eines „Micro-Targeting von Personen auf der Grundlage von Profilen", aber auch die Warnung vor der Fähigkeit von KI-Systemen, „nicht nur Entscheidungen vorherzusagen, sondern auch Emotionen und Gedanken zu beeinflussen und einen erwarteten Handlungsverlauf zu ändern".[1061] In der Empfehlung vom 8. April 2020 wird die „[systematische] Aggregation und Analyse von Daten" angesprochen und beklagt, dass „die maßstabsgetreue Nachverfolgung schwerwiegende nachteilige Auswirkungen auf die Ausübung der Menschenrechte haben (kann)".[1062] Auch die Bemühungen um eine internationale Regelung von KI im Rahmen des Europarats stimmen hoffnungsvoll.
6. Die Europäische Union geht mit dem Entwurf eines „KI-Gesetzes" weltweit voran und bewegt sich dabei, alles in allem, in die richtige Richtung. Allerdings ist der vorliegende Entwurf auch einer Reihe von Bedenken ausgesetzt: Die gewählte Rechtsgrundlage lässt Befürchtungen aufkommen, dass nationale Regelungen zum Schutz von Arbeitnehmern „gesperrt" werden könnten. Auch die Wahl des Instruments der Verordnung hat unter diesem Gesichtspunkt Zweifel ausgelöst. Besorgnisse bestehen aber etwa auch mit Blick auf das Verhältnis der geplanten Verordnung zur DSGVO, gegenüber dem von der Kommission gewählten risikobasierten Ansatz und einem Vorgehen, das in weitem Umfang auf die Entwicklung von Standards und die Selbsteinschätzung der Anbieter setzt, aber keine Beteiligung der potenziell Betroffenen kennt, ihnen Ansprüche in weitem Umfang versagt und selbst die Rolle des Nutzers klein schreibt.
7. Mit Blick auf Deutschland erscheinen insbesondere die Erkenntnisse der Enquete-Kommission nach wie vor bedenkenswert. Dies gilt etwa bezüglich des Einsatzes von automatisierten Entscheidungssystemen im Personalbereich, aber ganz besonders auch hinsichtlich der gebotenen Modernisierung der Mitbestimmung im Zeichen von KI. Im Rahmen der

---

1061 Declaration by the Committee of Ministers on the manipulative capabilities of algorithmic processes (Adopted by the Committee of Ministers on 13 February 2019 at the 1337th meeting of the Ministers' Deputies), Decl (13/02/2019)1.

1062 Recommendation CM/Rec(2020)1 of the Committee of Ministers to member States on the human rights impacts of algorithmic systems (Adopted by the Committee of Ministers on 8 April 2020 at the 1373rd meeting of the Ministers' Deputies).

Betriebsverfassung hat der deutsche Gesetzgeber auch erste zaghafte Schritte in Richtung einer Regulierung von KI gewagt.

8. Der zunehmende Einsatz von KI kann nicht ohne Auswirkungen auf die Frage bleiben, ob eine Person als Arbeitnehmer zu qualifizieren ist. Dies gilt insbesondere mit Blick auf die hierdurch eröffneten Möglichkeiten von Steuerung und Manipulation, welche die Frage nahelegen, ob in einem konkreten Fall zwar eine Weisungsunterworfenheit zu verneinen, eine Fremdbestimmung aber zu bejahen sein könnte. In diesem Zusammenhang ist auch der von der Kommission vorgelegte Vorschlag einer Richtlinie zur Verbesserung der Arbeitsbedingungen in der Plattformarbeit von Bedeutung, der bemerkenswerte Regelungen zum sog. „algorithmischen Management" (*algorithmic management*) enthält.[1063]
9. Die Zuerkennung von Rechtsfähigkeit gegenüber KI-Systemen ist nach dem derzeitigen Stand der technischen Entwicklung abzulehnen.
10. Die Ausübung des Weisungsrechts setzt nach § 106 S. 1 GewO und § 315 Abs. 1 BGB ein „billiges Ermessen" voraus. Da KI-Systeme ein derartiges Ermessen nicht ausüben können, kann diesen die Ausübung des Weisungsrechts nicht überlassen werden.
11. Das Antidiskriminierungsrecht steht angesichts des zunehmenden Einsatzes von KI vor ernsthaften Herausforderungen. Besonders eindrucksvoll zeigt sich dies an der Problematik der sog mittelbaren Diskriminierung, da das dort angesprochene Abstellen auf „dem Anschein nach neutrale Vorschriften, Kriterien oder Verfahren" (§ 3 Abs. 2 AGG) geradezu die Funktionsweise von KI beschreibt, welche Merkmale aufspüren soll, die Indikatoren für die vom Arbeitgeber gesuchten Eigenschaften liefern. Die Gefahr, dass diese (zugleich) auf ein Diskriminierungsmerkmal verweisen, ist dann geradezu mit Händen zu greifen. Angesichts dieses und anderer Probleme empfiehlt sich Aufgeschlossenheit gegenüber dem Gedanken eines grundlegenden „Umbaus" des Antidiskriminierungsrechts mit einer Stärkung des Präventionsgedankens, der Gewährung von (weiteren) Beweiserleichterungen für die Betroffenen und einem Ausbau der Möglichkeit des kollektiven Rechtsschutzes.
12. Ins Wanken gerät unter dem Eindruck von KI auch das geltende Datenschutzrecht. So stehen, um hier nur dieses eine Beispiel zu nennen, verschiedene Prinzipien für die Verarbeitung personenbezogener Daten wie z.B. der Grundsatz der Zweckbindung und der Grundsatz der Datensparsamkeit in einem zunehmenden Spannungsverhältnis zur Wirkungsweise von KI, welche Grundannahmen des geltenden Datenschutzrechts in Zweifel zieht. Dementsprechend wird von vielen eine Abkehr vom geltenden Personenbezug und eine Hinwendung zu präventiver Regulierung ge-

1063 Vgl. hierzu nur *Krause*, NZA 2022, 521 (529ff.).

fordert, bei der, statt am personenbezogenen Datum, an den Analysemitteln anzusetzen wäre. Weitere Stichworte in der Reformdiskussion sind: „Datenschutz durch Technikgestaltung“, eine dem steten Wandel von Algorithmen Rechnung tragende „begleitende Rechtmäßigkeitskontrolle“ und die Konzipierung von Datenschutz (auch) als „kollektivem Güterschutz“.

13. Im Arbeitsschutz spiegeln sich Licht und Schatten von Künstlicher Intelligenz. KI kann Entscheidendes zum Schutz der Arbeitnehmerinnen und Arbeitnehmer beitragen. Zugleich gehen von ihr aber zahlreiche Gefährdungen aus, die z.T. neuartig und allesamt außerordentlich ernst zu nehmen sind. Dabei ist v.a. auch zu bedenken, dass KI häufig mit Sensorik und Robotisierung zusammenwirkt. Die Kommission hat die neuen Herausforderungen in ihrem Vorschlag einer Richtlinie zur Verbesserung der Arbeitsbedingungen in der Plattformarbeit ausdrücklich anerkannt. Die Problematik weist aber über den Bereich der Beschäftigung auf digitalen Plattformen weit hinaus.
14. Auch das geltende Haftungsrecht wird von KI herausgefordert. Das KI-Haftungsrecht befindet sich derzeit im Fluss. Konturen einer außervertraglichen und auch vertraglichen Haftung zeichnen sich ab. Auch aus Arbeitnehmersicht bedeutsam wird u.a. der Umfang einer evtl. Gefährdungshaftung sein.
15. Die geltende Mitbestimmungsordnung beruht auf dem Gedanken der „Mitgliedschaft“ des Arbeitnehmers im Betrieb als „sozialem Verband“ und ist insbesondere dem Persönlichkeitsschutz und dem Schutz der Menschenwürde verpflichtet. Weder das eine noch das andere hat unter den Bedingungen der Digitalisierung des Arbeitslebens an Aktualität eingebüßt. Der Schutz von Persönlichkeit und Menschenwürde erscheint angesichts einer verschärften Gefährdungslage sogar dringlicher denn je. Zugleich muss Mitbestimmung neuen Herausforderungen Rechnung tragen. Zu diesen zählt etwa die Möglichkeit der Nutzung automatisierter Entscheidungssysteme. Insoweit ist betriebliche Mitbestimmung dringend geboten, um sicherzustellen, dass Entscheidungen stets von Menschen getroffen und verantwortet werden. Über die – überschaubaren – Neuregelungen des Betriebsrätemodernisierungsgesetzes hinaus gilt es, zu einer echten Modernisierung der Betriebsverfassung zu kommen, welche eine ausreichende Kontrolle von KI sicherstellt, den betrieblichen Prozessen die Sachkunde der betrieblichen Interessenvertreter sichert und dadurch auch die Akzeptanz von KI-Lösungen erhöht, deren Einsatz zuvor umfassend und sorgfältig abgewogen wurde.

16. Der gegenwärtige Fokus auf Entwicklung und breitem Einsatz „menschenähnlicher“ KI könnte sich als Missverständnis erweisen. Stattdessen sollten sich die Anstrengungen verstärkt darauf richten, KI in den Dienst des Menschen zu stellen.[1064]

1064 Vgl. *Brynjolfsson*, The Turing Trap: The Promise & Peril of Human-Like Artificial Intelligence, Dædalus 2022, 272. https://doi.org/10.48550/arXiv.2201.04200: „(..) an excessive focus on developing and deploying HLAI [human-like artificial intelligence] can lead us into a trap. As machines become better substitutes for human labor, workers lose economic and political bargaining power and become increasingly dependent on those who control the technology. In contrast, when AI is focused on augmenting humans rather than mimicking them, humans retain the power to insist on a share of the value created. What is more, augmentation creates new capabilities and new products and services, ultimately generating far more value than merely human-like AI.“

Literaturverzeichnis

Adams-Prassl, Jeremias: Regulating algorithms at work: Lessons for a „European approach to artificial intelligence", ELLJ 2022, 30.

Adams-Prassl, Jeremias: What if Your Boss Was an Algorithm? The Rise of Artificial Intelligence at Work, Comparative Labor Law & Policy Journal 2019, 123.

Adams-Prassl, Jeremias/Binns, Reuben/Kelly-Lyth, Aislinn: Directly Discriminatory Algorithms, Modern Law Review 2022.

Ad hoc Committee on Artificial Intelligence (CAHAI): Feasability Study, 2020.

Ajunwa, Ifeoma: Algorithms at Work: Productivity Monitoring Applications and Wearable Technology as the New Data-Centric Research Agenda for Employment and Labor Law, September 10, 2018, St. Louis U. L.J. 2019, 21. https://ssrn.com/abstract=3247286.

Ajunwa, Ifeoma: An Auditing Imperative for Automated Hiring Systems, Harvard Journal of Law & Technology 2021, 1.

Ajunwa, Ifeoma: The Paradox of Automation as Anti-Bias Intervention, Cardozo Law Review 2020, 1671.

Allen, Robin/Master, Dee: Technology Managing People – the legal implications, A report for the Trades Union Congress by the AI Law Consultancy, 2021.

Alkhatib, Ali/Bernstein, Michael: Street-Level Algorithms: A Theory at the Gaps Between Policy and Decisions, CHI 2019 Paper. https://doi.org/10.1145/3290605.3300760.

Aloisi, Antonio/De Stefano, Valerio: Introducing the Algorithmic Boss, April 20, 2021. https://www.ie.edu/insights/articles/introducing-the-algorithmic-boss.

Amolf: Responsive soft robots inspired by sputtering ketchup bottle, July 8, 2022. https://techxplore.com/news/2022-07-responsive-soft-robots-sputtering-ketchup.html?utm_campaign.

Annuß, Georg: Betriebliche Mitbestimmung für das 21. Jahrhundert?, NZA 2022, 694.

Armour, John/Eidenmüller, Horst: Self-driving Corporations, European Corporate Governance Institute – Law Working Paper No. 475/2019.

Arnold, Christian/Günther, Jens: Arbeitsrecht 4.0, 1. Aufl. 2018.

Bales, Richard A./V.W. Stone, Katerine: An Invisible Web at Work: Artificial Intelligence and Electronic Surveillance at the Workplace, Berkeley Journal of Employment & Labor Law, 2020, 1.

Ball, Kristie: Electronic Monitoring and Surveillance in the Workplace – Literature review and policy recommendations, 2021.

Banteka, Nadia: Artificially Intelligent Persons, Houston Law Review 2020. https://ssrn.com/abstract=3552269.

Barczak, Tristan: Algorithmus als Arkanum – Zu Staatsgeheimnissen im Digitalzeitalter und normativen Fundamenten einer Digitalordnung, DÖV 2020, 997.

Barocas, Solon/Hardt, Moritz/Narayanan, Arvind: Fairness and Machine Learning Limitations and Opportunities, 2021. https://fairmlbook.org/pdf/fairmlbook.pdf.

Barocas, Solon/Selbst, Andrew D.: Big Data's Disparate Impact, California Law Review 2016, 671.

Bartolo, Louisa/Thomas, Rachel: Qualitative humanities research is crucial to AI. https://www.fast.ai/2022/06/01/qualitative/.

Baumgartner, Ulrich/Gausling, Tina: Datenschutz durch Technikgestaltung und datenschutzfreundliche Voreinstellungen, ZD 2017, 308.

Bayreuther, Frank: Arbeitnehmereigenschaft und die Leistung fremdbestimmter Arbeit am Beispiel des Crowdworkers, RdA 2020, 241.

Bellon, Tina: Uber revamps driver pay algorithm in large U.S. pilot to attract drivers, Feb 26, 2022. https://www.reuters.com.

Bérastégui, Pierre: Exposure to psychosocial risk factors in the gig economy: a systematic review, ETUI Report, European Trade Union Institute, 2021. https://www.etui.org/sites/.

Berg, Janine/Furrer, Marianne/Harmon, Ellie/Rani, Uma/Silberman, M. Six: Digital labour platforms and the future of work towards decent work in the online world, ILO, 2018.

Bernhardt, Annette/Kresge, Lisa/Suleiman, Reem: Data and Algorithms at Work – The Case for Worker Technology Rights, November 2021.

Bertolini, Andrea: Artificial Intelligence and Civil Liability – Study requested by the JURI Committee, 2020.

Beyerer, J./Müller-Quade J. u.a.: KI-Systeme schützen, Missbrauch verhindern – Maßnahmen und Szenarien in fünf Anwendungsgebieten, Whitepaper, o. J.

Bhuiyan, J.: Instacart shoppers say they face unforgiving metrics: 'It's a very easy job to lose.' Los Angeles Times. August 27, 2019.

Binns, Reuben/Veale, Michael: Is that your final decision? Multi-stage profiling, selective effects, and Article 22 of the GDPR, International Data Privacy Law 2021, 319.

Birhanem Adeba/Ruane, Elayne/Laurent, Thomas/Brown, Matthew S./Flowers, Jonathan/Ventresque, Anthony/Dancy, Christopher L.: The Forgotten Margins of AI Ethics, 13. https://arxiv.org/pdf/2205.04221.pdf.

Bodie, Matthew T./Cherry, Miriam A./McCormick, Marcia L./Tang, Jintong: The Law and Policy of People Analytics, Saint Louis U. Legal Studies Research Paper No. 2016-6.

Botta, Jonas: Delegierte Selbstbestimmung?, MMR 2021, 946.

Boucher, Philip: Artificial Intelligence: How does it work, why does it matter, and what can we do about it?, 2020.

Brink, Stefan/Groß, Isabel Jana: Die DS-GVO wirkt ... und muss verbessert werden, RuP 2019, 105.

Brink, Stefan/Schwartmann, Rolf/Oetjen, Jan/Voss, Axel: In der Anwendung der DSGVO läuft einiges schief – so war sie nicht gemeint, FAZ v. 18.7.2022, S. 18.

Brink, Stefan/Wolff, Amadeus (Hrsg.): BeckOK Datenschutzrecht, 40. Edition 2022.

Brown, Sara: Why it's time for „data-centric artificial intelligence", June 7, 2022. https://mitsloan.mit.edu/ideas-made-to-matter/why-its-time-data-centric-artificial-intelligence?utm_campaign=Artificial%2BIntelligence%2BWeekly&utm_medium=email&utm_source=Artificial_Intelligence_Weekly_279.

Brownsword, Roger: Law, Technology and Society – Reimagining the Regulatory Environment, 2019.

Brynjolfsson, Erik: The Turing Trap: The Promise & Peril of Human-Like Artificial Intelligence, Dædalus 2022, 272. https://doi.org/10.48550/arXiv.2201.04200.

Buchholtz, Gabriele/Scheffel-Kain, Martin: Algorithmen und Proxy Discrimination in der Verwaltung: Vorschläge zur Wahrung digitaler Gleichheit, NVwZ 2022, 612.

Buiten, Miriam/de Streel, Alexandre/Peitz, Martin: EU Liability Rules for the Age of Artificial Intelligence, 2021.

Burgess, Matt: How GDPR Is Failing – The world-leading data law changed how companies work. But four years on, there's a lag on cleaning up Big Tech, May 23, 2022. https://www.wired.com/story/gdpr-2022/.

Butollo, Florian/Jürgens, Ulrich/Krzywdzinski, Martin: From lean production to Industrie 4.0. More autonomy for employees?, WZB Discussion Paper, No. SP III 2018-303, 2018.

Byrum, Joseph: Build a Diverse Team to Solve the AI Riddle, May 18, 2020. https://sloanreview.mit.edu/article/build-a-diverse-team-to-solve-the-ai-riddle.

Calo, Ryan/Rosenblat, Alex: The Taking Economy: Uber, Information, and Power, Columbia Law Review 2017,1623.

Casalone, Carlo u.a.: Human-centric AI: From Principles to Actionable and Shared Policies, September 2021.

Castelluccia, Claude/Le Métayer, Daniel: Understanding algorithmic decision-making: Opportunities and challenges, 2019, 78.

Chalutz Ben-Gal, Hila: Human Resources Based Organizational Data Mining (HRODM): Themes, Trends, Focus, Future (2020).

Chander, Anupam: The Racist Algorithm?, Michigan Law Review 2017, 1023.

Chesterman, Simon: Artificial Intelligence and the Limits of Legal Personality, International and Comparative Law Quarterly 2020, 819.

Choi, Charles Q.: New Test Compares AI Reasoning With Human Thinking – The novel technique can help researchers see if AIs reason as hoped and are trustworthy, 27 April 2022. https://spectrum.ieee.org/trustworthy-ai.

Choi, Yejin: The Curious Case of Commonsense Intelligence, Dædalus 2022, 139. https://doi.org/10.1162/DAED_a_01906.

Circiumaru, Alexandru: Three proposals to strengthen the EU Artificial Intelligence Act – Recommendations to improve the regulation of AI – in Europe and worldwide. https://www.adalovelaceinstitute.org/blog/three-proposals-strengthen-eu-artificial-intelligence-act/.

Clinton, Paul: Smarter Video Telematics Wave Arrives, Automotive Fleet, March 19, 2019. https://www.automotive-fleet.com/327438/wave-of-smarter-video-telematics-solutions-arrives.

Collins, Laurence/Fineman, David R./Tsuchida, Akio: People analytics: Recalculating the route, Global Human Capital Trends, Deloitte Insights, February 28, 2017.

Columbus, Louis: How AI is shaping the future of work, June 9, 2022. https://venturebeat.com/2022/06/09/how-ai-is-shaping-the-future-of-work/.

Commissioner for Human Rights: Unboxing Artificial Intelligence: 10 steps to protect Human Rights. Council of Europe 2019.

Conrad, Conrad S.: Künstliche Intelligenz: Neue Einwilligungslösungen zum Datenschutz, InTer 2021, 147.

Council of Europe: Algorithms and Human Rights – Study on the human rights dimensions of automated data processing techniques and possible regulatory implications, Council of Europe study DGI(2017) 12 prepared by the committee of experts on internet intermediaries (MSI-NET), 2018.

Council of Europe: Discrimination, artificial intelligence, and algorithmic decision-making, 2018.

Council of Europe: Towards Regulation of AI Systems – Global perspectives on the development of a legal framework on Artificial Intelligence (AI) systems based on the Council of Europe's standards on human rights, democracy and the rule of law, Compilation of contributions DGI (2020).

Däubler, Wolfgang: Digitalisierung und Arbeitsrecht – Künstliche Intelligenz – Homeoffice – Arbeit 4.0, 7. Aufl. 2020.

Däubler, Wolfgang/Beck, Thorsten (Hrsg.): Allgemeines Gleichbehandlungsgesetz mit Entgelttransparenzgesetz, Berliner LADG, 5. Aufl., 2021.

Däubler, Wolfgang/Klebe, Thomas/Wedde, Peter: Betriebsverfassungsgesetz, 18. Aufl. 2022.

Däubler, Wolfgang/Wedde, Peter/Weichert, Thilo/Sommer, Imke (Hrsg.): EU-DSGVO und BDSG, 2. Aufl. 2020.

Dayton, Leigh: Call for human rights protections on emerging brain-computer interface technologies – Industry self-regulation is not enough, say AI researchers: nature index 16 March 2021.

de Hert, Paul/Lazcoz, Guillermo: Radical rewriting of Article 22 GDPR on machine decisions in the AI era, European Law Blog 13 Oct 2021: https://europeanlawblog.eu.

De Stefano, Valerio/Durri, Ilda/Stylogiannis, Charalampos/Wouters, Mathias: Platform work and the employment relationship, ILO Working Paper 27, March 2021.

De Stefano, Valerio/Wouters, Mathias: AI and digital tools in workplace management and evaluation – An assessment of the EU's legal framework, May 2022.

Dehmel, Susanne: Rück- und Ausblick zur DS-GVO, ZD 2020, 62.

Dellermann, Dominik/Ebel, Philipp/Sollner, Matthias/Leimeister, Jan Marco: Hybrid Intelligence, 2018.

Dewey, John: The quest for certainty, 1929.

Diamantis, Mihailis: Employed Algorithms: A Labor Model of Corporate Liability for AI, October 19, 2021. 72 Duke L.J. https://ssrn.com/abstract=3945882.

Djeffal, Christian: The Normative Potential of the European Rule on Automated Decisions: A New Reading for Art. 22 GDPR, ZaöRV 2020, 847.

Doellgast, Virginia/O'Brady Sean: Making call center jobs better: The relationship between management practices and worker stress – A Report for the CWA, 2020.

Dzida, Boris/Groh, Naemi: Diskriminierung nach dem AGG beim Einsatz von Algorithmen im Bewerbungsverfahren, NJW 2018, 1917.

Dzieza, Josh: "Robots Aren't Taking Our Jobs — They're Becoming Our Bosses." The Verge, February 27, 2020.

Ebers, Martin/Heinze, Christian/Krügel, Tina/Steinrötter, Björn (Hrsg.): Künstliche Intelligenz und Robotik, 2020.

Ebert, Philip/Freibichler, Wolfgang: Nudge management: applying behavioural science to increase knowledge worker productivity, Journal of Organization Design 2017, 6:4.

Ecoffet, Adrien/Huizinga, Joost/Lehman, Joel/Stanley, Kenneth O./Clune, Jeff: First return, then explore, Nature 2021, 580.

Edwards, Lilian: Regulating AI in Europe: four problems and four solution, March 2022.

Eiben, Ágoston E./Ellers, Jacintha/ Meynen, Gerben/Nyholm, Sven: Robot Evolution – Ethical Concerns, frontiers in Robotics and AI, 03. November 2021. doi: 10.3389/frobt.2021.744590.

Elton, Daniel C.: Self-explaining AI as an Alternative to Interpretable AI, in: Goertzel, Ben/Panov, Aleksandr/Potapovm Alexey/Yampolskiy, Roman (eds.): Artificial General Intelligence, 13th International Conference, AGI 2020, St. Petersburg, Russia, September 16–19, 2020, Proceedings, 2020, S. 95.

Enders, Peter: Einsatz künstlicher Intelligenz bei juristischer Entscheidungsfindung, JA 2018, 721.

Epp, Clayton/Lippold, Michael/Mandryk, Regan L.: Identifying emotional states using keystroke dynamics, Proceedings of the SIGCHI Conference on Human Factors in Computing Systems, 2011, S. 715.

Esser, Josef: Vorverständnis und Methodenwahl in der Rechtsfindung: Rationalitätsgarantien der richterlichen Entscheidungspraxis, 1970.

European Agency for Safety and Health at Work: Actions by labour and social security inspectorates for the improvement of occupational safety and health in platform work, Policy Case Study 2022.

European Agency for Safety and Health at Work: Digital platform work and occupational safety and health: a review, 2021.

European Agency for Safety and Health at Work: Foresight on new and emerging occupational safety and health risks associated with digitalisation by 2025, European Risk Observatory Report, 2018.

European Agency for Safety and Health at Work: Impact of Artificial Intelligence on Occupational Safety and Health, Policy Brief, 2021.

European Agency for Safety and Health at Work: Occupational Safety and Health in Digital Platform Work: Lessons from Regulations, Policies, Actions and Initiatives, Policy Brief 2021.

European Agency for Safety and Health at Work: OSH and the Future of Work: Benefits and Risks of Artificial Intelligence Tools in Workplaces, Discussion Paper, 2019.

European Parliament: AIDA Working Paper on AI and Bias, November 2021.

Evas, Tatjana: Civil liability regime for artificial intelligence – European added value assessment, Study European Research Service, 2020.

Expert Group on Liability and New Technologies – New Technologies Formation: Liability for Artificial Intelligence and other emerging digital technologies, 2019.

Finck, Michèle: Blockchain and the General Data Protection Regulation, 2019.

Fineman, D. R.: People analytics: Recalculating the route, Deloitte Insights, 2017.

Fjeld, Jessica/Achten, Nele/Hilligoss, Hannah/Nagy, Adam Christopher/Srikumar, Madhulika: Principled Artificial Intelligence: Mapping Consensus in Ethical and Rights-based Approaches to Principles for AI, Berkman Klein Center for Internet & Society at Harvard University, Research Publication No. 2020-1.

Fletcher, Angus/Larson, Erik J.: Optimizing Machines Is Perilous. Consider 'Creatively Adequate' AI – The future of artificial intelligence needs less data and can tolerate ambiguity, Jan 25, 2022. https://www.wired.com.

Floridi, Luciano/Holweg, Matthias/Taddeo, Mariarosaria/Amaya Silva, Javier/Mökander, Jakob/Wen, Yuni: capAI – A Procedure for Conducting Conformity Assessment of AI Systems in Line with the EU Artificial Intelligence Act, March 23, 2022. https://ssrn.com/abstract=4064091.

Forgó, Nikolaus/Helfrich, Marcus/Schneider, Jochen: Betrieblicher Datenschutz, 3. Aufl. 2019.

Forgó, Nikolaus/Krügel, Tina: Der Personenbezug von Geodaten – Cui bono, wenn alles bestimmbar ist?, MMR 2010, 17.

Frank, Justus/Heine, Maurice: NZA 2021, 1448.

Franzen, Martin: Beschäftigtendatenschutz aus Luxemburg?, EuZA 2022, 261.

Freed, Sam: AI and Human Thought and Emotion, 2019.

Freed, Sam: AGI Needs the Humanities, in: Goertzel, Ben/Panov, Aleksandr/Potapovm Alexey/Yampolskiy, Roman (eds.): Artificial General Intelligence, 13th International Conference, AGI 2020, St. Petersburg, Russia, September 16–19, 2020, Proceedings, 2020, S. 107.

Freed, Sam: Report on "AI and Human Thought and Emotion", in: Goertzel, Ben/Panov, Aleksandr/Potapovm Alexey/Yampolskiy, Roman (eds.): Artificial General Intelligence, 13th International Conference, AGI 2020, St. Petersburg, Russia, September 16–19, 2020, Proceedings, 2020, S. 116.

Freund, Stefan: Die Abwägung im Gesellschaftsrecht, NZG 2020, 1328.

Freyler, Carmen: Robot-Recruiting, Künstliche Intelligenz und das Antidiskriminierungsrecht, NZA 2020, 284.

Friedmann, Cindy: Ethical concerns with replacing human relations with humanoid robots: an ubuntu perspective. https://doi.org/10.1007/s43681-022-00186-0.

Friedman, Atya/Nissenbaum, Helen: Bias in Computer Systems, ACM Transactions on Information Systems 1996, 330.

Fuller, Joseph B./Raman, Manjari/Bailey, Allison/Vaduganathan, Nithya u.a.: Building the on-demand workforce, Harvard Business School, November 2020.

Gäbert, Jens: Reichweite der Mitbestimmungsrechte im Gesundheitsschutz gem. § 87 Abs. 1 Nr. 7 BetrVG bei Planung und Gestaltung von Arbeitsbedingungen, AuR 2021, 9.

Gasparotti, Alessandro/Harta, Lukas: Europäische Strategie zur künstlichen Intelligenz – Eine Bewertung des Entwurfs eines Weißbuchs der EU-Kommission zur KI, 2020, cepAdhoc v. 11.12.2020.

Gasparotti, Alessandro: Ethics Guidelines on Artificial Intelligence – A comparison of EU and OECD guidelines, cepInput 07, 2019.

Geminn, Christian L.: Fairness und Transparenz im Datenschutzrecht, ZD-Aktuell 2021, 05557.

Geminn, Christian L.: Menschenwürde und menschenähnliche Maschinen und Systeme, DÖV 2020, 172.

Genser, Jared/Herrmann, Stephanie/Yuste, Rafael: International Human Rights Protection Gaps in the Age of Neurotechnology, 2022.

Ghassemi, Marzyeh/Oakden-Rayner, Luke/Beam, Andrew L.: The false hope of current approaches to explainable artificial intelligence in health care, Viewpoint November 01, 2021, e745. DOI:https://doi.org/10.1016/S2589-7500(21)00208-9.

Gierschmann, Sibylle: Gestaltungsmöglichkeiten durch systematisches und risikobasiertes Vorgehen – Was ist schon anonym?, ZD 2021, 482.

Gilbert, Abigail/Thomas, Anna/Pissarides, Christopher/Al-Izzi, Hana/Miller, Catherine/Burnell, Burneöl: The Amazonian Era – How algorithmic systems are eroding good work, Institute for the Future of Work, 2021.

Gill, Karamjit S.: Nowotny, Helga (2021). In AI we trust: power, illusion and control of predictive algorithms, Polity, Cambridge, UK, 2021, AI & SOCIETY (2022) 37:411.

Global Commission on the Future of Work: Work for a brighter future, 2019.

Gola, Peter/Heckmann, Dirk: Bundesdatenschutzgesetz, 13. Aufl. 2019.

Göpfert, Burkard/Brune, Jan-Philipp: Moderne Führungsinstrumente auf dem arbeitsrechtlichen Prüfstand, NZA-Beil. 2018, 87.

Göpfert, Burkard/Seier, Jochen: Die „Transformations-Einigungsstelle": Inhalt und Grenzen eines „Qualifizierungs-Sozialplans", NZA 2019, 588.

Götz, Thomas: Big Data im Personalmanagement – Datenschutzrecht und betriebliche Mitbestimmung, 2020.

Grabitz, Eberhard/Hilf, Meinhard/Nettesheim, Martin: Das Recht der Europäischen Union 2021.

Graevenitz von, Albrecht: „Zwei mal Zwei ist Grün" – Mensch und KI im Vergleich, ZRP 2018, 238.

Greiner, Stefan/Kalle, Ansgar: Betriebliche Mitbestimmung nach § 87 Abs. 1 Nr. 1 und 6 BetrVG – Konvergenzen und Widersprüche im Digitalisierungskontext, RdA 2021, 76.

Grimmelmann, James/Westreich, Daniel: Incomprehensible Discrimination, California Law Review Online 2017, 164.

Grünberger, Michael: Reformbedarf im AGG: Beweislastverteilung beim Einsatz von KI, ZRP 2021, 231.

Grützmacher, Malte: Die deliktische Haftung für autonome Systeme – Industrie 4.0 als Herausforderung für das bestehende Recht?, CR 2016, 695.

Grützmacher, Malte: Die zivilrechtliche Haftung für KI nach dem Entwurf der geplanten KI-VO — Potentielle zivilrechtliche Auswirkungen des geplanten KI-Sicherheitsrechts: ein neues Schutzgesetz i.S.v. § 823 Abs. 2 BGB am Horizont, CR 2021, 433.

Gurley, Lauren Kaori: Internal Documents Show Amazon's Dystopian System for Tracking Workers Every Minute of Their Shifts. https://www.vice.com/en/article/5dgn73/internal-documents-show-amazons-dystopian-system-for-tracking-workers-every-minute-of-their-shifts.

Gurovich, Yaron/Hanani, Yair/Bar, Omri/Nadav, Guy/Fleischer, Nicole/Gelbman, Dekel/Basel-Salmon, Lina/Krawitz, Peter M./Kamphausen, Susanne B./Zenker, Martin: Identifying facial phenotypes of genetic disorders using deep learning; Nature medicine, 2019, S. 60.

Haagen, Christian: Verantwortung für Künstliche Intelligenz – Ethische Aspekte und zivilrechtliche Anforderungen bei der Herstellung von KI-Systemen, 2021.

Hacker, Philipp/Passoth, Jan-Hendrik: Varieties of AI Explanations under the Law. From the GDPR to the AIA, and Beyond, in: Holzinger, Andreas/Goebel, Randy/Fong, Ruth/Moon, Taesup/Müller, Klaus-Robert/Samek, Wojciech (eds.), Lecture Notes on Artificial Intelligence 13200: AI – beyond explainable AI, Springer, 2022. http://dx.doi.org/10.2139/ssrn.3911324.

Hacker, Philipp: Europäische und nationale Regulierung von Künstlicher Intelligenz, NJW 2020, 2142.

Hacker, Philipp: Verhaltens- und Wissenszurechnung beim Einsatz von Künstlicher Intelligenz, RW 2018, 243.

Häferer, Katka/Koops, Christian: Crowdworker als Arbeitnehmer, NJW 2021, 1787.

Hallinan, Rara/Leenes, Ronald/de Hert, Paul (eds.): Data Protection and Privacy Data Protection and Artificial Intelligence, 2021.

Hamon, Ronan/Junklewitz, Henrik/Sanchez, Ignacio/Malgieri, Gianclaudio/de Hert, Paul: Bridging the Gap Between AI and Explainability in the GDPR: Towards Trustworthiness-by-Design in Automated Decision-Making, in IEEE Computational Intelligence Magazine, Feb 2022, 72. doi: 10.1109/MCI.2021.3129960.

Hanley, Daniel A./Hubbard, Sally: Eyes Everywhere: Amazon's Surveillance Infrastructure and Revitalizing Worker Power, September 1, 2020. https://www.openmarketsinstitute.org

Hanoch, Yaniv/Arvizzigno, Francesco/Hernandez García, Daniel/Denham, Sue/Belpaeme, Tony/Gummerum, Michaela: The Robot Made Me Do It: Human–Robot Interaction and Risk-Taking Behavior, Cyberpsychology, Behavior, and Social Networking 2021. doi: 10.1089/cyber.2020.0148

Hardré, Patricia: When, How, and Why Do We Trust Technology Too Much?, in: Tettegah, Sharon Y./Espelage, Dorothy L. (eds.), Emotions, Technology, and Behaviors - A Volume in Emotions and Technology, 2016, S. 85.

Haußmann, Katrin/Thieme, Luca Maria: Reformbedarf und Handlungsoptionen in der IT-Mitbestimmung, NZA 2019, 1612.

Haynes, John-Dylan/Sakai, Katsuyuki/Rees, Geraint/Gilbert, Sam/Frith, Chris/Passingham, Richard E.: Reading Hidden Intentions in the Human Brain, Current Biology 2007, 323.

Heberlein, Horst: Zwei Jahre Anwendung der DS-GVO, ZD 2020, 487.

Heckelmann, Martin: Crowdworking – eine arbeitsrechtliche Bestandsaufnahme, NZA 2022, 73.

Heiderhoff, Bettina/Gramsch, Kilian: Klassische Haftungsregimes und autonome Systeme – genügt „functional equivalence" oder bedarf es eigenständiger Maßstäbe?, ZIP 2020, 1937.

Heimstädt, Maximilian/Dobusch, Leonhard: Streik-Vorhersage mit Twitter-Daten, FAZ v. 11.4.2022, S. 16.

Heiss, Stefan: Europäische Haftungsregeln für Künstliche Intelligenz, EuZW 2021, 93.

Henssler, Martin: Generalbericht über die drei Panels des 4. Deutschen Arbeitsrechtstags, NZA-Beilage 2020, 3.

Herberger, Maximilian/Martinek, Michael/Rüßmann, Helmut/Weth, Stephan/Würdinger (Hrsg.): Markus: jurisPK-BGB Bd. 2.

Herberger, Maximilian: „Künstliche Intelligenz" und Recht, NJW 2018, 2825.

Herbosch, Maarten: The Diligent Use of AI Systems: A Risk Worth Taking?, EuCML 2022, 14.

Hern, Alex: Amazon's Alexa could turn dead loved ones' voices into digital assistant – Technology promises ability to 'make the memories last' by mimicking the voice of anyone it hears, 23 June 2022. https://www.theguardian.com/technology/2022/jun/23/amazon-alexa-could-turn-dead-loved-ones-digital-assistant?tpcc=nleyeonai

Herzog, Roman/Herdegen, Matthias/Scholz, Rupert/Klein, Hans H.: Grundgesetz Kommentar, 92. Ergänzungslieferung August 2020.

Hießl, Christina: Case law on algorithmic management at the workplace: Cross-European comparative analysis and tentative conclusions (September 1, 2021). https://ssrn.com/abstract=3982735.

Hießl, Christina: The Classification of Platform Workers in Case Law: A Cross-European Comparative Analysis, Comparative Labor Law & Policy Journal 2022, 465.

High-Level Expert Group on Artificial Intelligence: Policy and Investment Recommendations for Trustworthy AI, 2019.

Hilb, Michael: Toward artificial governance? The role of artificial intelligence in shaping the future of corporate governance, Journal of Management and Governance, 2020, 851.

Hoeren, Thomas/Sieber, Ulrich/Holznagel, Bernd (Hrsg.): Handbuch Multimedia-Recht, 57. Aufl. 2022.

Hofmann, Franz: Der Einfluss von Digitalisierung und künstlicher Intelligenz auf das Haftungsrecht, CR 2020, 282.

Holthausen, Joachim: Big Data, People Analytics, KI und Gestaltung von Betriebsvereinbarungen – Grund-, arbeits- und datenschutzrechtliche An- und Herausforderungen, RdA 2021, 19.

Honer, Mathias: Nudging: Keine Herausforderung für die Grundrechtsdogmatik, DÖV 2019, 940.

Höpfner, Clemens/Daum, Jan Alexander: Der „Robo-Boss" – Künstliche Intelligenz im Arbeitsverhältnis, ZfA 2021, 467.

Horner, Susanne/Kaulartz, Markus: Haftung 4.0, CR 2016, 7.

Horstmeier, Gerrit: Ein digitales Upgrade für das Betriebsverfassungsrecht?, BB 2022, 116.

Huff, Julian/Götz, Thomas: Evidenz statt Bauchgefühl? – Möglichkeiten und rechtliche Grenzen von Big Data im HR-Bereich. NZA-Beilage 2019, 73.

Hutson, Matthew: Can Computers Learn Common Sense? A.I. researchers are making progress on a long-term goal: giving their programs the kind of knowledge we take for granted, April 5, 2022. https://www.newyorker.com/tech/annals-of-technology/can-computers-learn-common-sense.

Ienca, Marcello /Andorno, Roberto: Towards new human rights in the age of neuroscience and neurotechnology, Liefe Sciences, Society and Policy, 2017. https://doi.org/10.1186/s40504-017-0050-1 2017,

Ienca, Marcello: Brain Machine Interfaces, Artificial Intelligence and Neurorights. https://brain.ieee.org/.

Institute of Electrical and Electronics Engineers: Ethically Aligned Design, – A Vision for Prioritizing Human Well-being with Autonomous and Intelligent System, 1st ed, 2019.

International Labour Organization: Synthesis Report of the National Dialogues on the Future of Work, 2017.

Ivankovics, Peter: Sanfte Steuerung oder manipulative Beeinflussung? Zur Möglichkeit von Grundrechtseingriffen durch Nudging, JuWissBlog Nr. 57/2018.

Jansen, Anne/van der Beek, Dolf/Cremers, Anita/Neerincx, Mark/van Middelaar, Johan: Emergent Risks to Workplace Safety, Working in the Same Spot as a Cobot, Report for the Ministry of Social Affairs and Employment, 2018.

Jernigan, Carter/Mistree, Behram F. T.: Gaydar: Facebook friendships expose sexual orientation; First Monday 2009, No. 10.

Jesuthasan, Ravin /Boudreau, John: Work Without Jobs – We need a new operating system built on deconstructed jobs and organizational agility, Jan 5, 2021, MIT Sloan Management Review.

Jesuthasan, Ravin /Boudreau, John: Are You Ready to Lead Work Without Jobs? We're moving toward a system of work, design that will profoundly change the roles of organizational leaders, 08 April 2021, MIT Sloan Management Review.

Jesuthasan, Ravin /Boudreau, John: Reinventing Jobs – A 4-Step Approach for Applying Automation to Work, 2018.

Jesuthasan, Ravin /Boudreau, John: Work without Jobs: How to Reboot Your Organization's Work Operating System (Management on the Cutting Edge), 2022.

Johnson, Kristin N.: Automating the Risk of Bias, The George Washington Law Review 2019, 1214.

Johnson, Melanie: 7 effective uses of AI in recruitment. https://www.unleash.ai/artificial-intelligence/7-effective-uses-of-ai-in-recruitment/.

Joos, Daniel/Meding, Kristofer: Technisch Organisatorische Maßnahmen (TOMs) bei „intelligenten" Arbeitgeberentscheidungen, CR 2020, 834.

Joos, Daniel: Einsatz von künstlicher Intelligenz im Personalwesen unter Beachtung der DS-GVO und des BDSG, NZA 2020, 1216.

Jüngling, Alexander: Die Digitalstrategie der EU-Kommission: Regulierung von Künstlicher Intelligenz, MMR 2020, 440.

Junker, Abbo: Doppelt gemoppelt hält nicht besser – Der Kommissionsvorschlag zur Plattformarbeit, EuZA 2022, 141.

Junyang Lin/Men, Rui/Yang, An: M6: A Chinese Multimodal Pretrainer, 2021.

Kahn, Jeremy: Researchers are peering inside computer brains. What they've found will surprise you, Fortune March 4, 2021.

Kaiser, Stepan/Kraus, Hans: Big Data im Personalmanagement: Erste Anwendungen und ein Blick in die Zukunft, ZfO 2014, 379.

Kaminski, Margot E./Malgieri, Gianclaudio: Algorithmic Impact Assessments under the GDPR: Producing Multi-layered Explanations (September 18, 2019), International Data Privacy Law, 2020, forthcoming, U of Colorado Law Legal Studies Research Paper No. 19–28. https://ssrn.com/abstract=3456224.

Kang, Jerry/Bennett, Mark W./Carbado, Devon W./Casey, Pamela/Dasgupta, Nilanjana/Faigman, David L./Godsil, Rachel D./Greenwald, Anthony/Levinson, Justin D./Mnookin, Jennifer L.: Implicit Bias in the Courtroom, UCLA Law Review 2012. https://ssrn.com/abstract=2026540.

Kang, Jerry: What Judges Can Do About Implicit Bias, Court Review 2021. https://ssrn.com/abstract=4033906.

Kaulartz, Markus/Braegelmann, Tom (Hrsg.): Rechtshandbuch Artificial Intelligence und Machine Learning, 2020.

Kaushik, Divyansh/Lipton, Zachary C./London, Alex John: Resolving the Human Subjects Status of Machine Learning's Crowdworkers. https://arxiv.org/pdf/2206.04039.pdf.

Kelber, Ulrich: „Alle meine Daten" – der Abschlussbericht der Datenethikkommission, ZD 2020, 7.

Kellogg, Katherine/Vantine, Melissa A./Christin, Angèle: Algorithms at Work: The New Contested Terrain of Control, Academy of Management Annals 2020, 366.

Kelly-Lyth, Aislinn: The AI Act and Algorithmic Management, Comparative Labor Law & Policy Journal, Dispatch No. 39, 1.

Kiel, Heinrich/Lunk, Stefan/Oetker, Harmut (Hrsg.): Münchener Handbuch zum Arbeitsrecht, 4. Aufl. 2018.

Kim, Pauline: Data-Driven Discrimination at Work, William & Mary Law Review 2017, 857.

Kim, Sehoon: Working With Robots: Human Resource Development Considerations in Human–Robot Interaction, Human Resource Development Review 2022, 48.

Kirchhof, Gregor: Nudging – zu den rechtlichen Grenzen informalen Verwaltens, ZRP 2015, 136.

Klapp, Micha/Klebe, Thomas: Die Zukunft der Betriebsverfassung – ein Gesetzentwurf für das 21. Jahrhundert, NZA 2022, 689.

Klebe, Thomas: Betriebsrat 4.0 – Digital und global?, NZA-Beil. 2017, 77.

Klebe, Thomas: Betriebsverfassung 2030: Zukunftsanforderungen und Weiterentwicklung, AuR 2020, 196.

Klebe, Thomas: Künstliche Intelligenz – eine Herausforderung für die Mitbestimmung, Soziales Recht 2019, 128.

Klebe, Thomas/Klengel, Ernesto: Mitbestimmungsrechte im Spiegel neuerer Rechtsprechung zum Datenschutz, NZA 2021, 1144.

Klebe, Thomas/Schmidt, Marlene/Klengel, Ernesto: Betriebsverfassung und Datenschutzrecht, in: Gräfl, Edith/Lunk, Stefan/Oetker, Hartmut/Treibinger, Yvonne (Hrsg.), 100 Jahre Betriebsverfassungsrecht, 2020, S. 303.

Klingbeil, Thilo/Kohm, Simon: Datenschutzfreundliche Technikgestaltung und ihre vertraglichen Implikationen, MMR 2021, 3.

Knight, Will: This Warehouse Robot Reads Human Body Language – Machines that understand what their human teammates are doing could boost productivity without taking jobs, June 28, 2022. https://www.wired.com/story/warehouse-robot-reads-body-language/.

Knitter, Philipp: Digitale Weisungen – Arbeitgeberentscheidungen aufgrund algorithmischer Berechnung, Diss. Berlin, 2022.

Koch, Petra: Selbstständigkeit in der virtualisierten Arbeitswelt, Diss. Kassel, 2010.

Kocher, Eva: Digitale Plattformarbeit – die Verantwortung von Marktorganisatoren, ZEuP 2021, 606.

Koene, Ansgar/Clifton, Chris/Webb, Helena/Patel, Menisha/Machad, Caio/LaViolette, Jack/Richardson, Rashida/Reisman, Dillon: A governance framework for algorithmic accountability and transparency, 2019.

Kohte, Wolfhard: Arbeitsschutz in der digitalen Arbeitswelt, NZA 2015, 1417.

Kolain, Michael/Grafenauer, Christian/Ebers, Martin: Anonymity Assessment – A Universal Tool for Measuring Anonymity of Data Sets Under the GDPR with a Special Focus on Smart Robotics, November 24, 2021, Rutgers University Computer & Technology Law Journal 2022. https://ssrn.com/abstract=3971139, 29.

Kollmar, Frederike/El-Auwad, Maya: Grenzen der Einwilligung bei hochkomplexen und technisierten Datenverarbeitungen, K & R 2021, 73.

Körner, Marita: Beschäftigtendatenschutz in Betriebsvereinbarungen unter der Geltung der DS-GVO, NJW 2018, 2825.

Kosinski, Michal/Stillwell, David/Graepel, Thore: Private traits and attributes are predictable from digital records of human behavior; Proceedings of the National Academy of Sciences, 2013, 5802.

Kosinski, Michal/Wang, Yilun: Deep neural networks are more accurate than humans at detecting sexual orientation from facial images; Journal of Personality and Social Psychology, 2018, 246.

Kosinski, Michal/Stillwell, David/Graepel, Thore: Private traits and attributes are predictable from digital records of human behavior; Proceedings of the National Academy of Sciences, 2013, 5802.

Kostopoulos, Lydia: Decoupling Human Characteristics from Algorithmic Capabilities, 2021.

Krafft, Tobias D./Zweig, Katharina A.: Transparenz und Nachvollziehbarkeit algorithmenbasierter Entscheidungsprozesse – Ein Regulierungsvorschlag aus sozioinformatischer Perspektive, 2019.

Krause, Rüdiger: Auf dem Weg zur unionsrechtlichen Regelung von Plattformtätigkeiten, NZA 2022, 521.

Krause, Rüdiger: Berufliche Weiterbildung in der Transformation der Arbeitswelt. NZA 2022, 737.

Krause, Rüdiger: Sozialverträgliche Arbeitnehmerüberwachung — Technikbasierte Beschäftigtenkontrolle als Gegenstand betrieblicher Mitbestimmung im digitalen Zeitalter, in: Gräfl, Edith/Lunk, Stefan/Oetker, Hartmut/Treibinger, Yvonne (Hrsg), 100 Jahre Betriebsverfassungsrecht, 2020, S. 353.

Krenn, Mario/Pollice, Robert/Guo, Si Yue u.a.: On scientific understanding with artificial intelligence. https://doi.org/10.48550/arXiv.2204.01467

Kresge, Lisa: Data and Algorithms in the Workplace: A Primer on New Technologies, UC Berkeley Labor Center Working Paper, Technology and Work Program, November 2020.

Krishna, Satyapriya/Han, Tessa/Gu, Alex/Pombra, Javin/Jabbari, Shahin/Wu, Steven/Lakkaraju, Himabindu: The Disagreement Problem in Explainable Machine Learning: A Practitioner's Perspective. https://arxiv.org/abs/2202.01602.

Kritikos, Mihalis: What if blockchain could guarantee ethical AI?, European Parliamentary Research Service, 2020.

Krülls, Sebastian: Zur Notwendigkeit einer Reform des § 87 Abs. 1 Nr. 6 BetrVG, RdA 2021, 279.

Kugelmann, Dieter: Künstliche Intelligenz aus Sicht der Datenschutzaufsicht – Steuerung statt Verhinderung, Datenschutz und Datensicherheit (DuD) 2021.

Kumkar, Lea Katharina: Rechtsgeschäfte unter Beteiligung automatisierter und autonomer Systeme, K & R 2020, 801.

Kuner, Christopher/Bygrave, Lee A./Docksey, Christopher/Drechsler, Laura: The EU General Data Protection Regulation – A Commentary, 2020.

Kuntz, Thilo: Künstliche Intelligenz, Wissenszurechnung und Wissensverantwortung, ZfPW 2022, 177.

Lambrecht, Anja/Sen, Ananya/Tucker, Catherine E./Wiertz, Caroline: Algorithmic Recommendations and Earned Media: Investigating Product Echo Chambers on YouTube, October 27, 2021. https://ssrn.com/abstract=3951425.

Lanzing, Marjolein: „Strongly Recommended" Revisiting Decisional Privacy to Judge Hypernudging in Self-Tracking Technologies, Philosophy & Technology 2019, 549.

Larenz, Karl/Canaris, Claus-Wilhelm: Lehrbuch des Schuldrechts: Besonderer Teil, 13. Aufl. 1994.

Lecher, Colin: "How Amazon Automatically Tracks and Fires Warehouse Workers for 'Productivity", The Verge, August 25, 2019.

Leibold, Kevin: Reichweite, Umfang und Bedeutung des Auskunftsrechts nach Art. 15 DS-GVO – Entscheidungsübersicht, ZD-Aktuell 2021, 05313.

Levy, Karen/Barocas, Solon: Refractive Surveillance: Monitoring Customers to Manage Workers, International Journal of Communication 2018, 1166.

Lewinski von, Kai/de Barros Fritz, Raphael: Arbeitgeberhaftung nach dem AGG infolge des Einsatzes von Algorithmen bei Personalentscheidungen, NZA 2018, 620.

Li, Jingwei/Bzdok, Danilo/Chen, Jianzhong u.a.: Cross-ethnicity/race generalization failure of behavioral prediction from resting-state functional connectivity, Science Advances 2022, 144. DOI: 10.1126/sciadv.abj18.

Lin Junyang u.a.: M6: A Chinese Multimodal Pretrainer, 2021. https://arxiv.org/abs/2103.00823.

Lindner, Ralf/Goos, Kerstin/Güth, Sandra/Som, Oliver/Schröder, Sandra: „Responsible Research and Innovation" als Ansatz für die Forschungs-, Technologie- und Innovationspolitik – Hintergründe und Entwicklungen, Büro für Technikfolgen Abschätzung im Deutschen Bundestag, Hintergrundpaper Nr. 22, 2016.

Linnenkohl, Karl/Kilz, Gerhard/Rauschenberg, Hans-Jürgen/Reh, Dirk: Der Begriff des Arbeitnehmers und die „informationelle Abhängigkeit", AuR 1991, 203.

Löber, Lena Isabell: Auf dem Weg zu einem Beschäftigtendatenschutzgesetz für das digitale Zeitalter?, ZD-Aktuell 2022, 01120.

Lohmann, Melinda F./Preßler, Theresa: Die Rechtsfigur des Erfüllungsgehilfen im digitalen Zeitalter, RDi 2021, 538.

Ludwig, Daniel/Hinze, Jacob: Digitalisierung und IT-Mitbestimmung – Wie die Betriebsparteien den Wandel gemeinsam gestalten können, NZA 2021, 1444.

Malorny, Friederike: Datenschutz als Grenze KI-basierter Auswahlentscheidungen im Arbeitsrecht, RdA 2022, 170.

Marabelli, Marco/Vaast, Emmanuelle/Carlile, Paul R.: Making Lemonade: Dealing with Analytics Surveillance in the Workplace, Academy of Management Annual Meeting, 2020.

Martini, Mario/Botta, Jonas: Iron Man am Arbeitsplatz? – Exoskelette zwischen Effizienzstreben, Daten- und Gesundheitsschutz, NZA 2018, 625.

Martini, Mario: Blackbox Algorithmus – Grundfragen einer Regulierung Künstlicher Intelligenz, 2019.

Matejek, Michael/Mäusezahl, Steffen: Gewöhnliche vs. sensible personenbezogene Daten, ZD 2019, 551.

Mathur, Arunesh/Acar, Gunes/Friedman, Michael/Lucherini, Elena/Mayer, Jonathan/Marshini, Chetty/ Narayanan, Arvind: Dark Patterns at Scale: Findings from a Crawl of 11K Shopping Websites, Proceedings of the ACM on Human-Computer Interaction, 2019, 81.

Mattiuzzo, C./Vock, S./Mössner, T./Voß, S.: Sichere Maschine mit – oder trotz – künstlicher Intelligenz, ARP 2021, 188.

Matz, Sandra C./Netzer, Oded: Using Big Data as a window into consumers' psychology, Current Opinion in Behavioral Sciences, 2017, 7.

Mayer, Jonathan/Mutchler, Patrick/Mitchell, John C.: Evaluating the privacy properties of telephone metadata; Proceedings of the National Academy of Sciences, 2016, 553.

Mayson, Sandra G.: Bias In, Bias Out, Yale L.J. 2019, 2218.

McCrea, Bridget: Labor Management Systems (LMS): The New Age of Employee Engagement, Logistics Management, June 3, 2020. https://www.logisticsmgmt.com.

McCrudden, Christopher: Nudging and human dignity, 06. Januar 2015. https://verfassungsblog.de/nudging-human-dignity-2/.

McDaniel, John L. M./Pease, Ken G.: Predictive Policing and Artificial Intelligence, 2021

McGuire, Gez: There's no going back: how AI is transforming recruitment, Personnel Today 20 January, 2021.

Mehrabi, Ninareh/Morstatter, Fred/Saxena, Nripsuta/Lerman, Kristina/Galstyan, Aram: A Survey on Bias and Fairness in Machine Learning, 25 Jan 2022. https://arxiv.org/pdf/1908.09635.pdf.

Mendelsohn, Juliane: Die „normative Macht" der Plattformen – Gegenstand der zukünftigen Digitalregulierung?, MMR 2021, 857.

Moore, Phoebe V.: Data subjects, digital surveillance, AI and the future of work, European Parliamentary Research Service, 2020.

Moore, Phoebe V.: OSH and the Future of Work: Benefits and Risks of Artificial Intelligence Tools in Workplaces, European Agency for Safety and Health at Work Discussion Paper, 2019.

Moore, Phoebe V.: The Quantied Self in Precarity – Work, Technology and What Counts, 2018.

Moore, Phoebe V.: The Threat of Physical and Psychosocial Violence and Harassment, Digitalized Work, ACTRAV Bureau for Workers' Activities, ILO, 2018.

Morrison, Sara: Dark patterns, the tricks websites use to make you say yes, explained- How design can manipulate and coerce you into doing what websites want, April 1, 2021. https://www.vox.com/recode/22351108/dark-patterns-ui-web-design-privacy

Moser, Christine/den Hond, Frank/Lindebaum, Dirk: Morality in the Age of Artificially Intelligent Algorithms, 7 Apr 2021. https://doi.org/10.5465/amle.2020.0287.

Moser, Christine/den Hond, Frank/Lindebaum, Dirk: What Humans Lose When We Let AI Decide – Why you should start worrying about artificial intelligence now, MIT Sloan, Feb 07, 2022. https://sloanreview.mit.edu/article/what-humans-lose-when-we-let-ai-decide/.

Möllers, Thomas M. J.: Juristische Methodenlehre, 3. Aufl. 2020.

Möslein, Florian: Die normative Kraft des Ethischen, RDi 2020, 34.

Müller-Glöge, Rudi/Preis, Ulrich/Schmidt, Ingrid (Hrsg.): Erfurter Kommentar zum Arbeitsrecht, 22. Aufl. 2022.

Müller-Hengstenberg, Claus Dieter/Kirn, Stefan: Haftung des Betreibers von autonomen Softwareagents, MMR 2021, 376.

Müller-Hengstenberg, Claus Dieter/Kirn, Stefan: Kausalität und Verantwortung für Schäden, die durch autonome smarte Systeme verursacht werden, CR 2018, 682.

Münch v., Ingo/Kunig, Philip: Grundgesetz-Kommentar, 7. Aufl. 2021.

Narayanan, Arvind: How to recognize AI snake oil (Foliensatz). https://www.cs.princeton.edu/˜arvindn/talks/MIT-STS-AI-snakeoil.pdf.

National Institute of Standards and Technology: Towards a Standard for Identifying and Managing Bias in Artificial Intelligence, NIST Special Publication 1270, March 2022.

Negri, Sergio Avila: Robot as Legal Person: Electronic Personhood in Robotics and Artificial Intelligence, frontiers in Robots and AI, HYPOTHESIS AND THEORY. 10.3389/frobt.2021.789327.

Newlands, Gemma: Algorithmic Surveillance in the Gig Economy: The Organization of Work through Lefebvrian Conceived Space, Organization Studies 2020.

Nieto-Reyes, Alicia/Duquem Rafael/Montañam José/Lage, Carmen: Classification of Alzheimer's Patients through Ubiquitous Computing, Sensors 2017, 1679.

Nink, David: Justiz und Algorithmen – Über die Schwächen menschlicher Entscheidungsfindung und die Möglichkeiten neuer Technologien in der Rechtsprechung, 2021.

Nowotny, Helga: In AI we trust: power, illusion and control of predictive algorithms, 2021.

Ockenfels-Martinez, Martha/Boparai, Sukhdip Purewal: The Public Health Crisis Hidden in Amazon Warehouses, Oakland, CA. Human Impact Partners and Warehouse Workers Resource Center, 2021. https:// humanimpact.org/hipprojects/amazon.

O'Gieblin, Meghan: Prediction Engines Are Like Karma: You Get What You Stream, June 18, 2022. https://www.wired.com/story/prediction-engines-are-like-karma-you-get-what-you-stream/.

Orwat, Carsten: Diskriminierungsrisiken durch Verwendung von Algorithmen, 2020.

Paal, Boris/Pauly, Daniel A.: Datenschutzgrundverordnung – Bundesdatenschutzgesetz. 3. Aufl. 2021.

Pandey, Akshat /Caliskan, Aylin: Disparate Impact of Artificial Intelligence Bias in Ridehailing Economy's Price Discrimination Algorithms. https://dl.acm.org/doi/pdf/10.1145/3461702.3462561.

Papakonstantinou, Vagelis/de Hert, Paul: Refusing to award legal personality to AI: Why the European Parliament got it wrong – European Law Blog. 25 Nov. 2020. https://europeanlawblog.eu/2020/.

Partnership on AI: Framework for Promoting Workforce Well-being in the AI-Integrated Workplace, 2020.

Parviainen, Henni: Can algorithmic recruitment systems lawfully utilise automated decision-making in the EU?, ELLJ 2022, 225.

Paulus David/Matzke, Robin: Smart Contracts und das BGB – Viel Lärm um nichts?, ZfPW 2018, 431.

Pavlus, John: The Easy Questions That Stump Computers – What happens when you stack logs in a fireplace and drop a match? Some of the smartest machines have no idea, May 2, 2020. https://www.theatlantic.com/technology/archive/2020/05/computers-common-sense/611050/.

Pignot, Edouard: Who is pulling the strings in the platform economy? Accounting for the dark and unexpected sides of algorithmic control, 2021.

Prassl, Jeremias: The Concept of the Employer, 2015.

Preis, Ulrich: § 611 a BGB – Potenziale des Arbeitnehmerbegriffes, NZA 2018, 817.

Prince, Anya E.R./Schwarcz, Daniel: Proxy Discrimination in the Age of Artificial Intelligence and Big Data, Iowa Law Review 2020, 1257.

Purdy, Mark: How the Metaverse Could Change Work, April 05, 2022. https://hbr.org/2022/04/how-the-metaverse-could-change-work.

Purdy, Mark/Zealley, John/Maseli, Omaro: The Risks of Using AI to Interpret Human Emotions. https://hbr.org/2019/11/the-risks-of-using-ai-to-interpret-human-emotions.

Purtova, Nadezhda: The Law of Everything. Broad Concept of Personal Data and Future of EU Data Protection Law, Law, Innovation and Technology 2018, 40.

Puschky, Ricarda: Federated Learning – eine datenschutzfreundliche Methode zum Training von KI-Modellen?, ZD-Aktuell 2022, 00019.

Quach, Katyanna: AI models still racist, even with more balanced training, 1 May 2022. https://www.theregister.com/2022/05/01/ai_models_racist/?tpcc=
nleyeonai.

Racabi, Gali: What Can U.S. Labor Take from the Proposed E.U. Directive of Regulations of Platform Workers?. https://onlabor.org.

Rachlinski, Jeffrey John/Johnson, Sheri Lynn/Wistrich, Andrew J./Guthrie, Chris: Does Unconscious Racial Bias Affect Trial Judges?. Notre Dame Law Review, 2009, Vanderbilt Public Law Research Paper No. 09–11. https://ssrn.com/abstract=1374497.

Raghavan, Manish/Barocas, Solon/Kleinberg, Jon/Levy, Karen: Mitigating Bias in Algorithmic Hiring: Evaluating Claims and Practices, 2020.

Raue, Benjamin/von Ungern-Sternberg, Antje: Ethische und rechtliche Grundsätze der Datenverwendung, ZRP 2020, 49.

Reece, Nina: Workers say no to increased surveillance since COVID-19. https://www.tuc.org.uk/blogs/workers-say-no-increased-surveillance-covid-19.

Reichold, Hermann: Betriebsverfassung als Sozialprivatrecht, 1995.

Reichwald, Julian/Pfisterer, Dennis: Autonomie und Intelligenz im Internet der Dinge, CR 2016, 208.

Reinartz, Oliver: Das Betriebsrätemodernisierungsgesetz, NZA-RR 2021, 457.

Renan Barzilay, Arianne: Data Analytics at Work: A View From Israel on Employee Privacy and Equality in the Age of Data-Driven Employment Management, Comparative Labor Law & Policy Journal 2019, 421.

Rhue, Lauren: Affectively Mistaken? How Human Augmentation and Information Transparency Offset Algorithmic Failures in Emotion Recognition AI, November 22, 2019.

Richardi, Reinhard (Hrsg.): Betriebsverfassungsgesetz mit Wahlordnung – Kommentar, 17. Aufl. 2022.

Riesenhuber, Karl: Arbeitnehmer(ähnlicher) Schutz von Crowd-Dienstleistern?, ZfA 2021, 5.

Riesenhuber, Karl: The Concept of the Employer, EuZA 2021, 133.

Risak, Martin/Dullinger, Thomas: The concept of 'worker' in EU law – Status quo and potential for change, ETUI Report 140, 2018.

Robinette, Paul/ Li, Wenchen/Allen, Robert/Howard, Ayanna M./Wagner, Alan R.: Overtrust of robots in emergency evacuation scenarios, in: Bartneck, Christoph (Hrsg.), The Eleventh ACMIEEE International Conference on Human Robot Interaction, Piscataway, 2016, S. 101.

Röder, Gerhard/Gebert, Christian: Technologischer Wandel und Betriebsänderung – Bringen Industrie 4.0 und E-Mobilität den „Qualifizierungssozialplan"?, NZA 2017, 1289.

Rolfs, Christan/Giesen, Richard/Kreikebohm, Ralf/Meling, Miriam (Hrsg,): BeckOK Arbeitsrecht, 64. Edition, 2022.

Rollberg, Christoph: Algorithmen in der Justiz – Rechtsfragen zum Einsatz von Legal Tech im Zivilprozess, 2020.

Roos, Philipp/Weitz, Caspar Alexander: Hochrisiko-KI-Systeme im Kommissionsentwurf für eine KI-Verordnung, MMR 2021, 844.

Rosenblatt, Alex/Stark, Luke: Algorithmic Labor and Information Asymmetries: A Case Study of Uber's Drivers, International Journal of Communication 10(2016), 3758.

Roßnagel, Alexander: Big Data – Small Privacy? – Konzeptionelle Herausforderungen für das Datenschutzrecht, ZD 2013, 562.

Roßnagel, Alexander: Die Evaluation der Datenschutz-Grundverordnung, MMR 2020, 657.

Roßnagel, Alexander: Technik, Macht und Recht, MMR 2020, 222.

Roßnagel, Alexander/Geminn, Christian L./Jandt, Silke/Richter, Philipp: Datenschutzrecht 2016 „Smart" genug für die Zukunft? Ubiquitous Computing und Big Data als Herausforderungen des Datenschutzrechts, 2016.

Roßnagel, Alexander/Geminn, Christian: Vertrauen in Anonymisierung, ZD 2021, 487.

Rudkowski, Lena: „Predictive policing" am Arbeitsplatz, NZA 2020, 72.

Ruschemeier, Hannah: 9. Speyerer Forum zur digitalen Lebenswelt: Regulierung Künstlicher Intelligenz in der Europäischen Union zwischen Recht und Ethik, NVwZ 2020, 446.

Russell, Stuart/Norvig, Peter: Artificial Intelligence – A Modern Approach, 4th ed., 2022.

Säcker, Franz Jürgen u.a. (Hrsg.): Münchener Kommentar zum BGB, 8. u. 9. Aufl. (2019, 2021, 2022).

Sánchez-Monedero, Javier/Dencik, Lina/Edwards, Lilian: What Does It Mean to 'Solve' the Problem of Discrimination in Hiring?, 2019.

Sartor, Giovanni: The impact of the General Data Protection Regulation (GDPR) on artificial intelligence, 2020.

Scheiber, Noam: How Uber Uses Psychological Tricks to Push Its Drivers' Buttons. https://www.nytimes.com.

Schild, Hans-Hermann: Der Beschäftigtendatenschutz auf dem Prüfstand des EuGH, ZD-Aktuell 2022, 01178.

Schleipfer, Stefan: Pseudonymität in verschiedenen Ausprägungen, ZD 2020, 284.

Schliesky, Utz: Digitale Ethik und Recht, NJW 2019, 3692.

Schmid, Alexander: Pflicht zur „integrierten Produktbeobachtung" für automatisierte und vernetzte Systeme, CR 2019, 141.

Schmidt, Alexander J.: Unionsrechtlicher Arbeitnehmerbegriff in der Plattformökonomie, NZA 2021, 1232.

Schneider, Thomas: Entscheidungsfindung, Entscheidungsformen: Formelwissen – Bauchgefühl – Künstliche Intelligenz, BC 2022, 225

Schreiner, Paul: Mitbestimmungsrecht des § 87 Abs. 1 Nr. 6 BetrVG unterliegt keiner Erheblichkeitsschwelle, DB 2019, 554.

Schubert, Claudia: Crowdworker – Arbeitnehmer, arbeitnehmerähnliche Person oder Selbständiger – Zugleich eine Besprechung zum Urteil des LAG München v. 4.12.2019 – 8 Sa 146/19, RdA 2020, 248.

Schürmann, Kathrin: Datenschutz-Folgenabschätzung beim Einsatz Künstlicher Intelligenz, ZD 2022, 316.

Schulze, Marc-Oliver: Entwurf des Betriebsrätemodernisierungsgesetzes, ArbRAktuell 2021, 211.

Schwartmann, Rolf/Jaspers, Andreas/Thüsing, Gregor/Kugelmann, Dieter (Hrsg.): DS-GVO/BDSG: Datenschutz-Grundverordnung, Bundesdatenschutzgesetz, 2. Aufl., 2020.

Schwarze, Roland: Die „arbeitsgleiche Durchführung" eines Tätigkeitsverhältnisses, RdA 2020, 38.

Sesing, Andreas/Tschech, Angela: AGG und KI-VO-Entwurf beim Einsatz von Künstlicher Intelligenz, MMR 2022, 24.

Sesing, Andreas: Grenzen systemischer Transparenz bei automatisierter Datenverarbeitung, MMR 2021, 288.

Silver, David/Singh, Satinder/Precup Doina/Sutton, Richard S.: Reward is enough, Artificial Intelligence, October 2021, 103535.

Simitis, Spiros/Hornung, Gerrit/Spiecker gen. Döhmann, Indra (Hrsg.): Datenschutzrecht, 1. Aufl. 2019.

Singh, Namrata: Employee Surveillance Rises Alongside Work-from-Home Rates, December 18, 2021. https://icetonline.com/employee-surveillance-rises-alongside-work-from-home-rates/.

Sittard, Ulrich/Pant, Benjamin: Der Arbeitnehmerbegriff im Wandel aus Tradition und Moderne – zum Arbeitnehmerstatus eines Crowdworkers, jm 2021, 416.

Smith, Gary: High-tech redlining: AI is quietly upgrading institutional racism: How an outlawed form of institutionalized discrimination is being quietly upgraded for the 21st century. https://www.fastcompany.com/90269688/high-tech-redlining-ai-is-quietly-upgrading-institutional-racism.

Smuha, Nathalie/Ahmed-Rengers, Emma /Harkens, Adam/ Li, Wenlong/MacLaren, James/Pisellif, Ricardo/Yeung, Karen: How the EU can achieve trustworthy AI: A response to the European Commission's Proposal for an Artificial Intelligence Act, LEADS Law @University of Birmingham for a Legal, Ethical & Accountable Digial Society, 5 August 2021.

Söbbing, Thomas: Künstliche Intelligenz im HR-Recruiting-Prozess: Rechtliche Rahmenbedingungen und Möglichkeiten, InTer 2018, 64.

Söbbing, Thomas: Schutz von Algorithmen – Rechtliche Anorderungen und vertragliche Gestaltung, ITRB 2019, 192.

Solon, Olivia: "Big Tech Call Center Workers Face Pressure to Accept Home Surveillance." NBC News, August 8, 2021. https://www.nbcnews.com/tech/tech-news/big-tech-call-center-workers-face-pressure-accepthome-surveillance-n127622.

Sousa Antunes, Henrique: Civil Liability Applicable to Artificial Intelligence: A Preliminary Critique of the European Parliament Resolution of 2020 (December 5, 2020). https://ssrn.com/abstract=3743242.

Spencer, David/Cole, Matt /Joyce, Simon/ Whittaker, Xanthe/Stuart Mark: Digital Automation and the Future of Work, European Parliamentary Research Service, 2021.

Spiecker gen. Döhmann, Indra: Zur Zukunft systemischer Digitalisierung – Erste Gedanken zur Haftungs- und Verantwortungszuschreibung bei informationstechnischen Systemen, CR 2016, 698.

Spindler, Gerald/Schuster, Fabian: Recht der elektronischen Medien, 4. Auflage 2019.

Srinivasan, Ramya/Chander, Ajay: Biases in AI Systems – A Survey for Practitioners, acmqueue 2021, 47.

Stanford University: Human-Centered Artificial Intelligence, Artificial Intelligence Index Report 2021.

Staudinger: Kommentar zum Bürgerlichen Gesetzbuch, Neubearbeitung 2019 u. 2022.

Steege, Hans: Algorithmenbasierte Diskriminierung durch Einsatz von Künstlicher Intelligenz, MMR 2019, 715.

Stephen Cave/Kanta Dihal: The Whiteness of AI, Philosophy & Technology 2020, 685.

Straker, Christian /Niehoff, Maurice: ABIDA-Fokusgruppe – Diskriminierung durch Algorithmen und KI im eRecruiting, ZD-Aktuell 2018, 06252.

Sühr, Tom/Biega, Asia J./Zehlike, Meike/Gummadi, Krishna P./Chakraborty, Abhijnan: Two-Sided Fairness for Repeated Matchings in Two-Sided Markets: A Case Study of a Ride-Hailing Platform, Applied Data Science Track Paper 2019.

Sullivan, Charles A.: Employing AI, Seton Hall Public Law Research Paper 2018.

Sullivan, Diane: Interviews Don't Work so Why Not be a Hiring Nihilist? Because it's all a lottery anyway, Oct 28, 2020.

Sunstein, Cass R.: The Ethics of Nudging, Yale Journal on Regulation 32 (2015), 413.

Sweeney, Latanya: Simple Demographics Often Identify People Uniquely, Carnegie Mellon University, Data Privacy Working Paper 3.

Tabarrini, Camilla: Understanding the Big Mind, EuCML 2020, 135.

Takshi, Sahar: Unexpected Inequality: Disparate-Impact From Artificial Intelligence in Healthcare Decisions, Journal of Law and Health, 2021, 215.

Teubner, Gunther: Digitale Rechtssubjekte? Zum privatrechtlichen Status autonomer Softwareagenten, AcP 2018, 155.

The Norwegian Data Protection Authority: Artificial Intelligence and Privacy, Report January 2018.

Thieltges, Andree: Big Data, Machine Learning und Künstliche Intelligenz – Neue Herausforderungen für die betriebliche Mitbestimmung, ZfP 2020, 3.

Thieltges, Andree: Machine Learning Anwendungen in der Betrieblichen Praxis – Praktische Empfehlungen zur betrieblichen Mitbestimmung, 2020.

Thüsing, Gregor/Hütter-Brungs, Gisela: Crowdworking: Lenkung statt Weisung – Was macht den Arbeitnehmer zum Arbeitnehmer?, NZA-RR 2021, 231.

Thüsing, Gregor: Gleicher Lohn für gleichwertige Arbeit, NZA 2000, 570.

Tischbirek, Alexander: Ermessensdirigierende KI, Zeitschrift für Digitalisierung und Recht (ZfDR) 2021, 307.

Todoli-Signes, Adrián: Making algorithms safe for workers: occupational risks associated with work managed by artificial intelligence. https://doi.org/10.1177/10242589211035040.

Unger, Oliver: Grundfragen eines neuen europäischen Rechtsrahmens für KI, ZRP 2020, 234.

Valta, Matthias/Vasel, Johann Justus: Kommissionsvorschlag für eine Verordnung über Künstliche Intelligenz, ZRP 2021, 142.

Vamplew, Peter u.a.: Scalar reward is not enough: A response to Silver, Singh, Precup and Sutton (2021). https://arxiv.org/pdf/2112.15422.pdf.

Vásquez, Sheila: Privacy by design: eine gemeinsame Herausforderung von IT, Ingenieuren und Managern zur effektiven Umsetzung des Datenschutzrechts, DSRITB 2021, 149.

Veale, Michael/Zuiderveen Borgesius, Frederik: Demystifying the Draft EU Artificial Intelligence Act, CRi 2021, 97.

Veith, Charlotte: Künstliche Intelligenz, Haftung und Kartellrecht – Zivilrechtliche Verantwortlichkeit beim Einsatz von Künstlicher Intelligenz und Implikationen für das Kartellrecht, 2021.

Vincent, James: "Amazon Turns Warehouse Tasks into Video Games to Make Work 'Fun.'" The Verge, May 22, 2019. https://www.theverge.com/2019/5/22/18635272/amazon-warehouse-working-conditions-gamification-video-games.

Volkova, Svitlana/Bachrach, Yoram: On Predicting Sociodemographic Traits and Emotions from Communications in Social Networks, Cyberpsychology, Behavior, and Social Networking, 2015, 726.

Wachter, Sandra: The Theory of Artificial Immutability: Protecting Algorithmic Groups under Anti-Discrimination Law (February 15, 2022). Tulane Law Review, Forthcoming. https://ssrn.com/abstract=4099100.

Walsh, Toby: Was Künstliche Intelligenz wirklich besonders macht, FAZ 7.6.2022, S. 20.

Waas, Bernd: Verbesserung der Arbeitsbedingungen von Plattformbeschäftigten, ZRP 105.

Waas; Bernd/Heerma van Voss, Guus (eds.): Restatement of Labour Law in Europe, vol. 1, The Concept of Employee, 2017.

Wachter, Sandra/Mittelstadt, Brent/Russell, Chris: Bias Preservation in Machine Learning: The Legality of Fairness Metrics Under EU Non-Discrimination Law. https://ssrn.com/abstract=3792772.

Wachter, Sandra/Mittelstadt, Brent/Russell, Chris: Why Fairness cannot be automated Bridging the Gap between EU-Non Discrimination Law and AI, 2020

Wachter, Sandra/Mittelstadt, Brent: A Right to Reasonable Inferences: Re-Thinking Data Protection Law in the Age of Big Data and AI, Columbia Business Law Review 2019. https://ssrn.com/abstract=3248829.

Wagner, Gerhard: Haftung für Künstliche Intelligenz – Eine Gesetzesinitiative des Europäischen Parlaments, ZEuP 2021, 545.

Wagner, Gerhard: Verantwortlichkeit im Zeichen digitaler Techniken, VersR 2020, 717.

Wakefield, Jane: AI: Ghost workers demand to be seen and heard, 28 March 2021: www.bbc.com.

Wallace, Elizabeth: How Will AI Nudging Affect Our Privacy?, ODSC, March 18, 2019.

Wang, Yilun/Kosinski, Micha: Deep neural networks are more accurate than humans at detecting sexual orientation from facial images; Journal of Personality and Social Psychology, 2018, 246.

Wank, Rolf: Der Arbeitnehmerbegriff im neuen § 611 a BGB, AuR 2017, 140.

Weber, Klaus u.a. (Hrsg.): Rechtswörterbuch, 27. Edition 2021.

Wei, Yanhao/Yildirim, Pinar/Van den Bulte, Christophe: Credit Scoring with Social Network Data, Marketing Science 2016, 234.

Weichert, Thilo: Big Data und Datenschutz – Chancen und Risiken einer neuen Form der Datenanalyse, ZD 2013, 251.

Weichert, Thilo: Datenschutz-Grundverordnung – arbeitsrechtlich spezifiziert, NZA 2020, 1597.

Werkmeister, Christoph/Brandt, Elena: Datenschutzrechtliche Herausforderungen für Big Data, CR 2016, 233.

Wiebe, Gerhard: Produktsicherheitsrechtliche Betrachtung des Vorschlags für eime KI-Verordnung, BB 2022, 899.

Wiese, Günther/Kreutz, Peter/Oetker, Hartmut/Raab, Thomas/Weber, Christoph/Franzen, Martin/Gutzeit, Martin/Jacobs, Matthias: Gemeinschaftskommentar zum Betriebsverfassungsgesetz (GK-BetrVG), 12 Aufl. 2021.

Wiggers, Kyle: ´AI experts warn Facebook's anti-bias tool is 'completely insufficient', March 31, 2021. https://venturebeat.com

Willemsen, Josef/Mehrens, Christian: Arbeitnehmerüberlassung versus Dienstleistung, NZA 2019, 1473.

Winter, Christian/Battis, Verena/Halvani, Orena: Herausforderungen für die Anonymisierung von Daten, ZD 2019, 489.

Wisskirchen, Gerlind/Haupt, Jan: Crowdworker: Arbeitnehmer oder Selbstständiger?, RdA 2021, 355.

Wu, Xiaolin/Zhang, Xi: Automated inference on criminality using face images, 2016.

Wybitul, Tim: Der neue Beschäftigtendatenschutz nach § 26 BDSG und Art. 88 DSGVO, NZA 2017, 413.

Wynsberghe, Aimee van: Artificial Intelligence: From ethics to policy, 2020.

Xenidis, Raphaële/Senden, Linda: EU non-discrimination law in the era of artificial intelligence: Mapping the challenges of algorithmic discrimination' in Bernitz a.o. (eds.), General Principles of EU law and the EU Digital Order, 2020, 151. SSRN: https://ssrn.com/abstract=3529524.

Yeung, Karen: A study of the implications of advanced digital technologies (including AI systems) for the concept of responsibility within a human rights framework, Council of Europe, DGI(2019)05, Committee of experts on human rights dimensions of automated data processing and different forms of artificial intelligence (MSI-AUT), 2018.

Yi, Zeng/Kang, Sun/Enmeng, Lu: Declaration on the ethics of brain-computer interfaces and augment intelligence, AI and Ethics 2021, 209.

Yuste, Rafael/Genser, Jared/Herrmann, Stephanie: It's Time for Neuro-Rights- New Human Rights for the Age of Neurotechnology: Horizons, 2021, 154.

Zech, Herbert: Entscheidungen digitaler autonomer Systeme: Empfehlen sich Regelungen zu Verantwor tung und Haftung?, Gutachten A zum 73. Deutschen Juristentag, 2022.

Zech, Herbert: Künstliche Intelligenz und Haftungsfragen, ZfPW 2019, 198.

Zehlike, Meike/Hacker, Philipp/Wiedemann, Emil: Matching code and law: achieving algorithmic fairness with optimal Data Mining and Knowlewdge Discovery, 2020, 163.

Zekos, Georgios I.: Political, Economic and Legal Effects of Artificial Intelligence – Governance, Digital Economy and Society, 2022, S. 483.

Zuiderveen Borgesius, Frederik J.: Strengthening legal protection against discrimination by algorithms and artificial intelligence, The International Journal of Human Rights 2020, 1572.

Zuiderveen Borgesius, Frederik: Discrimination, artificial intelligence, and algorithmic decision-making, Council of Europe, 2018

Zuiderveen Borgesius, Frederik: Singling out people without knowing their names – Behavioural targeting, pseudonymous data, and the new Data Protection Regulation, Computer Law & Security Review 2016, 256.

In der Schriftenreihe des Hugo Sinzheimer Instituts für Arbeits- und Sozialrecht sind zuletzt erschienen:

Band 45 Victoria Koch-Rust/Gabriele Rosentreter
Rechtsstellung Dual Studierender
ISBN 978-3-7663-7287-1

Band 44 Michael Kittner/Ernesto Klengel
Die Entstehung des Kündigungsschutzgesetzes
ISBN 978-3-7663-7284-0

Band 43 Thomas Klein/Daniel Klocke/Monika Schlachter
Standort- und Beschäftigungssicherung in Tarifverträgen und Betriebsvereinbarungen
ISBN 978-3-7663-7279-68

Band 42 Achim Seifert
Kollektivverträge für wirtschaftlich abhängige Selbständige und unionsrechtliches Kartellverbot
ISBN 978-3-7663-7220-8

Band 41 Wolfgang Däubler
Interessenvertretung durch Betriebsrat und Gewerkschaften im digitalen Bereich
ISBN 978-3-7663-7188-1

Band 40 Henner Wolter
Arbeitsrecht bei Umstrukturierung von Betrieben und Unternehmen
ISBN 978-3-7663-7167-6

Band 39 Eberhard Eichenhofer
Wirtschaftliche, soziale und kulturelle Menschenrechte
ISBN 978-3-7663-7161-4

Band 38 Olaf Deinert
Betriebsverfassung in Zeiten der Globalisierung
ISBN 978-3-7663-7120-1

Band 37 Rüdiger Krause
Agile Arbeit und Betriebsverfassung
ISBN 978-3-7663-7119-5

Band 36 Daniel Ulber/Kyra Klocke
Diskriminierung Minderjähriger bei der Wahl zum Betriebsrat
ISBN 978-3-7663-7115-7

Weitere Informationen zur Schriftenreihe:
www.hugo-sinzheimer-institut.de